中华人民共和国地方志·福建省

石狮市政协志

（1991—2020）

政协石狮市委员会 编

方志出版社
Publishing House of Local Records

图书在版编目（CIP）数据

石狮市政协志. 1991—2020 / 政协石狮市委员会编.
--北京：方志出版社，2020.12
ISBN 978-7-5144-4374-5

Ⅰ. ①石… Ⅱ. ①政… Ⅲ. ①中国人民政治协商会议—地方委员会—概况—石狮—1991—2020 Ⅳ. ①D628.573

中国版本图书馆CIP数据核字（2020）第185088号

石狮市政协志（1991—2020）

编　　者：	政协石狮市委员会
责任编辑：	王海荣
出 版 者：	方志出版社
	地址　北京市朝阳区潘家园东里9号（国家方志馆4层）
	邮编　100021
	网址　http://www.fzph.org
发　　行：	方志出版社图书经销中心
	电话（010）67110500
经　　销：	各地新华书店
印　　刷：	泉州聚铭印刷有限公司
开　　本：	889×1194　　1/16
印　　张：	29.75
字　　数：	491千字
版　　次：	2020年12月第1版　　2020年12月第1次印刷
印　　数：	0001~1000册
ISBN	978-7-5144-4374-5　　定价：320.00元

《石狮市政协志》编纂委员会
1991—2020

顾　问：吴彦南　蔡志从　吴清含　丁家全　李丽月　许民权
宋太平　苏文锦　卢文进　王有官　佘日杰　黄章煌
施心新　吴清木　吕培榕

主　任：林自育

副主任：郭丽莲　陈贤明　丁东福　陈东华

委　员：郭永加　卢祖明　苏榕榕　颜福瑜　林晓晖　蔡盈盈

《石狮市政协志》编辑部
1991—2020

主　编：陈东华

副主编：颜福瑜　纪培明

成　员：蔡　菁　何世明　章华旺　王晓明 王仁国　洪亚怀

2001 年 5 月 15 日，福建省政协主席陈明义（左一）在石狮调研

2012 年 7 月 24 日，福建省政协主席梁绮萍（中）在石狮调研闽南理工学院

2019 年 7 月 12 日，福建省政协主席崔玉英（中）在石狮调研，并在市政协机关召开座谈会

2004 年 12 月 9 日，泉州市政协主席傅圆圆（中）在石狮视察

2006 年 6 月 23 日，泉州市政协主席林荣取（前排右二）在石狮视察

2012 年 5 月 17 日，泉州市政协主席杨俊峰（前排左四）在石狮视察

2017 年 11 月 8 日，泉州市政协主席陈灿辉（右一）在石狮调研

2019 年 10 月 12 日，泉州市政协主席李转生（中）在石狮调研快速交通建设情况

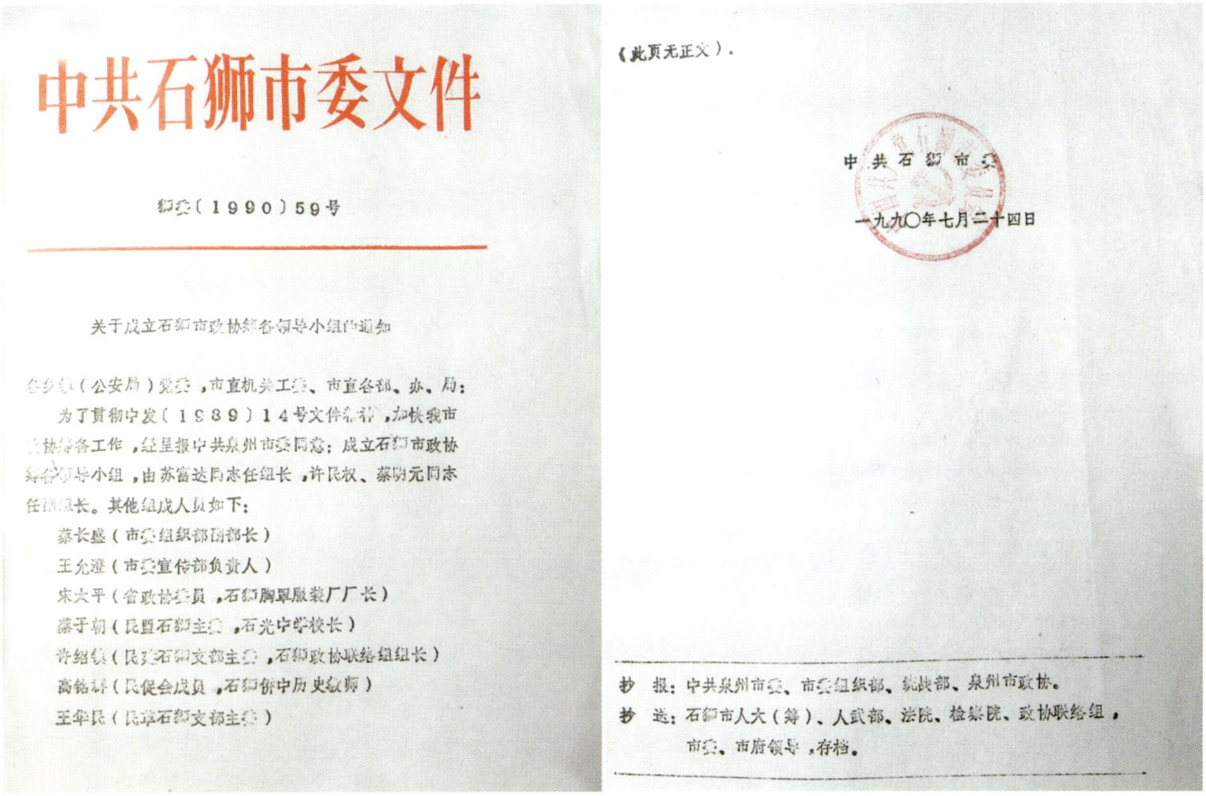

中共石狮市委文件

狮委〔1990〕59号

关于成立石狮市政协筹备领导小组的通知

各乡镇（公安局）党委，市直机关工委、市直各部、办、局：

为了贯彻中发〔1989〕14号文件精神，加快我市政协筹备工作，经呈报中共泉州市委同意：成立石狮市政协筹备领导小组，由苏富达同志任组长，许民权、蔡明元同志任副组长。其他组成人员如下：

蔡长盛（市委组织部副部长）

王允澄（市委宣传部负责人）

宋大平（省政协委员，石狮胸罩服装厂厂长）

蔡子朝（民盟石狮主委，石光中学校长）

许绍镇（民建石狮支部主委，石狮政协联络组组长）

高铭祥（民促会成员，石狮侨中历史教师）

王华民（民革石狮支部主委）

（此页无正文）。

中共石狮市委

一九九〇年七月二十四日

抄报：中共泉州市委、市委组织部、统战部、泉州市政协。

抄送：石狮市人大（筹）、人武部、法院、检察院、政协联络组，市委、市府领导，存档。

关于成立石狮市政协筹备领导小组的通知

1991年1月24—27日，市政协一届一次会议召开

1996 年 1 月 29 日，中共石狮市委召开第一次全市政协工作会议

2020 年 6 月 11 日，中共石狮市委召开市委政协工作会议

1991 年 1 月 24 日，市政协一届一次会议合影

1994年1月15日，市政协二届一次会议合影

1999年1月6日，市政协三届一次会议合影

2004年1月1日，市政协四届一次会议合影

2006年12月10日，市政协五届一次会议合影

2011年12月13日，市政协六届一次会议合影

2016年12月14日，市政协七届一次会议合影

市政协七届一次会议期间，中共石狮市委书记朱启平（前排居中）、六届市政协主席李丽月（前排左四）同七届市政协主席、副主席、常委合影

市政协七届五次会议期间，中共石狮市委书记蔡萌芽（前排居中）、石狮市政府市长黄春辉（前排右五）同中共石狮市政协党组成员、七届市政协主席、副主席、常委合影

1991 年 4 月 11 日，市政协委员视察晋江西滨至石狮下浦出海口排洪设施

2002 年 1 月 18 日，市政协三届四次会议分组讨论政府工作报告

2003 年 9 月 28 日，市政协委员视察流动人口计生管理工作

2009 年 3 月 26 日，市政协委员视察石湖码头

2009 年 9 月 17 日，市政协召开常委会议，就“学习实践科学发展观”调研成果进行汇报和交流。泉州市人大常委会副主任、中共石狮市委书记黄源水出席会议并讲话

2010 年 1 月 6 日，市政协委员调研电力建设情况

2010年9月16日，市政协召开常委会议，就“转变经济发展方式，加快石狮跨越发展”专题调研成果进行汇报。中共石狮市委书记许维泽出席会议并讲话

2011年4月1日，市政协委员视察民办高校发展情况

2011 年 8 月 12 日，市政协五届五次重要提案办理协商通报会召开

2012 年 5 月 17 日，泉州市第十一届政协第一次县（市、区）政协主席工作座谈会在石狮举行

2012 年 12 月 4 日，市政府与市政协联席会议召开

2013 年 9 月 18 日，市政协委员视察国际轻纺城

2014 年 5 月 9 日，市政协委员听取公安工作情况通报

2014 年 6 月 19 日，市政协组织委员参加“检察开放日”活动

2015 年 7 月 13 日，市政协委员调研小区物业管理工作

2015 年 10 月 19 日，市政协召开"十三五"规划征求意见座谈会

2016 年 6 月 23 日，市政协委员调研学前教育工作

2016 年 9 月 8 日，市政协委员调研物质文化遗产保护工作

2017 年 11 月 22 日，市政协开展知识产权服务体系专题视察

2018 年 3 月 20 日，市政协开展“推进智慧公安提升便民服务水平”专题调研

2018 年 11 月 23 日，市政协开展厝上溪整治工程建设情况专题视察

2019 年 11 月 21 日，市政协开展峡谷旅游路周边配套设施建设情况专题视察

2020 年 3 月 20 日，市政协召开七届十六次常委会议，听取“疾病预防控制体系建设”工作情况通报并协商建言

2020 年 9 月 23 日，市政协开展农村生活污水治理 PPP 项目建设情况专题视察

1991 年 10 月 8 日，市政协召开各界纪念辛亥革命 80 周年座谈会

2003 年 11 月 29 日，石狮市政协委员之家奠基

2005 年 6 月 10 日，市政协党组召开保持共产党员先进性教育活动座谈会

2009 年 5 月 25 日，市政协召开学习实践科学发展观活动征求意见座谈会

2009 年 9 月 21 日，石狮政协委员活动中心大楼封顶

2010 年 9 月 26 日，市政协召开机关创建精神文明单位动员会议

2012 年 5 月 25 日，市政协举行委员专题培训会

2012 年 9 月 24 日，市政协举办“喜迎党的十八大”书法作品展

2012 年 9 月 24 日，市政协举办“喜迎党的十八大”知识竞赛

2012 年 11 月 8 日，市政协召开委员活动组年度工作座谈会

2013 年 6 月 28 日，市政协机关开展“道德讲堂”活动

2013 年 8 月 23 日，市政协机关赴叶飞故居参观学习

2013 年 11 月 19 日，石狮政协之友书画院成立

2017 年 11 月 28 日，市政协举行《石狮市政协志》编纂委员会第一次会议暨编纂工作启动仪式

2019 年 4 月 28 日，市政协灵秀委员活动组召开“一村两委员”工作制度推进会

2019 年 6 月 14 日，市政协在古田干部学院举办政协委员培训班

2019 年 9 月 19 日，市政协党组召开“不忘初心、牢记使命”主题教育部署会

2019 年 9 月 21 日，市政协举办庆祝中华人民共和国成立 70 周年暨中国人民政治协商会议成立 70 周年“光辉岁月 和谐政协”文艺晚会

2019 年 9 月 23 日，市政协党组及机关前往石狮市“不忘初心、牢记使命”主题教育实践基地观摩学习

2020 年 11 月 10 日，市政协举行石狮政协讲堂揭牌仪式

1991 年 11 月 8 日，市政协组织委员开展扶贫活动

1992 年 2 月 19 日，市政协一届三次会议期间，委员为贫困村前厝重建家园捐款

2013 年 3 月 26 日，市政协机关开展义务植树活动

2013 年 4 月 8 日，市政协机关工作人员赴慈爱老人福利院开展慰问活动

2014 年 1 月 17 日，市政协开展春节“文化卫生下乡”活动

2015 年 6 月 4 日，市政协开展“大山屿海岛生态环境保护”志愿活动

2017 年 8 月 9 日，市政协澳门委员活动组向 25 个开展精神文明创建的社区赠送卫生清洁设备

2017 年 9 月 6 日，市政协蚶江委员活动组走进慈爱老人福利院开展“同心善行”慰问活动

2020 年 2 月 12 日，市政协领导深入疫情防控第一线，看望机关驻村干部并送去防疫物资

2020 年 3 月 6 日，市政协机关服务队开展防疫宣传活动

第一、二届市政协主席
吴彦南
（任职时间：1991.1 — 1999.1）

第三届市政协主席
蔡志从
（任职时间：1999.1 — 2003.3）

第三、四届市政协主席
吴清含
（任职时间：2003.3 — 2005.3）

第四、五届市政协主席
丁家全
（任职时间：2005.4 — 2011.12）

第六届市政协主席
张贻山
（任职时间：2011.12 — 2012.12）

第六届市政协主席
李丽月
（任职时间：2013.5 — 2016.12）

第七届市政协主席
林自育
（任职时间：2016.12 — ）

序

盛世修志，志传永世。《石狮市政协志（1991—2020）》经过 3 年多的辛勤编纂，终于付梓面世，这是我市政协工作史上的一件大事，也是我市政协工作中一件值得庆贺的喜事。

《石狮市政协志（1991—2020）》由石狮市政协第七届委员会主持编写，是对 1991 年 1 月至 2020 年 12 月期间的工作概述。30 年来，石狮市政协始终高举爱国主义、社会主义旗帜，紧扣团结和民主两大主题，围绕党政工作中心，认真履行政治协商、民主监督、参政议政职能，充分发挥建言资政和凝聚共识的作用，为推动石狮市的民主政治建设与经济社会发展做出积极的贡献。

《石狮市政协志（1991—2020）》的修纂，是在 1998 年石狮市政协编印的《石狮市政协志》基础上，按照志书编纂体例，各个篇章围绕政协的性质、任务、主要职能和作用，详作记述。本志书以时间为序，史料真实，脉络清晰，文风朴实，形式规范，是思想性、史料性、科学性的有机统一；以史为鉴，面向未来，以大量丰富翔实的资料数据，多角度地反映我市政协事业的精神风貌、创新之举和经验总结，为促进石狮政协事业发展提供了宝贵的文献资料。

《石狮市政协志（1991—2020）》的修纂工作，及早谋划，精心组织，周密安排，得到历届政协老领导、老同志、委员们以及相关单位的大力支持和无私帮助，在参与此项工作全体同志的共同努力下，确保编纂工作的质量和水平，取得圆满的成绩。在此，谨向支持和参与此志编辑出版的有关单位和同志表示诚挚的谢意！

忆往昔，业绩留史册；望未来，责任重千钧。我们要按照习近平总书记提出的“懂政协、会协商、善议政，守纪律、讲规矩、重品行”重要要求，展现新时代政协委员的新形象，书写新时代人民政协事业的新篇章，为描绘新时代石狮改革发展新画卷做出新贡献。

谨此为序

七届石狮市政协主席　林自育

2020 年 12 月

凡 例

一、本志以马克思列宁主义、毛泽东思想、邓小平理论、“三个代表”重要思想、科学发展观、习近平新时代中国特色社会主义思想为指导，坚持辩证唯物主义和历史唯物主义的立场、观点和方法，记述石狮市政协组织的发展历史。

二、本志记述时间上限为1991年1月，下限至2020年12月。概述和大事记追溯至石狮市政协一届一次会议召开前的筹备时期。

三、本志采用现代汉语、记述文体。正文根据记述内容分类，按时间顺序编写，概述概揽全貌。

四、为行文方便，本志对本会全衔“中国人民政治协商会议福建省石狮市委员会”，简称为“政协石狮市委员会”，或“石狮市政协”“市政协”等。

五、本志中凡涉及本会的机构、职务、会议的称谓，首次出现时用全称，重复出现时用简称，大都略去本会全称，简称为某届某次全委会议、某届某次常委会议、某届某次主席会议。对领导人和委员的称呼，除文件选辑和引文外，一般只称姓名职务，后不赘加“同志”。其他机构、党派、团体简称依此类推。

六、本志数字表述遵守中华人民共和国国家标准《出版物上数字用法》规定。

七、本志资料来自本会历届委员会会议文件、工作总结、工作简报、原始记录等文书档案和当事者或有关部门提供的资料，不再说明出处。

目　录

概　述

1987年12月，国务院批准石狮撤镇建市。1990年7月，中共石狮市委员会决定成立石狮市政协筹备领导小组。苏富达任组长，许民权、蔡明元任副组长。1990年9月，苏富达调离石狮，由中共石狮市委副书记吴彦南接任组长。筹备领导小组广泛征求各界意见，反复酝酿协商，1990年年底经中共石狮市委研究，确定第一届市政协委员推荐名单，决定1991年1月召开石狮市政协一届一次会议。

中共石狮市委切实加强对政协工作的领导。市委在历届市政协都设立党组。吴彦南任一届、二届市政协党组书记，蔡志从接任二届市政协党组书记。蔡志从任三届市政协党组书记，吴清含接任三届市政协党组书记。吴清含任四届市政协党组书记，丁家全接任四届市政协党组书记。丁家全任五届市政协党组书记，张贻山接任五届市政协党组书记。张贻山任六届市政协党组书记，李丽月、林自育相继接任六届市政协党组书记。林自育任七届市政协党组书记。

1996年1月29日、2000年1月18日、2005年9月14日，市委分别召开全市政协工作会议，2020年6月11日，市委召开市委政协工作会议，贯彻中共中央、福建省委、泉州市委重要会议精神和工作部署，推进各时期全市政协工作。出台《中共石狮市委关于进一步加强政协工作的意见》（狮委〔1996〕7号）、《中共石狮市委关于印发〈政协石狮市委员会关于政治协商、民主监督、参政议政的实施办法〉的通知》（狮委〔1996〕8号）、《中共石狮市委贯彻〈中共福建省委关于进一步加强人民政协工作若干问题的决定〉的实施意见》（狮委〔2000〕46号）、《中共石狮市委关于进一步加强新时期人民政协工作的实施意见》（狮委发〔2005〕5号）、《中共石狮市委关于贯彻落实中央、省委和泉州市委关于加强和改进新时代人民政协工作的通知》（狮委〔2020〕28号）等文件，为加强全市政协工作规范化、制度化建设提供制度保障，为政协履职尽责创造良好条件。

历届石狮市政协逐步建立健全组织机构，不断完善界别设置，不断发展壮大委员队伍。第一届市政协设置 19 个界别，共有 103 名委员、20 名常务委员；1991 年 1 月，一届一次会议选举吴彦南为主席，蔡明元、高铭群为副主席；一届二次会议增选许民权为副主席。第二届市政协设置 20 个界别，共有 140 名委员、25 名常务委员。1994 年 1 月，二届一次会议选举吴彦南为主席， 蔡明元、许民权、宋太平为副主席；二届五次会议增选苏文锦、郭丽莲为副主席。第三届市政协设置 19 个界别，共有 188 名委员、29 名常务委员；1999 年 1 月，三届一次会议选举蔡志从为主席，许民权、苏文锦、卢文进、宋太平为副主席；三届三次会议增选王有官为副主席；三届六次会议补选吴清含为主席。第四届市政协设置 20 个界别，共有 200 名委员、31 名常务委员；2004 年 1 月，四届一次会议选举吴清含为主席，佘日杰、王有官、黄章煌、施心新为副主席；四届二次会议补选丁家全为主席。第五届市政协设置 21 个界别，共有 250 名委员、43 名常务委员；2006 年 12 月，五届一次会议选举丁家全为主席，佘日杰、王有官、黄章煌、施心新、吴清木为副主席。第六届市政协设置 30 个界别，共有 247 名委员、44 名常务委员；2011 年 12 月，六届一次会议选举张贻山为主席，黄章煌、施心新、吴清木、吕培榕为副主席；六届二次会议增选李丽月为副主席；六届三次会议补选李丽月为主席。第七届市政协设置 29 个界别，共有 182 名委员、31 名常务委员；2016 年 12 月，七届一次全会选举林自育为主席，郭丽莲、陈贤明、丁东福、陈东华为副主席。

历届石狮市政协依据《中国人民政治协商会议章程》组织召开各种会议，履行职能职责。一届市政协共召开 4 次全会、14 次常务委员会议；二届市政协共召开 5 次全会、31 次常务委员会议；三届市政协共召开 6 次全会、40 次常务委员会议；四届市政协共召开 3 次全会、13 次常务委员会议；五届市政协共召开 5 次全会、25 次常务委员会议；六届市政协共召开 6 次全会、26 次常务委员会议；至 2020 年 12 月，七届市政协共召开 4 次全会，20 次常务委员会议。历届市政协通过召开会议，适时决策重大事项、决定人事任免和协商相关工作。

历届市政协与市政府多次召开联席会议，参加省、泉州市政协有关专题协商，参加泉州市政协组织的市、县（市、区）政协主席工作座谈会，组织召开各类会议，以回顾总结、研讨交流、部署推进政协工作，庆祝或纪念重大历史事件和伟大历史人物，表彰政协系统的先进集体和先进个人。

历届石狮市政协牢牢把握团结、民主两大主题，紧紧围绕服务党政工作中心，在履行政治协商、民主监督、参政议政三个职能方面，组织大量活动，开展大量工作，积极建言献策。在学习、宣传、理论研究和信息工作方面，通过印发简报和发送报刊等学习参考资料，举办专题辅导报告会、讨论会、座谈会等形式，组织委员学习理论，提高素质；通过创办机关刊物，大力宣传委员风采，及时反映各专门委员会、委员活动组的活动情况，交流经验，推动工作，增进委员的相互了解，并以此加强与兄弟政协组织的联系沟通；通过密切与有关国内重要媒体报刊的联系，在相关刊物刊载宣传石狮市政协履行职能的情况；通过举办专题研讨会、学术研讨会，不断扩大石狮市政协的社会影响力。在提案工作方面，通过精心组织委员和政协参加单位撰写、提交较高质量提案，确定并重点督办一批重要提案，提高提案办理工作水平。在经济、教科文卫体、社会与法制、港澳台事务、侨务、民族与宗教、人口资源与环境工作等方面，通过组织一系列课题调研、专项视察、提案督办、专题协商、民主监督、建言献策等履职活动，促成很多民生热点难点问题得以明显改善和妥善解决，有力地助推石狮经济社会事业发展和现代化建设，促进社会和谐。在文史资料工作方面，通过编撰富有地方特色的一系列画册和专辑，视察文物保护单位，开展专题调研，配合福建省、泉州市政协文史资料（研究）委征编专题资料，举办纪念大会、学术研讨会、诗词吟诵会、征文活动、书画摄影作品展等，为石狮优秀传统文化的传承发展添砖加瓦。在联络与指导工作方面，通过召开镇（街道）委员活动组工作座谈会、专门委员会工作会议，开展有关重要提案督办、重要视察考察、重要课题调研、重要专题协商会议等；通过接待并参加全国政协、福建省政协和省外政协，以及泉州及兄弟县（市、区）在石狮的调研、考察、视察，参加省内外政协的横向联系会议等活动，虚心学习借鉴上级政协、兄弟省、市政协的先进工作经验，积极探索新形势下人民政协履行职能的规范化、制度化、程序化建设，推动政协工作新发展。在自身建设方面，通过密切与各民主党派的联系，支持各民主党派和无党派人士参与石狮市委、市政府一系列政策、决策的讨论协商，为政协参加单位履行职责提供平台，创造有利条件；通过加强界别建设，创新界别活动形式，开展适合界别特点和要求的活动，认真探索发挥界别作用的方法和途径，充分调动各界别参政议政的积极性；通过加强政协委员履职平台建设，强化对委员的管理与服务，宣传政协委员中的先进典型，以加强政协委员队伍建设、提高委员队伍整体素质、发挥委员的主体作用；通过适时设立、整合专门委员会，不断推动专门委员会科学化建设，为委员开展经常性的履职活动提供组织保障；通过深化政协机关机构改革，完善办事机构、工作机构、工作制度，加强干部队伍建设，为委员发挥主体作用提供多方面保障；通过加强委员管理制度建设，建立委员履职档案，对委员参加政协例会、提出提案、反映社情民意、参加视察调研、参加联络活动及其他有关活动提出详细的履职规定，同时对依法维护政协委员履职的权利提出具体要求。在扶贫济困方面，通过发动政协机关、政协委员挂钩扶贫、捐赠济困、帮扶少数民族村，为党政分忧，为百姓解难。

历届石狮市政协逐步建立健全相关工作规则、制度，深化政协制度化建设。市政协制定了主席会议工作规则，常务委员会工作规则，专委会工作通则，镇（街道）委员活动组工作管理规定，委员履职积分管理办法，提案工作实施办法等。

历届石狮市政协适时设置、整合政协各委员会及政协机关的常设机构。1991 年 8 月起设立办公室、宣传教育办公室和专门委员会综合办公室（1998 年 12 月更名为专门委员会办公室）。1998 年 12 月，设立台港澳侨联络办公室（2011 年 6 月更名为港澳台侨与民族宗教办公室）。2011 年 6 月设立经济环境与教科文卫办公室、法制提案与学习文史办公室。2011 年 11 月，重新调整设立提案法制办公室、经济资源办公室、教科文卫史办公室、台港澳侨民宗办公室。历届市政协设立各专委会：一届市政协设立学习提案委员会、三胞经济民族宗教委员会、文史教科文卫体委员会。二届至五届市政协设立经济科技委员会、学习提案委员会（后更名为学习提案法制委员）、三胞民族宗教委员会（后更名为台港澳侨联络委员会）、文教卫体委员会、文史资料委员会。六届市政协设立提案法制委员会、经济资源委员会、台港澳侨民宗委员会、教科文卫委员会、文史学宣委员会。2020 年 12 月，七届市政协调整组建专委会，设立提案法制委员会、经济资源委员会、农业和农村委员会、台港澳侨民宗委员会、教科卫体委员会、文化文史和学习委员会。历届市政协成立政协委员活动组：一届、二届市政协设立政协市区第一、第二活动组，政协永宁镇、蚶江镇、祥芝镇委员活动组。1996 年 6 月，将市区第一、第二活动组，按调整后的新行政区划分为凤里街道、湖滨街道、宝盖镇、灵秀镇 4 个活动组。三届市政协新设立政协特邀委员活动组（香港）、政协特邀委员活动组（澳门），政协鸿山镇、锦尚镇委员活动组（2001 年 6 月设立）。四届市政协按各镇（街道）设立政协委员活动组。五届、六届、七届市政协按各镇（街道）设立政协委员活动组外，又增设石狮市政协香港、澳门委员活动组。

石狮市政协在中共石狮市委领导下，以坚实的步伐走过光辉的 30 年。现在正以更加稳健的步伐，沿着中国特色社会主义道路走向更加灿烂的明天。

大事记

1990 年

7 月，中共石狮市委成立石狮市政协筹备领导小组，苏富达任组长，许民权、蔡明元任副组长。

9 月，苏富达调离石狮，市委副书记吴彦南接任组长。

12 月，经市委研究，确定第一届市政协委员名单，定于 1991 年 1 月召开石狮市政协一届一次会议。

1991 年

1 月 24—27 日，市政协一届一次会议召开。会议选举吴彦南为一届市政协主席，蔡明元、高铭群为副主席。

3 月 14—15 日，市政协召开一届一次常委会议。

4 月 11 日，市政协组织政协常委、委员活动组组长视察晋江西滨至石狮下浦出海口排洪设施。

5 月 28 日，市政协召开一届二次常委会议。

6 月 15 日，省政协副主席许集美在石狮检查贯彻落实《中共中央关于坚持和完善中国共产党领导的多党合作和政治协商制度的意见》文件精神情况。

6 月 24 日，市政协、市委群工部联合召开庆祝中国共产党成立 70 周年座谈会。

7 月 9 日，省政协副主席高胡在石狮调研考察公安工作。

8 月 8 日，市政协召开一届三次常委会议。

8 月 8 日，市政协一届二次会议召开。会议增选许民权为一届市政协副主席。

9 月 18 日，市政协召开各界人士学习江泽民总书记“七一”讲话座谈会。

10月7日，全国政协科教委主任周巍峙在石狮视察教育、文化工作。

10月8日，市政协召开各界人士纪念辛亥革命80周年座谈会。

10月30日，市政协、总工会、妇联联合组织部分女政协委员、市直有关单位工会女职工委员视察基层妇委会。

11月6日，市政协召开一届四次常委会议。

1992年

1月6日，市政协召开一届五次常委会议。

1月11日，省政协副主席高胡在石狮视察“三资”企业劳动法规实施情况。

1月22日，市政协召开一届六次常委会议。

2月19—22日，市政协一届三次会议召开。

2月23日，全国政协副主席程思远在石狮参观考察。同日，驻闽全国政协委员考察组在石狮视察。

3月14日，市政协召开一届七次常委会议。

6月30日，市政协、市委统战部联合举行庆“七一”座谈会。

7月23日，市政协召开一届八次常委会议。

8月10—11日，市政协文史科教文卫委开展农村卫生工作情况视察活动。

9月8日，市政协召开一届九次常委会议。

10月9日，市政协文史科教文卫委开展文物保护工作情况视察活动。

10月24日，市政协、市委宣传部、市委统战部联合召开学习中共十四大精神座谈会。

12月7—8日，市政协文史科教文卫委开展《中华人民共和国义务教育法》实施情况视察活动。

1993年

1月3日，市政协召开一届十次常委会议。

3月1日，市政协召开一届十一次常委会议。

3月16—19日，市政协一届四次会议召开。

6月29日，市政协召开一届十二次常委会议。

7月16日，市政协三胞经济民族宗教委组织成员对石狮成片土地开发区进行调研视察。

8月10日，市政协组织部分常委、各委员活动组组长和团市委、市妇联视察市公安局看守所。

11月4日，市政协召开一届十三次常委会议。

11月12日，全国政协常委、全国妇联原副主席黄甘英率全国政协妇青委在石狮调研“三资”企业中女工、青工生产生活状况。

12月6日，全国政协副主席、中共中央统战部部长王兆国在石狮考察。

12月24日，市政协召开一届十四次常委会议。

1994年

1月15—18日，市政协二届一次会议召开。会议选举吴彦南为二届市政协主席，蔡明元、许民权、宋太平为副主席。

1月18日，市政协召开二届一次常委会议。

2月22日，市政协召开二届二次常委会议。

4月5日，市政协经科委视察石狮20万吨自来水工程建设项目。

4月11日，市政协文教卫体委视察永宁、祥芝、蚶江三镇的教育现状及教育附加费的征收和使用情况。

4月12日，市政协经科委视察石狮民营科技企业。

7月4日，市政协文教卫体委视察石狮华侨医院的筹建情况和新华电灌站排水状况。

8月18日，市政协召开二届三次常委会议。

10月18—21日，全国七省（市）十二县（市、区）政协联谊暨经济协作第九次会议在石狮召开。

10月27日，市政协召开二届四次常委会议。

11月7日，市政协文教卫体委视察石狮新建中学、幼儿园及教师公寓的建设情况。

12月23日，市政协召开二届五次常委会议。

1995 年

3 月，全国政协副主席杨汝岱视察石狮黄金海岸旅游度假区。

3 月 2 日，市政协召开二届六次常委会议。

3 月 14—17 日，市政协二届二次会议召开。

5 月 6 日，市政协召开二届七次常委会议。

5 月 19 日，吴彦南率市政协文教卫体委视察石狮中小学爱国主义教育、道德教育和教育“两基”达标情况。

5 月 30 日，市政协文教卫体委视察凤里、湖滨街道办事处文明片区的建设情况。

6 月 15 日，市政协召开二届八次常委会议。

6 月 23 日，吴彦南率市政协经科委视察石狮对台经贸活动情况和台资企业发展状况。

8 月 25 日，市政协召开二届九次常委会议。

8 月 30 日，市政协文教卫体委视察石狮五星村、新华居委会、林边村三个文明片区的建设情况。

10 月 10 日，市政协召开二届十次常委会议。

11 月 7 日，泉州市政协经科委在石狮视察“菜篮子”工程、冬修水利工程和 20 万吨自来水工程建设情况。

11 月 23 日，泉州市政协副主席王文泰在石狮视察“菜篮子”工程建设情况。

12 月 1—3 日，省政协文教卫体委在石狮调研“双休日职工群众的文化生活”情况。

12 月 6 日，许民权率市政协文教卫体委视察石狮六中、七中、八中，石狮市第二实小、第二实幼和私立育青学校。

12 月 18 日，全国政协副主席、中共中央统战部部长王兆国在石狮考察。

12 月 19 日，市政协组织委员视察永宁镇经济、社会工作。

12 月 29 日，市政协召开二届十一次常委会议。

12 月 29 日，市政协组织常委视察市电力联营公司的电力管理和设施建设。

1996 年

1 月 29 日，中共石狮市委召开全市政协工作会议。

2 月 7 日，市政协召开二届十二次常委会议。

3 月 5—8 日，市政协二届三次会议召开。

3 月 12 日，市政协召开二届十三次常委会议。

3 月 14 日，泉州市第七届政协第九次县（市、区）政协主席工作座谈会在石狮召开。

4 月 24 日，省政协副主席周厚稳率调研组在石狮调研“两个文明”建设工作情况。

5 月 8 日，省政协文教卫体委副主任李裕德、陈锐率调研组在石狮调研农村卫生和预防保健工作。

5 月 9 日，市政协召开二届十四次常委会议。

5 月 18 日，全国政协常委刘广运在石狮视察沿海防护林工程建设。

5 月 20 日，市政协、市委统战部联合召开“严打”斗争情况通报会。

6 月 12 日，泉州市政协副主席曾惠华在石狮视察社会治安综合治理情况。

6 月 25 日，市政协三胞民族宗教委视察石狮对台贸易实验点和部分台资企业。

7 月 16 日，市政协文教卫体委开展“如何营造科技人才优势”调研活动。

7 月，泉州市政协副主席曾惠华率泉州市政协委员视察石狮社会治安综合治理和“严打”斗争工作情况。

7 月 22 日，泉州市政协文教卫体委视察石狮食品卫生管理工作情况。

8 月 6 日，泉州市政协副主席张章炳率领泉州市政协文教卫体委在石狮对中小学开展德育工作情况进行调研。

9 月 6 日，市政协召开委员活动组经验交流会。

9 月 13 日，市政协召开二届十五次常委会议。

10 月 10 日，省政协社会法制委副主任韦立率队在石狮开展企业职工“四职教育”和“平等协商，集体合同”制度专项调查。

10 月 18 日，市政协召开二届十六次常委会议。

11 月 12—13 日，泉州市政协主席傅圆圆率驻永春的泉州市政协委员在石狮开展“扶贫奔小康”工作视察活动。

11 月 23 日，全国政协常委李鹿野率领全国政协外事委在石狮考察。

11 月 27 日，市政协召开二届十七次常委会议。

11 月 29—30 日，吴彦南率领驻石狮的泉州市政协委员在永春县视察农村奔小康情况。

12 月 2 日，市委、市政府组织市政协常委视察石狮基础设施“八大项目”建设情况并通报 1996 年经济运行情况。

12 月 17 日，市政协组织常委和经科委视察科技工作。

12 月 23 日，市政协、市委统战部组织政协委员和各界人士视察湖滨街道办事处文明片区的建设情况。

12 月 28 日，市政协、市委统战部组织政协委员和各界人士视察灵秀镇经济、社会工作。

1997 年

2 月 17 日，市政协召开二届十八次常委会议。

2 月 24—27 日，市政协二届四次会议召开。

4 月 7 日，市政协召开二届十九次常委会议。

4 月 30 日，省政协台港澳侨联络委副主任林大穆在石狮调研企业投资软环境情况。

5 月 4 — 6 日，省政协社会法制委副主任韦立率队在石狮开展“家庭伦理道德建设”专题调研。

5 月 31 日，省政协副主席林开钦率队在石狮调研山海协作情况。

6 月 10 日，市政协召开二届二十次常委会议。

6 月 23 日，吴彦南率市政协常委和文教卫体委视察石狮文化体育建设项目。

7 月 22 日，市政协召开社会治安综合治理情况通报会。

8 月 28 日，市政协召开镇（街道）政协委员活动组经验交流会。

9 月 25 日，市政协召开二届二十一次常委会议。

10 月 20 日，全国政协副主席阿沛·阿旺晋美率领全国政协民族和宗教委在石狮考察改革开放、经济发展、民族团结和社会进步等有关情况。

11 月 6 日，出席在泉州市召开的全国部分历史文化名城政协联系会第八次会议的领导和代表在石狮参观考察。

11 月 7 日，许民权率市政协常委和文卫体委视察李子芳故居、黄金海岸度假村、石湖码头、六胜塔等。

12 月 8 日，泉州市政协副主席薛天赐率驻安溪的泉州市政协委员在石狮视察。

1998 年

2 月 18 日，市政协召开二届二十三次常委会议。

3 月 18—21 日，市政协二届五次会议召开。会议增选苏文锦、郭丽莲为二届市政协副主席。

4 月 17 日，市政协组织政协常委、经科委和各镇（街道）政协活动组组长对石狮发展港口经济培育区域性经济特色进行专题调研。

6 月 18—19 日，泉州市政协台港澳侨联络委工作会议在石狮召开。

7 月 7 日，市政协、市委统战部联合组织各民主党派、有关人民团体负责人视察市场整治工作情况。

7 月 20 日，吴彦南、蔡明元率市政协常委视察九龙山市公安局看守所、妇教所和拘役所。

7 月 20 日，市政协召开二届二十八次常委会议。

7 月 24—25 日，泉州市政协第九次县（区、市）主席工作座谈会在石狮召开。

9 月 10 日，泉州市政协副主席张章炳率泉州市政协社会法制委在石狮调研有关维护政协委员权益问题。

9 月 19 日，省政协副主席、民进福建省委会主委林逸视察石狮绿洲读书社、民进石狮支部。

10 月 22 日，市政协召开二届二十九次常委会议。

10 月 27 日，市政协召开二届三十次常委会议。

11 月 3 日，全国政协副主席罗豪才、张克辉率全国政协港澳台侨委在石狮调研海峡两岸交流情况。

11 月 4 日，全国政协副主席杨汝岱在石狮视察。

11 月 5 日，泉州市政协主席傅圆圆、副主席薛天赐率驻德化的泉州市政协委员在石狮视察。

11 月 11 日，中共中央政治局常委、全国政协主席李瑞环在石狮视察。

12 月 1 日，泉州市政协副主席薛天锡率泉州市政协经科委在石狮开展科技与经济结合情况专题调研。

12 月 8 日，市政协召开二届三十一次常委会议。

12 月 27 日，全国政协副主席李贵鲜在石狮调研。

1999 年

1月6—9日，市政协三届一次会议召开。会议选举蔡志从为三届市政协主席，许民权、卢文进、苏文锦、宋太平为副主席。

1月9日，市政协召开三届一次常委会议。

3月20日，市政协召开三届二次常委会议。

3月22—25日，省政协文教卫体委工作座谈会在石狮召开。

4月14日，泉州市政协副主席叶聪敏在石狮调研发展高中阶段教育问题。

4月27日，省政协社会法制委员会副主任李联明在石狮调研社会保障问题。

5月7日，市政协召开三届三次常委会议。

6月16—17日，全国政协社会法制委副主任王大明在石狮就劳动就业体制、机制进行专题调研。

8月11日，蔡志从、许民权率市政协常委、学习提案法制委及各民主党派负责人视察石狮“110”社会联动工作情况。

9月29日，市政协召开庆祝中华人民共和国成立50周年、中国人民政治协商会议成立50周年座谈会。

9月30日，市政协、市委统战部、民盟石狮支部、市书画协会联合举办庆祝中华人民共和国成立50周年、中国人民政治协商会议成立50周年书画展。

12月9日，许民权率市政协常委和文教卫体委调研石狮实施素质教育情况。

12月30日，市政协召开三届五次常委会议。

2000 年

1月18日，中共石狮市委召开全市政协工作会议。

1月26日，市政协召开三届六次常委会议。

2月15—17日，市政协三届二次会议召开。

3月8日，市政协召开三届七次常委会议。

4月11日，省政协经济科技委员会副主任尤珩、孙新峰在石狮调研渔港建设及港务管理的情况。

4月12日，泉州市政协副主席薛天锡率泉州市政协经科委和华侨大学工商系有关领导、专家在石狮开展“十五”计划有关课题调研活动。

4 月 18 日，市政协召开三届八次常委会议。

4 月 22 日，省政协经科委副主任王振生在石狮调研高新技术产业发展状况。

6 月 7 日，市政协召开三届九次常委会议。

6 月 29 日，蔡志从、许民权率市政协委员视察九龙山看守所。

7 月 27 日，市政府与市政协召开联席会议。

8 月 29 日，市政协召开三届十次常委会议。

8 月 30 日，市政协与各民主党派举行座谈会，探讨市政协领导挂钩联系民主党派制度。

9 月 1 日，泉州市政协副主席、中共泉州市委统战部部长何国栋率检查组在石狮检查落实省委加强政协工作情况。

10 月 19 日，市政协召开三届十一次常委会议。

11 月 3 日，许民权、苏文锦率市政协常委、学习提案法制委和政协凤里活动组开展鸳鸯池公园治安情况专题调研。

11 月 14 日，市政协召开三届十二次常委会议。

11 月 30 日—12 月 1 日，泉州市政协副主席张贻伦率驻永春的泉州市政协委员在石狮开展视察活动。

2001 年

1 月 8 日，市政协召开三届十三次常委会议。

1 月 11 日，市政协召开三届十四次常委会议。

1 月 13 日，市政协举行《海内外石狮人书画集》首发式。

1 月 14—16 日，市政协三届三次会议召开。会议增选王有官为三届市政协副主席。

3 月 20 日，卢文进率市政协文史委在永宁下宅调研。

3 月 21 日，省政协学习宣传委副主任许和农、潘心雄在石狮开展“增进公民道德建设实效性”课题调研。

4 月 3 日，许民权率市政协台港澳侨联络委到子英医院进行视察调研。

4 月 4 日，市政协召开三届十五次常委会议。

4 月 4 日，市政协组织常委视察石狮市新建 22 万伏变电站。

4月11日，许民权、苏文锦、王有官率市政协常委、各民主党派负责人、文教卫体委视察石狮日报社和石狮市少年儿童体育学校。

4月23日，全国政协副主席万国权在石狮视察运输市场和整顿规范市场经济秩序情况。

5月15—16日，省政协主席陈明义率省政协文教卫体委在石狮调研社会力量办学情况。

5月27日，蔡志从、许民权、苏文锦、王有官在祥芝镇开展贯彻“三个代表”重要思想调研活动。

5月27日，市政协祥芝委员活动组成立。

5月29日，省政协提案委副主任叶榕生督办“为提高防灾减灾能力，石狮市应加快气象现代化建设步伐”提案。

6月4日，蔡志从、许民权到联邦工业园调研。

6月7日，市政协鸿山委员活动组成立。

6月13日，市政协锦尚委员活动组成立。

6月19日，省政协经科委副主任沈继武在石狮调研民营企业发展状况。

6月27日，市政协、市委统战部联合举行市各界人士座谈会，庆祝中国共产党成立80周年。

7月5日，市政协召开全市委员活动组工作座谈会。

7月6—7日，全国政协副主席周铁农在石狮考察海洋资源、海洋环保等情况。

7月13日，市政协召开三届十六次常委会议。

7月25日，市政协文教卫体委召开素质教育研讨会。

8月6日，市政协召开三届十七次常委会议。

8月8日，省政协办公厅副主任王健，省政协科技委员会副主任王振生、钱匡武及各地（市）政协主席在石狮考察民营经济发展状况。

8月15日，许民权、王有官率市政协常委和文教卫体委在鸿山镇、锦尚镇调研计生工作。

8月18日，许民权率市政协常委、政协湖滨活动组视察湖滨街道为民办实事项目。

8月20日，泉州市政协副主席刘佳景、何融融和中共泉州市委统战部副部长陈桂民在石狮检查《中共福建省委关于进一步加强人民政协工作若干问题的决定》文件的贯彻落实情况。

8月21日，泉州市政协主席傅圆圆在石狮视察沿海大通道建设情况。

8月23日，许民权、卢文进、王有官率市政协常委、学习法制提案委到市公安局刑警大队、湖滨派出所、凤里派出所视察严打整治斗争情况。

11月1日，苏文锦、王有官率市政协常委、文教卫体委到石狮广播电视台、花园城、宝盖镇调研。

11月6日，市政协召开三届十八次常委会议。

11月22日，泉州市政协副主席陈秋菊率泉州市政协提案委、台港澳侨联络委在石狮调研环保部门行风建设情况。

11月23日，全国政协副主席任建新在石狮考察。

11月26—27日，泉州市政协主席傅圆圆率驻泉港的泉州市政协委员在石狮开展视察活动。

12月17日，全国政协副主席张思卿在石狮考察。

12月30日，市政协召开三届十九次常委会议。

2002年

1月14日，市政协召开三届二十次常委会议。

1月18—21日，市政协三届四次会议召开。

2月2日，市政协召开三届二十一次常委会议。

3月1日，市政协召开各镇（街道）委员活动组工作会议。

3月19日，市政协召开三届二十二次常委会议。

3月26日，王有官率市政协文教卫体委和经科委视察环卫工作。

4月2日，市政协召开三届二十三次常委会议。

4月11日，王有官率市政协常委和政协鸿山活动组在鸿山镇开展农村教育视察调研活动。

4月22日，王有官率市政协文教卫体委、经科委调研石狮环境卫生工作。

5月9日，省政协经科委副主任林思翔在石狮开展“发展农村各类中介组织”调研。

6月12日，市政协召开三届二十四次常委会议。

6月19日，蔡志从、许民权、苏文锦、卢文进率市政协常委、文教卫体委视察石狮市医院医风医德建设情况。

6月25日，市政协召开三届二十五次常委会议。

7月23日，市政协召开三届二十六次常委会议。

7月30日，王有官率市政协文史委视察姑嫂塔、六胜塔及林銮渡申报世遗情况。

8月14日，市政协召开三届二十七次常委会议。

8月20日，市政协三届五次会议召开。

8月29日，泉州市政协副主席何融融、陈敬聪、林玉莲在石狮就治理“餐桌污染”情况进行调研。

9月4—7日，中共泉州市委常委、石狮市委书记、市长李建国率队赴深圳与石狮籍政协港澳委员及部分旅港澳乡贤举行座谈会，并参观考察石狮籍乡亲在深圳的企业。蔡志从参加活动。

9月24日，市政协召开三届二十八次常委会议。

9月27—28日，泉州市九届政协第六次县（区、市）政协主席工作座谈会在石狮召开。

10月9日，泉州市政协副主席陈敬聪、陈秋菊率泉州市政协港澳委员在石狮视察。

11月1日，出席在泉州市召开的八省（区）十市政协横向联系会的代表在石狮参观考察。

11月19日，市政协召开三届二十九次常委会议。

11月20日，许民权、苏文锦、王有官率市政协常委、文教卫体委、台港澳侨联络委视察社会办学情况。

11月22日，市政协召开三届三十次常委会议。

11月22日，市政协常委视察石狮市企业服务中心，调研企业服务中心运作情况。

11月25日，许民权、王有官率市政协常委、市政协经科委视察调研石狮市科技企业。

12月3日，许民权、卢文进、王有官率市政协台港澳侨联络委视察大帝集团公司、大信雨具公司等台资企业。

12月9日，卢文进率市政协常委、学习提案委对市政协三届四次会议重点提案办理情况进行视察。

12月30日，泉州市政协副主席刘佳景率驻石狮的泉州市政协委员视察石狮码头港口建设和经营情况。

2003 年

1 月 25 日，蔡志从、卢文进率市政协常委参加法院工作座谈会。

2 月 19 日，市政协召开三届三十一次常委会议。

3 月 3 日，市政协召开三届三十二次常委会议。

3 月 5 日，市政协召开三届三十三次常委会议。

3 月 12 日，市政协三届六次会议召开。会议补选吴清含为三届市政协主席。

4 月 1 日，市政协召开三届三十四次常委会议。

4 月 10 日，省政协副主席苍震华在石狮开展“如何公正对待农民工”专题调研。

4 月 10 日，省政协经科委副主任卓超在石狮开展“农村工业化”专题调研。

4 月，市政协经科委、市总商会联合开展民营企业调研活动。

4 月 24 日，泉州市政协主席傅圆圆在石狮调研外贸出口及通关环境情况。

4 月 29 日，王有官率市政协常委、文教卫体委视察石狮爱国卫生工作情况。

5 月 8 日，市政协召开三届三十五次常委会议。

6 月 9 日，市政协召开三届三十六次常委会议。

6 月 24 日，苏文锦、王有官率市政协文教卫体委视察石狮“三馆一场”建设进展情况。

6 月 25 日，泉州市政协副主席陈敬聪视察泉州港务局石湖码头、石狮梅林码头。

7 月 22 日，泉州市政协副主席刘佳景率泉州市法院、司法局、政协专委办等在石狮调研人民调解委员会规范化建设情况。

8 月 11 日，市政府与市政协召开联席会议。

8 月 15 日，市政协经科委召开石狮制造业信息化调研座谈会。

9 月 12 日，市政协召开三届三十七次常委会议。

9 月 12 日，市政协常委视察凤里街道办事处、林边社区基层调解委员会。

9 月 28 日，吴清含、许民权、卢文进率市政协常委、文教卫体委视察石狮流动人口计生管理工作。

11 月 4 日，市政协组织驻石狮的泉州市政协委员、石狮市政协常委视察石狮服装城重点建设项目。

11 月 12 日，市政协召开三届三十八次常委会议。

11 月 14 日，泉州市政协主席傅圆圆，副主席刘佳景、陈敬聪、陈秋菊率泉州市政协委员在石狮视察沿海大通道建设情况。

11月29日，石狮市政协委员之家奠基。

11月29日，全国政协副主席张克辉在石狮考察调研。

12月3日，泉州市政协副主席叶聪敏、王仁杰率泉州市政协委员在石狮视察经济社会发展情况。

12月16日，市政协召开三届三十九次常委会议。

12月26日，市政协召开三届四十次常委会议。

2004年

1月1—4日，市政协四届一次会议召开。会议选举吴清含为四届市政协主席，佘日杰、王有官、黄章煌、施心新为副主席。

1月4日，市政协召开四届一次常委会议。

1月28日，全国政协副主席罗豪才在石狮考察。

2月10日，市政协召开四届二次常委会议。

3月11日，省政协经科委在石狮开展“加快发展中心城市”课题调研。

3月23日，市政协召开四届三次常委会议。

4月9日，市政协举办学习贯彻全国“两会”精神培训讲座。

4月20日，市政协召开“关于加快产业结构优化与升级”专题调研座谈会。

4月21日，佘日杰、王有官、黄章煌率市政协委员视察石狮文体中心建设情况。

4月22日，省政协副主席陈家骅在石狮开展“壮大主导产业及其产业集群”课题调研。

4月22日，市委、市政协联合举办《中国人民政治协商会议章程（修正案）》讲座。

5月28日，市政协召开“提升民营经济发展水平”专题调研座谈会。

7月8日，黄章煌率市政协文教卫体委视察石狮医药市场情况。

8月2日，市政协召开四届四次常委会议。

8月20日，丁家全、施心新对石湖港区进行调研视察。

9月14日，市政府与市政协召开联席会议。

9月17日，石狮召开庆祝中国人民政治协商会议成立55周年纪念大会。

9月27日，市政协举办庆祝“中国人民政治协商会议成立55周年”灯谜竞猜活动。

9 月 30 日，市政协召开四届五次常委会议。

11 月 4 日，市政协组织市政协常委、驻石狮的泉州市政协委员视察石狮服装城重点建设项目。

11 月 12 日，王有官、黄章煌、施心新率市政协常委、文教卫体委视察石狮市中小学危房改造工作。

11 月 16 日，市政协举办党的十六届四中全会精神和政协有关知识培训讲座。

11 月 18 日，市政协文教卫体委、市华侨医院联合开展送医、送药活动。

11 月 19 日，佘日杰、王有官、许民权率市政协学习提案法制委视察市看守所、市社会福利中心基地及临时孤儿院，督办重点提案承办情况。

11 月 30 日，上海市政协主席蒋以任、副主席黄关从率驻上海的全国政协委员考察团在石狮考察外向型经济、区域经济、优势产业的发展情况。

12 月 9 日，泉州市政协主席傅圆圆、副主席刘佳景率泉州市政协委员在石狮视察。

12 月 17 日，市政协召开信息员聘任会并举办培训讲座。

2005 年

1 月 25 日，市政协召开各镇（街道）委员活动组工作会议。

2 月 23 日，市政协召开四届六次常委会议。

3 月 24 日，市政协召开四届七次常委会议。

4 月 6 日，市政协四届二次会议召开。会议补选丁家全为四届市政协主席。

4 月 18 日，全国政协副主席张思卿、阿不来提·阿不都热西提在石狮参加第八届海博会。

4 月 19 日，全国政协副主席张思卿在石狮视察民营企业。

5 月 10 日，省政协副主席王钦敏在石狮调研海洋经济发展情况。

5 月 23 日，丁家全、佘日杰、王有官率市政协常委、市政协学习提案法制委对 2004 年度部分重点提案办理情况进行回访复查。

6 月 8 日，王有官率市政协委员视察宝盖山生态文化公园、灵秀山森林公园建设情况。

7 月 4 日，市政协组织政协常委听取法院工作情况通报。

7 月 4 日，市政协召开四届八次常委会议。

7月26日，市政协召开各镇（街道）委员活动组联席会议。

8月2日，丁家全、佘日杰、王有官率各专委会主任和政协委员视察石狮日报社。

8月18日，市政协召开四届九次常委会议。

9月2日，省政协主席陈明义率驻闽全国政协委员视察团在石狮视察。

9月8日，丁家全、佘日杰、王有官率市政协文教卫体委视察石狮市基层卫生院工作情况。

9月14日，中共石狮市委召开全市政协工作会议。

10月9日，市政协组织政协常委、专委会主任和各民主党派负责人，听取市财政局工作通报。

10月19日，市政协组织政协常委、各专委会主任视察市检察技术综合大楼建设情况，听取检察工作情况通报。

10月25日，佘日杰、黄章煌率市政协常委、文史委视察石狮市档案大楼和博物馆工程进展情况。

10月28日，全国政协副主席张克辉在石狮视察。

11月10日，丁家全、佘日杰、王有官、黄章煌、施心新率市政协常委、经科委视察市工商局和国税局。

11月11日，全省文史资料工作座谈会代表在石狮参观考察。

11月23日，丁家全、佘日杰、施心新率市政协台港澳侨联络委成员和活动组视察石狮少数民族村建设。

12月1日，泉州市政协副主席刘佳景率驻石狮的泉州市政协委员在石狮开展年度视察活动。

12月9日，泉州市政协副主席叶聪敏、刘佳景、郑今奋、林玉莲率驻泉州市区的泉州市政协委员在石狮开展视察活动。

12月14日，市政协举办“如何当好政协委员”培训讲座。

12月20日，省政协副主席潘心城在石狮调研企业诚信文化建设。

12月28日，市政协召开四届十次常委会议。

2006年

1月11—13日，市政协四届三次会议召开。

2月20日，市政协召开四届十一次常委会议。

3月20日，泉州市政协副主席陈敬聪在石狮开展建设社会主义新农村专题调研。

4月5日，省政协副主席叶家松在石狮调研海洋防灾减灾工作。

4月6日，市政协召开“推进社会主义新农村建设”调研工作会议。

4月12日，省政协副主席苍震华率省政协社会和法制委、省公安厅在石狮开展禁毒工作调研活动。

4月26日，中共石狮市委、市政协联合举办“学习贯彻《关于加强人民政协工作的意见》精神”专题讲座。

5月18日，佘日杰、王有官、吴清木率市政协文教卫体委视察石狮市计生黄牌、单列村（社区）计生工作。

6月23日，泉州市政协主席林荣取，副主席何国栋、陈敬聪率泉州市政协委员在石狮视察旅游业发展情况。

6月29日，省政协副主席、省科技厅厅长王钦敏在石狮调研科技工作。

7月4日，泉州市政协第十七次县（市、区）政协主席工作座谈会在石狮召开。

8月2日，中共石狮市委、市政府、市政协联合召开市政协关于社会主义新农村调研成果汇报会。

8月16日，丁家全、佘日杰、王有官、施心新率市政协委员视察市疾病预防控制中心建设情况，并召开石狮市新农村建设医疗卫生情况通报会。

9月6—7日，省政协经济科技委副主任林方磊、吴德厚在石狮调研建设海峡西岸经济区、社会主义新农村、和谐社区情况。

9月26日，省政协文教卫体会主任林景华在石狮调研职业教育发展情况。

10月13日，泉州市政协主席林荣取、副主席郑增辉率泉州市政协泉州港口建设视察团在石狮开展视察活动。

11月14日，市政协召开四届十二次常委会议。

12月4日，市政协召开四届十三次常委会议。

12月8日，市政协举办政协委员培训。

12月10—13日，市政协五届一次会议召开。会议选举丁家全为五届市政协主席，佘日杰、王有官、黄章煌、施心新、吴清木为副主席。

2007 年

1 月 17 日，市政协召开五届一次常委会议。

3 月 29 日，市政协召开“解决企业招工难问题”座谈会。

4 月 7 日，全国政协港澳台侨委副主任何少川在石狮调研。

4 月 9 日，泉州市政协副主席吴共湖、陈铭福在石狮调研少数民族村经济建设情况。

4 月 11 日，王有官、吴清木率市政协文教卫体委调研市医院、市妇幼保健院的人才引进、医疗设备使用管理和基础设施建设等情况。

4 月 12 日，泉州市政协主席林荣取，副主席陈敬聪、许连捷、吴共湖、陈元殿、陈立德、骆沙鸣、王祖耀在石狮视察部分重点建设项目。

4 月 25 日，市政协举办“政协提案”专题讲座。

5 月 10 日，全国政协机关事务管理局副巡视员程瑾、国家卫生部保健局副局长李宁在石狮考察。

5 月 16 日，王有官、吴清木率市政协学习提案法制委视察市看守所。

5 月 17 日，市政协召开各镇（街道）委员活动组工作会议。

5 月 18 日，省政协副主席陈家骅在石狮调研。

6 月 6 日，丁家全、佘日杰、王有官、吴清木率驻石狮的泉州市政协委员和部分石狮市政协委员视察蚶江镇水头村近海环境污染情况。

6 月 12 日，泉州市政协副主席陈敬聪率泉州市经科委在石狮开展“加大环保力度、促进人与自然和谐”专题调研。

6 月 13 日，丁家全、王有官、吴清木率市各民主党派负责人、市政协学习提案法制委开展交通综合整治工作专题调研活动。

6 月 21 日，泉州市政协副主席陈元殿、王祖耀在石狮调研义务教育均衡发展情况。

6 月 28 日，省政协主席梁绮萍，副主席叶家松带领华东六省一市第十四次政协工作座谈会代表在石狮参观考察。

7 月 20 日，市政协召开五届二次常委会议。

7 月 24 日，省政协副主席苍震华率工会、共青团、青联、妇联、社科界省政协委员视察团在石狮调研“依法维护残疾人权益，努力促进残疾人就业”工作。

8 月 9 日，泉州市政协研究室主任王伟明、副主任胡毅雄在石狮调研镇（街道）政协委员活动组的工作情况。

8 月 9 日，市政协举办政协委员培训会。

8 月 31 日，丁家全、佘日杰、王有官、吴清木率市政协文教卫体委视察石狮市医药卫生市场情况。

9 月 7 日，泉州市政协副主席傅福荣在石狮调研数字电视平移工作。

9 月 7 日，泉州市政协副主席吴共湖率泉州市政协民宗界委员在石狮视察宗教活动场所。

9 月 28 日，市政协召开五届三次常委会议。

10 月 26 日，施心新率市政协常委、经济科技委视察石狮市社会主义新农村建设情况。

10 月 27 日，泉州市政协副主席陈立德率驻石狮的泉州市政协委员在石狮开展视察活动。

11 月 8 日，市政协召开五届四次常委会议。

11 月 8 日，市政府与市政协召开联席会议。

11 月 18 日，省政协副主席黄瑞霖在石狮考察《收藏快报》和东方收藏馆。

11 月 23 日，王有官率市政协常委、学习提案法制委、部分提案人开展提案办理情况回访活动。

11 月 30 日，泉州市政协副主席陈元殿率泉州市政协文教卫体委在石狮视察农村医疗卫生工作情况。

11 月 30 日至 12 月 1 日，丁家全、佘日杰、施心新出席在广东珠海举行的石狮市政协澳门委员活动组座谈会。

12 月 15 日，丁家全率驻石狮的泉州市政协委员视察石狮日报社和东方收藏馆。

12 月 19 日，市政协召开五届五次常委会议。

12 月 29 日至 2008 年 1 月 1 日，市政协五届二次会议召开。

2008 年

1 月，市政协举行《石狮民俗》专辑首发式。

2 月 28 日，市政协召开五届六次常委会议。

3 月 18 日，丁家全、佘日杰、施心新视察将军山垃圾处理厂建设情况。

3 月，市政协经科委开展加快石狮市物流业发展主题调研。

4月25日，泉州市政协主席林荣取在石狮视察新农村建设情况。

5月9—12日，吴清木率市政协文教卫体委调研石狮市学前教育事业发展情况。

5月28日，丁家全、王有官、吴清木率市政协学习提案法治委开展道路交通相关提案回访复查活动。

5月30日，丁家全、佘日杰、王有官、吴清木率市政协文教卫体委开展“打击‘两非’工作、综合治理出生人口性别比失衡问题”专项视察活动。

6月19日，市政协召开“加强公安边防、交警协警、护村队员规范管理”调研会。

8月1—7日，丁家全、王有官、吴清木率市政协学习提案法制委开展法院执行工作专项视察、调研活动。

8月1日，市政协召开信息工作座谈会。

8月5日，市政协召开五届七次常委会议。

8月15日，市政协《庆祝建市20周年暨石狮市政协成立18周年纪念册》出版。

8月20日，丁家全、佘日杰、吴清木率市政协文教卫体委视察石狮市体育场馆设施运行情况。

9月11日，市政协举行新委员培训。

9月11日，佘日杰、王有官率市政协港澳委员视察石湖港区、石狮服装城、石狮市政协委员之家。

9月18日，省政协副主席陈芸在石狮视察流动人口服务和管理工作。

9月26日，市政协召开五届八次常委会议。

11月6日，丁家全、王有官、吴清木率市政协学习提案法制委开展提案回访复查活动。

11月13日，丁家全、王有官、吴清木率市政协文教卫体委视察石狮市社区卫生服务中心工作情况。

11月14日，驻丰泽的泉州市政协委员在石狮开展视察活动。

12月5日，泉州市政协副主席陈敬聪率驻惠安的泉州市政协委员在石狮开展视察活动。

12月10日，泉州市政协副主席吴共湖、傅福荣、陈立德率泉州市直的泉州市政协委员在石狮开展视察活动。

12月18日，市政协召开五届九次常委会议。

2009 年

1 月 15 日，市政协召开五届十次常委会议。

2 月 10—13 日，市政协五届三次会议召开。

3 月 18 日，市政协组织政协委员到石狮海关开展调研活动。

3 月 26 日，市政协召开五届十一次常委会议。

3 月 26 日，市政协组织政协常委视察协盛协丰纺织工业园、鸿山热电厂等重点建设项目的进展情况。

4 月 2 日，市政协召开学习实践科学发展观活动动员大会。

4 月，市政协经科委、市总商会联合开展“如何加大中小企业扶持力度，促进民营经济平稳较快发展”专题调研。

5 月 7 日，市政协召开年度调研课题情况汇报会。

5 月 25 日，市政协召开学习实践科学发展观活动征求意见座谈会。

5 月 26—27 日，省政协副主席邓力平在石狮开展“加强农村环境整治，促进新农村建设”专题调研。

6 月 10 日，丁家全、吴清木率市政协文教卫体委和政协湖滨活动组视察石狮市旅游工作。

6 月 18 日，泉州市政协主席林荣取在石狮视察调研。

6 月 25 日，市政协召开五届十二次常委会议。

6 月 25 日，市政协组织政协常委视察凤里派出所、市公安局拘留所、看守所、防暴训练基地。

7 月 8 日，泉州市政协经科委工作联席会议在石狮召开。

7 月 16 日，丁家全、王有官、吴清木率市政协文教卫体委视察石狮市食品安全监管情况。

7 月 17 日，王有官率市政协学习提案法制委到市法院参加庭审观摩活动。

7 月 29 日，市政协召开全市政协系统反映社情民意信息工作座谈会。

9 月 3 日，市政协台港澳侨联络委召开童装产业调研座谈活动。

9 月 17 日，市政协举行庆祝中国人民政治协商会议成立 60 周年书画摄影作品联展。

9 月 17 日，市政协召开五届十三次常委会议。

9 月 21 日，市政协举行石狮市政协委员活动中心大楼封顶仪式。

9 月 24 日，市政协召开五届十四次常委会议。

10 月 14 日，市政协举办交通安全知识讲座。

10 月 19 日，丁家全、王有官率市政协学习提案法制委开展 2009 年度提案回访复查活动。

11 月 4 日，泉州市政协副主席陈敬聪率泉州市政协农林水界别委员视察团在石狮开展社会主义新农村建设和发展现代农业视察活动。

11 月，施心新率市政协经科委开展“如何加快石狮市水产品深加工业”专题调研。

11 月 25 日，泉州市政协副主席陈立德率驻石狮的泉州市政协委员视察石狮市重点工程、为民办实事项目进展情况。

12 月 16 日，市政府与市政协联席会议召开。

12 月 18 日，市政协召开五届十五次常委会议。

12 月 21 日，市政协召开专委会、政协委员活动组工作座谈会。

12 月 28—31 日，市政协五届四次会议召开。

2010 年

1 月 6 日，丁家全、佘日杰、施心新、吴清木率市政协委员调研石狮市电力公司工作。

1 月 20 日，市政协听取市公安局专题工作通报。

3 月 12 日，市政协召开五届十六次常委会议。

3 月 12 日，市政协组织政协常委视察电力公司建设情况。

4 月 8 日，市政协听取市人民法院执行工作通报。

4 月 29 日，丁家全、吴清木率市政协文教卫体委开展优化石狮中心城区学校资源配置调研活动。

5 月 6 日，丁家全、吴清木率市政协文教卫体委开展石狮市中心城区学校校安工程和校园安全调研活动。

5 月 12 日，省政协社会法制委副主任江爱华、省武警消防总队副队长陈明光在石狮开展“基层消防基础工作”调研。

5 月 13 日，泉州市政协副主席陈敬聪在石狮视察沟渠建设和海产品加工情况。

5 月 23 日，全国政协文史和学习委员会副主任卞晋平率全国政协文史和学习委在石狮考察海峡西岸经济区经济与文化发展情况。

6月3日，泉州市政协副主席骆沙鸣在石狮调研民营企业发展状况。

6月7日，泉州市政协副主席傅福荣调研石狮市电力公司生产经营情况。

6月9日，丁家全、佘日杰、吴清木率市政协台港澳侨联络委到福建出入境检验检疫局石狮办事处调研。

6月10日，省政协人口资源环境委员会主任张学梅率省政协委员视察团在石狮视察近岸海域环境状况。

6月11日，市政协召开五届十七次常委会议。

7月1日，全国政协副主席阿不来提·阿不都热西提在石狮考察。

7月2日，市政协召开推进基本公共卫生服务项目实施情况调研座谈会。

7月28日，丁家全、王有官、施心新、吴清木率市政协学习提案法制委视察石狮市“五五”普法工作开展情况。

8月4日，市政协召开社情民意信息工作座谈会。

8月6日，丁家全、施心新率市政协经科委开展“做大做强以石狮服装城为中心的商贸圈”调研活动。

9月16日，市政协五届十八次常委会议召开。

9月29日，丁家全、王有官、吴清木率市政协学习提案法制委开展提案办理回访复查活动。

10月19日，泉州市政协副主席吴共湖、陈铭福率调研组在石狮开展“泉台农业产业对接”调研。

10月20日，泉州市政协副主席陈敬聪在石狮调研小城镇建设。

11月4日，泉州市政协副主席陈元殿率驻德化的泉州市协政委员在石狮开展视察活动。

11月10日，泉州市政协副主席吴共湖、苏小青、陈元殿、骆沙鸣、陈铭福、王祖耀率泉州市直的泉州政协委员在石狮开展视察活动。

12月2日，市政协召开镇（街道）委员活动组工作座谈会。

12月15日，市政府与市政协召开2010年联席会议。

12月27日，市政协文教卫体委召开创建“教育强市”专题调研座谈会。

12月28日，市政协召开五届十九次常委会议。

12月29日，泉州市政协暨各县（市、区）政协社会和法制工作座谈会在石狮召开。

2011 年

1 月，王有官率市政协学习提案法制委到市法院视察法院执行工作。

1 月 7—10 日，市政协五届五次会议召开。

3 月 10 日，泉州市政协主席杨俊峰、副主席陈元殿在石狮调研。

3 月 24 日，市政协召开五届二十次常委会。

4 月 1 日，丁家全、吴清木率市政协文教卫体委视察民办高校的发展情况。

4 月 20 日，丁家全、王有官、吴清木、吴清含率市政协学习提案法制委开展视察重要提案办理情况活动。

5 月 12 日，施心新率市政协经济科技委开展“发挥工业园区载体作用，推动产业集群优化升级”调研活动。

6 月 8 日，市政协召开五届二十一次常委会。

6 月 9 日，泉州市政协副主席陈立德在石狮开展“创新社会管理，发挥社会组织化解矛盾促进稳定的作用”调研活动。

6 月 29 日，市政协召开五届二十二次常委会。

7 月 21 日，市政协召开五届二十三次常委会。

7 月 27 日，泉州市政协副主席吴共湖在石狮调研少数民族村文化基础设施建设情况。

7 月 28 日，泉州市政协副主席骆沙鸣在石狮调研公租房建设情况。

9 月 20 日，市政协台港澳侨联络委视察侨捐工程。

9 月 22 日，佘日杰、王有官率市政协学习提案法制委开展提案办理回访复查活动。

10 月，市政协举行“纪念辛亥革命 100 周年、石狮市政协成立 20 周年”书画摄影作品展。

11 月 11 日，福建医科大学副校长林建华率福建医科大学省政协委员在石狮开展“县级医疗机构改革进展情况”调研。

11 月 22 日，泉州市政协党组成员王瑞强率驻石狮的泉州市政协委员在晋江开展视察活动。

11 月 23 日，市政协召开五届二十四次常委会议。

11 月 29 日，省政协经济委副主任张金水率省政协经济界委员调研组在石狮开展“发挥税收职能作用，促进经济发展方式转变”课题调研。

12月7日，市政协召开五届二十五次常委会议。

12月9日，市政协举办“珍惜委员荣誉，履行委员职责”专题培训。

12月13—16日，市政协六届一次会议召开。会议选举张贻山为六届市政协主席，黄章煌、施心新、吴清木、吕培榕为副主席。

12月29日，市政协召开会议听取市纪委纪检监察工作情况通报。

2012年

1月26日，全国政协副主席阿不来提·阿不都热西提在石狮考察。

2月24日，市政协召开六届一次常委会议。

2月24日，市政协组织政协常委视察市公安局训练基地和办案中心。

3月14日，施心新、吴清木、吕培榕率市政协经济资源委视察石狮市交通运输基础设施重点项目和节点工程施工情况。

3月29日，黄章煌率市政协教科文卫委调研石狮市外来务工人员子女就学现状。

4月12日，市政协召开六届二次常委会议。

4月26日，泉州市政协副主席许连捷在石狮调研。

5月10日，吴清木率市政协提案法制委开展道路交通管理暨重点提案办理工作视察活动。

5月11日，泉州市政协副主席李冀平在石狮调研。

5月17日，泉州市政协第十一次县（市、区）政协主席工作座谈会在石狮召开。

5月25日，市政协举办“发挥‘三个作用’，努力当好委员”专题培训。

5月30日，泉州市政协副主席王瑞强在石狮视察宗教场所和少数民族村新农村建设情况。

6月12日，省政协社会法制委副主任黄家铭在石狮开展“加强依法治理、推进道路交通安全法制建设”专题调研。

6月15日，全国政协副主席张榕明在石狮参观考察。

7月19日，泉州市政协副主席李冀平在石狮调研。

7月20日，泉州市政协副主席吴共湖率泉州市政协人口资源环境委在石狮视察贯彻落实省人口与计划生育条例情况。

7月24日，省政协主席梁绮萍，省政协副主席兼秘书长张燮飞，省政协副主席、省委统战部部长雷春美在石狮参观考察闽南理工学院。

7 月 26 日，黄章煌率市政协教科文卫委开展石狮市创建全国卫生城市专题调研活动。

8 月 29 日，吴清木、王有官率市政协提案法制委视察石狮市“六五”普法工作情况。

9 月 7 日，泉州市政协副主席吴共湖、陈益在石狮开展“泉州环湾生态城市建设”课题调研。

9 月 13 日，黄章煌率市政协教科文卫委视察石狮市文化产业发展情况。

9 月 21 日，省政协教科文卫体委副主任叶顺煌率省政协科协界委员调研组在石狮开展科普场馆建设调研。

9 月 24 日，市政协举行“喜迎党的十八大”书法作品展及知识竞赛活动。

9 月 28 日，市政协召开六届三次常委会议。

9 月 28 日，市政协组织政协常委视察石狮市重点项目。

10 月 11 日，省政协社会法制委主任陈保明率全省政协社会和法制工作座谈会代表在石狮参观考察。

10 月 19 日，泉州市政协副主席许连捷率驻晋江的泉州市政协委员在石狮开展视察活动。

11 月 6 日，市政协召开镇（街道）委员活动组工作座谈会。

11 月 13 日，泉州市政协副主席李冀平率驻石狮的泉州市政协委员赴泉州台商投资区开展视察活动。

11 月 14 日，泉州市政协副主席李冀平率泉州市直的泉州市政协委员在石狮开展视察活动。

11 月 16 日，泉州市政协副主席李冀平在石狮调研中小企业自主创新情况。

11 月 21 日，吴清木、王有官率市政协提案法制委开展提案回访复查活动。

11 月 24 日，市政协召开六届四次常委会议。

12 月 12 日，市政协召开六届五次常委会议。

12 月 20—22 日，市政协六届二次会议召开。会议增选李丽月为六届市政协副主席。

2013 年

3 月 27 日，市政协召开六届六次常委会议。

4月25日，市政协教科文卫委、文史学宣委开展石狮市农家书屋（职工书屋）提升工程、全民健身活动场所建设情况视察活动。

5月8日，省政协副主席陈绍军在石狮开展“积极稳妥推进我省城镇化建设”专题调研。

5月14日，泉州市政协副主席王瑞强在石狮开展政协委员参与诉讼调解工作调研。

5月16日，市政协举行委员活动中心揭牌仪式。

5月23日，市政协经济资源委视察石狮市道路建设及交通运营情况。

5月24日，市政协召开六届七次常委会议。

5月30日，市政协六届三次会议召开。会议补选李丽月为六届市政协主席。

5月30日，市政协举行“认真撰写提案，履行委员职责”专题辅导讲座。

6月26日，省政协副主席薛卫民在石狮调研社区矫正队伍建设工作。

7月1日，市政协在《石狮日报》开设《政协之窗》专栏。

7月19日，泉州市政协副主席李冀平在石狮调研高新区建设发展情况。

7月26日，泉州市政协副主席吴共湖在石狮开展“加快发展现代服务业”专题调研。

7月26日，泉州市政协副主席吴共湖率泉州市小城镇建设工作专项督查组在石狮开展2013年小城镇建设工作专项督查。

8月15日，市政协经济资源委视察石狮市沿海三镇治污情况。

8月，李丽月、吴清木率调研组在凤里、祥芝、灵秀等镇（街道）调研石狮市殡葬改革工作。

8月22日，市政协教科文卫委视察海洋科技产业和星级酒店发展情况。

9月11日，省政协教科文卫体委主任杨平在石狮开展取消药品加成落实情况专题调研。

9月12日，省政协副主席陈绍军在石狮市医院调研开展取消药品加成落实的情况。

9月18日，市政协召开六届八次常委会议。

9月25日，全国政协教科文卫体委副主任马德秀率全国政协调研组在石狮开展“高等教育质量建设”专题调研。

9月27日，市政协文史学宣委开展“发展文化创意产业、繁荣石狮文化事业”专题调研。

10月12日，泉州市政协副主席李冀平率驻石狮的泉州市政协委员在德化开展异地视察活动。

10月24日，吴清木、王有官率市政协提案法制委开展提案办理情况回访视察活动。

11月11日，市政协召开镇（街道）委员活动组工作座谈会。

11月15日，泉州市政协副主席陈益率驻德化的泉州市政协委员在石狮开展异地视察活动。

11月19日，泉州市政协主席杨俊峰在石狮视察重点项目建设。

11月19日，市政协举行石狮政协之友书画院成立暨“中国梦·石狮情”书画展揭幕仪式。

11月25日，市政协召开六届九次常委会议。

12月12日，市政协台港澳侨民宗委视察石狮市宗教场所、侨捐工程。

12月19日，市政协召开六届十次常委会议。

12月28—30日，市政协六届四次会议召开。

2014年

2月13日，市政协到市法院和检察院视察，听取“两院”工作通报。

2月27日，全国政协副主席张怀西在石狮考察。

2月28日，市政协召开六届十一次常委会议。

3月6日，泉州市政协副主席王瑞强在石狮开展减轻基层组织负担专题调研。

3月6日，省政协社会法制委副主任黄家铭在石狮湖滨花园城社区调研。

3月12日，泉州市政协副主席李冀平在石狮开展调研，听取基层政协组织和协会代表对泉州市政协领导班子作风情况以及开展好党的群众路线教育实践活动的意见、建议。

3月13日，市政协党组和机关党支部召开党的群众路线教育实践活动动员大会。

3月24—31日，市政协领导分别深入挂钩联系的镇（街道）委员活动组，围绕“为优化发展环境凝聚正能量”及“推进协商民主广泛多层制度化发展”进行专题调研，并就市政协党组、处级领导、机关各办工作人员“四风”问题广泛征求意见建议。

4月4日，泉州市政协主席杨俊峰、副主席吴共湖率泉州市政协异地商会委员在石狮视察重点项目情况和城市建设管理情况。

4月20—30日，市政协开展石狮市沿海各镇危房改造工作专题调研。

4月25日，施心新率调研组在锦尚镇调研石结构及危旧房翻建工作。

4 月 28 日，市政协召开六届十二次常委会议。

5 月 6—8 日，市政协开展全市医疗卫生工作调研。

5 月 9 日，泉州市政协副主席吴共湖在石狮开展“乡村垃圾和污水处理”专题调研。

5 月 9 日，市政协听取市公安局工作通报。

6 月 6 日，市政协举办“五洲杯”政协之友摄影展。

6 月 19 日，李丽月、黄章煌、施心新、吴清木、吕培榕率市政协机关、提案法制委参加市人民检察院“检察开放日”活动。

6 月 25 日，泉州市政协副主席李冀平在石狮调研重点项目建设情况。

6 月 26 日，市政协举办福建省“八闽丹青奖”获奖书法家作品邀请展暨石狮政协之友书画院书画精品展。

6 月 27 日，市政协召开六届十三次常委会议。

7 月 8 日，省政协副主席郭振家在石狮开展《关于加快我省海洋产业发展的建议》重点提案督办。

7 月 23 日，省政协港澳台侨和外事委副主任张秋在石狮开展福建省侨资企业发展环境调研。

8 月 14 日，泉州市政协副主席吴共湖率生态市督导考评团对石狮国家级生态市和国家环保模范城市创建情况进行督导。

8 月 28 日，市政协召开六届十四次常委会议。

9 月 24 日，李丽月、黄章煌、吴清木、吕培榕率市政协提案法制委视察市人民法院执行工作以及立案工作情况。

9 月 29 日，市政协举行“石狮政协文史老照片展”开幕式。

10 月 13 日，市政协召开镇（街道）委员活动组工作座谈会。

10 月 16 日，省政协副主席陈绍军在石狮开展“我省高校办学质量提升状况”视察活动。

11 月 4 日，泉州市政协副主席李冀平率驻石狮的泉州市政协委员在安溪开展视察活动。

11 月 14 日，石狮市举行庆祝中国人民政治协商会议成立 65 周年座谈会。

11 月 21 日，泉州市政协副主席骆沙鸣、王瑞强率队在石狮视察新型城镇化建设情况。

12 月 3 日，市政协召开六届十五次常委会议。

12 月 11 日，黄章煌率市政协教科文卫委、文史学宣委视察石狮市文化产业发展情况。

12 月 31 日，市政协召开六届十六次常委会议。

2015 年

1 月 12 日，市政协举办“古民居·故园情”——“凤里杯”石狮政协之友摄影展。

1 月 13—15 日，市政协六届五次会议召开。

3 月 5 日，泉州市政协副主席李冀平在石狮调研“海丝”先行区建设推进情况。

3 月 30 日，市政协召开六届十七次常委会议。

4 月 3 日，黄章煌率市政协教科文卫委开展石狮市校园足球工作调研。

4 月 15 日，市政协举办“林天生山水画展”。

4 月 16 日，市政协举办“深入领会‘四个全面’的战略布局”专题辅导讲座。

5 月 8 日，泉州市政协副主席吴共湖在石狮调研电商产业和旅游行业的发展情况。

5 月 28 日，泉州市政协副主席李冀平在石狮调研重点项目建设情况。

5 月 29 日，市政协召开“三严三实”专题教育党课报告会暨教育动员部署会议。

6 月 4 日，市政协开展“关爱海岛·保护鸟类——大山屿海岛生态环境保护”调研采风活动。

6 月 23—24 日，市政协开展石狮市学前教育发展情况专题调研。

6 月 26 日，市政协召开六届十八次常委会议。

7 月 15 日，“石狮政协之窗”公众微信号正式开通上线。

7 月 27 日，吴清木率市政协提案法制委、有关社会养老工作的提案领衔人开展石狮市居家养老工作视察调研活动。

8 月 24 日，市政协召开六届十九次常委会议。

9 月 15—17 日，市政府办和政协办联合开展对政协提案办理工作“回头看”活动。

10 月 30 日，市政协办、文史学宣委、市文联、石狮政协之友书画院举办“金秋诗词吟诵会”。

11 月 10 日，李丽月、施心新率市政协经济资源委调研石狮市食品安全工作。

11 月 18 日，泉州市政协副主席李冀平率泉州市政协委员华大活动组在石狮开展视察活动。

11月19日，驻泉港的泉州市政协委员在石狮视察社会事业和民生项目建设情况。

11月26日，市政协召开六届二十次常委会议。

12月17日，泉州政协副主席李冀平在石狮调研村级组织换届选举工作后情况。

12月22日，市政协经济资源委视察祥芝中心渔港及部分重点项目建设情况。

12月30日，市政协召开六届二十一次常委会议。

2016年

1月5—7日，市政协六届六次会议召开。

2月22日，市政协举办“诗书影联辉”——蔡天生、蔡自然、蔡宗程作品联展开幕式暨《作品选萃》首发仪式。

3月25日，市政协召开六届二十二次常委会议。

4月14日，泉州市政协副主席陈益在石狮开展“完善泉州市生态文明建设体制改革”专题协商调研。

4月15日，市政协机举办以“闽南文化”为主题的《道德讲堂》暨委员学习培训会议。

4月22日，李丽月、吴清木率市政协教科文卫委视察石狮市疫苗监管情况。

6月23日，吴清木率市政协提案法制委视察石狮市“精准引才”工作。

6月28日，施心新率市政协经济资源委开展石狮市商贸市场运营情况专题视察。

6月29日，市政协召开六届二十三次常委会议。

7月25日，市政协召开六届二十四次常委会议。

8月9日，林自育率市政协教科文卫委、文史学宣委视察石狮市休闲农业工作。

8月16日，林自育、吴清木率市政协提案法制办视察市人民法院、市人民检察院，调研石狮市“七五”普法前期工作情况。

9月8日，林自育率市政协教科文卫委、文史学宣委调研石狮市物质文化遗产保护工作。

9月22日，施心新率市政协经济资源委视察石狮市产业智能制造及企业公共服务平台。

9月30日，市政协办、市文联、灵秀镇政府联合举办“灵秀风采”摄影作品展。

9月30日，李丽月、林自育、施心新、吴清木率市政协经济资源委视察石狮市农贸市场专项整治提升工作。

10月13日，泉州市政协副主席王祖耀率泉州政协委员石狮活动组在洛江视察智能制造产业。

11月8日，市政协召开六届二十五次常委会议。

11月17日，林自育、施心新率市政协经济资源委视察重点项目建设情况。

12月2日，市政协召开六届二十六次常委会议。

12月7日，市政协举办“学习政协知识，履行委员职责”专题培训。

12月14—16日，市政协七届一次会议召开。会议选举林自育为七届市政协主席，郭丽莲、陈贤明、丁东福、陈东华为副主席。

2017年

3—4月，陈贤明率调研组开展“加强渔港建设管理，促进渔区经济发展”专题调研。

3月17日，市政协召开七届一次常委会议。

3月29日，陈东华率市政协教科文卫委视察小区物业管理工作。

4月5日，泉州市政协副主席林志建率泉州市政协异地委员及部分泉籍异地商会会长在石狮视察。

4月11日，郭丽莲率市政协台港澳侨民宗委调研少数民族村建设情况。

4月13日，全国政协文史和学习委员会副主任叶小文在石狮开展“海上丝绸之路文化遗产保护和利用”专题调研。

5月17日，泉州市政协副主席林志建在石狮开展“培育市场要素，助推泉州国家级自主创新示范区建设”专题调研。

5月18日，陈东华率市政协教科文卫委开展“关于加强石狮市知识产权服务体系建设”专题调研。

5月31日，市政协召开镇（街道）活动组工作会议。

6月6日，郭丽莲率市政协台港澳侨民宗委及相关部门视察侨台港澳及外资企业运行情况。

6月17日，丁东福率市政协提案法制委视察市人民法院、鸿山热电厂等“七五”普法联系点，并组织座谈。

6月20日，市政协召开七届二次常委会议。

7月5日，市政协召开两岸文史资料交流座谈会。

7月12日，陈东华率市政协教科文卫委视察未成年人教育和保护的工作情况。

7月20—30日，陈贤明率调研组开展“回批地”历史遗留问题专题调研。

7月26日，郭丽莲率市政协台港澳侨民宗委开展“新生代华人华侨联络联谊工作”专题调研。

8月23日，市政协举办“心血管疾病的预防和保健”辅导讲座。

8月29—30日，丁东福率市政协提案法制委开展“培育工匠精神”专题调研。

9月7日，市政协召开提案办理情况通报会暨重点提案办理协商座谈会。

9月25日，市政协召开七届三次常委会议。

9月26—27日，省政协副主席杨根生在石狮开展提案办理协商工作专题调研。

10月19日，郭丽莲率市政协台港澳侨民宗委调研宗教工作情况。

10月19日，省政协副主席薛卫民在石狮开展“加强太阳能在美丽乡村建设中的运用与推广”专题调研。

10月25日，泉州市政协副主席洪川夫率泉州市政协委员安溪活动组在石狮学习考察古泉州（刺桐）史迹保护、管理经验。

10月27日，泉州市政协副主席王祖耀、李冀平、王瑞强率泉州市政协市直委员在石狮开展“古泉州（刺桐）史迹申遗与保护”视察活动。

11月2日，丁东福率市政协提案法制委视察公安基层派出所执法工作情况。

11月2日，市政协举办“翰墨丹青歌盛会——石狮市政协庆祝党的十九大胜利召开书画展”。

11月8日，陈贤明率市政协经济资源委开展“集控区污水处理厂改造升级和管理体制改革”专题视察活动。

11月9日，郭丽莲率市政协台港澳侨民宗委视察基层侨联建设情况。

11月22日，市政协组织政协常委视察重点提案办理情况。

11月22日，市政协召开七届四次常委会议。

11月28日，市政协召开《石狮市政协志》编纂委员会第一次会议暨编纂工作启动仪式。

12月8日，陈东华率市政协教科文卫委、永宁活动组开展移风易俗工作专项视察。

12月23—24日，市政协七届二次会议召开。

12月29日，市政协召开七届五次常委会议。

2018 年

3 月 20 日，丁东福率市政协提案法制委开展“推进智慧公安提升便民服务水平”专题调研。

3 月 20 日，市政协召开七届六次常委会议。

4 月 13 日，陈东华率市政协教科文卫委视察全民健身工作情况。

4 月 19 日，市政协邀请全国政协委员、泉州市政协副主席骆沙鸣作“新时代政协委员如何懂政协会协商善议政”专题辅导讲座。

4 月 21 日，市政协举办“纪念石狮建市 30 周年——全国著名书法家邀请展”。

5 月 9 日，省政协副主席阮诗玮在石狮视察少数民族村基层卫生工作。

5 月 17 日，郭丽莲率市政协台港澳侨民宗委调研宗教场所敬老养老工作情况。

5 月 31 日，林自育率调研组开展“医疗卫生人才柔性引进工作”专题调研。

6 月 14 日，陈东华率部分市政协常委、教科文卫委开展“医疗系统人才队伍建设情况”专题调研。

6 月 21，市政协召开七届七次常委会议。

6 月 25 日，陈贤明率市政协经济资源委开展石狮市垃圾分类处理工作情况的专题视察活动。

8 月，陈贤明率市政协经济资源委开展“促进现代港口物流业发展”专题调研。

8 月 7 日，郭丽莲率市政协台港澳侨民宗委调研宗教界开展公益慈善事业工作情况。

8 月 16 日，市政协邀请省政协研究室邹国辉主任作“学习贯彻习近平新时代中国特色社会主义思想和党的十九大精神”专题辅导讲座。

8 月 23 日，省政协副主席刘献祥在石狮开展《“一带一路”视野下的福建海洋文化产业发展建议》重点提案调研活动。

9 月 4 日，市政协召开提案办理情况通报会暨重点提案办理协商座谈会。

9 月 14 日，郭丽莲率市政协台港澳侨民宗委视察少数民族村经济发展情况。

9 月 20 日，市政协召开七届八次常委会议。

10 月 23 日，林自育、郭丽莲率市政协台港澳侨民宗委开展“华侨捐赠社会公益事业情况”专题调研活动。

10 月 25 日，陈贤明率市政协经济资源委开展“安置房登记办证情况”专题调研。

10 月 25 日，丁东福率市政协提案法制委开展提案办理情况回访视察活动。

10 月 31 日，丁东福率市政协提案法制委视察基层司法所工作情况。

11 月 14 日，林自育、陈东华率市政协教科文卫委开展“小学课后服务”专项监督视察活动。

11 月 22 日，泉州市政协党组书记李转生，泉州市政协副主席洪川夫、林志建率泉州市政协经济委、人口资源环境委在石狮开展年度视察活动。

11 月 23 日，市政协组织政协常委视察重点提案办理情况。

11 月 23 日，市政协召开七届九次常委会议。

11 月 28 日，陈东华率市政协教科文卫委开展“公共文化设施建设情况”专题视察活动。

12 月 29 日，市政协召开七届十次常委会议。

2019 年

1 月 25—27 日，市政协七届三次会议召开。

3 月 21 日，陈东华率市政协教科文卫委开展“科普工作及科技教育情况”专题视察活动。

3 月 22 日，市政协召开七届十一次常委会议。

4 月 17 日， 云南省政协主席李江率住滇全国政协委员和云南省政协委员考察团在石狮视察“突出创新驱动，推动产业高质量发展”情况。

4 月 23—26 日，陈贤明率市政协经济资源委及市商务局相关人员赴江苏海门、常熟和浙江义乌 3 个市场采购贸易试点城市学习考察。

4 月 24 日，省政协民族和宗教委主任杨江帆在石狮开展少数民族特色村寨工作调研。

5 月 9 日，陈贤明率部分企业界政协委员开展“市场采购贸易试点方式推进工作”视察活动

5 月 21 日，泉州市政协副主席林志建在石狮开展“推动民营企业发展，高质量落实赶超跨越”和“提速提质发展服务业，聚力助推赶超攻坚”专题调研。

5 月 30 日，林自育、陈东华率部分市政协常委、教科文卫委开展“民宿旅游业发展情况”专题调研。

6月14—15日，市政协在古田干部学院举办委员培训班。

6月21日，市政协召开七届十二次常委会议。

7月12日，省政协主席崔玉英在石狮调研，并在市政协机关召开座谈会。

8月，陈贤明率队开展农村生活污水整治工作情况专项监督视察。

8月2日，郭丽莲率市政协台港澳侨民宗委视察新修订《宗教事务条例》贯彻落实情况。

8月15日，丁东福率市政协提案法制委开展“法院执行工作”专题调研。

8月28日，泉州市政协副主席王瑞强、陈益在石狮开展“国旗、宪法和法律法规、社会主义核心价值观、中华优秀传统文化”进宗教活动场所调研视察活动。

9月4日，郭丽莲率市政协台港澳侨民宗委视察石狮市少数民族村特色村寨建设情况。

9月5日，陈贤明率市政协常委、经济资源委视察城市积水点整治工程建设情况。

9月17日，市政协召开提案办理情况通报会暨重点提案办理协商座谈会。

9月19日，市政协党组及机关召开“不忘初心、牢记使命”主题教育部署会议。

9月20日，市政协召开七届十三次常委会议。

9月21日，市政协举办庆祝中华人民共和国成立70周年暨中国人民政治协商会议成立70周年“光辉岁月 和谐政协”文艺晚会。

9月30日，市政协举办“我和我的祖国”政协书画摄影展。

10月12日，泉州市政协主席李转生在石狮调研快速交通建设情况。

10月16日，丁东福率市政协提案法制委视察基层法庭建设情况。

10月23日，丁东福率市政协提案法制委开展提案办理情况回访视察活动。

10月24日，陈东华率市政协教科文卫委开展“学前教育集团化发展”对口协商。

11月1日，泉州市政协副主席陈铭福、王瑞强在石狮开展年度视察活动。

11月6—7日，郭丽莲率市政协台港澳侨民宗委开展“整合资源为台港澳侨服务情况”专题调研活动。

11月14日，泉州市政协副主席陈铭福率泉州市政协永春活动组在石狮开展异地视察活动。

11月21日，市政协组织政协常委视察重点提案办理情况。

11月21日，市政协召开七届十四次常委会议。

11月27日，陈东华率市政协教科文卫委开展“智慧医疗服务工作情况”专题视察活动。

12 月 30 日，市政协召开七届十五次常委会议。

2020 年

1 月 7—9 日，市政协七届四次会议召开。

2—5 月，陈贤明率市政协调研组开展“进一步推动纺织服装产业做大做强”课题调研。

3 月 10 日，陈东华率部分市政协常委、教科文卫委开展“完善疾病预防控制体系建设”专题调研。

3 月 20 日，市政协召开七届十六次常委会议。

4—5 月，陈贤明率经济资源委开展“大气污染防治”专项民主监督。

5 月 19 日，泉州市政协副主席林志建在石狮开展“加快推进泉州市制造业高质量发展”专题调研。

5 月 28 日，丁东福率市政协提案法制委开展“社会民生保障体系建设”专题调研。

5 月 8 日，郭丽莲率市政协台港澳侨民宗委开展“台港澳侨服务中心”成员单位落实“优质、精准、高效、便捷”服务情况视察。

6 月 11 日，中共石狮市委召开市委政协工作会议。

6 月 17 日，陈东华率市政协教科文卫委开展“科技 + 科普 + 乡村旅游”服务平台建设情况专题视察。

6 月 17 日，郭丽莲率市政协台港澳侨民宗委开展“少数民族村家园清洁行动”专项视察。

6 月 19 日，市政协召开七届十七次常委会议。

6 月 3 日，泉州市政协副主席王春金在石狮开展“深化产教融合　助力高质量发展”专题调研。

7 月 31 日，陈贤明率市政协经济资源委开展“老旧小区改造情况”专题视察。

8 月 6 日，省政协副主席薛卫民在石狮开展“加大老年教育供给”重点提案督办调研。

8 月 13 日，省政协副主席洪捷序在石狮开展“培优做强重点产业，推进‘十四五’产业基础高级化和产业链现代化”课题调研况。

8 月 14 日，泉州市政协主席李转生，副主席骆沙鸣员、洪川夫在石狮开展妇女儿童保护工作专项视察。

8 月 20 日，郭丽莲率市政协台港澳侨民宗委开展“发挥海外归国留学人才作用、助力石狮创新发展”对口协商活动。

8 月 25 日，泉州市政协副主席王瑞强、陈益在石狮开展“谁执法谁普法”视察调研。

9 月 17—18 日，陈东华率部分市政协委员开展“学前教育工作”专项民主监督。

9 月 23 日，市政协召开七届十八次常委会议。

9 月 23 日，市政协组织常委开展农村生活污水治理 PPP 项目建设情况专题视察。

9 月 8 日，陈东华率市政协教科文卫委开展“乡村文化传承保护情况”专题视察。

10 月 14 日，郭丽莲率市政协台港澳侨民宗委开展“加强宗教团体自身建设，更好发挥积极作用”专题调研。

10 月 22 日，市政协召开提案办理情况通报会暨重点提案办理协商座谈会。

10 月 23 日，林自育、陈贤明率部分市政协常委、经济资源委视察大气污染防治情况。

11 月 10 日，郭丽莲率市政协台港澳侨民宗委开展“汇集海外侨胞优质资源，助力我市市场采购贸易方式试点发展”专题调研。

11 月 10 日，市政协举行“石狮政协讲堂”揭牌仪式。

11 月 24 日，陈东华率市政协教科文卫委开展职业教育工作情况专题视察。

12 月 8 日，市政协组织政协常委视察重点提案办理情况。

12 月 8 日，市政协召开七届十九次常委会议。

12 月 30 日，市政协召开七届二十次常委会议。

第一章　组织机构

中国人民政治协商会议是中国人民爱国统一战线的组织，是中国共产党领导的多党合作和政治协商的重要机构，是我国政治生活中发扬社会主义民主的重要形式，是国家治理体系的重要组成部分，是具有中国特色的制度安排。中国人民政治协商会议是社会主义协商民主的重要渠道和专门协商机构，在推动协商民主广泛多层制度化发展、推进国家治理体系和治理能力现代化中发挥不可替代的作用。

第一节　政协石狮市委员会

政协石狮市委员会肩负着动员和组织全市政协委员、各民主党派团体和社会各界围绕市委、市政府的中心工作，认真履行政治协商、民主监督、参政议政三大职能，不断发展和壮大最广泛的爱国统一战线，团结和动员全市各党派团体、社会各界共同推进石狮市经济、政治、文化、社会、生态文明建设协调发展的重要任务。

石狮市政协的主要职责：1. 用马克思列宁主义、毛泽东思想和中国特色社会主义理论统领政协工作。2. 筹备并开好政协的例会。3. 认真履行政协三大职能。围绕市委、市政府的中心工作和社会热点、难点问题，深入开展座谈、研讨、视察、考察和专题调研活动。4. 积极为石狮的经济建设、政治建设、文化建设、社会建设、生态文明建设服务。5. 积极为促进祖国统一大业服务。加强与港澳台同胞和海外华侨、华人社团的交流联谊活动，不断发展和壮大最广泛的爱国统一战线。6. 努力营造人民政协良好的工作环境。7. 加强内外联络工作。8. 加强对镇（街道）委员活动组的指导和联系。

1990 年 7 月，中共石狮市委决定成立石狮市政协筹备领导小组，由苏富达任组长，许民权、蔡明元任副组长。1990 年 9 月，苏富达调离石狮，由中共石狮市委副书记吴彦南接任组长。领导小组成员还有蔡长盛、王允澄、宋太平、蔡子朝、许绍镇、高铭群、王华民、蔡世佳。领导小组下设办公室，陈其南任办公室副主任。

筹备领导小组广泛征求各界意见，反复酝酿协商，1990 年年底，经中共石狮市委研究，确定第一届市政协委员推荐名单，决定 1991 年 1 月召开石狮市政协一届一次会议。

（一）一届市政协（1991.1—1994.1）

一届市政协由 19 个界别、103 名委员组成（不包括一次全会后增补的委员）。委员中，中共党员 38 人，占 36.9%；非中共党员 65 人，占 63.1%；妇女 12 人，占 11.6%。

市政协一届一次会议于 1991 年 1 月 24—27 日在市政府二楼会议室举行。会议选举吴彦南为一届市政协主席，蔡明元、高铭群为副主席，王人秋等 20 人为常务委员。

一届市政协增补委员 3 名，不再聘任委员 1 名。1991 年 8 月，市政协一届二次会议增选许民权为副主席。1992 年 2 月，许民权辞去副主席职务。

（二）二届市政协（1994.1—1999.1）

二届市政协由 20 个界别、140 名委员组成（不包括一次全会后增补的委员）。委员中，中共党员 46 人，占 32.9%；非中共党员、港澳人士 94 人，占 67.1%；妇女 19 人，占 13.6%。

市政协二届一次会议于 1994 年 1 月 15—18 日在市政府二楼会议室举行。会议选举吴彦南为二届市政协主席，蔡明元、许民权、宋太平为副主席，王人秋等 25 人为常务委员。

二届市政协增补委员 47 名，增选常务委员 1 名。1998 年 3 月，市政协二届五次会议，增选苏文锦、郭丽莲为副主席。

（三）三届市政协（1999.1—2004.1）

三届市政协由 19 个界别、188 名委员组成（不包括一次全会后增补的委员）。委员中，中共党员 61 人，占 32.4%；非中共党员、港澳人士 127 人，占 67.6%；妇女 28 人，占 14.9%。

市政协三届一次会议于 1999 年 1 月 6—9 日在石狮华林大饭店召开。会议选举蔡志从为三届市政协主席，许民权、苏文锦、卢文进、宋太平为副主席，王人秋等 29 人为常务委员。

三届市政协增补委员 29 名，撤销委员资格 3 名；增选常务委员 2 名，撤销常务委员 1 名。2001 年 1 月，市政协三届三次会议增选王有官为副主席。2003 年 3 月，蔡志从辞去主席职务。2003 年 3 月，市政协三届六次会议补选吴清含为主席。2003

年 7 月，苏文锦辞去副主席职务。

（四）四届市政协（2004.1—2006.12）

四届市政协由 20 个界别、200 名委员组成（不包括一次全会后增补的委员）。委员中，中共党员 76 人，占 38%；非中共党员、港澳人士 124 人，占 62%；妇女 29 人，占 14.5%。

市政协四届一次会议于 2004 年 1 月 1—4 日在市公安局会议室召开。会议选举吴清含为四届市政协主席，佘日杰、王有官、黄章煌、施心新为副主席，王衍筑等 31 人为常务委员。

四届市政协增补委员 3 名，不再聘任委员 8 名，撤销委员资格 1 名。2005 年 3 月，吴清含辞去主席职务。2005 年 4 月，市政协四届二次会议补选丁家全为主席。

（五）五届市政协（2006.12—2011.12）

五届市政协由 21 个界别、250 名委员组成（不包括一次全会后增补的委员）。委员中，中共党员 98 人，占 39.2%；非中共党员、港澳人士 152 人，占 60.8%；妇女 27 人，占 10.8%。

市政协五届一次会议于 2006 年 12 月 10—13 日在市文化馆音乐厅召开。会议选举丁家全为五届市政协主席，佘日杰、王有官、黄章煌、施心新、吴清木为副主席，王亚榆等 43 人为常务委员。

五届市政协增补委员 55 名，不再聘任委员 14 名，撤销委员资格 1 名。

（六）六届市政协（2011.12—2016.12）

六届市政协由 30 个界别、247 名委员组成（不包括一次全会后增补的委员）。委员中，中共党员 77 人，占 31.2%；非中共党员、港澳人士 170 人，占 68.8%；妇女 21 人，占 8.5%。

市政协六届一次会议于 2011 年 12 月 13—16 日在市公务大厦附楼大会议室召开。会议选举张贻山为六届市政协主席，黄章煌、施心新、吴清木、吕培榕为副主席，王瑛等 44 人为常务委员。

六届市政协增补委员 26 名，不再聘任委员 22 名，撤销委员资格 2 名；增选常务委员 4 人，请辞常务委员 6 名。2012 年 12 月，张贻山辞去主席职务。2012 年 12 月，市政协六届二次会议增选李丽月为副主席。2013 年 5 月，市政协六届三次会议补选李丽月为主席。

（七）七届市政协（2016.12— ）

七届市政协由29个界别、182名委员组成（不包括一次全会后增补的委员）。委员中，中共党员48人，占26.4%；非中共党员、港澳人士134人，占73.6%；妇女20人，占10.9%。

市政协七届一次会议于2016年12月14—16日在市公务大厦附楼大会议室召开。会议选举林自育为七届市政协主席，郭丽莲、陈贤明、丁东福、陈东华为副主席，王汉滨等31人为常务委员。

至2020年12月，七届市政协增补委员20名，不再聘任委员19名；增选常务委员3名，请辞常务委员3名。

第二节 中共石狮市政协党组

根据《中国共产党章程》规定，1991年6月，中共石狮市委决定成立中共石狮市政协党组。市政协党组是中共石狮市委在石狮市政协的派出机构，是市政协组织的领导核心，肩负着实现党对人民政协领导的重要责任。历届市政协党组书记由市政协主席担任，其他中共党员的政协副主席和办公室主任为成员。党组书记和成员均由中共石狮市委任命。

中共石狮市政协党组的主要任务：1. 把握方向。坚定不移地贯彻党的基本理论、基本路线、基本纲领、基本经验，坚定不移地贯彻执行中国共产党关于人民政协的方针政策，全力以赴地落实中共中央、福建省委、泉州市委、石狮市委关于加强人民政协的各项要求。牢牢把握团结和民主两大主题，通过召开政协全会、常委会议和密切经常性联系等途径，努力使各界别的政协委员了解全市工作的全局，围绕中共石狮市委、市政府的工作重点，深入调查研究，及时了解和反映社情民意，提出有针对性的意见、建议，努力为实现中共石狮市委、市政协提出的目标、任务做贡献。2. 协调各方。把政协工作中遇到的带共性的问题和各民主党派、人民团体、各界人士的意见，及时向中共石狮市委请示汇报，提出建议。在履行政协职能方面，就政治协商的内容向中共石狮市委提出建议，就完善民主监督机制多做畅通渠道的工作，并努力为政协委员参政议政创造更加良好的条件。在政协组织内部，注意协调好党派团体和各界人士的关系，使大家共同致力于政协的自身建设，齐心协力履行职能。在对外关系上，协调好政协与党政部门的关系，使各有关方面大力支持政协的工作。按照党委的统一部署和政协章程的规定，积极配合党委有关部门研究政协换届时有关界别设置、政协委员名额、人选和常务委员人选以及届中政协领导、常务委员和委员调整的有关问题，积极提出具体建议。3. 完善制度。依据中共中央、福建省委、泉州市委、石狮市委关于加强人民政协工作的各项要求，完善党组有关工作制度，提高党组工作的制度化、规范化和程序化水平。同时，充分发挥在政协组织工作的共产党员的先锋模范作用。

历届市政协党组书记：吴彦南任一届、二届市政协党组书记，蔡志从接任二届市政协党组书记。蔡志从任三届市政协党组书记，吴清含接任三届市政协党组书记。吴清含任四届市政协党组书记，丁家全接任四届市政协党组书记。丁家全任五届市政协党组书记，张贻山接任五届市政协党组书记。张贻山任六届市政协党组书记，李丽月、林自育相继接任六届市政协党组书记。林自育任七届市政协党组书记。

第三节　石狮市政协机关

市政协机关是政协石狮市委员会的办事和工作机构，是按照《中国人民政治协商会议章程》规定，由石狮市政协常委会根据实际工作需要决定设置，承担秘书、参谋、协调、服务和联络宣传等具体工作，并负责处理常委会的日常会务工作。

1991 年 8 月，根据《石狮市编制委员会关于市政协机构设置的通知》（狮编字〔1991〕10 号），市政协机关内设机构在原有办公室基础上，增设宣传教育办公室、专门委员会综合办公室，以上办公室均为正科局级机构。

1999 年 1 月，根据《石狮市委编制委员会关于〈石狮市政协机关机构改革方案〉的批复》（狮编〔1998〕11 号），市政协机关内设机构设置办公室、专门委员会办公室和台港澳侨联络办公室 3 个科级办公室。办公室内设人秘科、行政科 2 个职能科室。

2009 年 6 月，经石狮市委编委研究同意，市政协设立“石狮市政协委员活动中心”，为隶属市政协办公室正股级事业单位。

2010 年 1 月，经石狮市委编委研究同意，办公室增设内设机构“政研股”，原内设机构“人秘科”更名为“人秘股”，“行政科”更名为“行政股”。

2010 年 12 月，经石狮市委编委研究同意，市政协机关内设机构调整为办公室（内设人秘股、行政股、政研股）、法制提案与学习文史办公室、经济环境与教科文卫办公室、港澳台侨与民族宗教办公室。

2011 年 6 月，根据《石狮市委编办关于调整设置市政协机关内设机构的批复》（狮委编办〔2010〕6号），市政协机关内设机构调整为办公室（内设人秘股、行政股、政研股）、法制提案与学习文史办公室、经济环境与教科文卫办公室、港澳台侨与民族宗教办公室。

2011年11月，根据《中共泉州市委机构编制委员会办公室关于石狮市政协机关综合性办事机构调整设置的批复》（泉委编办〔2011〕163号），市政协机关内设机构调整为办公室（内设人秘股、行政股、政研股）、提案法制办公室、经济资源办公室、教科文卫史办公室和台港澳侨民宗办公室。

一、人员编制和领导职数

核定办公室主任（正科级）1名、副主任（副科级）2名；法制提案办公室、经济资源办公室、教科文卫史办公室、台港澳侨民宗办公室主任（正科级）各1名、副主任（副科级）各1名；各办主任由驻会常委以上领导兼任。

二、主要职责

（一）办公室

1. 协助政协石狮市委员会、常务委员会、主席会议掌握全面情况，负责全体委员会议、常务委员会议、主席会议等重要会议的会务工作。

2. 组织实施市政协全体委员会议、常务委员会议、主席会议作出的决议、决定，承办市政协主席、副主席交办的有关事项。

3. 负责政协委员视察、参观、调查、座谈、研讨等日常活动的秘书、协调、服务和具体组织等工作。

4. 负责机关公文处理、机要通信、文书档案、安全保密、后勤保障、内外联络及接待工作。

5. 负责与上级政协和省内外、兄弟县（市、区）政协的工作联系，做好与市委、市人大、市政府有关部门和各党派团体的沟通联系工作。

6. 负责机关的安全、保卫、基建工作和机关的房产、车辆、办公设施等公共财务的管理、维护工作。

7. 按干部管理权限负责机关人事任免和干部管理。

8. 承办常委会、主席会和市政协领导交办的其他任务。

根据上述职责，政协石狮市委员会办公室内设3个股室：人秘股、行政股、政研股。

（二）法制提案办公室

1. 组织和发动政协委员和各党派团体提出提案。负责提案的审查、立案和交办工作。编发提案摘报，筛选重要提案。跟踪了解提案办理情况，督促有关部门承办政协提案的工作。

2. 组织政协委员就石狮市社会和法制工作中的热点、难点问题开展座谈、研讨、视察、考察、专题调研等活动，积极建言献策，向党政有关部门提出意见和建议。加强与法制部门的沟通联系和协作配合，及时处理人民来信来访，协助做好协调关系、理顺情绪、化解矛盾的工作，维护石狮市安定稳定的政治局面。

3. 承办常委会、主席会和市政协领导交办的其他任务。

（三）经济资源办公室

1. 组织政协委员就石狮市经济、农业农村、人口资源环境工作中的重点、热点、难点问题开展座谈、研讨、视察、考察、专题调研等活动，积极建言献策，向党政有关部门提出意见和建议。

2. 加强与相关工作部门的沟通联系和协作配合，推进石狮市经济、“三农”、人口资源环境工作，促进石狮市社会事业建设全面发展。

3. 承办常委会、主席会和市政协领导交办的其他任务。

（四）教科文卫史办公室

1. 组织政协委员就石狮市教育、科技、文化、卫生、体育、旅游工作中的重点、热点、难点问题开展座谈、研讨、视察、考察、专题调研等活动，积极建言献策，向党政有关部门提出意见和建议。

2. 加强与相关工作部门的沟通联系和协作配合，推进石狮市教育、科技、文化、卫生、体育、旅游工作，促进石狮市社会事业建设全面发展。

3. 确定每年一辑文史资料的征集主题。组织和动员亲身经历或者亲见亲闻的海内外石狮人根据确定的主题撰写文稿。征集编纂出版文史资料，为石狮市“三个文明”建设服务。

4. 发动和组织政协委员、各党派团体和社会各界开展形式多样、丰富多彩的学习教育和培训活动。负责市政协学习中心组学习活动的组织和新委员培训活动的组织。

5. 承办常委会、主席会和市政协领导交办的其他任务。

（五）台港澳侨民宗办公室

1. 宣传党中央关于台港澳侨和民族宗教工作的方针、政策，并组织政协委员就石狮市台港澳侨和民族宗教工作中的重点、热点、难点问题开展座谈、研讨、视察、考察、专题调研等活动，积极建言献策，向党政有关部门提出意见和建议。

2. 加强与“五侨”部门、民族宗教工作部门和宗教团体的沟通联系和协作配合，促进石狮市全面贯彻落实党中央关于台港澳侨和民族宗教工作的方针、政策。

3. 加强与港澳地区的各级政协委员，港澳台同胞、海外华人和华侨社团的联谊工作，协作有关部门接待来访的重要“三胞”、社团和知名人士。

4. 搜集石狮侨情、台情、港澳情及在石狮的台资、三资、侨捐侨建工程情况，及时反映“三胞”的要求、意见和建议。

5. 搜集石狮籍乡亲在异地担任各级政协委员、商会、重要宗教团体和社会团体职务情况，做好登记建档和联系往来工作。

6. 承办常委会、主席会和市政协领导交办的其他任务。

第四节 石狮市政协专门委员会

专门委员会工作是政协工作的重要基础，是政协履行职能的重要形式。各专门委员会是市政协常务委员会和主席会议领导下，组织委员进行经常性活动的工作机构。各专门委员会设主任 1 人，副主任若干人，由常务委员会决定；设委员若干人，由主席会议决定。

专门委员会的设置和变动，由市政协常务委员会决定。专门委员会主要工作任务：1. 认真组织各委人员学习党的路线、方针、政策和有关法律、法规及相关专业知识，拓展工作视野，提升专业水平和工作能力。2. 紧紧围绕党委、政府的工作中心及群众关心的热点、难点问题进行调研视察，通过撰写调研报告、大会发言材料、社情民意专报件、收集办理提案和编撰文史资料等形式，推动社会各项事业发展。3. 团结联系相关界别的委员和各界人士，积极化解矛盾，维护社会稳定，增进民族团结，促进祖国统一，助推社会和谐。4. 积极组织各委人员开展各种活动，努力为委员知情出力，为委员履职创造条件。

1991 年 3 月 14 日，市政协一届一次常委会议决定，设置学习提案委员会、“三胞”经济民族宗教委员会和文史教科文卫委员会。

1994 年 1 月 18 日，市政协二届一次常委会议决定，设置经济科技委员会、学习提案委员会、三胞民族宗教委员会、文教卫体委员会和文史资料委员会。

1996 年 2 月 7 日，市政协二届十二次常委会议决定，学习提案委员会更名为学习提案法制委员会。

1997 年 2 月 17 日，市政协二届十八次常委会议决定，三胞民族宗教委员会更名为台港澳侨联络委员会。

1999 年 1 月至 2011 年 12 月，市政协三届至五届期间均设置经济科技委员会、学习提案法制委员会、台港澳侨联络委员会、文教卫体委员会、文史资料委员会。

2012 年 2 月 24 日，市政协六届一次常委会议决定，设置提案法制委员会、经济资源委员会、教科文卫委员会、台港澳侨民宗委员会、文史学宣委员会。

2020 年 12 月，市政协七届十九次常委会议决定，调整组建各专委会，设立提案法制委员会、经济资源委员会、农业和农村委员会、台港澳侨民宗委员会、教科卫体委员会、文化文史和学习委员会。

第五节　镇（街道）委员活动组

镇（街道）委员活动组是政协工作的重要基础，担负着组织委员履行职能及为当地经济、社会事业发展献计出力的重要职责。

1991 年 3 月，市政协一届一次常委会议研究决定，按行政区域设置市区第一、市区第二、永宁、蚶江、祥芝等 5 个委员活动组。

随着石狮市区行政区域变更，为便于工作的开展，经主席会议研究，在 1996 年 9 月市政协召开的委员活动组工作会议上，决定将原石狮市区 2 个活动组，按调整后的新行政区域划分为凤里、湖滨、宝盖、灵秀 4 个委员活动组，永宁、蚶江、祥芝 3 个委员活动组保持不变。

2001 年 6 月鉴于行政区域变更，原祥芝镇一分为三，经市政协主席会议研究，决定增设鸿山、锦尚 2 个委员活动组。

2006 年 12 月，设立香港和澳门 2 个委员活动组。

第二章 重要会议

政协工作会议是中国共产党地方委员会组织召开的重要会议，是中国共产党加强对政协工作领导、部署和推进的重要组成部分。

会议是人民政协履行职能的主要形式，是政协组织开展工作的主要载体，也是政协委员履行自身职责的主要途径。根据政协章程和相关配套规章制度的规定，人民政协现有的会议主要有全体会议、常务委员会会议、主席会议、常务委员会专题座谈会、各专门委员会会议等。此外。根据形势、内容和需要，召开情况通报会、意见听取会、工作研讨会、学习讲座会等。

第一节 石狮市政协工作会议 石狮市委政协工作会议

石狮市政协工作会议（又称全市政协工作会议），石狮市委政协工作会议（又称市委政协工作会议）由中共石狮市委组织召开。至 2020 年 12 月，中共石狮市委共召开 3 次全市政协工作会议，1 次市委政协工作会议。

一、第一次全市政协工作会议

1996 年 1 月 29 日，中共石狮市委主持召开全市政协工作会议。会议深入贯彻落实《中共中央关于批转〈政协全国委员会关于政治协商、民主监督、参政议政的规定〉的通知》文件精神，深化对政协工作重要性的认识，进一步加强和改善党对政协工作的领导，努力创造有利于政协工作的外部环境，充分发挥人民政协的职能作用，团结和凝聚统一战线内部各阶层、各界人士的力量，为促进石狮市社会经济发展，实现第二轮腾飞和建成张家港式文明城市做出更大贡献。

会议由市委副书记、市人大常委会主任黄源水主持。市委书记何锦龙，市委副书记、市政协主席吴彦南，市委副书记、副市长魏坚作了重要讲话，泉州市政协副主席、中共泉州市委统战部部长何国栋到会指导并作讲话。

何锦龙着重阐述新时期人民政协的重要地位和作用，并对做好政协工作提出要求：1. 深化对人民政协性质、地位、作用的认识，坚持和发展共产党领导的多党合作和政治协商制度。各级党委、政府要进一步健全政治协商制度，把政治协商纳入决策程序，坚持政治协商“三在前”“三在先”的原则，把发展、完善政治协商制度作为进行社会主义民主政治建设的重要内容，真正构建起“党委领导、政协协商、人大决策、政府执行”的政治格局，为石狮市改革开放和第二轮腾飞服务。2. 深入贯彻《中共中央关于批转〈政协全国委员会关于政治协商、民主监督、参政议政的规定〉的通知》精神，进一步加强与改善党对政协工作的领导。要从战略高度上充分认识新形势下政协工作的重要地位和作用，把政协工作和经济工作有机地结合在一起，把政协工作搞得好不好，作为衡量领导干部政治素质、工作水平的一个重要标准。3. 重视发挥政协组织的优势，为实现石狮新一轮经济发展做贡献。要充分地发挥政协人才荟萃、智力密集的优势，为市委、市政府的科学决策服务，发挥政协在促进团结和协调方面的优势，增进大团结大联合，为全市改革和发展创造良好的社会环境；发挥政协在外引内联方面的优势，促进石狮市经济建设和各项社会事业的协调发展。4. 切实加强政协的自身建设，努力开创政协工作的新局面。采取切实有效措施，加强对委员政治理论培训，提高政治素质和参政议政能力；政协机关要改进工作作风，提高工作效率，为基层服务，为委员服务；支持政协领导列席党委、政府有关会议制度、工作情况通报制度、谈心交友制度、走访联系制度等有利于政协工作的各项制度。

二、第二次全市政协工作会议

2000年1月18日，中共石狮市委主持召开全市政协工作会议。会议传达贯彻全省、泉州市政协工作会议精神，总结第一次全市政协工作会议以来的政协工作情况，研究部署石狮市新世纪政协工作。市政协主席蔡志从作《振奋精神，开拓进取，做好新世纪的政协工作》的讲话，市委副书记高云程传达中共泉州市委贯彻《中共福建省委关于进一步加强人民政协工作若干问题的决定》的意见；市委书记、市长郑栋梁作《深化认识，创造条件，把石狮市政协工作推上新水平》的重要讲话。市委常委、市委秘书长吴清含主持会议。

市委书记、市长郑栋梁强调，石狮市党政各部门都必须进一步提高对人民政协地位和作用的认识，从建设中国特色社会主义的战略高度，从加强社会主义民主政治建设、巩固执政党地位的政治高度，从振兴中华、统一祖国的全局高度，深刻认识做好政协工作的重大意义，齐心协力，共同开创石狮市政协工作新局面。郑栋梁对政协工作提出要求：一是要围绕中心，服务大局，为石狮市经济和社会各项事业发展发挥更大作用；二是要发扬民主，履行职能，为推进民主政治建设发挥更大作用；三是要协调关系，化解矛盾，为维护安定团结和社会稳定发挥更大作用；四是要加强联系，扩大交流，为促进祖国和平统一大业发挥更大作用。郑栋梁强调，在新形势下进一步加强人民政协的工作，必须切实加强和改善党对政协工作的领导，为政协履行职能创造条件。各级党委要把政协工作列入重要的议事日程，把它提到全局工作的重要位置。要坚持政协领导参加有关重要会议、重要情况通报、党委政府部门与政协专门委员会对口联系等制度。要积极推进政协履行职能的规范化、制度化，进一步形成“党委重视、政府支持、政协主动、部门配合、社会理解”的工作局面，使政协发挥独特优势，扎实有效地履行政治协商、民主监督、参政议政职能，为推进石狮市新一轮创业做出新贡献。

市政协主席蔡志从对政协工作提出要求：一要继续围绕中心工作，为加快石狮市改革开放和现代化建设服务。二要充分发挥政协组织的政治优势，推进社会主义民主政治建设。三要拓展海外联谊工作新渠道，为祖国和平统一、振兴中华做出新贡献。四要练好内功，增强素质，努力提高政协工作水平。

市委副书记、市政府常务副市长游祖勇就贯彻会议精神提出要求：一是全市上下必须把思想认识统一到这次会议精神上来，加深做好政协工作的认识。二是加大力度，为政协开展工作创造良好条件。三是扎实抓好落实会议精神工作。

三、第三次全市政协工作会议

2005 年 9 月 14 日，中共石狮市委召开全市政协工作会议。会议贯彻落实全省第三次政协工作会议和泉州市第三次政协工作会议精神，认真落实石狮市四届三次党代会部署，进一步加强和改善党对政协工作的领导，巩固发展最广泛的爱国统一战线，推动政协组织进一步发挥自身优势和职能作用，充分调动各方面的积极性和创造性，共同推进海峡西岸经济区和现代化工贸旅游港口城市建设。

市五套班子领导，市直各有关单位负责人、各镇（街道）挂钩联系政协的副书记、统战委员，市政协常委，各专委会正、副主任，活动组正、副组长，各民主党派负责人等参加了会议。

市委书记许昆贞充分肯定第二次全市政协工作会议以来政协工作所取得的成绩。许昆贞强调，各级各部门要从全面和战略的高度，充分认识新时期加强人民政协工作的重要意义，形成重视政协工作的良好局面；要充分把握团结和民主两大主题，全面团结不同党派、阶层、民族、信仰的人们，做到团结合作有位、政治协商有力、民主监督有力、参政议政有为；要加强团结，做好凝聚人心工作；要发扬民主，搞好各个层面的政治协商；要服务发展，提高参政议政水平；要发挥优势，拓展海外联谊领域，扎实做好新时期人民政协工作。许昆贞要求加强和改善党的领导，努力为政协工作创造良好的条件。一是坚持把政协工作纳入党委统揽全局的重要内容；通盘考虑，统筹安排；二是积极推进政协履行职能的制度化、规范化和程序化；三是重视加强政协自身建设；四是积极主动为政协工作提供工作保障。

市政协主席丁家全回顾总结第二次全市政协工作会议以来的工作情况，提出抢抓机遇，全面发展，不断开创政协工作新局面的工作意见。

市委副书记、纪委书记骆建国就贯彻会议精神提出要求：一是各有关部门要抓紧学习领会会议精神，特别是要认真学习贯彻市委《关于进一步加强新时期人民政协工作的实施意见》；二是各部门要积极主动创造条件支持政协开展工作；三是政协要加强自身建设，努力开创石狮市政协工作新局面。

四、市委政协工作会议

2020 年 6 月 11 日，中共石狮市委召开市委政协工作会议。会议以习近平新时代中国特色社会主义思想为指导，深入学习贯彻习近平总书记关于加强和改进人民政协工作的重要思想，贯彻落实中央、省委、泉州市委政协工作会议精神，研究部署加强和改进人民政协工作，为推动石狮高质量发展凝聚共识，汇聚力量。

市委书记蔡萌芽讲话；市委副书记、市长黄春辉主持会议；市政协主席林自育就市政协贯彻落实各级会议精神作了部署。市领导上官跃进、林天虎、林振海、陈元生、廖春园、张鸰翔、陈拥军、杨德才、郭丽莲、陈贤明、丁东福、陈东华，以及市有关部门、各镇（街道）、各民主党派负责人等参加会议。

市委书记蔡萌芽就进一步加强和改进新时代石狮市政协工作提出要求：一要讲政治、顾大局，立起协商民主的“风向标”。政协机关必须牢牢把握新时代人民政协工作的正确方向，旗帜鲜明讲政治，持续强化思想理论武装，坚决贯彻党的路线方针政策，始终在政治立场、政治方向、政治原则、政治道路上同以习近平同志为核心的党中央保持高度一致。要聚焦大局、突出重点，在服务统筹推进疫情防控和经济社会发展中真诚协商、务实监督，深入议政、献计献策。要为民务实、把握导向，关注增强群众获得感、幸福感、安全感的实事，在协商中找到全社会意愿和要求的最大公约数；主动担当为民利企责任，带头支持帮助中小微企业增强信心、渡过难关。要拓展载体、完善格局，坚持有事多商量、遇事多商量、做事多商量，探索多层次协商形式，开拓协商民主新空间，扩大界别群众工作覆盖面。二要讲团结、增感情，吹响凝心聚力的“集合号”。要加强思想政治引领，切实增进政治认同、思想认同、理论认同、情感认同，筑牢团结奋斗的共同思想政治基础。要凝聚广泛社会共识，协助党委政府做好协调关系、解疑释惑、理顺情绪、化解矛盾的工作，宣传好党委决策部署，把党的主张转化为社会各界的共识。要推动大团结大联合，积极促进政党关系、民族关系、宗教关系、阶层关系、海内外同胞关系和谐；密切与港澳台社团及海外华侨华人社团的联系协作，画好团结奋进最大同心圆。三要讲奉献、勇担当，练就履职尽责的“宽肩膀”。要对标对表立机制，按照十九届四中全会的新部署新要求和各级政协工作会议精神，健全权责清晰、程序规范、关系顺畅、运行有效的制度体系，不断推进政协工作制度化、规范化、程序化。要因地制宜抓创新，进一步明确着力点和主攻方向，把政协的工作特色彰显出来，把我市的发展特色提炼出来，以创新成果、基层经验推动政协制度更加成熟更加定型。要锤炼本领强担当，在构建亲清政商关系上发挥积极作用，以模范行动展现新时代政协委员风采。四要强引领、促合力，奏响事业发展的“新乐章”。要加强党的领导，坚持把政协工作纳入重要议事日程、总体工作布局。要发挥核心作用，全面肩负起管党治党责任，确保党中央大政方针和各级党委的决策部署在政协战线落地见效。要强化外部保障，各级各部门都要积极支持配合政协工作，密切同政协及其专门委员会的沟通协作，在知情明政、转化履职成果等方面提供支持和帮助。

市政协主席林自育指出，要牢记使命、把准方向，切实增强坚定不移走中国特色社会主义政治发展道路的责任感；要发挥优势、履职尽责，努力在提升基层“高效能治理”水平上积极作为；要团结民主、凝聚共识，持续为改革发展广泛汇聚正能量；

要加强建设、激发动力，不断开创新时代人民政协事业发展新局面。

第二节　政协石狮市委员会全体会议

政协各级地方委员会全体会议简称全体会议。全体会议是人民政协围绕团结和民主两大主题，履行政治协商、民主监督、参政议政职能的最高形式。全体会议由常务委员会召集并主持，须有2/3以上的委员出席始得举行。政协章程规定，人民政协各级地方委员会全体会议每年至少举行一次。

中国人民政治协商会议地方委员会的下列职权必须由全体会议行使：听取和审议常务委员会工作报告和提案工作情况报告；列席同级人民代表大会全体会议，听取并讨论政府工作报告以及其他重要报告；审议通过政治决议、常务委员会工作报告和提案工作情况报告；每届第一次全体会议选举主席、副主席和常务委员；其他各次全体会议根据情况安排选举事项。

1991年1月至2020年12月，市政协共召开33次全体会议。

一、一届市政协全体会议

一届市政协共召开4次全体会议

市政协一届一次会议。于1991年1月24—27日在市政府二楼会议室举行。

省政协办公厅副主任艾光，中共泉州市委常委、统战部部长傅圆圆，泉州市政协老领导张其载应邀参加了开幕式，并宣读贺词。会议收到省政协办公厅、永安市、泉州市鲤城区、晋江县等地政协的贺电。

会议听取中共石狮市委书记、市长刘成业重要讲话。

会议听取和审议市委副书记、市政协筹备领导小组组长吴彦南所作的《关于石狮市政协筹备工作的报告》、市政协筹备领导小组副组长蔡明元所作的《关于今后工作的几点意见》的报告。

与会委员列席市人大一届一次会议，听取和讨论政府工作报告及相关报告。

会议共收到提案52件。

会议选举吴彦南为一届市政协主席，蔡明元、高铭群为副主席，王人秋等20人为常务委员。

会议审议通过市政协一届一次会议决议。

会议号召，全体委员、各民主党派、人民团体和各界人士继续高举爱国主义和社会主义旗帜、在中共十三届七中全会精神指引下，在中共中央和地方各级党委的领导下，同心同德，和衷共济，团结一致，艰苦奋斗，战胜前进道路上的一切艰难险阻，沿着建设中国特色的社会主义道路胜利前进。

市政协一届二次会议。于 1991 年 8 月 8 日，在市政府二楼会议室举行。

泉州市政协副主席王文泰应邀出席会议并讲话。

会议学习江泽民总书记“七一”讲话，听取市政协主席吴彦南关于上半年工作总结和下半年工作安排。

会议增选许民权为一届市政协副主席。

市政协一届三次会议。于 1992 年 2 月 19—22 日，在市政府二楼会议室举行。

中共泉州市委常委、统战部部长傅圆圆，泉州市政协副主席王文泰，泉州市政协老领导张其载、齐世和，鲤城区政协主席吴金钗、副主席许忠应邀参加开幕式。

会议听取中共石狮市委副书记、市人大常委会主任黄源水重要讲话。

会议听取和审议市政协主席吴彦南所作的市政协常委会工作报告、市政协副主席、学习提案委主任许民权所作的《市政协一届一次会议以来提案工作情况的报告》。听取《市政协一届三次会议提案审查情况的报告》。

与会委员列席市人大一届三次会议，听取和讨论政府工作报告及相关报告。

会议共收到提案 37 件。

会议审议通过许民权辞去一届市政协副主席职务的请求。

会议期间听取市政协各委员活动组经验交流发言。发动委员和列席代表捐款 6.5 万元，资助石狮市特困村祥芝镇赤湖前厝村发展生产、兴建新村。

会议审议通过市政协一届三次会议决议。

会议号召，全体委员、各民主党派、人民团体和各界人士深入学习和认真贯彻中共十三届八中全会精神、省委五届四次全委扩大会议以及省委对外开放工作会议精神，进一步解放思想，加快综合改革试验的步伐，积极履行政协协商、民主监督的职能，为支持农业、服务农业，推动石狮市的经济建设和社会主义精神文明建设，为推进“一国两制”方针的实施，促进祖国和平统一做出新贡献，以优异的成绩迎接中共十四大召开。

市政协一届四次会议。于 1993 年 3 月 16—19 日，在市政府二楼会议室举行。

泉州市政协副主席曾惠华、中共泉州市委统战部副部长许民权、晋江市政协副主席吴松茂等应邀参加开幕式。

会议听取中共泉州市委常委、石狮市委书记、市长刘成业重要讲话。

会议听取和审议市政协主席吴彦南所作的市政协常委会工作报告、市政协学习提案委副主任陈其南所作的《市政协一届三次会议以来提案工作情况的报告》。听取《市政协一届四次会议提案审查情况的报告》。

与会委员列席市人大一届四次会议，听取和讨论政府工作报告及相关报告。

会议共收到提案 59 件。

会议听取市政协各委员活动组经验交流发言，听取市政协各专门工作委员会关于 1993 年工作意见的报告。

会议审议通过市政协一届四次会议决议。

会议号召，全体委员和社会各界人士，更加紧密地团结在以江泽民同志为核心的党中央周围，在中共石狮市委的领导下，同心同德，扎实工作，奋发进取，为夺取石狮市改革开放和现代化建设的宏伟目标而努力奋斗。

二、二届市政协全体会议

二届市政协共召开 5 次全体会议。

市政协二届一次会议。于 1994 年 1 月 15—18 日在市政府二楼会议室举行。

泉州市政协副主席王文泰、秘书长卢金枝，中共泉州市委常委、统战部部长傅圆圆，中共泉州市委统战部副部长魏献国，晋江市政协副主席王永裕等应邀参加开幕式，王文泰作了发言。

会议听取中共泉州市委常委、石狮市委书记、市长刘成业重要讲话。

会议听取和审议吴彦南所作的《政协石狮市第一届委员会常务委员会工作报告》、市政协学习提案委副主任许绍镇所作的《政协石狮市第一届委员会提案工作报告》。听取《市政协二届一次会议提案审查情况的报告》。

与会委员列席市人大二届一次会议，听取和讨论政府工作报告及相关报告。

会议选举吴彦南为二届市政协主席，蔡明元、许民权、宋太平为副主席，王人秋等 25 人为常务委员。

会议共收到提案 73 件。

会议审议通过市政协二届一次会议决议。

会议号召，全体委员、各民主党派、人民团体和各界人士继续高举爱国主义和社会主义旗帜，在中共十四届三中全会精神指引下，在中国共产党党中央和地方各级党委的正确领导下，同心同德、和衷共济、团结一致、艰苦奋斗，战胜前进道路上的一切艰难险阻，沿着建设中国特色社会主义道路胜利前进。

市政协二届二次会议。于 1995 年 3 月 14—17 日举行。

泉州市政协副主席王文泰应邀参加开幕式并作了发言。

会议听取中共石狮市委副书记、市人大常委会主任黄源水重要讲话。

会议听取和审议市政协主席吴彦南所作的市政协常委会工作报告、市政协学习提案委副主任许绍镇所作的《市政协二届一次会议以来提案工作情况的报告》。听取《市政协二届二次会议提案审查情况的报告》。

与会人员列席市人大二届二次会议，听取和讨论政府工作报告及相关报告。

会议共收到提案 90 件。

会议举行大会专题发言。

会议表彰1994年度委员提案办理工作先进单位4个、先进个人4名、优秀提案9件。

会议审议通过市政协二届第二次会议决议。

会议号召，全体政协委员和各界人士要振奋精神，锐意进取，群策群力，团结奋斗，为石狮的改革、发展、稳定做出新的更大的贡献。

市政协二届三次会议。于 1996 年 3 月 5—8 日举行。

泉州市政协副主席王文泰、中共泉州市委统战部副部长魏献国应邀参加开幕式，王文泰作了发言。

会议听取中共石狮市委书记、市长何锦龙重要讲话。

会议听取和审议市政协主席吴彦南所作的市政协常委会工作报告、市政协学习提案法制委副主任许绍镇所作的《市政协二届二次会议以来提案工作办理情况的报告》。听取《市政协二届三次会议提案审查情况的报告》。

与会人员列席市人大二届三次会议，听取政府工作报告及相关报告。

会议共收到提案 106 件。

会议举行大会专题发言。

会议表彰 1995 年度优秀文史工作者 5 名。

会议审议通过市政协二届三次会议决议。

会议号召，全体政协委员和各界人士要振奋精神、锐意进取、群策群力、团结奋斗、同心同德、和衷共济，为石狮创建张家港式的双文明城市，为石狮经济的再次腾飞做出新的更大的贡献。

市政协二届四次会议。于1997年2月24—27日在石狮德辉大酒店举行。

泉州市政协副主席叶聪敏应邀参加开幕式并作了发言。

会议听取中共泉州市委常委、石狮市委书记、市长何锦龙重要讲话。

会议听取和审议市政协主席吴彦南所作的市政协常委会工作报告、市政协学习提案法制委副主任许绍镇所作的《市政协二届三次会议以来提案工作情况的报告》。听取《市政协二届四次会议提案审查情况的报告》。

与会人员列席市人大二届四次会议，听取政府工作报告及相关报告。

会议共收到提案113件。

会议组织收看邓小平同志追悼大会实况电视转播。举行委员大会专题发言。会议期间还组织委员参观石狮市重点企业和重点基础设施建设工程。

会议审议通过市政协二届四次会议决议。

会议号召，全体政协委员和各界人士要振奋精神，锐意进取，乘香港回归和中共十五大召开之东风，进一步团结起来，加强与台港澳同胞和海外侨胞的联谊和交流，为巩固和扩大爱国统一战线，促进祖国和平统一大业的完成，为石狮经济的再次腾飞，做出新的更大的贡献。

市政协二届五次会议。于1998年3月18—21日在石狮华林大饭店召开。

泉州市政协副主席王仁杰应邀参加开幕式并作发言。

会议听取中共泉州市委常委、石狮市委书记、市长何锦龙重要讲话。

会议听取和审议市政协主席吴彦南所作的市政协常委会工作报告、市政协学习提案法制委副主任许绍镇所作的《市政协二届四次会议以来提案工作情况的报告》。听取《市政协二届五次会议提案审查情况的报告》。

与会人员列席市人大二届五次会议，听取政府工作报告及相关报告。

会议增选苏文锦、郭丽莲为二届市政协副主席。

会议共收到提案133件。

会议举行大会专题发言。

会议审议通过市政协二届五次会议决议。

会议号召，全体政协委员和各界人士，要在中共石狮市委领导下，把握大局，再接再厉，同心同德，开拓前进，把石狮的第二次创业扎扎实实地推向新的发展阶段，以两个文明建设新的优异成绩向建市10周年献礼。

三、三届市政协全体会议

三届市政协共召开6次全体会议。

市政协三届一次会议。于1999年1月6—9日在石狮华林大饭店召开。

会议听取中共泉州市委常委、石狮市委书记、市长郑栋梁重要讲话。

会议听取和审议吴彦南所作的《政协石狮市第二届委员会常务委员会工作报告》、市政协学习提案法制委副主任许绍镇所作的《政协石狮市第二届委员会提案工作报告》。听取《市政协三届一次会议提案审查情况的报告》。

与会人员列席市人大三届一次会议，听取政府工作报告及相关报告。

会议选举蔡志从为三届市政协主席，许民权、苏文锦、卢文进、宋太平为副主席，王人秋等29人为常务委员。

会议共收到提案108件。

会议审议通过市政协三届一次会议决议。

会议号召，全体政协委员和各界人士，要在中共石狮市委领导下，高举邓小平理论伟大旗帜，解放思想，振奋精神，同心拼搏，再创新业，以优异的成绩向中华人民共和国成立50周年献礼。

市政协三届二次会议。于2000年2月15—17日在石狮华林大饭店召开。

会议听取中共泉州市委常委、石狮市委书记、市长郑栋梁讲话。

会议听取和审议市政协主席蔡志从所作的市政协常委会工作报告、市政协学习提案法制委副主任许绍镇所作的《市政协三届一次会议以来提案工作情况的报告》。听取《市政协三届二次会议提案审查情况的报告》。

与会人员列席市人大三届二次会议，听取政府工作报告及相关报告。

会议增选吴国凯、蔡建业为三届市政协常务委员。

会议共收到提案87件。

会议举行大会专题发言。

会议审议通过市政协三届二次会议决议。

会议号召，全体政协委员和各界人士，要在中共石狮市委领导下，高举邓小平理论伟大旗帜，振奋精神，同心拼搏，以更优异的成绩迎接新世纪的到来，为中华民族在社会主义现代化国家的基础上实现伟大复兴而贡献自己的一分力量。

市政协三届三次会议。于2001年1月14—16日在石狮华林大饭店召开。

会议听取了中共泉州市委常委、石狮市委书记、市长郑栋梁的重要讲话。

会议听取和审议市政协主席蔡志从所作的市政协常委会工作报告、市政协学习提案法制委副主任许绍镇所作的《市政协三届二次会议以来提案工作情况的报告》。听取《市政协三届三次会议提案审查情况的报告》。

与会人员列席市人大三届三次会议，听取政府工作报告及相关报告。

会议增选王有官为三届市政协副主席。

会议期间收到提案100件。

会议举行大会专题发言。

会议审议通过市政协三届三次会议决议。

会议号召，全体政协委员和各界人士，要在中共石狮市委的领导下，高举邓小平理论伟大旗帜，团结在以江泽民为核心的中共中央周围，解放思想，同心同德，拼搏创新，努力做好各项工作，昂首阔步跨入充满希望和机遇的新世纪。

市政协三届四次会议。于2002年1月18—21日在富贵鸟集团综合楼多功能厅召开。

会议听取了中共泉州市委常委、石狮市委书记、市长郑栋梁的重要讲话。

会议听取和审议市政协主席蔡志从所作的市政协常委会工作报告、市政协副主席卢文进所作的《市政协三届三次会议以来提案工作情况的报告》。听取《市政协三届四次会议提案审查情况的报告》。

与会人员列席市人大三届四次会议，听取政府工作报告及相关报告。

会议共收到提案102件。

会议举行大会专题发言。

会议审议通过市政协三届第四次会议决议。

会议号召，全体政协委员和各界人士，要在中共石狮市委的领导下，高举邓小平理论伟大旗帜，团结在以江泽民同志为核心的中共中央周围，按照“三个代表”重要思想的要求，正确把握发展变化的国内外形势，沉着应对，趋利避害，抵御和克服前进道路上的各种风险和困难，认真履行职能，发挥优势、同心同德、拼搏创新、与时俱进、再创辉煌，以优异的成绩迎接中共十六大的胜利召开。

市政协三届五次会议。于 2002 年 8 月 20 日召开。

与会人员列席市人大三届五次会议，听取政府工作报告及相关报告。

市政协三届六次会议。于 2003 年 3 月 11—14 日在华林大酒店召开。

会议听取中共泉州市委常委、石狮市委书记、市长李建国的重要讲话。

会议听取和审议蔡志从所作的市政协常委会工作报告、市政协副主席卢文进所作的《市政协三届四次会议以来提案工作情况的报告》。听取《市政协三届六次会议提案审查情况的报告》。

与会人员列席市人大三届六次会议，听取政府工作报告及相关报告。

会议补选吴清含为三届市政协主席。

会议共收到提案 134 件。

会议举行大会专题发言。

会议审议通过市政协三届六次会议决议。

会议号召，全体政协委员和各界人士，要在中共石狮市委的领导下，高举邓小平理论伟大旗帜，以中共十六大精神为指导，团结在以胡锦涛同志为总书记的中共中央周围，按照“三个代表”重要思想的要求，认真履行职能，发挥优势，聚精会神搞建设，一心一意谋发展，同心同德，解放思想，与时俱进，再创辉煌，以优异成绩向建市 15 周年献礼。

四、四届市政协全体会议

四届市政协共召开 3 次全体会议。

市政协四届一次会议。于 2004 年 1 月 1—4 日在市公安局会议室召开。

会议听取中共泉州市委常委、石狮市委书记李建国的重要讲话。

会议听取和审议吴清含所作的《政协石狮市第三届委员会常务委员会工作报告》、王有官所作的《政协石狮市第三届委员会提案工作报告》。听取政协石狮市第三届委员会经济科技、台港澳侨联络、文教卫体、文史资料 4 个专委会的工作报告。听取《市政协四届一次会议提案初审情况的报告》。

与会人员列席市人大四届一次会议，听取和讨论政府工作报告及相关报告。

会议选举吴清含为四届市政协主席，佘日杰、王有官、黄章煌、施心新为副主席，王衍筑等 31 人为常务委员。

会议通过《关于加强委员队伍建设的规定》和《关于委员辞职及违规处理的规定》。

会议共收到提案 124 件。

会议举行大会专题发言。

会议表彰石狮市政协第三届委员会优秀委员 30 名。

会议审议通过市政协四届一次会议决议。

会议号召，全体政协委员和各界人士，要在中共石狮市委的领导下，高举邓小平理论伟大旗帜，以中共十六大、十六届三中全会精神为指导，团结在以胡锦涛同志为总书记的党中央周围，按照“三个代表”重要思想的要求，同心同德，认真履行职能，励精图治抓改革，千方百计促发展，奋发有为建小康，为石狮市两个“率先”的实现再立新功。

市政协四届二次会议。于 2005 年 4 月 6—9 日在市文化馆音乐厅召开。

会议听取中共石狮市委副书记王爱恳的重要讲话。

会议听取和审议市政协副主席佘日杰所作的市政协常委会工作报告、市政协副主席王有官所作的《市政协四届一次会议以来提案工作情况的报告》。听取《市政协四届二次会议提案初审情况的报告》。

与会人员列席市人大四届二次会议，听取和讨论政府工作报告及相关报告。

会议选举丁家全为四届市政协主席。

会议共收到提案 176 件。

会议举行大会专题发言。

会议表彰 2004 年度优秀政协提案单位、优秀政协提案人。

会议审议通过市政协四届二次会议决议。

会议号召，全体政协委员和各界人士，要在中共石狮市委的领导下，高举邓小平理论伟大旗帜，以中共十六大和十六届四中全会精神为指导，紧密团结在以胡锦涛同志为总书记的中共中央周围，按照“三个代表”重要思想的要求，认真履行职能，充分发挥优势，聚精会神搞建设，一心一意谋发展，同心同德，解放思想，与时俱进，再创辉煌，为建设海峡西岸经济区和泉州湾滨海城市亮点做出更大的贡献。

市政协四届三次会议。于 2006 年 1 月 11—13 日在市文化馆音乐厅召开。

会议听取泉州市人大常委会副主任、中共石狮市委书记黄源水的重要讲话。

会议听取和审议市政协副主席佘日杰所作的市政协常委会工作报告、市政协副主席王有官所作的《市政协四届二次会议以来提案工作情况的报告》。听取《市政协四届三次会议提案初审情况的报告》。

与会人员列席市人大四届三次会议，听取和讨论政府工作报告及相关报告。

会议共收到提案169件。

会议举行大会专题发言。

会议审议通过市政协四届三次会议决议。

会议号召，全体政协委员和各界人士，要以邓小平理论和“三个代表”重要思想为指导，紧密地团结在以胡锦涛同志为总书记的中共中央周围，在中共石狮市委的领导下，认真履行职能，充分发挥优势，聚精会神搞建设，一心一意谋发展，同心同德，解放思想，与时俱进，再创辉煌，为把石狮市建设成为现代化工贸旅游港口城市、率先实现全面建设小康社会、率先基本实现现代化做出更大的贡献。

五、五届市政协全体会议

五届市政协共召开5次全体会议。

市政协五届一次会议。于2006年12月10—13日在市文化馆音乐厅召开。

会议听取泉州市人大常委会副主任、中共石狮市委书记黄源水的重要讲话。

会议听取和审议丁家全所作的《政协石狮市第四届委员会常务委员会工作报告》、王有官所作的《政协石狮市第四届委员会提案工作报告》。听取《市政协五届一次会议提案初审情况的报告》。

与会人员列席市人大五届一次会议，听取和讨论政府工作报告及相关报告。

会议选举丁家全为五届市政协主席，余日杰、王有官、黄章煌、施心新、吴清木当选副主席，王亚榆等43人当选常务委员。

会议共收到提案188件。

会议举行大会专题发言。

会议审议通过市政协五届一次会议决议。

会议号召，全体政协委员和各界人士，要在中共石狮市委的领导下，以中共十六大和中共十六大以来历次中央全会精神为指导，紧密团结在以胡锦涛同志为总书记的中共中央周围，按照“三个代表”重要思想的要求，牢固树立科学发展观，积极发挥政协优势，认真履行政协职能，充分调动一切积极因素，努力构建和谐社会，为实现石狮市“十一五”规划的宏伟目标和建设海峡西岸现代化工贸旅游港口城市做出更大的贡献。

市政协五届二次会议。于2007年12月29日至2008年1月1日在市文化馆音乐厅召开。

会议听取泉州市人大常委会副主任、中共石狮市委书记黄源水的重要讲话。

听取和审议市政协主席丁家全所作的市政协常委会工作报告、市政协副主席王有官所作的《市政协五届一次会议以来提案工作情况的报告》。听取《市政协五届二次会议提案初审情况的报告》。

与会人员列席市人大五届二次会议，听取和讨论政府工作报告及相关报告。

会议共收到提案214件。

会议举行大会专题发言。

会议审议通过市政协五届二次会议决议。

会议号召，全体政协委员和各界人士，要以中共十七大精神为指导，紧密团结在以胡锦涛同志为总书记的中共中央周围，在中共石狮市委的领导下，按照科学发展观的要求，结合政协自身的特点，围绕中共石狮市第五届代表大会提出的奋斗目标，继承历届政协的优良传统，进一步发挥政协组织的优势和作用，认真履行政协职能，充分调动一切积极因素，为又好又快建设海峡西岸现代化工贸旅游港口城市做出更大的贡献。

市政协五届三次会议。于2009年2月10—13日在市文化馆音乐厅召开。

会议听取泉州市人大常委会副主任、中共石狮市委书记黄源水的重要讲话。

听取和审议市政协主席丁家全所作的市政协常委会工作报告、市政协副主席王有官所作的《市政协五届二次会议以来提案工作情况的报告》。听取了《市政协五届三次会议提案初审情况的报告》。

与会人员列席市人大五届三次会议，听取和讨论政府工作报告及相关报告。

会议共收到提案165件。

会议举行大会专题发言。

会议审议通过市政协五届三次会议决议。

会议号召，全体政协委员和各界人士，要紧密团结在以胡锦涛同志为总书记的中共中央周围，高举中国特色社会主义伟大旗帜，全面贯彻落实科学发展观，在中共石狮市委的正确领导下，坚定信心、振奋精神，迎难而上，奋发进取，为加快建设海峡西岸经济区现代化工贸旅游港口城市做出新的贡献，以更加优异的成绩向中华人民共和国成立60周年献礼。

市政协五届四次会议。于2009年12月28—31日在市公务大厦附楼大会议室召开。

会议听取泉州市人大常委会副主任、中共石狮市委书记黄源水的重要讲话。

听取和审议市政协主席丁家全所作的市政协常委会工作报告、市政协副主席王有官所作的《市政协五届三次会议以来提案工作情况的报告》。听取《市政协五届四次会议提案初审情况的报告》。

与会人员列席市人大五届四次会议，听取和讨论政府工作报告及相关报告。

会议共收到提案175件。

会议举行大会专题发言。

会议表彰2007—2009年度优秀政协提案、提案承办先进单位和先进个人。

会议审议通过市政协五届四次会议决议。

会议号召，全体政协委员和各界人士，要紧密团结在以胡锦涛同志为总书记的中共中央周围，高举中国特色社会主义伟大旗帜，全面贯彻落实科学发展观，在中共石狮市委的正确领导下，坚定信心，振奋精神，迎难而上，奋发进取，为加快建设海峡西岸经济区现代化工贸旅游港口城市而努力奋斗。

市政协五届五次会议。于2011年1月7—10日在市公务大厦附楼大会议室召开。

会议听取中共石狮市委书记许维泽的重要讲话。

听取和审议市政协主席丁家全所作的市政协常委会工作报告、市政协副主席王有官所作的《市政协五届四次会议以来提案工作情况的报告》。听取了市政协五届五次会议提案初审情况的报告。

与会人员列席市人大五届五次会议，听取和讨论政府工作报告及相关报告。

会议共收到提案189件。

会议举行大会专题发言。

会议审议通过市政协五届五次会议决议。

会议号召，全体政协委员和各界人士，要紧密团结在以胡锦涛同志为总书记的中共中央周围，高举中国特色社会主义伟大旗帜，全面贯彻落实科学发展观，在中共石狮市委的正确领导下，坚定信心，振奋精神，迎难而上，奋发进取，为推进石狮市科学发展、跨越发展做出应有贡献，谱写人民政协事业新篇章。

六、六届市政协全体会议

六届市政协共召开6次全体会议。

市政协六届一次会议。于2011年12月13—16日在市公务大厦附楼大会议室召开。

会议听取中共石狮市委书记张永宁的重要讲话。

听取和审议丁家全所作的《政协石狮市第四届委员会常务委员会工作报告》、王有官所作的《政协石狮市第四届委员会提案工作报告》。听取《市政协五届一次会议提案初审情况的报告》。

与会人员列席市人大六届一次会议，听取和讨论政府工作报告，法院、检察院工作报告及相关报告。

会议选举张贻山为六届市政协主席，黄章煌、施心新、吴清木、吕培榕为副主席，王瑛等44人为常务委员。

会议共收到提案225件。

会议举行大会专题发言。

会议表彰优秀委员、2007—2011年度优秀提案团体、2010—2011年度优秀提案、提案先进承办单位、提案先进承办个人和政协信息工作先进个人。

会议审议通过市政协六届一次会议决议。

会议号召，全体政协委员和各界人士，要紧密团结在以胡锦涛同志为总书记的中共中央周围，高举中国特色社会主义伟大旗帜，全面贯彻落实科学发展观，在中共石狮市委的正确领导下，坚定信心，振奋精神，迎难而上，奋发进取，为推进石狮市科学发展、跨越发展做出应有贡献，谱写人民政协事业新篇章。

市政协六届二次会议。于2012年12月20—22日在市公务大厦附楼大会议室召开。

会议听取中共石狮市委书记张永宁的重要讲话。

听取和审议市政协副主席黄章煌所作的市政协常委会工作报告、市政协副主席吴清木所作的《市政协六届一次会议以来提案工作情况的报告》。听取《市政协六届二次会议提案初审情况的报告》。

与会人员列席市人大六届二次会议，听取和讨论政府工作报告，法院、检察院工作报告及相关报告。

会议增选李丽月为六届市政协副主席。

会议增选纪丽卿为六届市政协常务委员。

会议共收到提案227件。

会议举行大会专题发言。

会议审议通过市政协六届二次会议决议。

会议号召，全体政协委员和各界人士，要紧密团结在以习近平同志为总书记的中共中央周围，高举中国特色社会主义伟大旗帜，全面贯彻落实科学发展观，在中共石狮市委的正确领导下，以更加高昂的斗志、更加饱满的热情、更加务实的作风，坚定信心，振奋精神，迎难而上，奋发进取，为推进石狮市科学发展、跨越发展做出应有贡献，谱写人民政协事业新篇章。

市政协六届三次会议。于2013年5月30日在市公务大厦附楼大会议室召开。

会议补选李丽月为六届市政协主席。

市政协六届四次会议。于2013年12月28—30日在市公务大厦附楼大会议室召开。

会议听取中共石狮市委书记张永宁的重要讲话。

听取和审议市政协主席李丽月所作的市政协常委会工作报告、市政协副主席吴清木所作的《市政协六届二次会议以来提案工作情况的报告》。听取《市政协六届四次会议提案初审情况的报告》。

与会人员列席市人大六届三次会议，听取和讨论政府工作报告，法院、检察院工作报告及相关报告。

会议共收到提案228件。

会议举行大会专题发言。

会议表彰2012—2013年度优秀提案、提案办理工作先进单位、提案办理工作先进个人和政协信息工作先进个人。

会议审议通过市政协六届四次会议决议。

会议号召，全体政协委员和各界人士要紧密团结在以习近平同志为总书记的中共中央周围，在中共石狮市委的坚强领导下，以饱满的政治热情、昂扬的精神状态，务实履职、开拓进取，为再造“质量石狮”新辉煌做出应有贡献，谱写人民政协事业新篇章。

市政协六届五次会议。于2015年1月13—15日在市公务大厦附楼大会议室召开。

会议听取中共石狮市委书记张永宁的重要讲话。

听取和审议市政协主席李丽月所作的市政协常委会工作报告、市政协副主席吴清木所作的《市政协六届四次会议以来提案工作情况的报告》。听取《市政协六届五次会议提案初审情况的报告》。

与会人员列席市人大六届四次会议，听取和讨论政府工作报告，法院、检察院工作报告及相关报告。

会议共收到提案 256 件。

会议举行大会专题发言。

会议审议通过市政协六届五次会议决议。

会议号召，全体政协委员和各界人士要紧密团结在以习近平同志为总书记的中共中央周围，在中共石狮市委的坚强领导下，砥砺同心、团结奋进，为谱写人民政协事业新篇章、推进“质量石狮 二次创业”新跨越做出应有贡献。

市政协六届六次会议。于 2016 年 1 月 5—7 日在市公务大厦附楼大会议室召开。

会议听取中共石狮市委书记朱启平的重要讲话。

听取和审议市政协主席李丽月所作的市政协常委会工作报告、市政协副主席吴清木所作的《市政协六届五次会议以来提案工作情况的报告》。听取了《市政协六届六次会议提案初审情况的报告》。

与会人员列席市人大六届五次会议，听取和讨论政府工作报告，法院、检察院工作报告及相关报告。

会议增选卢祖明、杨华铿、陈清璜为六届市政协常务委员。

会议共收到提案 270 件。

会议举行大会专题发言。

会议审议通过市政协六届六次会议决议。

会议号召，全体政协委员和各界人士要紧密团结在以习近平同志为总书记的中共中央周围，在中共石狮市委的坚强领导下，砥砺同心、团结奋进，为谱写人民政协事业新篇章、推进“质量石狮 实业强市”新跨越做出应有贡献。

七、七届市政协全体会议

至 2020 年 12 月，七届市政协共召开 4 次全体会议。

市政协七届一次会议。于 2016 年 12 月 14—16 日在市公务大厦附楼大会议室召开。

会议听取中共石狮市委书记朱启平的重要讲话。

会议听取和审议李丽月所作的《政协石狮市第六届委员会常务委员会工作报告》、

吴清木所作的《政协石狮市第六届委员会提案工作报告》。听取《市政协七届一次会议提案初审情况的报告》。

与会人员列席市人大七届一次会议，听取和讨论政府工作报告，法院、检察院工作报告及相关报告。

会议选举林自育为七届市政协主席，郭丽莲、陈贤明、丁东福、陈东华为副主席，王汉滨等 31 人为常务委员。

会议共收到提案 271 件。

会议举行大会专题发言。

会议审议通过市政协七届一次会议决议。

会议号召，全体政协委员和各界人士，要紧密团结在以习近平同志为核心的中共中央周围，在中共石狮市委的正确领导下，坚定信心，振奋精神，精诚团结，开拓拼搏，合力谱写人民政协事业发展的新篇章，为在更高水平上率先全面建成小康社会，把石狮建设成为更具发展质量、更富创新活力的宜居宜业滨海城市做出应有贡献。

市政协七届二次会议。于 2017 年 12 月 23—24 日在市公务大厦附楼大会议室召开。

会议听取中共石狮市委书记朱启平的重要讲话。

会议听取和审议市政协主席林自育所作的《政协第七届石狮市委员会常务委员会工作报告》、市政协副主席丁东福所作的《市政协七届一次会议以来提案工作情况的报告》。听取《市政协七届二次会议提案初审情况的报告》。

与会人员列席市人大七届二次会议，听取和讨论政府工作报告，法院、检察院工作报告及相关报告。

会议增选郭永加为七届市政协常务委员。

会议共收到提案 255 件。

会议举行大会专题发言。

会议审议通过市政协七届二次会议决议。

会议号召，全体政协委员和各界人士，要全面贯彻中共十九大精神，紧密团结在以习近平同志为核心的中共中央周围，坚持以习近平新时代中国特色社会主义思想为指导，在中共石狮市委的正确领导下，不忘初心、牢记使命，以敢于担当的责任意识和昂扬向上的精神状态，合力谱写人民政协事业发展的新篇章，为开创“创新转型、实业强市，加快建设宜居宜业滨海城市”新局面做出新的更大的贡献！

市政协七届三次会议。于 2019 年 1 月 25—27 日在市公务大厦附楼大会议室召开。

听取中共石狮市委书记朱启平的重要讲话。

听取和审议市政协主席林自育所作的《政协第七届石狮市委员会常务委员会工作报告》、市政协副主席丁东福所作的《市政协七届二次会议以来提案工作情况的报告》。听取《市政协七届三次会议提案初审情况报告》。

与会人员列席市人大七届三次会议，听取和讨论政府工作报告，法院、检察院工作报告及相关报告。

会议共收到提案196件。

会议举行大会专题发言。

会议审议通过市政协七届三次会议决议。

会议号召，全体政协委员和各界人士要更加紧密地团结在以习近平同志为核心的中共中央周围，坚持以习近平新时代中国特色社会主义思想为指引，在中共石狮市委的正确领导下，坚定信心、践行使命、主动作为，为高质量推进“创新转型、实业强市”而拼搏！以更加优异的成绩，向中华人民共和国成立70周年和中国人民政治协商会议成立70周年献礼！

市政协七届四次会议。于2020年1月7—9日在市公务大厦附楼大会议室召开。

听取中共石狮市委书记蔡萌芽的重要讲话。

听取和审议市政协主席林自育所作的《政协第七届石狮市委员会常务委员会工作报告》、市政协副主席丁东福所作的《市政协七届三次会议以来提案工作情况的报告》。听取《市政协七届四次会议提案初审情况报告》。

与会人员列席市人大七届四次会议，听取和讨论政府工作报告，法院、检察院工作通报及相关报告。

会议增选洪明芳、郭景专为七届市政协常务委员。

会议共收到提案244件。

会议举行大会专题发言。

会议审议通过市政协七届四次会议决议。

会议号召，全体政协委员和各界人士要更加紧密地团结在以习近平同志为核心的中共中央周围，在中共石狮市委的坚强领导下，讲政治、担使命、守初心，在坚决维护核心中把准方向、在坚定服务发展中彰显作为、在完善自我中展现风采，为实现石狮更美好的未来做出新的更大贡献！

第三节 政协石狮市委员会常务委员会议

政协常务委员会会议是政协全体会议闭会期间履行政协协商、民主监督、参政议政职能的主要形式。常委会由市政协主席、副主席和常务委员组成。

常委会会议一般每季度举行一次，必要时可临时举行。会议的议题和日期由主席会议决定。常委会会议由主席主持，或由主席委托一位副主席主持。常委会举行会议时，不是市政协常委的处级干部、各办公室正、副主任、各专门委员会主任、各委员活动组组长，以及与议程有关的其他人员可列席常委会会议。

常委会会议必须有组成人员的过半数出席才能举行。会议要充分发扬社会主义民主，对议题进行充分协商讨论，反映各方面的意见和建议。会议的议案或其他需要表决的事项，需经全体组成人员过半数通过才能生效。

常委会会议的主要任务：1. 组织委员视察、调研等重要活动，实现人民政协章程赋予的任务，执行全体会议决议规定的任务。2. 审议通过以常委会名义提交中共石狮市委、市政府的建议案；审议提交政协石狮市委员会全体会议的文件；审议重要的视察报告、调研报告和其他重要文件。3. 协商讨论石狮市政治、经济和社会发展中的重大事项，以及群众生活中普遍关心的重要问题，提出建议和意见。听取市委、市政府及其有关部门负责人对重要问题的通报或说明，提出意见和建议，听取市党政领导关于各级重要会议精神的传达和贯彻意见。4. 加强对政协各专门委员会领导和对镇（街道）委员活动组的指导。定期组织工作经验交流，听取各专门委员会、委员活动组的工作汇报。5. 协商决定此届和下一届政协石狮市委员会的参加单位、委员名额、人选以及委员的增补与调整。6. 审议决定市政协工作机构的设置和变动，并任免其领导成员。7. 行使政协章程赋予的其他职权。

1991 年 1 月至 2020 年 12 月，市政协共召开 169 次常务委员会议。

一、一届市政协常务委员会议

一届市政协共召开 14 次常务委员会议。

市政协一届一次常委会议。1991 年 3 月 14—15 日召开。会议学习《中国人民政治协商会议章程》。研究讨论 1991 年政协工作意见和机关工作机构的设置及机关的制度建设。研究政协各委员活动组 1991 年工作计划和意见。中共石狮市委书记、市长刘成业通报石狮市经济工作和改革问题。

市政协一届二次常委会议。1991 年 5 月 28 日召开。各民主党派、各有关人民团体、乡镇分管领导列席会议。会议听取中共石狮市委统战部部长许民权传达全国、省、泉州市统战工作会议精神。高铭群传达省、泉州市政协工作座谈会精神。

市政协一届三次常委会议。1991 年 8 月 8 日召开。会议决定提名许民权为市政协副主席候选人。通过召开市政协一届二次全体会议相关事宜。研究通过政协机关机构设置方案会议通过有关人事事项。

市政协一届四次常委会议。1991 年 11 月 6 日召开。会议传达《中共中央批转中央统战部〈关于工商联若干问题的请示〉的通知》文件精神。通报 1991 年第三季度政协工作回顾和第四季度工作安排。听取关于视察石狮市妇女工作情况的报告。审议通过学习提案、三胞经济民族宗教、文史科教文卫三个专门委员会主任、副主任和成员名单。研究通过其他有关事宜。

市政协一届五次常委会议。1992 年 1 月 6 日召开。会议学习中共十三届八中全会公报。汇报交流各活动组 1991 年工作情况。吴彦南作市政协一年来工作总结并提出今后工作意见。

市政协一届六次常委会议。1992 年 1 月 22 日召开。会议研究讨论召开市政协一届三次全体会议有关事宜。

市政协一届七次常委会议。1992 年 3 月 14 日召开。会议组织学习《中共中央关于传达学习邓小平同志重要谈话的通知》精神。

市政协一届八次常委会议。1992 年 7 月 23 日召开。会议通报石狮市经济发展情况，研究讨论政协工作如何为石狮市经济建设服务。

市政协一届九次常委会议。1992 年 9 月 8 日召开。会议传达全省加快经济发展步伐研讨会精神及石狮市经济发展奋斗目标和规划。与会常委就政协工作如何服务石狮市经济社会发展开展讨论。

市政协一届十次常委会议。1993 年 1 月 3 日召开。与会常委就石狮市土地成片开发和基础设施建设情况提出意见和建议。吴彦南总结 1992 年政协工作，并提出 1993 年度工作计划和安排。

市政协一届十一次常委会议。1993 年 3 月 1 日召开。会议研究讨论召开市政协一届四次全体会议有关事宜。通过增补蔡友镖、郑天应、龚丽卿为市政协委员。

市政协一届十二次常委会议。1993 年 6 月 29 日召开。会议对上半年政协工作进行回顾和总结。学习提案委、三胞经济委、文史教科文卫委负责人在会上做总结发言。吴彦南提出下半年工作意见。

市政协一届十三次常委会议。1993 年 11 月 4 日召开。会议学习《中国人民政治协商会议章程》。与会常委们一致通过换届工作方案，并讨论《一届市政协常委会工作报告》初稿。

市政协一届十四次常委会议。1993 年 12 月 24 日召开。会议审议通过市政协二届一次会议有关事项。

二、二届市政协常务委员会议

二届市政协共召开 31 次常务委员会议

市政协二届一次常委会议。1994 年 1 月 18 日召开。会议审议通过委员会组成人员名单、委员活动组分组名单。

市政协二届二次常委会议。1994 年 2 月 22 日召开。会议通过 1994 年市政协工作计划安排，审议通过《政协石狮市委员会常务委员会工作规则》，讨论泉州市政协七届四次会议提案工作情况。发动常委响应市委、市政府提出的“每人捐献 100 元，共建扶贫大道”号召。

市政协二届三次常委会议。1994 年 8 月 18 日召开。会议学习江泽民总书记视察福建时的重要讲话精神和中共石狮市委书记刘成业在中共石狮市二届一次全委会上讲话精神。与会常委就“增创新优势、更上新台阶”进行专题讨论，对石狮经济发展提出建设性的意见和建议。会议决定以发挥海峡海洋优势、侨乡优势、争创石狮服装城优势等三个专题开展研讨，形成调查报告，供市委、市政府决策时参考。

市政协二届四次常委会议。1994 年 10 月 7 日召开。会议学习中共十四届四中全会决定，并进行讨论。

市政协二届五次常委会议。1994 年 12 月 23 日召开。会议研究讨论召开市政协二届二次全体会议有关事宜。研究决定增补姜金丽、吴国凯、吴永雄为市政协委员。各专委会汇报一年工作情况。

市政协二届六次常委会议。1995 年 3 月 2 日召开。会议研究讨论市政协二届二次全体会议有关事宜。讨论市政府工作报告（征求意见稿）并提出修改意见。

市政协二届七次常委会议。1995年6月8日召开。各民主党派、群团负责人列席会议。吴彦南通报市政协二届二次全委会工作计划和安排。许民权通报统战工作情况。中共石狮市委书记、市长何锦龙通报市委、市政府班子调整情况和当前石狮市经济工作运行状况，并对今后政协工作提出要求。

市政协二届八次常委会议。1995年6月15日召开。会议学习《政协全国委员会关于政治协商民主监督参政议政的规定》和李瑞环《关于人民政协履行职能的若干问题》的讲话，并座谈如何加强政协工作。会议通过有关人事事项。

市政协二届九次常委会议。1995年8月25日召开。市政府副市长禹宾熙列席会议。会议传达中共石狮市委二届二次党代会精神。与会常委就“石狮市民营经济面临的困难、问题和对策”专题展开热烈讨论，为加快石狮市民营经济发展建言献策。会议研究决定增补陈海龙、蔡东升为市政协委员。

市政协二届十次常委会议。1995年10月10日召开。会议讨论《石狮市九五计划和2010年远景规划（讨论稿）》，与会常委就石狮市国民经济和社会事业发展规划提出意见和建议。会议传达了省政协召开的各县（市、区）政协主席工作座谈会精神，提出贯彻意见。会议研究决定增补许泽生等6人为市政协委员。

市政协二届十一次常委会议。1995年12月29日召开。会议传达中共泉州市委召开的泉州市政协工作会议精神，听取各专委会和活动组一年工作汇报。讨论《政协石狮市委员会关于政治协商民主监督参政议政的实施办法（讨论稿）》，提出修改意见。

市政协二届十二次常委会议。1996年2月7日召开。会议研究讨论召开市政协二届三次全体会议的有关事宜。会议研究决定增补姜雄雄等7人为二届市政协委员。同意把“学习提案委员会”更名为“学习提案法制委员会”。会议通过有关人事事项。

市政协二届十三次常委会议。1996年3月12日召开。中共石狮市委常委、组织部部长颜年安向常委通报石狮市第二批乡镇和机关部委办局领导班子人事调整方案，征求意见。

市政协二届十四次常委会议。1996年5月9日召开。市委办、外经委、港口指挥部负责人，市政协各活动组组长、市政协经科委部分成员列席会议。会议围绕如何“强化区位优势、营造港口城市优势”专题研讨，为石狮市第二次创业献良策。

市政协二届十五次常委会议。1996年9月13日召开。会议学习江泽民总书记“关于领导干部一定要讲政治”的重要讲话。市政协学习提案法制委汇报1996年提案交办情况。会议研究决定市区一、二活动组按新划分的行政区域调整为湖滨、凤里、灵秀、宝盖四个活动组。会议研究市政协常委分二批赴湖南、江西考察等事宜。

市政协二届十六次常委会议。1996 年 10 月 18 日召开。会议学习中共十四届六中全会精神。吴彦南作专题发言。会议研究讨论其他有关事项。

市政协二届十七次常委会议。1996 年 11 月 27 日召开。会议听取市文明办、科卫文体局汇报石狮市文化设施和管理情况。常委们就繁荣石狮市文化市场、提高文化市场档次和品位提出意见和建议。

市政协二届十八次常委会议。1997 年 2 月 17 日召开。会议研究讨论召开市政协二届四次全体会议有关事宜，讨论市政府工作报告（讨论稿）并提出修改意见。会议通过“三胞民族宗教委员会”更名为“台港澳侨联络委员会”的决定，会议通过有关人事事项。会议研究决定增补刘建平为市政协委员、常务委员。

市政协二届十九次常委会议。1997 年 4 月 7 日召开。会议讨论通过《关于设立市民议政日》等 4 个重点提案。决定编写《石狮市政协志》，并成立编纂委员会和编写小组。研究决定增补黄梓钦等 15 人为市政协委员。

市政协二届二十次常委会议。1997 年 6 月 10 日召开。会议对石狮市旅游业发展进行专题研讨，对市委、市政府发展旅游支柱产业、培植经济新的增长点的决策，以及对市政府委托省旅游学会编制的《石狮市旅游业发展规划》，提出意见和建议。

市政协二届二十一次常委会议。1997 年 9 月 25 日召开。会议学习贯彻中共十五大精神。

市政协二届二十三次常委会议。1998 年 2 月 18 日召开。会议研究讨论召开二届五次全体会议有关事宜。市公安局向政协常委通报社会治安综合治理情况、存在问题和工作计划。

市政协二届二十四次常委会议。1998 年 3 月 6 日召开。研究决定增补苏文锦等 12 人为二届市政协委员。

市政协二届二十五次常委会议。1998 年 3 月 16 日召开。研究决定增补王青阳为二届市政协委员。

市政协二届二十八次常委会议。1998 年 7 月 20 日召开。会议专题研讨发展港口经济培育石狮区域性经济特色战略。会上，3 个调研组分别作了《扬长避短，重振服装业雄风》《大力发展蓝色产业，加快二次创业》《以“特”取胜，大力发展石狮市的旅游业》专题发言，与会常委围绕发展港口经济提出意见和建议。

市政协二届二十九次常委会议。1998 年 10 月 22 日召开。会议学习《中共中央关于农业和农村工作若干重大问题的决定》。

市政协二届三十次常委会议。1998 年 10 月 27 日召开。会议总结市政协二届常委会五年来的工作成绩和经验体会，探索今后政协工作的新思路。

市政协二届三十一次常委会议。1998 年 12 月 8 日召开。会议讨论市政协常委会工作报告、提案工作报告，通过市政协三届一次会议有关事项。

三、三届市政协常务委员会议

三届市政协共召开 40 次常务委员会议。

市政协三届一次常委会议。1999 年 1 月 9 日召开。会议研究通过专委会成员名单、委员活动组分组名单。审议通过市政协三届一次会议提案审查情况的报告。

市政协三届二次常委会议。1999 年 3 月 20 日召开。协商通过市政协 1999 年工作计划。

市政协三届三次常委会议。1999 年 5 月 7 日召开。会议听取市人民法院、市人民检察院、市公安局、市安全局关于开展“争创人民满意的政法单位、争当人民满意的政法干警”活动和维护社会稳定等工作情况的通报。

市政协三届五次常委会议。1999 年 12 月 30 日召开。会议传达贯彻全省、泉州市政协工作会议精神，回顾总结 1999 年市政协工作情况，通报市政协三届一次会议提案办理情况，通报召开市政协三届二次会议议程。会议研究决定增补陈建设、龚春燕为市政协委员。

市政协三届六次常委会议。2000 年 1 月 26 日召开。学习传达省政协八届三次会议精神，研究筹备市政协三届二次会议有关事宜。

市政协三届七次常委会议。2000 年 3 月 8 日召开。会议学习《一个中国的原则与台湾问题（白皮书）》，并举行座谈。

市政协三届八次常委会议。2000 年 4 月 18 日召开。中共石狮市委常委、市纪委书记蔡马追通报石狮市党风廉政建设和反腐败工作情况和 2000 年工作思路。会议研究市政协常委会 2000 年工作计划。

市政协三届九次常委会议。2000 年 6 月 7 日召开。与会者就“反‘台独’，促统一”主题进行座谈。

市政协三届十次常委会议。2000 年 8 月 29 日召开。会议听取市委组织部关于石狮市组织工作情况的通报。会议讨论《关于委员参加本会活动的暂行规定》，通过《关于调整部分专门委员会主任、副主任及委员的意见》，布置《关于征求石狮市国民经济和社会发展“十五”计划意见》的有关事宜。会议研究决定撤销蔡友镖市政协委员、常务委员资格。

市政协三届十一次常委会议。2000 年 10 月 19 日召开。会议听取市国税局工作情况的通报。

市政协三届十二次常委会议。2000 年 11 月 14 日召开。会议决定增补王有官等 8 人为市政协委员，撤销陈惠国市政协委员资格。会议决定出版《海内外石狮人书画集》，同时做好石狮市中华慈善总会组建工作。

市政协三届十三次常委会议。2001 年 1 月 8 日召开。会议讨论市政协常委会工作报告、市政协三届二次会议以来提案工作情况的报告，及召开市政协三届三次会议有关事宜。

市政协三届十四次常委会议。2001 年 1 月 11 日召开。市政府副市长朱新民向与会常委征求政府工作报告（征求意见稿）的意见。

市政协三届十五次常委会议。2001 年 4 月 4 日召开。会议听取市公安局通报工作情况，对主席办公会提出的建议案进行审议讨论。会议研究决定增补蔡建四、邱仲华为市政协委员。

市政协三届十六次常委会议。2001 年 7 月 13 日召开。会议学习江泽民总书记在庆祝中国共产党成立 80 周年大会上的讲话，交流学习心得体会。

市政协三届十七次常委会议。2001 年 8 月 6 日召开。会议听取市检察院工作情况通报，并征求与会人员对市检察院在教育整顿、基层院建设等方面的意见和建议。会议研究决定增补林再贤为市政协委员，撤销黄存市政协委员资格。

市政协三届十八次常委会议。2001 年 11 月 6 日召开。会议听取石狮海关和泉州港务局工作通报。蔡志从通报政协主席会议议定事项及市领导班子人事调整情况。

市政协三届十九次常委会议。2001 年 12 月 30 日召开。会议讨论通过常委会工作报告及 2002 年的工作意见，会议审议召开三届四次全委会事宜。

市政协三届二十次常委会议。2002 年 1 月 14 日召开。会议听取市法院 2001 年工作情况通报及 2002 年工作计划。举行石狮法院执法民主监督员的受聘仪式。会议研究决定增补王鸿燕、商庭烟、洪文化、邱华勇、陈健泳为市政协委员。

市政协三届二十一次常委会议。2002 年 2 月 2 日召开。市委组织部通报石狮市机构改革情况。

市政协三届二十二次常委会议。2002 年 3 月 19 日召开。会议听取市、镇党政机关机构改革情况通报。会议审议通过石狮市政协常委会 2002 年工作计划。

市政协三届二十三次常委会议。2002 年 4 月 2 日召开。会议听取市委组织部关于市直党政和镇（街道）机关机构改革领导干部的调整情况的通报。

市政协三届二十四次常委会议。2002 年 6 月 12 日召开。会议学习江泽民总书记“5·31”重要讲话精神。会议听取市公安局工作情况通报。审议通过市政协各专门委员会调整部分领导。审议通过调整部分镇（街道）委员活动组正副组长、成员和联络员。

市政协三届二十五次常委会议。2002 年 6 月 25 日召开。会议围绕中共石狮市委“重振石狮服装业”部署提出意见和建议。

市政协三届二十六次常委会议。2002 年 7 月 23 日召开。会议回顾总结政协工作情况，并听取湖滨街道办事处、国土局对九二路东段改造工程及石狮市城市规划建设管理情况的通报。

市政协三届二十七次常委会议。2002 年 8 月 14 日召开。会议听取各镇（街道）委员活动组工作汇报。会议研究召开市政协三届五次会议的有关事项。

市政协三届二十八次常委会议。2002 年 9 月 24 日召开。会议听取市环保局关于环境保护情况的通报。会议研究决定增补陈自然等 7 人为市政协委员。

市政协三届二十九次常委会议。2002 年 11 月 19 日召开。会议学习贯彻中共十六大精神。

市政协三届三十次常委会议。2002 年 11 月 22 日召开。组织常委视察石狮市企业服务中心，调研企业服务中心运作情况，并就需要改进的问题提出意见建议。

市政协三届三十一次常委会议。2003 年 2 月 19 日召开。会议研究召开市政协三届六次会议的有关事宜。会议研究决定增补吴清含为市政协委员。

市政协三届三十二次常委会议。2003 年 3 月 3 日召开。会议听取市政协三届六次会议筹备工作的汇报，审议通过市政协三届六次会议有关事宜。会议听取市公安局 2002 年工作情况通报。

市政协三届三十三次常委会议。2003 年 3 月 5 日召开。会议征求政府工作报告意见。

市政协三届三十四次常委会议。2003 年 4 月 1 日召开。十届全国政协委员、泉州市政协副主席王仁杰到会畅谈参加十届全国“两会”感受的新气象、新变化。会议协商通过市政协常委会 2003 年工作要点和工作计划。

市政协三届三十五次常委会议。2003年5月8日召开。会议听取市政府副市长郭丽莲关于石狮市防治非典型肺炎工作总体情况的通报；听取市效能办关于石狮市机关效能建设工作情况的通报。会议研究决定增补吴成家、纪丽卿、王再兴为市政协委员。

市政协三届三十六次常委会议。2003年6月9日召开。泉州市政协副秘书长、台港澳侨联络委主任陈明泉作侨务知识讲座。

市政协三届三十七次常委会议。2003年9月12日召开。会议听取司法局关于石狮市基层人民调解工作情况的通报。

市政协三届三十八次常委会议。2003年11月12日召开。会议学习中共十六届三中全会通过的《中共中央关于完善社会主义市场经济体制若干问题的决定》精神。审议通过市政协第三届石狮市委员会优秀委员名单。听取市政协换届工作开展情况的通报。

市政协三届三十九次常委会议。2003年12月16日召开。会议审议通过市政协四届一次会议有关事宜。

市政协三届四十次常委会议。2003年12月26日召开。中共石狮市委常委、统战部部长陈衍泽通报换届工作情况，审议通过市政协四届一次会议有关事项。

四、四届市政协常务委员会议

四届市政协共召开13次常务委员会议。

市政协四届一次常委会议。2004年1月4日召开。会议研究通过市政协各专委会组成人员名单、政协活动组分组名单。研究通过《加强委员队伍建设的规定》。

市政协四届二次常委会议。2004年2月10日召开。会议学习贯彻市委四届二次全委会精神，通过有关人事事项，通过常委会2004年度工作计划。

市政协四届三次常委会议。2004年3月23日召开。会议专题探讨石狮市城市道路建设和城市交通管理问题。会议通过有关人事事项。

市政协四届四次常委会议。2004年8月2日召开。会议学习市四届二次党代会精神，听取市会计核算中心和市公安局工作情况通报。

市政协四届五次常委会议。2004年9月30日召开。会议审议通过《石狮市政协常委会议事规则》。研究决定增补丁家全、程育钦为市政协委员，不再聘任江松辉、陈炎生、许世平为市政协委员。

市政协四届六次常委会议。2005 年 2 月 23 日召开。市政协党组向常委、各民主党派负责人、无党派人士代表和委员活动组负责人通报开展保持共产党员先进性教育活动的总体情况，并征求深入开展先进性教育活动的意见和建议。

市政协四届七次常委会议。2005 年 3 月 24 日召开。会议学习传达全国“两会”精神和《中华人民共和国反分裂国家法》。讨论市政协常委会工作报告、市政协四届一次会议以来提案工作情况报告，协商通过市政协四届二次会议有关事宜，协商通过常委会 2005 年工作要点和工作计划。会议同意吴清含辞去市政协主席职务，决定不再聘任柯法胜、李远志、黄溪洪为市政协委员，撤销施鸿裕市政协委员职务。

市政协四届八次常委会议。2005 年 7 月 4 日召开。会议研究通过有关人事事项。

市政协四届九次常委会议。2005 年 8 月 18 日召开。会议学习《中共泉州市委关于进一步加强新时期人民政协工作的实施意见》和中共石狮市第四届代表大会第三次会议精神，与会常委就围绕石狮市经济社会发展战略、构建和谐社会等中心工作以及群众关心的热点问题言献策。中共石狮市委书记许昆贞到会并讲话。

市政协四届十次常委会议。2005 年 12 月 28 日召开。会议听取市政府通报提案办理情况，研究召开市政协四届三次会议的有关事项。

市政协四届十一次常委会议。2006 年 2 月 20 日召开。会议讨论通过市政协常委会 2006 年工作计划，听取市公安局 2005 年的工作情况通报。研究决定增补吴清木为市政协委员，不再聘任林保成、黄榕为市政协委员。

市政协四届十二次常委会议。2006 年 11 月 14 日召开。会议传达学习贯彻中共十六届六中全会精神，听取中共石狮市委常委、统战部部长陈衍泽通报关于政协第五届石狮市委员会界别设置及委员名额安排情况，听取市政府副市长刘德旺通报关于市政府 2006 年度提案办理工作情况。

市政协四届十三次常委会议。2006 年 12 月 4 日召开。中共石狮市委常委、统战部部长陈衍泽通报五届市政协委员推荐名单，审议通过市政协五届一次会议有关事项。

五、五届市政协常务委员会议

五届市政协共召开 25 次常务委员会议。

市政协五届一次常委会议。2007 年 1 月 17 日召开。会议传达泉州市政协十届一次会议精神，审议通过市政协专委会的设置，审议通过《石狮市政协委员活动组经费管理的暂行规定》，审议通过《加强政协委员管理的暂行规定》，审议通过市政协常委会2007年工作计划，通报新一届政协领导分工情况，通报市政协委员活动组组长、副组长的任命情况。会议听取市人防办关于市人防指挥部工程建设情况的通报。

市政协五届二次常委会议。2007年7月20日召开。会议听取中共石狮市委常委、统战部部长陈衍泽关于增补市政协委员有关情况说明。会议研究决定增补王幼昆等30人为市政协委员。

市政协五届三次常委会议。2007年9月28日召开。会议听取中共石狮市委常委、市纪委书记林志建关于石狮市反腐败工作情况通报，听取副市长高文俱关于市政协五届一次会议提案办理情况通报，听取市行政服务中心关于行政服务中心运行情况通报。

市政协五届四次常委会议。2007年11月8日召开。会议学习贯彻中共十七大精神。

市政协五届五次常委会议。2007年12月19日召开。会议征求政府工作报告意见。会议审议通过市政协五届二次会议有关事项。会议通报市政协委员之家筹建、筹资情况。

市政协五届六次常委会议。2008年2月28日召开。会议听取市公安局2007年工作情况通报。会议协商通过五届市政协常委会2008年工作要点和工作计划，研究部署市政协2008年关注民生的专题调研任务。会议研究决定不再聘任郭晓峰为市政协委员。

市政协五届七次常委会议。2008年8月5日召开。会议听取市人民检察院上半年工作情况通报。会议研究决定增补刘旭杰等20人为市政协委员，不再聘任何明耀等7人为市政协委员，撤销庄跃耕市政协委员职务。

市政协五届八次常委会议。2008年9月26日召开。会议听取副市长高文俱关于石狮市改善民生工作情况通报。会议听取市政协民生专题调研成果汇报。

市政协五届九次常委会议。于2008年12月18日召开。会议听取中共石狮市委常委、市纪委书记林志建关于2008年市纪委工作情况通报，听取副市长高文俱关于2008年市政府提案办理情况通报，听取市检察院2008年检察工作情况通报。

市政协五届十次常委会议。2009年1月15日召开。会议审议通过市政协常委会工作报告、市政协五届二次会议以来提案工作情况的报告。会议审议通过市政协五届三次会议有关事项。

市政协五届十一次常委会议。2009年3月26日召开。会议学习全国“两会”精神。会议协商通过市政协2009年工作计划，协商通过庆祝中华人民共和国成立60周年、中国人民政治协商会议成立60周年活动有关事宜，通报《关于规范专委会、政协委员活动组考察工作的规定》。

市政协五届十二次常委会议。2009年6月25日召开。会议学习国务院《关于支持福建省加快海峡西岸经济区的若干意见》，通报关于表彰优秀提案、优秀提案承办单位、优秀承办先进个人工作方案，听取市公安局工作情况通报。

市政协五届十三次常委会议。2009年9月17日召开。会议就市政协“学习实践科学发展观”调研成果进行汇报和交流。中共石狮市委书记黄源水出席会议并讲话。

市政协五届十四次常委会议。2009年9月24日召开。会议学习贯彻胡锦涛总书记在庆祝中国人民政治协商会议成立60周年大会上的重要讲话精神。

市政协五届十五次常委会议。2009年12月18日召开。会议审议通过市政协常委会工作报告、市政协五届三次会议以来提案工作情况报告；会议审议通过市政协五届四次会议有关事项，听取表彰优秀提案、提案办理先进单位和先进个人、政协委员之家建设情况的通报。

市政协五届十六次常委会议。2010年3月12日召开。会议学习全国政协会议精神，审议通过市政协常委会2010年工作计划。

市政协五届十七次常委会议。2010年6月11日召开。会议学习省委书记孙春兰在泉州检查工作时的重要讲话精神，听取市政府有关重点项目建设进展情况通报，中共石狮市委书记许维泽出席会议并讲话。

市政协五届十八次常委会议。2010年9月16日召开。会议举行市政协“转变经济发展方式，加快石狮跨越发展”专题调研成果汇报。中共石狮市委书记许维泽出席会议并讲话。

市政协五届十九次常委会议。2010年12月28日召开。会议听取市政府关于市政协五届四次会议提案办理情况通报，并征求政府工作报告和“十二五”规划意见。会议审议通过市政协五届五次会议有关事项。会议同意刘炳祥辞去市政协常务委员职务。会议研究决定增补叶金宝等5人为市政协委员，不再聘任刘炳祥等6人为市政协委员。

市政协五届二十次常委会议。2011年3月24日召开。会议学习全国“两会”精神，听取市纪委2010年工作情况和2011年工作计划通报，协商通过市政协常委会2011年工作计划，布置2011年专题调研工作和委员建言工作。

市政协五届二十一次常委会议。2011年6月8日召开。会议听取中共石狮市委关于人事调整情况通报。

市政协五届二十二次常委会议。2011 年 6 月 29 日召开。会议学习《关于加强人民政协工作的意见》，听取市经济局 2011 年重点建设项目进展情况通报，通过有关人事事项。

市政协五届二十三次常委会议。2011 年 7 月 21 日召开。会议学习胡锦涛总书记“七一”讲话及市第六届党代会会议精神，听取市公安局工作情况通报。中共石狮市委书记张永宁出席会议并讲话。

市政协五届二十四次常委会议。2011 年 11 月 23 日召开。会议听取市政府关于市政协五届五次会议提案办理情况通报。会议通过有关人事及表彰事项。

市政协五届二十五次常委会议。2011 年 12 月 7 日召开。会议听取中共市委统战部关于政协第六届石狮市委员会界别设置及委员名额安排情况的通报。审议通过市政协六届一次会议有关事项。

六、六届市政协常务委员会议

六届市政协共召开 26 次常务委员会议。

市政协六届一次常委会议。2012 年 2 月 24 日召开。会议学习传达市委六届三次全会、领导班子和干部队伍思想政治建设工作会议和民营企业“二次创业”大会等会议精神，并就如何助推民营企业“二次创业”建言献策。会议协商通过常委会 2012 工作计划、专委会设置和主任、副主任人选、常委会工作规则、专委会工作规则和委员管理规定。通报主席会议工作规则、委员活动组工作管理规定、委员活动组组长名单，关于开展助推“质量石狮、二次创业”专题调研活动的通知和市政协领导工作分工安排。会议听取市公安局工作情况通报。

市政协六届二次常委会议。2012 年 4 月 12 日召开。会议听取税务部门工作情况通报。

市政协六届三次常委会议。2012 年 9 月 28 日召开。会议听取市政府关于 2012 年重点建设项目进展情况通报。

市政协六届四次常委会议。2012年11月24日召开。会议传达学习中共十八大精神，听取市政府关于市政协六届一次会议以来提案办理情况通报。

市政协六届五次常委会议。2012 年 12 月 12 日召开。会议审议通过市政协六届二次会议有关事项。会议通过有关人事事项。会议同意杨玉霜辞去市政协常务委员职务。会议研究决定增补李丽月等 8 人为市政协委员，不再聘任张贻山等 7 人为市政协委员，撤销刘永康市政协委员职务。

市政协六届六次常委会议。2013 年 3 月 27 日召开。会议学习全国“两会”精神。会议听取市纪委工作情况通报。会议协商通过 2013 年常委会工作计划，部署 2013 年专题调研工作，围绕“增强忧患意识、推动长远发展”主题讨论并建言献策。会议通过有关人事事项。

市政协六届七次常委会议。2013 年 5 月 24 日召开。会议研究通过市政协六届三次会议相关事项。会议听取城市地下管网情况通报。会议研究决定增补庄文华、张毅斌、黄勇超为市政协委员，不再聘任叶泽锋、陈方兴、陈冰凌为市政协委员。

市政协六届八次常委会议。2013 年 9 月 18 日召开。会议听取市政府 2013 年重点建设项目、为民办实事项目进展情况通报。会议通过有关人事事项。

市政协六届九次常委会议。2013 年 11 月 25 日召开。会议学习中共十八届三中全会精神。会议讨论市政协六届四次会议有关事项。会议审议通过提案工作实施办法，表彰优秀提案、提案办理先进单位、先进个人方案，表彰政协信息工作先进个人方案。会议听取市政府关于政协六届二次会议以来提案办理情况通报，听取市文体旅游新闻出版局工作情况通报。会议研究决定增补蔡邑鹏、施文波、王春炜为市政协委员，不再聘任吴志远、龚一士、林梓杰为市政协委员。

市政协六届十次常委会议。2013 年 12 月 19 日召开。会议审议通过市政协六届四次会议有关事项，会议听取市纪委工作情况通报。

市政协六届十一次常委会议。2014 年 2 月 28 日召开。会议协商通过 2014 年常委会工作计划，部署 2014 年专题调研工作。会议听取市人民法院、市人民检察院工作通报。

市政协六届十二次常委会议。2014 年 4 月 28 日召开。会议学习全国“两会”精神。会议协商通过 2014 年度协商工作计划。会议听取市教育局工作情况通报。会议同意王玉芬、吴明玥、施宝健辞去市政协常务委员职务。会议研究通过有关人事事项。

市政协六届十三次常委会议。2014 年 6 月 27 日召开。会议听取市卫生计生工作情况通报。

市政协六届十四次常委会议。2014 年 8 月 28 日召开。会议学习《泉州市厉行节约文明举办婚丧喜庆事宜的暂行规定》。会议听取市住房和城乡规划建设局、市交通运输局工作通报。

市政协六届十五次常委会议。于 2014 年 12 月 3 日召开。会议听取市行政执法局工作情况通报，听取市政府关于市政协六届四次会议以来提案办理工作情况通报；会议通过有关人事事项。讨论通过《石狮市政协委员履职积分管理办法》。会议同意吴周雄辞去市政协常务委员职务。会议研究决定增补李莎等 9 人为市政协委员，不再聘任吴周雄等 6 人为市政协委员。

市政协六届十六次常委会议。2014 年 12 月 31 日召开。会议审议通过市政协六届五次会议有关事项，会议听取市纪委工作情况通报。

市政协六届十七次常委会议。2015 年 3 月 30 日召开。会议学习全国“两会”精神会议。会议协商通过市政协 2015 年工作要点和计划，并对专题调研、重点提案和政协信息等工作进行部署。会议听取民政工作通报。

市政协六届十八次常委会议。2015 年 6 月 26 日召开。会议听取市政府关于建设生态市、公立医院改革等情况通报。会议通过有关人事事项。

市政协六届十九次常委会议。2015 年 8 月 24 日召开。会议学习中办文件《关于加强人民政协协商民主建设的实施意见》。会议听取市政府关于石狮市物业管理工作情况通报。

市政协六届二十次常委会议。2015 年 11 月 26 日召开。会议听取市政府关于政协六届五次会议以来提案办理情况通报，听取市政府关于食品安全工作情况通报。会议通过有关人事事项。会议同意蔡绵绵辞去市政协常务委员职务。会议研究决定增补卢祖明、杨华铿、陈清璜为市政协委员，不再聘任余永成、张毅斌、施养猛为市政协委员，撤销余晓泉市政协委员职务。

市政协六届二十一次常委会议。2015 年 12 月 30 日召开。会议审议通过市政协六届六次会议有关事项。会议听取市纪委工作情况通报。

市政协六届二十二次常委会议。2016 年 3 月 25 日召开。会议学习全国“两会”精神。会议听取石狮市旅游产业工作情况通报。会议协商通过市政协 2016 年工作要点和工作计划，讨论市政协 2016 年度协商工作计划，部署 2016 年度政协专题调研工作，通报委员履职积分情况。

市政协六届二十三次常委会议。2016 年 6 月 29 日召开。会议听取市教育局关于石狮市学前教育情况通报。会议通过有关人事事项。

市政协六届二十四次常委会议。2016 年 7 月 25 日召开。会议听取市司法局普法工作的情况通报。会议协商通过《关于开展优秀提案、优秀提案团体、提案办理先进单位和先进工作者评选活动的方案》。会议通过有关人事事项。

市政协六届二十五次常委会议。2016 年 11 月 8 日召开。会议听取副市长李斌关于政协六届六次会议以来提案办理情况通报。听取商务局关于石狮市发挥台港澳侨优势，加大招商引资力度以及开拓海外市场工作情况通报。会议协商通过《石狮市政协委员履职积分管理办法（修订稿）》。会议通过有关人事事项。

市政协六届二十六次常委会议。2016 年 12 月 2 日召开。会议听取市纪委纪检监察工作通报。会议听取市委统战部关于第七届市政协有关人事安排说明。会议审议通过市政协七届一次会议有关事项。

七、七届市政协常务委员会议

至 2020 年 12 月，七届市政协共召开 20 常务委员会议。

市政协七届一次常委会议。2017 年 3 月 17 日召开。会议学习全国“两会”精神，听取市委文明办关于石狮市创建全国文明城市工作情况通报并协商建言。会议审议通过市政协 2017 年工作要点，《政协石狮市委员会专委会工作通则》，石狮市政协第七届专门委员会设置和各专门委员会主任、副主任人选。会议通报七届市政协党组及领导班子成员工作分工情况、 委员活动组组长名单。会议部署 2017 年度政协专题调研工作。

市政协七届二次常委会议。2017 年 6 月 20 日召开。会议听取市科技和知识产权局关于“加强石狮市知识产权服务体系建设” 、市人力资源和社会保障局关于“培育工匠精神”工作通报并协商建言。

市政协七届三次常委会议。2017 年 9 月 25 日召开。会议学习省政协主席张昌平在十一届省政协委员暨市县政协主席培训研讨班上的讲话，听取市国土规划和房产管理局关于解决“回批地”历史遗留问题工作通报并协商建言。会议同意张子健辞去市政协常务委员职务，研究决定增补郭永加为市政协委员。会议审议通过有关人事任免事项。

市政协七届四次常委会议。2017 年 11 月 22 日召开。会议学习中共十九大精神，听取市政府提案办理工作通报，并对重点提案办理情况进行测评。会议听取市民族与宗教事务局关于“石狮市发展宗教慈善事业促进社会和谐”工作情况通报并协商建言。

市政协七届五次常委会议。2017 年 12 月 29 日召开。会议学习中共石狮市委七届二次党代会精神，听取纪检监察工作通报。会议协商通过召开市政协七届二次会议有关事项，审议通过有关人事任免事项，研究决定增补王鸿梁、吴华栋、蔡联楠为市政协委员，不再聘任李大杰、林诗体、黄清锋为市政协委员。

市政协七届六次常委会议。2018 年 3 月 20 日召开。会议学习全国政协十三届一次会议精神，听取市公安局关于“推进智慧公安提升便民服务水平”工作通报并协商建言。会议审议通过市政协 2018 年工作要点、《石狮市政协委员履职积分管理办法（修订稿）》，部署 2018 年政协专题调研工作。

市政协七届七次常委会议。2018 年 6 月 21 日召开。会议学习习近平总书记关于加强和改进人民政协工作的重要思想以及全省政协系统学习贯彻习近平总书记关于加强和改进人民政协工作的重要思想暨党的建设工作座谈会精神。会议听取市人力资源和社会保障局、卫生和计划生育局关于“石狮市医疗系统优秀人才队伍建设情况”工作通报并协商建言。会议审议通过有关人事任免事项，研究决定增补林霖为市政协委员，不再聘任吴清专为市政协委员。

市政协七届八次常委会议。2018 年 9 月 20 日召开。会议学习《习近平：把实施乡村振兴战略摆在优先位置，让乡村振兴成为全党全社会的共同行动》和中共福建省委、福建省人民政府印发《关于实施乡村振兴战略的实施意见》的通知精神。会议听取市经济局关于“现代物流业发展情况”工作通报并协商建言。会议审议通过有关人事任免事项。

市政协七届九次常委会议。2018 年 11 月 23 日召开。会议学习习近平总书记在民营企业座谈会上讲话精神。会议听取市侨台外事局关于“石狮市侨捐项目管理使用规范”工作情况通报并协商建言。会议听取市政府提案办理工作通报，并对重点提案办理情况进行测评。会议审议通过有关人事任免事项。

市政协七届十次常委会议。2018 年 12 月 29 日召开。会议学习习近平总书记在庆祝改革开放 40 周年大会重要讲话精神和中央经济工作会议精神，听取纪检监察工作通报。会议协商通过召开市政协七届三次会议有关事项，审议通过有关人事任免事项，研究决定增补陈垂汉等 9 人为市政协委员，不再聘任李圣阳等 9 人为市政协委员。

市政协七届十一次常委会议。2019 年 3 月 22 日召开。会议学习习近平总书记在参加十三届全国人大二次会议福建代表团审议时的重要讲话和全国政协十三届二次会议精神，听取市人民法院执行工作情况通报并协商建言。会议审议通过有关人事任免事项，协商通过市政协 2019 年工作要点，部署 2019 年政协专题调研工作。

市政协七届十二次常委会议。2019 年 6 月 21 日召开。会议学习福建省《关于营造有利于创新创业创造良好发展环境的实施意见》和泉州市委《关于加强新时代人民政协党的建设工作的实施意见》精神。会议听取市文化体育和旅游局关于“民宿旅游业发展情况”工作情况通报并协商建言。

市政协七届十三次常委会议。2019 年 9 月 20 日召开。会议听取市城市管理局关于“城市积水整治工程”工作情况通报并协商建言，审议通过《政协石狮市委员会提案工作实施办法》。

市政协七届十四次常委会议。2019 年 11 月 21 日召开。会议学习中共十九届四中全会精神。会议听取市政府提案办理工作通报，并对重点提案办理情况进行测评。会议听取市委统战部关于“整合资源打造为台港澳侨服务综合平台”工作通报并协商建言。

市政协七届十五次常委会议。2019 年 12 月 30 日召开。会议学习中共中央《关于新时代加强和改进人民政协工作的意见》和中央、省委、泉州市委政协工作会议精神。会议协商通过召开市政协七届四次会议有关事项，审议通过有关人事任免事项，同意林晓晖、佘英杰辞去常务委员职务，研究决定增补蔡剑猛等 6 人为市政协委员，不再聘任王名用等 6 人为市政协委员。

市政协七届十六次常委会议。2020 年 3 月 20 日召开。会议学习习近平总书记在中央政治局常务委员会会议和在北京、武汉考察新冠肺炎疫情防控工作时的重要讲话精神、习近平总书记关于泉州欣佳酒店坍塌事故的重要批示、全省安全隐患大排查视频会议精神以及《省委关于新时代加强和改进人民政协工作的实施意见》。会议听取市卫健局关于“疾病预防控制体系建设”工作情况通报并协商建言，协商通过市政协 2020 年工作要点，部署 2020 年政协专题调研工作。

市政协七届十七次常委会议。2020 年 6 月 19 日召开。会议传达学习全国两会精神、中共泉州市委印发《关于新时代加强和改进人民政协工作的实施意见》的通知、石狮市委政协工作会议精神。听取市民政局关于“社会救助体系建设情况”工作情况通报并协商建言。测评各镇（街道）与政协委员沟通联系情况。

市政协七届十八次常委会议。2020 年 9 月 23 日召开。会议传达学习全国地方政协工作经验交流会议、省委十届十次全会、泉州市委十二届十二次全会精神。听取市政府关于农村生活污水治理 PPP 项目阶段性工作通报并协商建言。

市政协七届十九次常委会议。2020 年 12 月 8 日召开。会议传达学习中共十九届五中全会精神。审议通过《关于组建调整政协第七届石狮市委员会专门委员会设置和组成人员的方案》。听取市政府提案办理工作通报，并对重点提案办理情况进行测评。听取市商务局关于“汇聚海外侨胞优质资源，助力我市市场采购贸易方式试点发展”工作通报并协商建言。

市政协七届二十次常委会议。2020 年 12 月 30 日召开。会议传达学习政协第十三届全国委员会常务委员会第十四次会议和石狮市委七届五次党代会精神。会议协商通过召开市政协七届五次会议有关事项，表彰 2017–2020 年度优秀提案、优秀提案团体和提案办理工作先进单位。

第四节 政协石狮市委员会主席会议

主席会议是政协政治协商的重要形式。主席会议由主席、副主席、政协办公室主任组成，负责处理常务委员会的重要日常工作。

主席会议一般每月举行一次，必要时可临时召开。主席会议议题由主席提出，也可由副主席、办公室主任提出，由主席或主席委托的副主席确定。根据需要，市政协驻会处级干部、专委办主任以及与议题有关的人员可列席主席会议。

主席会议的主要任务：1. 学习国家宪法、法律和中国共产党的路线、方针、政策，学习统一战线和人民政协的理论、政策、规定，学习经济、科技等现代化管理知识。2. 协商讨论中共石狮市委、市人民政府的重大方针政策，以及经济、社会发展中的重大问题，提出建议和意见。3. 审议以政协石狮市委员会或常务委员会名义向中共石狮市委、市人民政府提出的重要建议案和有关报告。4. 审议通过政协石狮市委员会全体会议邀请列席人员范围、分组办法和委员小组召集人名单（每届第一次委员会全体会议，委员小组召集人名单由会议主席团第一次会议审议通过）。5. 召集并主持常务委员会会议，决定常务委员会会议的会期和日程，拟定常务委员会会议的议程草案，审议提交常务委员会会议通过的文件。6. 审议政协石狮市委员会及常务委员会的工作计划、工作报告和重要活动方案；审议重点工作和重要视察、调查、出访报告，专门委员会的年度计划和工作总结；听取重要提案、建议案办理情况的汇报。7. 执行常务委员会会议的决议；根据常务委员会的授权，履行常务委员会的部分职权。8. 审议提交常务委员会会议通过的人事任免事项；决定专门委员会委员、成员和委员活动组组成人员。9.研究全市政协工作，指导政协委员活动组开展政协工作；协调政协各参加单位之间的关系，增进了解与团结。10.处理常务委员会的其他重要日常工作。

一届市政协召开主席会议34次，二届市政协召开主席会议55次，三届市政协召开主席会议49次，四届市政协召开主席会议35次，五届市政协召开主席会议65次，六届市政协召开主席会议51次。至2020年12月，七届市政协召开主席会议45次。

一届至四届市政协主席会议资料不详，仅选辑五届、六届、七届市政协主席会议。

一、五届市政协主席会议

市政协五届一次主席会议。2006年12月19日召开。会议听取市政协五届一次会议工作回顾。会议研究各专门委员会、镇（街道）委员活动组的设置事宜。市政协机关公务车辆转拨事宜。

市政协五届二次主席会议。2006年12月26日召开。会议研究决定政协各镇（街道）委员活动组组长、副组长人选及政协委员分组事宜。

市政协五届三次主席会议。2007年1月4日召开。会议传达泉州市政协十届一次会议精神。会议研究各专门委员会的设置事宜、《石狮市政协活动组经费管理暂行规定》《加强委员管理的暂行规定》、政协机关后勤保障等事项。

市政协五届四次主席会议。2007年2月7日召开。会议布置春节慰问工作。会议研究购买公务用车事宜、委员之家委托招标事宜。会议通过镇（街道）委员活动组成员名单、各专委会年度工作计划。

市政协五届五次主席会议。2007年3月8日召开。会议讨论2007年市政协工作要点。会议研究通过2007年市政协学习计划、委员之家建设有关事宜。确定把政协委员活动组经验及文史委工作经验作为石狮市政协的先进经验报送泉州市政协。

市政协五届六次主席会议。2007年3月28日召开。会议研究确定2007年度重要提案，通报政协委员之家筹建、筹资近期工作。会议研究增补委员事宜、召开全市政协委员活动组工作会议事宜。

市政协五届七次主席会议。2007年4月12日召开。会议研究确定2007年度重要提案、举办全市政协委员培训事宜、修编《石狮市政协志》事宜、召开市政协五届二次常委会事宜。

市政协五届八次主席会议。2007年6月4日召开。会议研究开展“构建和谐石狮”

专题调研事宜、《石狮市政协关于外出考察的暂行规定》、委员之家筹建事宜。

市政协五届九次主席会议。2007 年 8 月 6 日召开。会议研究新增补政协委员培训及分组事宜。召开“构建和谐石狮”调研成果汇报会事宜、委员之家筹建有关事宜。

市政协五届十次主席会议。2007 年 9 月 24 日召开。会议研究召开市政协五届二次会议筹备事宜、市政协五届三次常委会议事宜、2007 年度市政协与市政府联席会议事宜。

市政协五届十一次主席会议。2007 年 10 月 17 日召开。会议研究召开市政协五届二次会议有关事宜、确定市政协与市政府联席会议事项、会议讨论机关规章制度修改意见、委员之家委托泉州市工程咨询中心制定可行性报告事宜。

市政协五届十二次主席会议。2007 年 11 月 5 日召开。会议研究召开市政协五届二次会议有关事宜、市政协五届四次常委会事宜。会议确定以“建议案”形式向中共石狮市委、市政府报送建议。

市政协五届十三次主席会议。2007 年 11 月 27 日召开。会议研究召开市政协五届二次会议有关事宜、4 名委员申请辞去委员职务事宜。

市政协五届十四次主席会议。2007 年 12 月 11 日召开。会议研究召开市政协五届二次会议有关事宜、市政协五届五次常委会有关事宜。

市政协五届十五次主席会议。2008 年 2 月 19 日召开。会议研究召开市政协五届六次常委会事宜、2008 年市政协专题调研事宜、镇（街道）委员活动组调整联络员、增聘成员事宜、设立石狮市政协委员活动中心事宜、委员之家建设监理单位招标事宜。

市政协五届十六次主席会议。2008 年 2 月 28 日召开。会议研究市政协 2008 年工作要点、工作计划事宜、“委员之家”工程监理邀请招标事宜、《石狮市政协信息工作实施办法》和《石狮市政协委员活动组联络员职责》修订事宜。会议通报“委员之家”工程招标情况。

市政协五届十七次主席会议。2008 年 3 月 27 日召开。会议研究确定市政协 2008 年重要提案、通过学习提案法制委增聘成员事宜、对违反机关纪律制度人员的处理意见。会议听取2008年“民生”专题调研进展情况汇报、听取委员之家工程进展情况汇报。

市政协五届十八次主席会议。2008 年 4 月 14 日召开。会议研究与电视台联合开办电视专栏事宜、委员之家工程建设事宜、机关人员工作安排调整、开展检查活动组经费管理事宜、制作纪念册事宜。会议决定把将军山垃圾处理场视察报告作为主席建议案。

市政协五届十九次主席会议。2008年7月2日召开。会议传达贯彻省政协“人民政协理论研究会第一次理论研讨会”精神。会议研究委员之家工程事宜。会议决定将《关于尽快解决石狮市道路交通安全等问题的建议》作为主席建议案。

市政协五届二十次主席会议。2008年8月19日召开。会议传达泉州政协提案工作会议精神。会议决定将《关于充分利用建筑垃圾回填废弃石窟的建议》作为主席建议案。会议研究委员之家大楼招租竞争性谈判有关事宜。

市政协五届二十一次主席会议。2008年8月29日召开。会议讨论市政府与市政协联席会议有关事宜，听取各专委会2008年度调研情况汇报。

市政协五届二十二次主席会议。2008年9月22日召开。会议传达泉州市政协十届十一次会议精神。会议研究召开五届八次常委会事宜。会议确定“民生”专题调研汇报会发言安排。

市政协五届二十三次主席会议。2008年12月9日召开。会议传达省政协十届四次常委会精神。会议研究召开市政协五届九次常委会事宜、召开市政协2008年工作座谈会事宜，会议研究石狮市第七届党风廉政监督员、综治先进个人、2006—2007年度人口与计划生育先进工作者推荐人选。

市政协五届二十四次主席会议。2009年1月7日召开。会议研究召开市政协五届十次常委会、市政协五届三次会议等事宜。

市政协五届二十五次主席会议。2009年1月15日召开。会议研究召开市政协五届三次会议有关事宜及春节慰问等事宜。

市政协五届二十六次主席会议。2009年2月3日召开。会议研究召开市政协五届三次会议有关事宜。

市政协五届二十七次主席会议。2009年3月11日召开。会议研究市政协2009年度重要提案。

市政协五届二十八次主席会议。2009年3月23日召开。会议传达市委常委会精神，研究内设机构调整及市政协五届十次常委会相关事宜。

市政协五届二十九次主席会议。2009年4月30日召开。会议研究增聘锦尚活动组成员、市政协成立20周年出版图书及委员之家租赁等事宜。

市政协五届三十次主席会议。2009年5月31日召开。会议研究增聘学习提案法制委成员等事宜。

市政协五届三十一次主席会议。2009年6月18日召开。会议研究纪念中国人民政治协商会议成立60周年系列活动、召开市政协五届十二次常委会及评选2009年度优秀提案等事宜。

市政协五届三十二次主席会议。2009年7月23日召开。会议传达泉州市政协会议精神，研究“科学发展观”专题调研落实情况、委员之家工程等相关事宜。

市政协五届三十三次主席会议。2009年8月25日召开。会议研究纪念中国人民政治协商会议成立60周年系列活动、“科学发展观”学习实践活动、泉州市政协第四季度调研专题及委员之家工程建设情况等事宜。

市政协五届三十四次主席会议。2009年8月31日召开。会议研究年度专题调研汇报会、创建文明单位事宜。

市政协五届三十五次主席会议。2009年9月23日召开。会议学习胡锦涛总书记在庆祝中国人民政治协商会议成立60周年大会上的重要讲话精神，研究调整活动组联络员、委员之家招租、市政协五届四次会议大会发言等事宜。

市政协五届三十六次主席会议。2009年11月4日召开。会议研究确定主席建议案、召开市政府与市政协联席会、2010年党报党刊征订等相关事宜。

市政协五届三十七次主席会议。2009年12月15日召开。会议研究表彰2007—2009年度优秀提案、召开市政协五届四次会议、市政协五届十五次常委会等事宜。

市政协五届三十八次主席会议。2010年2月2日召开。会议研究春节慰问安排、委员之家工程、湖滨活动组增补成员、春节值班等事宜。

市政协五届三十九次主席会议。2010年3月2日召开。会议研究确定泉州市政协安排的调研活动、市政协2010年工作计划及常委会调研课题、2010年度重要提案、专委会及活动组增聘成员、第一季度常委会视察安排等事宜。

市政协五届四十次主席会议。2010年3月25日召开。会议研究委员之家工程相关事宜。

市政协五届四十一次主席会议。2010年4月9日召开。会议研究《我与石狮政协》专辑文史资料编辑纲要（草案）、委员之家工程等有关事宜。

市政协五届四十二次主席会议。2010年6月1日召开。会议研究委员之家工程及每周六、日机关值班等有关事宜。

市政协五届四十三次主席会议。2010年6月9日召开。会议研究召开市政协五届十七次常委会事宜。

市政协五届四十四次主席会议。2010年6月28日召开。会议决定将《关于支持福建省出入境检验检疫局石狮办事处建设的建议》作为主席建议案。通报关于加强机关效能建设有关事宜。

市政协五届四十五次主席会议。2010 年 7 月 22 日召开。会议研究市政协领导 8 月份工作安排、《政协石狮市委员会办公室关于信息工作评分评比办法》，通报委员之家建设情况。

市政协五届四十六次主席会议。2010 年 8 月 10 日召开。会议研究向计生局推荐监督员，增聘凤里、灵秀、鸿山活动组成员，创建文明单位等事宜。

市政协五届四十七次主席会议。2010 年 8 月 19 日召开。会议专题研究委员之家工程建设事宜。

市政协五届四十八次主席会议。2010 年 8 月 31 日召开。会议专题研究委员之家工程建设事宜。

市政协五届四十九次主席会议。2010 年 11 月 24 日召开。会议研究关于市政协成立 20 周年系列活动安排及分工方案及抽调部分机关干部参加市应急机动大队事宜。

市政协五届五十次主席会议。2010 年 12 月 7 日召开。会议研究召开市政协五届五次会议相关事宜及纪念市政协成立 20 周年专版宣传策划方案，传达关于落实公务员在企业兼职任职自查要求。

市政协五届五十一次主席会议。2010 年 12 月 27 日召开。会议研究召开市政协五届十九次常委会及五届五次会议有关事宜。

市政协五届五十二次主席会议。2011 年 1 月 17 日召开。会议研究第五届机关效能建设监督员推荐人选、春节慰问安排、委员之家十一楼装修、市政协五届五次会议委员建言献策及会议小结等事宜。

市政协五届五十三次主席会议。2011 年 2 月 12 日召开。会议研究常委会 2011 年工作计划、委员之家十一楼装修等相关事宜，确定 2011 年专题调研主题。

市政协五届五十四次主席会议。2011 年 2 月 25 日召开。会议研究市政协 2011 年重要提案及增聘提案法制委成员事宜。

市政协五届五十五次主席会议。2011 年 3 月 22 日召开。会议研究政协委员建言的通知、2011 年度专题调研方案、2011 年度工作计划、召开市政协五届二十次常委会等事宜。

市政协五届五十六次主席会议。2011 年 5 月 17 日召开。会议研究政协委员之家 9—12 层装修及委员之家 4—7 层租赁等事宜。

市政协五届五十七次主席会议。2011 年 6 月 23 日召开。会议研究召开市政协五届二十一次常委会事宜，决定将《关于规划建设石狮旅游中心的建议》作为主席建议案，通报委员之家楼层租赁情况。

市政协五届五十八次主席会议。2011 年 8 月 3 日召开。会议研究市政协机关 2011 年绩效评估工作方案、评选优秀政协委员、优秀提案等事宜。

市政协五届五十九次主席会议。2011 年 8 月 23 日召开。会议研究委员之家 9—12 楼装修事宜。

市政协五届六十次主席会议。2011 年 9 月 7 日召开。会议研究委员之家九楼装修及落成庆典等事项。

市政协五届六十一次主席会议。2011 年 11 月 7 日召开。会议传达市人大换届选举党群系统选区工作会议精神，研究召开市政协六届一次会议、委员之家大楼有关事宜。

市政协五届六十二次主席会议。2011 年 11 月 17 日召开。会议研究市政协六届一次会议大会领导分工、大会秘书处机构设置及大会部分事项，研究市政协五届二十四次常委会、委员之家大楼落成庆典时间及管理事宜。

市政协五届六十三次主席会议。2011 年 12 月 2 日召开。会议研究拟向市委常委会报告事项等事宜。

市政协五届六十四次主席会议。2011 年 12 月 7 日召开。会议听取市委统战部通报六届市政协委员推荐人选情况。

市政协五届六十五次主席会议。2011 年 12 月 8 日召开。会议研究召开市政协六届一次会议相关事宜。

二、六届市政协主席会议

市政协六届一次主席会议。2011 年 12 月 29 日召开。会议研究政协委员之家管理暂行规定、近期工作安排等事宜。

市政协六届二次主席会议。2012 年 2 月 1 日召开。会议研究主席会议工作规则、委员活动组分组、2012 年工作计划、专委会设置、有关工作制度及召开市政协六届一次常委会等相关事宜。

市政协六届三次主席会议。2012 年 2 月 7 日召开。会议研究制定各项规章制度、常委会工作规则等相关事宜。

市政协六届四次主席会议。2012 年 3 月 1 日召开。会议研究确定市政协六届一次会议重要提案。

市政协六届五次主席会议。2012 年 4 月 11 日召开。会议通报石狮市各机关单位 2011 年度绩效评估暨“五大战役”考评情况，传达泉州市政协常委会议及近期市相关会议精神，研究召开市政协六届二次常委会事宜。

市政协六届六次主席会议。2012 年 8 月 20 日召开。会议研究开展“喜迎‘十八大’知识竞赛和书画展”、召开活动组联席会议、召开市政协六届三次常委会等事宜，传达泉州政协会议精神。

市政协六届七次主席会议。2012 年 11 月 14 日召开。会议研究市政协六届二次会议、2012 年政协机关绩效评估方案及召开市政协六届四次常委会等事宜。

市政协六届八次主席会议。2012 年 12 月 5 日召开。会议听取市政协六届二次会议秘书处各小组汇报筹备情况，研究召开市政协六届五次常委会、委员之家双回路电力设施招投标等相关事宜。

市政协六届九次主席会议。2013 年 1 月 8 日召开。会议研究增补政协委员分组、2012 年度绩效考评及春节慰问活动有关事宜。

市政协六届十次主席会议。2013 年 2 月 26 日召开。会议研究市政协 2013 年工作计划、市政协 2013 年重点提案、委员之家 9—12 楼启用事宜，研究人事任命、增补专委会成员、召开市政协六届六次常委会有关事宜。

市政协六届十一次主席会议。2013 年 4 月 9 日召开。会议学习俞正声在全国政协第一次专委会主任会议上讲话精神，研究委员活动中心启用、与《石狮日报》合办宣传政协工作及委员风采、开展活动组经费开支情况检查等事宜。

市政协六届十二次主席会议。2013 年 5 月 7 日召开。会议研究市政协会议室、办公室装修及举办委员培训事宜。

市政协六届十三次主席会议。2013 年 5 月 20 日召开。会议研究解聘、增补委员事宜，研究召开市政协六届三次会议及委员培训相关事宜。

市政协六届十四次主席会议。2013 年 6 月 18 日召开。会议传达市委贯彻落实八项规定会议精神，研究在《石狮日报》开办《政协之窗》事宜。

市政协六届十五次主席会议。2013 年 7 月 16 日召开。会议研究市政协机关各项规章制度修订事宜。

市政协六届十六次主席会议。2013 年 9 月 9 日召开。会议研究召开市政协六届八次常委会、市政协领导“四下基层”、石狮政协之友书画院筹备工作相关事宜。

市政协六届十七次主席会议。2013 年 11 月 20 日召开。会议学习中共十八届三中全会精神，听取各专委会工作情况汇报，研究表彰优秀提案、提案办理先进单位、先进个人、信息工作先进个人事宜，研究市政协六届四次会议机构设置及分工事宜，研究召开市政协六届九次常委会事宜。

市政协六届十八次主席会议。2013 年 12 月 13 日召开。会议研究召开市政协六届四次会议、市政协六届十次常委会事宜。研究增聘活动组组长、副组长事宜。

市政协六届十九次主席会议。2014 年 2 月 11 日召开。会议研究各专委会 2014 年度工作计划。

市政协六届二十次主席会议。2014 年 2 月 18 日召开。会议听取提案法制办汇报提案办理情况汇报，研究市政协 2014 年重点提案、市政协 2014 年工作计划、召开市政协六届十一次常委会事宜，修订政协机关信息奖励积分办法，部署市政协 2014 年专题调研工作。

市政协六届二十一次主席会议。2014 年 4 月 21 日召开。会议听取提案办理情况汇报。研究市政协 2014 年度协商工作计划，通报市政协六届一次会议以来政协常委出席会议情况，研究召开市政协六届十二次常委会事宜，研究通过聘请委员之家工程决算中介、增聘宝盖活动组副组长、增聘鸿山活动组成员事宜。

市政协六届二十二次主席会议。2014 年 6 月 5 日召开。会议研究市政协 2014 年度绩效评估方案、召开市政协六届十三次常委会事宜。

市政协六届二十三次主席会议。2014 年 7 月 18 日召开。会议研究办公室调整、委员之家工程造价咨询合同、文明城市检查志愿劝导、创建省级文明单位事宜，研究委员活动中心相关事宜，研究调整祥芝委员活动组挂钩领导及增聘成员事宜。

市政协六届二十四次主席会议。2014 年 8 月 12 日召开。会议研究召开市政协六届十四次常委会、委员活动中心聘请人员事宜，讨论《政协之窗》栏目设专题报道、市政府与市政协联席会议内容，研究政协之友书画院举办庆祝中国人民政治协商会议成立 65 周年文史照片资料展事宜。

市政协六届二十五次主席会议。2014 年 8 月 28 日召开。会议传达有关会议精神，研究委员活动中心值班事宜。

市政协六届二十六次主席会议。2014 年 9 月 26 日召开。会议学习习近平总书记在庆祝中国人民政治协商会议成立65周年大会上的重要讲话精神，研究路线教育实践活动制度建设、常委外出考察、增聘文史委成员等事宜。

市政协六届二十七次主席会议。2014年11月25日召开。会议学习俞正声在政协十二届全国委员会常委会第一次会议上的讲话，听取各专委会工作情况汇报，研究召开市政协六届十五次常委会、增聘锦尚委员活动组成员、超标公务用车拍卖、活动组工作制度修订补充等相关事宜。

市政协六届二十八次主席会议。2014年12月10日召开。会议研究召开市政协六届五次会议、新聘委员分组、活动组副组长调整等事宜。

市政协六届二十九次主席会议。2014年12月29日召开。会议研究召开市政协六届十六次常委会事宜，审议市政协六届五次会议大会发言材料。

市政协六届三十次主席会议。2015年2月13日召开。会议传达泉州市政协信息工作会议精神，研究确定2015年度重点提案、2015年春节慰问事宜。各专委办汇报2015年工作计划，讨论2015年常委会协商计划。

市政协六届三十一次主席会议。2015年3月24日召开。会议研究召开市政协六届十七次常委会、市政协2015年工作要点和工作计划、市政协2015年度协商工作计划、增聘宝盖活动组成员事宜，通过《关于建立政协委员联系群众制度的实施意见》《关于调整信息计分办法》等事宜。

市政协六届三十二次主席会议。2015年6月12日召开。会议研究机关人员挂钩活动组、各专委会对口联系党政部门调整情况，研究市政协六届十八次常委会事宜。

市政协六届三十三次主席会议。2015年8月4日召开。会议研究召开市政协六届十九次常委会事宜，研究增聘锦尚镇委员活动组成员事宜，研究文明单位结对子、驻村蹲点慰问、帮扶事宜。

市政协六届三十四次主席会议。2015年10月29日召开。会议研究市政协六届二十次常委会事宜，研究《石狮宗祠》编撰、举办全国书法篆刻展获奖书法家石狮精品展相关事宜，研究开展食品市场安全课题专题调研事宜。研究增聘鸿山委员活动组成员事宜。

市政协六届三十五次主席会议。2015年12月1日召开。会议传达全省市县（区）政协工作座谈会精神，学习《关于印发〈政协福建省委员会专门委员会工作通则〉的通知》，听取各专委各专委会工作情况汇报。

市政协六届三十六次主席会议。2016年1月25日召开。会议布置2016年春节慰问有关事宜。

市政协六届三十七次主席会议。2016 年 3 月 10 日召开。会议研究召开市政协六届二十二次常委会事宜。

市政协六届三十八次主席会议。2016 年 3 月 16 日召开。会议研究政协委员活动中心修缮事宜，研究办公室秘书股人员挂钩各专委会事宜。

市政协六届三十九次主席会议。2016 年 4 月 28 日召开。会议研究政协委员活动中心 4—5 楼修缮启用相关事宜。

市政协六届四十次主席会议。2016 年 6 月 8 日召开。会议研究市政协六届二十三次常委会事宜。

市政协六届四十一次主席会议。2016 年 6 月 13 日召开。会议研究召开“两学一做”学习教育活动事宜，研究《政协之窗》专栏及“石狮政协之窗”公微号事宜，研究办公室及各专委、办人员分工。

市政协六届四十二次主席会议。2016 年 6 月 27 日召开。会议研究市政协六届二十三次常委会事宜，研究《政协之窗》专栏事宜，研究委员活动组下拨经费使用管理事宜。

市政协六届四十三次主席会议。2016 年 7 月 13 日召开。会议研究召开市政协六届二十四次常委会事宜。

市政协六届四十四次主席会议。2016 年 8 月 5 日召开。会议研究支持林边社区开展创建文明城市工作事宜。

市政协六届四十五次主席会议。2016 年 8 月 19 日召开。会议研究委员活动中心公共设施维修事宜。

市政协六届四十六次主席会议。2016 年 9 月 21 日召开。会议研究决定将《做好“七五”普法工作的建议》作为主席建议案，研究开展创建全国文明城市专项视察活动事宜，研究政协委员活动中心 4—5 楼中央空调招标及部分场所修缮事宜，研究关于文明单位挂钩帮扶慰问事宜。

市政协六届四十七次主席会议。2016 年 10 月 27 日召开。会议研究市政协七届一次会议分工事宜，在研究通过《石狮市政协委员履职积分管理办法修订稿》，研究政协办公室修缮事宜，研究市政协六届二十五次常委会事宜。

市政协六届四十八次主席会议。2016 年 10 月 31 日召开。会议研究政协委员活动中心七楼租赁合同变动事宜。

市政协六届四十九次主席会议。2016年11月23日召开。会议研究市政协七届一次会议大会发言材料。

市政协六届五十次主席会议。2016年12月6日召开。会议研究市政协七届一次会议事宜。

市政协六届五十一次主席会议。2016年12月9日召开。会议研究召开七届一次市政协会议相关事宜。

三、七届市政协主席会议

市政协七届一次主席会议。2016年12月19日召开。会议研究市政协党组及领导班子成员工作分工、车改工作事宜。

市政协七届二次主席会议。2016年12月29日召开。会议研究政协机关2016年度绩效考评方案等事宜。

市政协七届三次主席会议。2017年1月22日召开。会议研究确定市政协2017年度重点提案及跟踪督办分工，研究市政协2017年度工作计划、协商工作计划、专题调研等事宜，研究市政协委员镇（街道）及港、澳活动组分组名单、各专门委员会的设置等事宜，研究办公室修缮决算、公务交通补贴等事宜。

市政协七届四次主席会议。2017年2月16日召开。会议研究市政协办公室场所、政协委员活动中心4—5楼修缮等事宜。

市政协七届五次主席会议。2017年2月23日召开。会议研究市政协办公场所修缮、政协机关工作人员联络镇（街道）委员活动组等事宜。

市政协七届六次主席会议。2017年3月16日召开。会议研究召开市政协七届一次常委会有关事宜，讨论《政协石狮市委员会专委会工作通则（草案）》、市政协委员宝盖活动组增补副组长事宜。

市政协七届七次主席会议。2017年5月11日召开。会议学习中共中央办公厅《关于加强和改进人民政协民主监督工作的意见》。会议研究市政协常委会专题协商中心发言人制度，确定《加强渔港建设管理，力促渔区经济发展》为主席建议案。会议研究市政协机关办公场所、政协委员活动中心修缮事宜，研究拨付政协委员镇（街道）活动组活动经费事宜。

市政协七届八次主席会议。2017年6月5日召开。会议研究召开市政协七届二次常委会有关事宜，研究规范政协委员镇（街道）活动组管理工作，推动政协委员议政建言常态化工作，制定《政协石狮市委员会关于建立健全失信被执行人惩戒机制的实施细则》等事宜。

市政协七届九次主席会议。2017 年 7 月 14 日召开。会议研究政协委员之家六楼租赁事宜，研究政协委员之家大厦工程有关诉讼诉事宜。

市政协七届十次主席会议。2017 年 9 月 6 日召开。会议研究召开七届三次常委会议有关事宜以及人事任免事宜，研究委员之家大楼修缮、参政议政厅装饰工程及购置办公设备的经费预算。研究政协机关收发文、请销假等各类办事流程制定，研究关于进一步拓宽政协委员知情明政渠道工作，研究《石狮市政协志》编纂筹备工作，研究石狮市政协举办“庆十九大书画展”事宜。

市政协七届十一次主席会议。2017 年 11 月 3 日召开。会议研究召开市政协七届四次常委会有关事宜，研究石狮市政协庆祝中共十九大书画展经费事宜。

市政协七届十二次主席会议。2017 年 12 月 24 日召开。会议研究召开市政协七届二次会议、七届五次常委会有关事宜，研究增补市政协委员人选、各专委会和委员活动组相关人员变动事宜，研究委员履职积分情况通报事宜。

市政协七届十三次主席会议。2018 年 2 月 28 日召开。会议研究确定 2018 年度重点提案及跟踪督办分工，研究市政协 2018 年度工作计划、协商工作计划、专题调研等事宜，研究《石狮市政协志》编纂工作。

市政协七届十四次主席会议。2018 年 3 月 15 日召开。会议研究《石狮市政协委员履职积分管理办法（修订稿）》，研究召开市政协七届六次常委会有关事宜。

市政协七届十五次主席会议。2018 年 5 月 23 日召开。会议研究举办“翰墨丹青蕴谜香——中华灯谜文化节书画贺件展”活动，研究市政协零散房产处置。

市政协七届十六次主席会议。2018 年 6 月 7 日召开。会议研究关于召开市政协六届七次常委会有关事宜，研究有关人事任免事宜。

市政协七届十七次主席会议。2018 年 6 月 21 日召开。会议研究调整、增补市政协委员事宜。

市政协七届十八次主席会议。2018 年 9 月 11 日召开。会议研究召开市政协七届八次常委会有关事宜。

市政协七届十九次主席会议。2018 年 9 月 19 日召开。会议研究有关人事任免事宜。

市政协七届二十次主席会议。2018 年 11 月 21 日召开。会议研究召开市政协七届九次常委会有关事宜，研究有关人事任免事宜。

市政协七届二十一次主席会议。2018年12月5日召开。会议讨论《关于石狮市“小学课后服务”工作民主监督的报告（审议稿）》。

市政协七届二十二次主席会议。2018年12月17日召开。会议研究召开市政协七届三次会议有关事宜。

市政协七届二十三次主席会议。2018年12月25日召开。会议研究关于召开市政协七届十次常委会有关事宜

市政协七届二十四次主席会议。2018年12月29日召开。会议研究召开市政协七届三次会议有关事宜，研究调整市政协委员人选，研究专委会相关人员变动事宜，研究委员履职积分情况通报事宜。

市政协七届二十五次主席会议。2019年1月15日召开。会议研究召开市政协七届三次会议有关事宜，委员活动组人员变动事宜，研究委员履职积分情况通报事宜。

市政协七届二十六次主席会议。2019年2月25日召开。会议研究确定市政协2019年度重点提案及跟踪督办分工事宜，研究市政协2019年度工作计划、协商工作计划事宜、专题调研事宜。研究政协委员活动中心十二楼大会议室改造事宜。

市政协七届二十七次主席会议。2019年3月18日召开。会议研究召开市政协七届十一次常委会有关事宜，研究有关人事任免事宜，研究调整市政协各专委会（办）对口联系党政部门事宜，研究《石狮市政协志》编纂工作。

市政协七届二十八次主席会议。2019年4月16日召开。会议研究调整市政协各专委会（办）对口联系市直单位事宜。

市政协七届二十九次主席会议。2019年5月5日召开。会议确定《关于加强保护与利用锦江外线海岸带古迹和自然景观的建议》作为主席建议案。

市政协七届三十次主席会议。2019年6月11日召开。会议研究召开市政协七届十二次常委会有关事宜。

市政协七届三十一次主席会议。2019年7月23日召开。会议研究举办石狮市政协庆祝中华人民共和国成立70周年、中国人民政治协商会议成立70周年系列文化活动事宜。

市政协七届三十二次主席会议。2019年8月16日召开。会议研究《政协石狮市委员会提案工作实施办法》。

市政协七届三十三次主席会议。2019年9月12日召开。会议研究召开市政协七

届十三次常委会有关事宜，讨论《关于石狮市“农村生活污水整治工作情况”民主监督的报告》。

市政协七届三十四次主席会议。2019 年 11 月 13 日召开。会议研究召开市政协七届十四次常委会有关事宜，研究《石狮市政协加强和改进调研工作实施办法》《石狮市政协“参政议政周”活动管理办法》。

市政协七届三十五次主席会议。2019 年 12 月 27 日召开。会议研究市政协七届四次会议、七届十五次常委会议事宜，研究调整市政协委员人选，研究有关人事调整事宜，研究委员履职积分情况通报事宜。

市政协七届三十六次主席会议。2020 年 2 月 13 日召开。会议研究确定市政协 2020 年度重点提案及跟踪督办分工事宜，研究市政协 2020 年度工作计划、协商工作计划、专题调研事宜。

市政协七届三十七次主席会议。2020 年 3 月 13 日召开。会议研究召开市政协七届十六次常委会有关事宜，研究政协委员之家大楼租赁有关事宜。

市政协七届三十八次主席会议。2020 年 6 月 15 日召开。会议研究召开市政协七届常委会事宜。

市政协七届三十九次主席会议。2020 年 7 月 7 日召开。会议讨论《关于我市大气污染防治民主监督的报告》，研究关于委员之家大楼工程决算事宜。研究关于委员之家大楼改造消防进水管道事宜。

市政协七届四十次主席会议。2020 年 8 月 11 日召开。会议确定《关于进一步做好老旧小区改造工作建议》作为主席建议案，研究支持精神文明单位挂钩社区（凤里华南社区）党建经费补助事宜。

市政协七届四十一次主席会议。2020 年 9 月 16 日召开。会议研究召开市政协七届十八次常委会事宜，研究石狮政协之友书画院理监事会换届事宜。

市政协七届四十二次主席会议。2020 年 10 月 19 日召开。会议讨论《关于我市学前教育民主监督的报告》，研究石狮市六胜供应链管理公司续租事宜。

市政协七届四十三次主席会议。2020 年 10 月 30 日召开。会议确定《关于加大我市扬尘治理力度的建议》作为主席建议案。

市政协七届四十四次主席会议。2020 年 11 月 27 日召开。会议研究《关于组建调整政协第七届石狮市委员会专门委员会设置和组成人员的方案》事宜，研究召开市政协七届十九次常委会事宜。

市政协七届四十五次主席会议。2020 年 12 月 23 日召开。会议研究市政协七届五次会议、七届二十次常委会议事宜，通过表彰 2017–2020 年度优秀提案、优秀提案团体和提案办理工作先进单位，研究委员履职积分情况通报事宜，研究关于政协视频会议室通信电路租用服务费用事宜。

第五节　其他会议

一、工作会议

1994 年 3 月 29 日，市人大、市政府和市政协召开人大代表建议、政协委员提案交办工作会议，会议肯定了 1993 年度办理人大代表建议、政协委员提案的成绩，布置 1994 年建议提案办理工作，市领导王允澄、蔡子朝、邱家赞、许民权等出席会议。

1995 年 5 月 14 日，市人大、市政府和市政协召开人大代表建议、政协委员提案交办工作会议。市领导王允澄、蔡子朝、邱家赞、蔡明元、许明权等出席会议。

1995 年 12 月 4 日，市政协文史委在永宁镇召开文史工作会议。会议传达全国文史工作会议精神，总结 1995 年来文史工作情况，讨论 1996 年工作计划。吴彦南出席会议并讲话。

1996 年 4 月 16 日，市人大、市政府和市政协联合召开人大代表建议、政协委员提案交办暨办理工作表彰会。会议回顾 1995 年办理工作情况，并对 1996 年办理工作提出要求。会议表彰市公安局等 5 个办理工作先进单位和陈建民等 12 名先进个人。

1996 年 7 月 20 日，市委、市政府召开石狮市经济社会发展状况通报会。吴彦南主持会议。市政府副市长周真平通报石狮市经济工作运行情况，市委书记何锦龙作重要讲话。市政府副市长游祖勇、部分市政协常委、民主党派负责人出席会议。

1996 年 9 月 6 日，市政协召开政协活动组工作经验交流会。会议总结各镇（街道）活动组工作情况。各活动组交流工作经验。会议建议将市区活动组按行政区划调整为宝盖、灵秀、凤里、湖滨 4 个政协活动组。吴彦南指出，通过开展好政协活动组活动，有利于发挥政协整体功能作用，有利于提高政协参政议政水平和质量。

1997 年 8 月 28 日，市政协召开镇（街道）政协活动组经验交流会，蔡明元主持会议。吴彦南出席会议并讲话。

1997 年 10 月 28 日，市政协学习提案法制委召开全体成员会议。

2000年3月21日，市政协经科委召开对口单位工作座谈会。分析石狮市经济科技工作中存在的一些问题，对原有优势弱化等问题，特别是出口贸易额逐年下降、财税严重困难以及农业生产进行调研。

2000年3月23日，市政协学习提案法制委召开对口单位工作座谈会。许民权通报1999年提案办理工作情况。会议研究确定《关于发动侨力投资举办旅游业》等3件重点提案。

2000年5月26日，市政协召开各镇（街道）活动组经验交流会议。会议对活动组工作提出要求：1.积极主动争取镇（街道）党政的重视，做到政协活动组有分管领导、有牌子、有办公地点、有活动经费、有活动计划，逐步走上规范化道路。2.针对各镇（街道）经济建设或社会热点问题，确定专题，组织委员进行深入细致的调查研究，提出切实可行的建议，知情出力，产生社会效益。3.配合当地党政的中心工作，开展形式多样、生动活泼的活动，发挥政协委员参政议政、民主监督的作用，成为各镇（街道）党政推进各项工作的好伙伴，以有为争取有位，树立政协活动组形象。蔡志从、许民权、苏文锦、卢文进、宋太平出席会议。

2000年7月27日，市政府与市政协召开联席会议。市政府副市长李健康通报石狮经济社会发展情况。许民权通报市政协工作情况及工作安排。会议协商通过《关于加强市政府与市政协工作联系的暂行办法》，并就有关工作进行沟通协调。蔡志从强调政协要自强才能树形象，才能提高参政议政水平，才能对党和人民的事业有所贡献，才能做到有为有位。市委书记、市长郑栋梁出席会议，充分肯定政府与政协建立联系制度的必要性和可行性，并对政协工作提出要求：要以经济建设为中心，围绕石狮市新一轮创业，积极开展工作；要从讲政治、讲大局、讲团结出发，不断提高理论水平；要不断提高工作水平和组织领导能力；要加强自身建设，转变工作作风。

2000年8月30日，市政协与各民主党派举行座谈会。与会人员就市政协领导挂钩联系民主党派制度展开热烈讨论，对联系制度的实施形式和内容提出意见建议。

2001年4月13日，市人大、市政府、市政协联合召开2001年度人大代表建议、政协委员提案交办会。市领导吴彦南、刘见永、卢文进等出席会议。会议要求，各级各部门要充分认识办理人大代表建议、政协委员提案的重要意义，切实把该项工作摆上重要工作议程，抓紧分解，责任到人，明确工作进度和质量要求，做到有部署、有督促、有检查、有结果，力争办出实效，让人大代表、政协委员满意。会上还表彰2000年度办理人大代表建议、政协委员提案工作先进单位、先进个人。

2001年7月3日，市政协文史委召开工作座谈会。会议研究“全国（全省）之最”文史资料的征集和撰写工作。蔡志从、王有官出席会议。

2001年7月5日，市政协召开全市政协委员活动组工作座谈会。会上，各活动组汇报工作情况及工作计划。蔡志从提出要求：1.活动组工作必须走向规范化、制度化；2.各活动组开展活动应该形式多样、内容丰富，力争做到各有千秋，各有所长；3.活动的内容、质量、形式要不断推陈出新，不断提高，发挥人民政协人才济济与影响面广的优势，体现政协的特色；4.活动组要努力出成果，向党政机关提出高水平的建议案。活动组成员参政议政要上水平，提出的建议要有创新性、前瞻性、可操作性；5.活动组开展活动要扎扎实实，不要流于形式，不能为活动而活动，每次活动都要有实实在在的内容；6.各活动组要摆正自己的位置，努力与党政机关搞好关系。开展活动的频率，要掌握好度的问题，既要“帮忙不添乱”，又要“有为才有位”。

2001年7月18日，市政府与市政协召开联席会议。市委副书记、市政府常务副市长高云程通报石狮市经济社会发展情况和其他重大决策情况。许民权通报市政协工作情况及工作计划。市委书记、市长郑栋梁提出要求：1.必须把认真学习贯彻江总书记“七一”讲话作为当前的政治任务来抓；2.必须以“三个代表”重要思想为指导，全面完成石狮市经济、社会发展的任务；3.必须上下努力，认真做好市和镇（街道）机构改革工作；4.切实加强政府与政协的工作联系，健全联系制度，共同努力完成2001年的工作任务。与会领导还就政协提出要求政府帮助解决的三个问题进行座谈探讨，并初步提出解决意见和办法。

2001年8月2日，市政协文史委召开工作会议。会议研究政协文史资料（第八辑）的征编工作。王有官出席会议。

2001年10月26日，市政协召开各专门委员会联席会议。各专委会通报工作情况。

2002年3月1日，市政协召开各镇（街道）委员活动组座谈会。各活动组通报2002年工作计划，交流工作经验，并对市政协常委会工作提出意见和建议。蔡志从提出要求：1.要加强活动组自身建设。不断学习新形势、新知识，提高自身素质是搞好政协工作的基础。2.要深入调查研究。围绕党委、政府的工作重点，深入调研，认真思考，努力探索，是搞好政协工作的前提。3.要处理好与党委、政府的关系。取得当地党委、政府的支持则是搞好政协工作的关键。

2002年3月29日，市人大、市政府和市政协联合召开2002年度市人大代表建议、政协委员提案交办会。会议要求，各级各部门要积极采纳建议和提案内容，把办理建议和提案与落实2002年政府工作任务有机统一起来；坚持和完善“两见面、三结合”制度，进一步提高办理质量，规范和完善办理工作制度，把2002年的办理工作做得更好、更扎实、更有成效，使代表和委员更为满意。会议表彰2001年办理建议、提案先进单位和先进个人。市领导卢维祥、郭丽莲、卢文进出席会议。

2002年7月11日，市政协召开专门委员会主任联席会议。会议学习“5·31”讲话精神，各专委会通报工作情况及工作计划。会议要求，专委会要紧紧围绕市委、市政府工作重点，加大调研的精、深、细力度，及时反映社情民意，提出切实可行的建议意见，当好党政参谋助手。

2002年12月12日，市政协经科委召开工作座谈会。会议学习中共十六大精神，探索2003年工作思路。会议确定2003年重点调研课题：1. 制约中小企业发展瓶颈问题；2. 改善招商引资软环境问题；3. 实施“三海”发展战略急需解决问题，通过深入调研写出有分量的专题调研报告，为市委、市政府决策时提供参考。王有官出席会议。

2003年1月，市政协经科委召开2002年度工作总结座谈会。会议回顾经科委2002年来的工作情况，讨论如何具体落实“四市三海”战略及经科委2003年工作重点。王有官出席会议。

2003年3月25日，市政协文教卫体委召开对口部门联席会议。市政府各对口部门通报2003年工作计划。市政协文教卫体委结合对口部门工作实际，讨论制定2003年工作计划。吴清含、苏文锦、王有官出席会议。

2003年3月27日，市政协经科委召开对口部门联席座谈会。双方互相通报2003年工作思路和难点问题，并对做好2003年石狮市经济工作进行座谈探讨。王有官出席会议。

2003年4月2日，市政协文史委召开对口部门联席会议。吴清含、王有官出席会议。

2003年4月11日，市政协台港澳侨联络委在永宁镇召开工作座谈会。会议传达省政协有关会议精神，通报市政协台港澳侨联络委2002年工作情况。吴清含提出要求：1. 围绕市委、市政府确立“四市三海”发展战略，做好“三胞”联络和服务工作，争取侨心、凝聚侨力，引导“三胞”回乡投资兴业，加快石狮发展。2. 与时俱进，不断拓宽台港澳侨联谊工作的局面，特别要做好华侨华人新生代的联络工作，广交深交朋友。3. 维护“三胞”合法权益，关心贫困归侨，为他们排忧解难，解决生产、生活问题。与会人员还视察了永宁镇前埔村、永宁居委会侨联小组建设情况。佘日杰、许民权出席会议。

2003 年 4 月 24 日，市人大、市政府和市政协联合召开 2003 年度人大议案和政协提案交办会。会议要求各承办单位统一思想，加强领导，认真履行承办职责，提高办理质量，讲求办理效率，切实做到取信于民。市领导卢维祥、王金战、卢文进参加会议。

2003 年 4 月 25 日，市政协召开专委会主任联席会议。各专委会汇报 2003 年工作计划和工作经验，讨论了《政协第三届石狮市委员会专门委员会工作制度（初稿）》。会议要求，各专委会工作会努力做到“四多”，即多学习，提高全体委员、成员的整体素质；多服务，提高工作的保障服务能力；多活动，全力促进当地经济和社会发展；多建制，共同促进专委会的规范化和制度化。

2003 年 5 月 15 日，市政协文史委召开工作座谈会。会议研究出版《政协文史资料》，讨论文史委工作计划。王有官出席会议。

2003 年 5 月 30 日，市政协召开各镇（街道）委员活动组负责人联席会议。各活动组汇报工作情况和工作思路。会议要求，各镇（街道）委员活动组充分发挥出政协委员的主体作用，进一步实施“1234 工程”，即每个组一年要完成一个调研、办二件实事、形成三个集体提案、提供四条以上社情民意信息，各联络员要充分发挥桥梁和纽带作用，帮助搞好活动组工作，提高履行三大职能的实效。

2003 年 8 月 11 日，市政府与市政协召开联席会议。市委副书记、市政府常务副市长高云程通报经济社会发展运行情况和经济社会发展思路；王有官通报政协工作情况和工作计划。中共泉州市委常委、石狮市委书记、市长李建国要求：市政协工作要以“三个代表”重要思想为指导，围绕“四市三海”发展战略，积极发挥政协整体优势，努力履行政治协商、民主监督、参政议政职能，出谋献策，为加快石狮市经济社会发展和提高人民群众生活水平多做贡献。

2003 年 8 月 13—21 日，市政协分别召开 5 场征求意见工作座谈会，听取对该届政协工作的意见，征求对换届工作中委员推荐、政协界别设置以及如何对抓好委员队伍管理工作和更好地发挥政协组织作用等方面的意见和建议。王有官出席会议。

2003 年 12 月 4 日，市政协文教卫体委召开工作总结座谈会。吴清含、许民权、卢文进、王有官出席会议。

2004 年 2 月 10 日，市政协召开专委会和活动组负责人联席会议。会议宣布关于政协专委会的设置和主任、副主任名单的决定，及各镇（街道）政协委员活动组组长、副组长名单。吴清含、王有官出席会议。

2004年2月17日，市政协文教卫体委召开对口单位联席会议。市政协文教卫体委通报2003年工作情况，对口部门通报2004年工作计划。佘日杰、黄章煌出席会议。

2004年3月4日，市政协学习提案法制委召开对口单位举行联席会议，参会单位相互通报2003年工作情况和2004年工作计划。吴清含、佘日杰、王有官出席会议。

2004年3月4日，市政协台港澳侨联络委召开对口单位联席会议，各对口单位通报2004年工作计划。市政协台港澳侨联络委围绕市委、市政府提出的“四市三海”发展战略，制订工作计划。吴清含、佘日杰出席会议。

2004年3月19日，市政协经科委召开对口单位联席会议。经科委通报2003年工作情况及2004年工作思路，对口单位通报2004年工作计划。吴清含、佘日杰、王有官、施心新出席会议。

2004年7月15日，市政协学习提案法制委召开工作座谈会。会议听取市委、市政府相关部门关于政协提案办理工作情况的汇报。会议指出要善始善终抓好政协提案办理工作，特别是要做好四个重点提案的跟踪督办工作，提案委要积极主动当好提案人、办理单位的桥梁，及时反馈办理信息，提高办理质量。佘日杰、王有官出席会议。

2004年9月4日，市政府与市政协召开联席会议，会议提出，市政府与市政协两套班子要互相配合，共同努力，做好工作，推动石狮经济社会等各项事业不断进步。市领导高云程、丁家全、肖汉辉、王金战、刘德旺、佘日杰、王有官、黄章煌、施心新出席会议。

2005年1月25日，市政协召开各镇（街道）活动组工作会议。与会人员观摩祥芝活动组规范化建设，交流各活动组2004年工作情况和2005年工作计划。丁家全、佘日杰、王有官、黄章煌、许民权出席会议。

2005年2月23日，市政协党组召开保持共产党员先进性教育活动征求意见会。会议通报市政协开展保持共产党员先进性教育活动总体情况，并征求开展先进性教育活动的意见和建议。市政协常委、各民主党派负责人、无党派人士代表和政协委员活动组负责人参加座谈会。

2005年4月27日，市政协台港澳侨联络委召开对口单位联席会。会议学习《中华人民共和国反分裂国家法》。会议讨论市政协台港澳侨联络委2005年工作计划，共同探讨进一步做好侨务、招商选资和民族宗教工作。对口单位通报2005年工作计划。丁家全、佘日杰出席会议。

2005年7月26日，市政协召开各镇（街道）活动组负责人联席会议。各活动组汇报工作情况和工作计划，研究有关省《政协天地》征订工作和政协委员之家筹建事宜。丁家全、佘日杰、王有官、施心新出席会议。

2005 年 8 月 19 日，市政府与市政协召开联席会议。市政府市长高云程通报市政府工作情况及工作计划。佘日杰、王有官通报市政协工作情况和工作安排。市长高云程提出：通过联席会议这个平台，双方加强了沟通，彼此了解到了更多信息；加强了协调，使市政府和市政协的工作实现了良性互动，提高了双方的工作实效。丁家全提出：政协要围绕市委、市政府中心工作，提出建设性提案，及时化解各种矛盾，为石狮经济社会发展做贡献。

2005 年 11 月 18 日，市政协召开学习提案法制委工作会议，丁家全要求，政协委员要认真学习中共十六届五中全会、省委七届十次全会及泉州市委、石狮市委有关会议精神，掌握精神实质，围绕加快发展、科学发展这条主线，关注石狮发展重点，破解发展难题等问题，深入进行调研，提出有见地的提案。丁家全、佘日杰、王有官出席会议。

2006 年 2 月 23 日，市政协台港澳侨联络委召开对口单位联席会。会议讨论市政协台港澳侨联络委工作计划。丁家全提出要求：1. 紧贴市委、市政府中心工作，积极做好台港澳侨联络工作。2. 搞好服务，热情为港澳台同胞和海外侨胞服务。3. 提高“五侨一部”工作人员素质，学习相关政策，掌握石狮实际，为石狮经济和社会发展做出贡献。

2006 年 9 月，市政协召开提案办理暨表彰会议。会议要求，各承办单位和协办单位要从践行“三个代表”重要思想，实现市委、市政府工作目标和检验行政部门服务态度的高度，以高度责任感认真办理好政协委员提案，要加强联办，互相沟通，分清轻重缓急，努力把办理政协委员提案转化为成效，促进石狮市经济社会各项事业协调发展。会议对 2005 年度的 4 个提案先进单位、6 个优秀委员提案、6 个办理政协提案的先进单位和 7 名先进个人进行表彰和奖励。

2006 年 9 月 22 日，市政协召开 2006 年度部分提案办理情况回访复查通报会。承办市政协 22 号、38 号、61 号、81 号、107 号提案的单位通报办理情况，市政协委员进行评议。

2007 年 1 月 25 日，市政协文教卫体委召开对口单位联席会。各对口单位分别通报 2007 年工作思路。市政协文教卫体委通报 2004—2006 年工作情况，研究确定 2007 年度工作计划。

2007 年 2 月 9 日，市政协学习提案法制委召开对口单位联席会议，市政协学习提案法制委与对口单位互相通报 2006 年工作情况和 2007 年工作思路，共同谋划全年对口协商计划。丁家全、王有官出席会议。

2007 年 3 月，市政协文史委召开对口单位联席会议。市政协文史委听取对口单位情况通报，确定 2007 年度工作计划，讨论《石狮民俗》编辑出版工作。丁家全提出要求：1. 文史工作要围绕中心、服务大局，充分发挥文史资料存史、资政、团结、育人的作用；2. 要充分调动所有文史委成员的积极性和主观能动性，使市政协的文史资料成为研究石狮历史的必备资料；3. 要加强学习，不断出上品、精品，为石狮市文史工作做出应有的贡献。

2007 年 3 月 13 日，市政协经济科技委召开对口单位联席会议。丁家全提出要求：1. 围绕经济发展大局，发挥作用。针对石狮市经济运行的热点、难点问题，深入调研、视察，提出切实可行的建议，推动石狮市经济社会又好又快发展。2. 端正态度，积极参加会议、调研、视察等活动，以高度责任感和事业心，做好工作，尽职尽责履行三大职能，树立政协良好形象。3. 提高素质，重视学习，提升履职能力，参政议政、建言献策要讲到点子上，引起市委、市政府关注重视，为石狮发展贡献力量。

2007 年 3 月 16 日，市政协台港澳侨联络委召开对口单位联席会议。会议学习国家有关侨台及民族、宗教方面的政策，与会单位通报交流 2007 年工作计划。

2007 年 5 月 17 日，市政协召开全市镇（街道）委员活动组工作会议。会议学习泉州市政协委员乡镇（街道）活动组工作经验座谈会精神，各镇（街道）委员活动组互相交流活动经验及 2007 年工作情况。佘日杰、王有官、黄章煌、施心新、吴清木出席会议。

2007 年 11 月 8 日，市政府与市政协召开联席会议。市政府与市政协互相通报 2007 年工作情况，围绕全市经济社会发展中存在的热点、难点进行协商，达成共识。市政府市长高云程提出：市政府将加大办理政协提案的力度，注重质量和效果，及时向市政协答复。丁家全以及部分市委、市政府领导出席会议。

2008 年 1 月 17 日，市政协文教卫体委召开对口单位联席会议。参会单位互相通报 2007 年工作情况及 2008 年工作要点。

2008 年 2 月，市政协台港澳侨联络委举行迎春座谈会。会议总结台港澳侨联络委 2007 年工作情况，讨论 2008 年工作计划。丁家全提出要求：1. 加强学习，提高履职水平；2. 增强作为政协委员的光荣感与责任感，要“有为”才能“有位”；3. 继续为促进石狮又好又快发展献计出力；4. 同心协力为委员之家建设添砖加瓦；5. 充分调动与台港澳侨联系紧密的关系，为促进香港、澳门地区的长期繁荣稳定和祖国统一做贡献。

2008 年 3 月 11 日，市政协学习提案法制委召开对口单位联席会议。各对口单位互相通报 2008 年主要工作。学习提案法制委制定 2008 年工作计划。丁家全提出要求：一要树立中心意识；二要树立服务意识；三要树立精品意识。

2008 年 3 月 25 日，市政协经科委召开对口单位联席会议。市政协经科委与对口单位互相通报 2007 年工作情况及 2008 年工作计划。丁家全要求：要深入贯彻中共十七大精神，坚持科学发展观，以改革创新的观念和载体，增强工作活力和工作实效；要紧紧围绕市委、市政府的中心工作和工作大局，坚持发展第一要务，破解发展瓶颈，培育新的经济增长点，推动石狮经济社会又好又快发展；要关注民生，反映社情民意，提高办理提案质量。

2008 年 8 月 1 日，市政协召开信息工作座谈会。会议总结市政协信息工作情况，部署市政协理论研究和信息工作。丁家全提出要求：1. 加强学习，紧跟形势。深刻领会各级会议精神，把握正确导向；围绕市委、市政府的工作重点，反映社情民意。2. 立足本职，深入调研。政协提案、专题调研是政协委员履行三大职能的重要工作，要深入调研，不断挖掘新情况，全面掌握资料，求真务实地反映社情民意。3. 锐意进取，不断创新。政协信息工作要反映各民主党派、各界别在政协平台上发挥作用；反映基层政协不断创新履行三大职能形式和渠道；提案、调研报告要出精品，提升提案质量。吴清木出席会议。

2008 年 9 月 23 日，市政协学习提案法制委召开 2008 年度提案办理情况通报会议。市政府办、规划建设局、科技文体旅游局、市公安局交警大队负责人通报 2008 年政协提案办理情况。

2008 年 12 月 12 日，市政协召开 2008 年专委会、活动组工作联席会。市政协各专委会、活动组互相交流 2008 年工作情况和 2009 年工作计划。丁家全要求：各专委会、活动组要继续围绕市委中心工作和大局，认真贯彻落实科学发展观，按照市委提出的“退一优二强三”的工作思路，做好建言献策工作，做好化解矛盾、促稳定工作；要加强学习，提高素质，提高参政议政水平。

2009 年 2 月 19 日，市政协文教卫体委召开对口单位联席会议。市政协文教卫体委、各对口单位相互通报 2008 年工作情况及 2009 年工作计划。丁家全提出要求：一是围绕中心，服务大局；二是找准切入点，使履职具有针对性；三是内增素质，外塑形象。

2009年3月3日，市政协学习提案法制委召开对口单位联席会议。学习提案法制委与对口单位互相通报工作情况和工作思路。丁家全强调：2009年市政协要关注当前经济形势、关注社会稳定，紧紧围绕大局，服务中心，为石狮市科学发展、持续发展、和谐发展献计出力。

2009年3月11日，市政协台港澳侨联络委召开对口单位联席会议。会议传达全国、省、泉州市政协港澳台侨与外事委工作会议精神，与会单位通报2008年工作情况和2009年工作思路。丁家全提出要求：1.加强学习，深入领会党和政府有关侨务、对台、外事、民族、宗教等方面的方针政策，不断提高开展工作的能力和水平，争取民心。2.不断创新联络工作的形式，不断拓展联络工作的新思路，不断取得联络工作的新成效，使政协工作围绕中心、服务大局、关注民生，更有创新，更有业绩，开创政协工作新局面。3.充分利用政协联络交友平台，把海内外各界人士联络起来、汇聚起来，为石狮发展、石狮稳定贡献力量。4.针对当前国际金融危机，加强调研，帮助"三资"企业排忧解难，促进石狮经济平稳较快发展。

2009年5月7日，市政协召开年度专题调研座谈会。与会人员围绕"实践科学发展观"调研专题进行交流，汇报调研情况。经科委成员曾子明作撰写调研报告讲座。

2009年7月3日，市政协文史委召开工作会议。各采编小组通报《石狮地名》编撰情况。与会人员到晋江博物馆参观，与晋江市政协文史委互相交流工作经验。

2009年7月29日，市政协召开社情民意信息工作座谈会。丁家全提出要求：一要紧贴中心。市政协要充分发挥人才荟萃、联系广泛、位置超脱、渠道畅通的优势，紧紧围绕市委、市政府的工作大局和中心工作，积极履行职责，收集和反映社情民意工作，为保增长、保民生、促稳定发挥作用；二要围绕主题。要围绕政协团结、民主两大主题，收集、观察、调研社会的热点问题，及时反映社情民意，理顺关系，化解矛盾，共求和谐；三要提高素质。加强学习，提高观察、调研、分析、撰写能力，努力把反映社情民意和信息反馈转化为成果。

2009年8月6日，市政协学习提案法制委召开2009年度提案办理情况通报会议。市委、市政府相关单位通报提案办理情况。会议强调：承办单位要强化办理提案的责任意识，着力在服务党委中心工作求突破，着力在推动经济发展献良策，着力在营造科学发展环境出实招；要进一步提高办理政协提案特别是重要提案的质量，加强跟踪督办，健全通报制度，促进转化为成果，服务海西建设，推动石狮新跨越。

2009 年 12 月 16 日，市政府与市政协召开联席会议。市委副书记、代市长黄南康通报 2009 年石狮市政府工作情况。丁家全通报政协工作情况。与会领导围绕石狮市经济、民生等问题进行热烈讨论。

2009 年 12 月 21 日，市政协召开专委会、委员活动组工作座谈会。各专委会、委员活动组总结 2009 年政协工作情况。与会人员参观政协凤里委员活动组活动室设施建设情况。

2010 年 1 月 22 日，市政协文教卫体委召开对口单位联席会。市政协文教卫体委通报 2009 年工作情况，市政府对口单位通报 2010 年工作思路。丁家全提出要求：1. 多学习，认清形势。围绕上级党委的要求，服务石狮市委的奋斗目标，切实履行职能；2. 常联系，深入调研。围绕工作中心，加强与政府职能部门的日常联系，认真调研，积极探索先行先试的新举措；3. 重实效，创新发展。紧抓海西发展机遇，充分发挥石狮的综合优势，创新举措，敢为天下先。

2010 年 3 月 8 日，市政协学习提案法制委召开对口单位联席会议。市政协学习提案法制委通报 2009 年工作情况，市政府办公室通报近年办理提案的举措，各对口单位通报 2010 年工作要点。

2010 年 3 月 10 日，市政协台港澳侨联络委召开对口单位联席会。各对口单位通报 2009 年工作情况及 2010 年工作要点。

2010 年 6 月 3 日，市政协文史委召开对口单位联席会议。会议学习福建省、泉州市政协文史学习宣传委工作会议精神。市政协文史委与对口单位通报 2010 年工作要点。丁家全指出：文史委成员要充分认识到文史资料具有“存史、资政、团结、育人”的独特作用，加大力度做好非物质文化遗产的保护，促进石狮市文化产业发展。

2010 年 8 月 4 日，市政协召开社情民意信息工作座谈会。泉州市政协办公室主任田恭灿作“做好反映社情民意信息工作”讲座。丁家全提出要求：1. 提高认识。反映社情民意是人民政协参政议政的重要形式，也是为党政科学民主决策提供政务信息的一个重要平台。2. 注重质量，要有深度，突出焦点，围绕党委、政府工作中心，拓宽信息收集渠道。3. 完善例会制度、责任制度、通报反馈制度等多种制度，并发挥政协机关的服务性作用。

2010 年 8 月 16 日，市政协学习提案法制委召开提案办理情况通报会。与会单位通报 2010 年度政协提案办理情况。

2010 年 12 月 15 日，市政府与市政协召开联席会议。市委副书记、市长黄南康通报2010年来石狮市政府工作情况。丁家全通报政协工作情况。与会领导围绕贯彻市委务虚会精神和石狮市经济、民生等问题进行讨论，形成发展共识，以更加开放的理念、更加务实的举措，推进石狮市“三个加快建设”和“七大片区”改造建设。

2011年2月18日，市政协文教卫体委召开对口单位联席会。市政协文教卫体委与对口单位通报工作情况。丁家全指出：2011年是“十二五”开局之年，市政协要以此为契机，围绕2011年市委、市政府的工作中心，认真组织调研，促进各项工作落到实处；要明确思路，多关注民生热点问题，以人为本，积极建好言献良策；要突出重点，学习同类先进市的有关经验，为加快宜业宜居城市建设步伐做贡献；要完善措施，做出成效，多献良策，推动石狮跨越发展。

2011年2月22日，市政协学习提案法制委召开对口单位联席会。与会单位通报2011年工作思路。

2011年4月22日，市政协文史资料委召开对口单位联席会。会议学习贯彻泉州市政协文史学习宣传委工作会议精神。会议要求，要以与时俱进的精神和求真务实的作风，为时代立鉴、为石狮立史、为人民立言，为服务石狮市科学发展、跨越发展做出新的贡献。

2011年5月5日，市政协台港澳侨联络委召开工作座谈会。会议学习省政协台港澳侨和外事工作会议精神，总结市政协台港澳侨联络委2010年度工作，提出2011年工作思路。

2011年7月4日，市政协召开2011年政协提案办理情况通报会。与会单位通报2011年度政协提案办理情况。丁家全指出：提案是政协履职的重要形式，各承办单位要建立沟通协商机制，提高提案办理水平。一要高度重视，形成共识；二要主动协调，以石狮为主；三要同心协力，推动提案办理成果转化。

2011年12月6日，市政协学习提案法制委召开工作总结会议。会议总结市政协五届一次会议以来提案工作、学习与社会法制工作情况。

2012年2月29日，市政协提案法制委召开对口单位联席会议。市政协提案法制委与对口单位通报相关工作情况。市政协提案法制委推荐重点提案送市政协主席会审定，制订2012年度工作计划。

2012年3月7日，市政协教科文卫委召开对口单位联席会。与会单位通报2012年度工作计划，就发展社会事业，助力“质量石狮、二次创业”建言。

2012年3月13日，市政协台港澳侨民宗委召开专题研讨会。会议学习侨台外事知识及民族宗教政策，传达市政协六届一次常委会议精神。各对口单位通报 2012 年工作计划。

2012 年 3 月 14 日，市政协文史学宣召开对口单位联席会。会议学习全国“两会”精神和石狮市委六届三次全会精神，与会单位通报 2012 年工作要点，会议围绕发挥文史资料“存史、资政、团结、育人”的作用等问题进行座谈。

2012 年 3 月 15 日，市政协经济资源委召开对口单位联席会。会议听取石狮市交通运输设施建设项目进展情况通报，市政协经济资源委讨论 2012 年度工作计划。

2012 年 8 月 14 日，市政协召开 2012 年度政协提案办理情况通报会。会议学习泉州市提案工作座谈会精神，征求《提案办理考评细则》的意见建议。市政府相关部门通报提案办理情况。

2012 年 8 月 31 日，市政协文史学宣委召开华侨文史资料撰稿会议。会议通报华侨文史资料征集情况，讨论《石狮侨影》征编工作。该书分别收录华侨人物传记、华侨典型事迹、华侨活动的相关物品记载以及珍贵老照片。

2012 年 12 月 4 日，市政府与市政协召开联席会议。市委常委、常务副市长刘德旺通报市政府工作情况，李丽月通报市政协工作情况。市委副书记、代市长张贻山指出：市政协汇集各界精英，联系面广，信息量大，具有人才智力优势，是党委、政府联系社会各界的桥梁纽带。通过政府、政协联席会议形式，听取意见，交流工作，有利于促进石狮发展。

2013 年 3 月 29 日，市政协提案法制委召开对口单位联席会议。会议学习全国“两会”精神，提案法制委通报 2012 年工作情况，讨论 2013 年工作计划以及增聘成员事宜。对口单位通报 2013 年开展相关联系工作计划。

2013 年 6 月 27 日，市政协提案法制委召开 2013 年度提案办理情况通报会。市政府办通报 2013 年市政协提案办理情况；市执法局、民政局分别通报重点提案《关于加快市区停车场规划建设的建议》和《关于改革丧葬习俗的建议》办理情况；与会人员对提案办理情况提出意见和建议，提案法制委征求对《政协第六届石狮市委员会提案工作实施细则》《优秀提案、提案承办先进单位和个人的评选表彰方案》的意见建议。

2014 年 2 月 17 日，市政协提案法制委召开对口单位联席会。各对口单位通报 2014 年工作安排。市政协提案法制委讨论 2014 年工作计划，通报市政协六届四次会议提案征集情况。

2014年3月11日，市政协教科文卫委、文史学宣委召开对口单位联席会。与会单位通报2013年工作情况及2014年工作要点。会议要求，要重视社会事业，优化城市软环境；关注民生安全，促进社会和谐稳定；协调收集编撰，发挥文史资料作用；加强学习交流，提高委员履职水平。黄章煌出席会议。

2014年3月13日，市政协党组和机关支部召开党的群众路线教育实践活动动员大会，部署安排教育实践活动。石狮市委第一督导组到会指导，并组织与会人员对市政协党员领导干部作风建设情况进行民主评议。李丽月作动员讲话，要求要充分认识开展党的群众路线教育实践活动的重大意义；严格按照要求，联系政协实际，扎实开展教育实践活动；以教育实践活动实际成果推动政协工作迈上新台阶。

2014年10月13日，市政协召开2014年镇（街道）委员活动组工作座谈会。会议征求市政协有关活动组工作和委员管理等制度的意见，部署市政协六届五次会议提案征集工作。各镇（街道）委员活动组交流2014年工作情况。李丽月提出要求：1.要坚持工作的规范性，严格按照制度规定开展工作，共同推进市政协工作制度化、规范化建设；2.要保持工作的灵活性，在规范的前提下勇于探索和创新活动新形式，继续保持活动组工作的活跃氛围；3.要增强工作的实效性，深入学习习近平总书记在庆祝中国人民政治协商会议成立65周年大会上的重要讲话精神，准确把握政协协商民主的要义，发挥好协商民主的主渠道作用。黄章煌、吴清木出席会议。

2015年3月12日，市政协提案法制委召开对口单位联席会。各对口单位通报2015年工作安排。提案法制委对提案征集情况及重点提案，讨论2015年工作计划通报。

2015年3月20日，市政协教科文卫委、文史学宣委召开对口单位联席会。对口单位通报2015年工作要点。市政协文史学宣委讨论《石狮宗祠》编撰工作。

2015年5月29日，市政协召开"三严三实"专题教育党课报告会暨政协教育动员部署会议。李丽月就学习贯彻习近平总书记"三严三实"的重要讲话精神，联系政协工作实际，作专题党课报告。

2015年8月19日，市政协召开2015年度提案办理情况通报暨重点提案办理协商座谈会。市政府相关部门通报提案办理情况。与会人员对提案办理落实工作提出意见建议。

2016年4月28日，市政协机关党支部召开"两学一做"学习教育动员会。李丽月指出，机关党员干部要始终把学习放在更加突出的位置，时时处处学习党章、维护党章，时时刻刻对照党章、一言一行瞄准系列讲话，立足党章找问题、依照系列讲话改问题。要以“两学一做”为契机，在讲政治、有信念上要有新提升，在讲规矩、有纪律上要有新提升，在讲道德、有品行上要有新提升，在讲奉献、有作为上要有新提升。要把学习教育与做好政协工作紧密结合起来，从实际出发，创新方式，有的放矢，统筹推进政协各项职能工作。

2016 年 5 月 20 日，市政协教科文卫委、文史学宣委召开工作座谈会。会议传达泉州市政协教科文卫委、文史学宣委工作座谈会精神及贯彻意见；听取市文体旅游广电新闻出版局“关于石狮市海丝史迹保护情况”的工作通报。会议总结《石狮宗祠（上）》编撰工作，布置 2016 年政协文史资料《石狮宗祠（下）》编撰事宜。

2016 年 8 月 30 日，市政协召开 2016 年度提案办理情况通报暨重点提案督办协商座谈会。会议听取市政府相关单位提案办理情况通报，与会人员对提案办理情况提出意见建议。

2017 年 2 月 28 日，市政协文史学宣委召开建市 30 年文史资料编撰工作座谈会，确定年度文史专辑书名为《石狮三十年回眸》，并讨论编撰工作有关事项。陈东华出席会议。

2017 年 5 月 31 日，市政协召开镇（街道）活动组工作会议。会议传达学习《中共中央办公厅关于加强和改进人民政协民主监督工作的意见》，讨论《关于加强政协委员镇（街道）活动组管理的通知》《关于推动政协委员议政建言常态化的通知》。

2017 年 9 月 7 日，市政协召开提案办理情况通报会暨重点提案办理协商座谈会，听取相关部门有关提案办理情况通报，与会人员对提案办理落实工作提出意见建议。丁东福出席会议。

2017 年 11 月 28 日，市政协召开《石狮市政协志》编纂委员会第一次会议暨编纂工作启动仪式。会议讨论《石狮市政协志》编写纲要及进度安排。林自育、郭丽莲、陈贤明、丁东福、陈东华等出席会议。

2018 年 1 月 26 日，市政协召开《石狮市政协志》编辑部第一次会议，布置《石狮市政协志》编纂分工等工作。陈东华出席会议。

2018 年 3 月 22 日，市政协文史学宣委召开文史资料编撰工作座谈会，通报《石狮三十年回眸》编撰工作情况，部署《石狮寺庙》稿件征集工作。陈东华出席会议。

2018 年 7 月 23 日，市政协召开“全市政协系统开展习近平总书记关于加强和改进人民政协工作的重要思想理论研讨工作”动员会。会议传达习近平总书记关于加强和改进人民政协工作重要思想闽赣粤琼政协片区座谈会、福建省政协系统党的建设工作推进会精神。

2018 年 9 月 4 日，市政协召开提案办理情况通报会暨重点提案办理协商座谈会，听取相关部门有关提案办理情况通报，与会人员对提案办理落实工作提出意见建议。丁东福出席会议。

2018 年 10 月 11 日，市政协文史学宣委召开《石狮寺庙》文史资料编撰工作座谈会，通报《石狮三十年回眸》编撰总结，部署《石狮寺庙》征编工作。陈东华出席会议

2019 年 9 月 17 日，市政协召开提案办理情况通报会暨重点提案办理协商座谈会，听取相关部门有关提案办理情况通报，与会人员对提案办理落实工作提出意见建议。丁东福出席会议。

2019 年 9 月 19 日，市政协党组及机关召开“不忘初心、牢记使命”主题教育部署会议。会议传达学习各级“不忘初心、牢记使命”主题教育部署会议精神和石狮市的主题教育工作方案。林自育作动员讲话时要求：要提高政治自觉，高站位认识主题教育的重大意义，是用习近平新时代中国特色社会主义思想武装全党的迫切需要、推进新时代党的建设的迫切需要、保持党同人民群众血肉联系的迫切需要、实现中共十九大确定的目标任务的迫切需要；要准确把握根本任务和目标要求，高质量完成主题教育的目标任务，坚持四个贯穿始终，确保主题教育取得实效；要加强组织领导，高效率推动主题教育的落实落地，坚持领导带头，抓好工作统筹，加强宣传引导。

2020 年 7 月 29 日，市政协举行市政协党组理论学习中心组（扩大）专题研讨会，市政协党组成员、非党组成员副主席围绕学习《习近平在福建》采访实录，结合工作实际进行研讨交流。

2020 年 8 月 11 日，市政协班子成员围绕“学习贯彻党的十九届四中全会、全国‘两会’精神，推进泉州治理现代化实现泉州高质量发展”作交流发言。

2020 年 8 月 14 日，市政协召开市政协领导班子理论学习研讨会，市政协领导班子成员围绕学习《习近平在宁德》《习近平在厦门》《习近平在福州》《习近平在福建》采访实录和《习近平谈治国理政》（第三卷），结合个人实际，谈谈如何运用好习近平总书记在闽工作期间创造的宝贵精神财富、思想财富、实践成果。

2020 年 9 月 25 日，市政协文史学宣委召开《石狮灯谜》文史资料征编工作座谈会，会议通报《石狮灯谜》征编筹备情况，并布置下一阶段工作进行。陈东华出席会议。

2020 年 10 月 22 日，市政协召开 2020 年度提案办理工作通报座谈会。市政府办公室通报 2020 年度市政协提案办理情况。市委统战部、市城管局、市文旅局、市卫健局、

市教育局、市公安局和市大数据局分别通报承办的重点提案办理情况。重点提案领衔人及其他与会同志对提案办理落实工作提出了意见建议。丁东福出席会议。

2020 年 11 月 27 日，市政协召开市政协理论学习中心组专题研讨会，市政协党组处级干部结合《党委（党组）意识形态工作责任制实施办法》，以“学习贯彻《中国共产党宣传工作条例》”为主题，立足分管领域和工作实际进行学习研讨交流。

二、纪念会、座谈会

1991 年 6 月 24 日，市政协、市委群工部联合召开庆祝中国共产党成立 70 周年座谈会。

1991 年 9 月 18 日，市政协召开各界人士学习江泽民总书记“七一”讲话座谈会。中共泉州市委常委、统战部部长傅圆圆出席座谈会。

1991 年 10 月 8 日，市政协召开各界人士纪念辛亥革命 80 周年座谈会。市政协常委、各民主党派、有关人民团体负责人、民革晋江支部和石狮支部成员参加座谈会。

1992 年 6 月 30 日，市政协、市委统战部联合举行庆“七一”座谈会。

1992 年 10 月 24 日，市政协、市委宣传部、统战部联合召开学习中共十四大会议精神座谈会。

1994 年 10 月 18—21 日，全国七省（市）十二县（市、区）政协联谊暨经济协作第九次会议在石狮召开。泉州市政协副主席王文泰，石狮市委副书记、人大常委会主任黄源水，市委副书记、副市长吴德厚出席开幕式。吴彦南致开幕词。

1996 年 3 月 13—14 日，泉州市第七届政协第九次县（市、区）政协主席工作座谈会在石狮召开。泉州市政协主席傅圆圆、副主席薛天赐，各县（市、区）政协主席及石狮市五套班子部分领导参加会议。各县（市、区）汇报贯彻泉州市政协工作会议精神情况和 1996 年工作计划，讨论政协如何做好反映社情民意工作。吴彦南作《认真传达抓贯彻，联系实际抓落实》及《认真履行职能，畅通信息渠道、反映社情民意》的发言。

1998 年 6 月 18—19 日，泉州市政协台港澳侨联络委工作会议在石狮市召开。省政协台港澳侨联络委副主任林大穆、泉州市政协主席傅圆圆、巡视员王文泰及各县（市、区）分管副主席、台港澳侨联络委主任出席会议。

1998 年 7 月 24—25 日，泉州市政协第九次县（区、市）主席工作座谈会在石狮市召开，泉州市政协主席傅圆圆主持会议。会议布置全市政协组织学习邓小平理论；传达省、市关于做好各县（区、市）政协领导班子换届选举的通知。中共石狮市委书记何锦龙介绍石狮经济社会发展情况。泉州市政协副主席何国栋、叶聪敏、巡视员王文泰及各县（区、市）政协主席、办公室主任出席会议。

1999 年 3 月 22—25 日，省政协文教卫体委在石狮召开工作座谈会。省文教卫体委主任林景华及全省 9 个地、市政协领导、泉州市各县（市、区）政协领导共 47 人出席会议。

1999 年 9 月 29 日，市政协召开石狮市各界人士庆祝中华人民共和国成立 50 周年、中国人民政治协商会议成立 50 周年座谈会。中共石狮市委书记郑栋梁指出，统一战线工作是全党的工作，人民政协事业是建设有中国特色社会主义事业的重要组成部分。政协工作要紧扣时代脉搏，围绕党和政府中心任务和工作大局开展工作。1. 为现代化建设，为改革开放、为新一轮创业发挥积极作用。2. 为科教兴市发挥积极作用。3. 为社会主义民主政治发挥积极作用。4. 为祖国统一发挥积极作用。5. 为社会稳定发展发挥积极作用。

2000 年 6 月 7 日，市政协举行“反‘台独’、促统一”座谈会。会议学习中共中央台办、国务院台办《受权就两岸关系问题发表声明》《一个中国的原则不容回避》等文章。会议提出，要充分发挥石狮市侨乡和台胞祖籍地优势，通过多种渠道宣传“和平统一，一国两制”的方针政策，团结海外侨胞、港澳台同胞共同为促进祖国统一、中华民族振兴做贡献。蔡志从、许民权、苏文锦、卢文进出席座谈会。

2001 年 6 月 27 日，市政协、市委统战部联合举行各界人士座谈会，隆重庆祝中国共产党成立 80 周年。蔡志从指出，回顾党 80 年历史，就要更加热爱党，更加拥护党，更加心向党。石狮建市以来，市委重视统战工作，充分发挥各民主党派和各界人士的作用。新世纪，石狮建设现代化更需要发挥政协和各民主党派的独特优势。希望全市各界人士团结在市委周围，同心同德，为加快改革开放、现代化建设步伐，完成祖国统一而建功立业。市委书记、市长郑栋梁提出要求：1. 坚持党的领导；2. 必须时刻牢记新时期新任务、现代化建设、祖国统一大业；3. 必须十分重视建设更加广泛的统一战线。市领导黄水源、林介平、许民权、苏文锦、卢文进、王有官出席座谈会。

2002 年 9 月 27—28 日，泉州市九届政协第六次县（市、区）政协主席工作座谈会在石狮召开。市委书记、市长李建国通报石狮市发展思路和经济社会发展情况。会议学习江泽民总书记“5·31”重要讲话精神，讨论新时期人民政协工作新思路、新途径、新办法。蔡志从作新时期如何开展政协工作专题发言，政协永宁活动组介绍工作经验。会议期间，与会人员参观石狮姑嫂塔、六胜塔等文化遗迹，视察石湖码头、石湖港工业园区、通达集团。

2003年7月23日，市政协召开学习贯彻“三个代表”重要思想座谈会。吴清含要求要把学习胡锦涛同志“七一”讲话和学习《“三个代表”重要思想学习纲要》以及市委《关于党员干部队伍教育管理监督若干规定》精神结合起来，大力推进政协工作。

2004年9月17日，石狮市举行中国人民政治协商会议成立55周年纪念大会。市委书记李建国对市政协工作提出要求：1. 要牢固树立和落实科学发展观，更好地服务于全市经济社会发展大局，促进石狮更快更好发展；2. 要牢牢把握团结和民主两大主题，不断提高政协工作水平，努力促进三个文明建设协调发展；3. 要加强和改善党对政协工作的领导，推动人民政协事业不断向前发展。丁家全介绍市政协成立以来取得的主要成就后强调，市政协要始终高举爱国主义和社会主义伟大旗帜，认真执行“长期共存、互相监督、肝胆相照、荣辱与共”的方针，广泛地团结全市各界爱国人士，积极开展多层次、多形式、多渠道的“政治协商、民主监督、参政议政”活动，为把石狮建设成为海峡西岸经济区和泉州湾滨海城市做出更大的贡献。

2005年12月13日，市委召开市政协常委座谈会。与会人员围绕《中共石狮市委关于制定石狮市国民经济和社会发展第十一个五年规划的建议（征求意见稿）》及《石狮市国民经济和社会发展第十一个五年规划纲要（征求意见稿）》进行热烈讨论，提出有针对性、建设性的意见和建议。泉州市人大常委会副主任、石狮市委书记黄源水要求，要把握好以科学发展观统领经济社会发展全局的指导思想，从石狮实际出发抓好加快发展、科学发展、构建和谐社会和建设社会主义新农村等4个战略重点，集思广益，进一步完善建议（征求意见稿）和“十一五”规划纲要（征求意见稿）。市政府副市长刘德旺出席座谈会。

2006年7月4日，泉州市九届政协第十七次县（市、区）主席工作座谈会在石狮市召开。会议总结交流各地贯彻落实《中共中央关于加强人民政协工作的意见》（中共中央5号文件）的情况，讨论进一步贯彻落实该意见的方法和思路。与会人员参观石狮市盖奇集团、石狮日报社、石狮服装城等单位。

2009年2月6日，市委、市政府召开工作座谈会，向市政协征求意见。市政协领导围绕按照科学发展观更好推进石狮市新一轮发展、应对困难确保经济社会持续发展、加强改善政协工作条件等3个问题建言献策。泉州市人大常委会副主任、中共石狮市委书记黄源水提出要求：1. 继续发挥政协作用，进一步提高履职水平。发挥政协优势，围绕科学发展和应对困难持续发展，更好参政议政，建言献策；依法依章，提高履职效果；突出重点、难点履行职能，推动工作；创新更加灵活多样、更加充分发挥优势的履职方式。2. 认真筹备开好市政协五届三次会议，主基调是鼓信心、鼓干劲、振奋精神。3. 进一步改善政协工作环境和条件。

2009 年 5 月 25 日，市政协召开学习实践科学发展观活动征求意见座谈会。会议通报学习实践活动学习调研阶段情况，与会人员围绕如何进一步做好政协“团结民主”两大主题，履行“政治协商、民主监督、参政议政”三项职能，加强政协机关自身建设以及构建和谐社会等提出意见、建议和要求。丁家全指出，要通过此次会议征求到的意见，使政协工作适应新形势，按照科学发展观的要求、科学发展的思路，发挥政协职能作用，为石狮科学发展建言献策，多做贡献。

2009 年 9 月 17 日，市政协举行庆祝中国人民政治协商会议成立 60 周年座谈会。丁家全作题为《石狮新跨越政协建良策》的发言，泉州市人大常委会副主任、石狮市委书记黄源水希望政协委员们继续增强参政议政的责任感、使命感和积极性，继续发挥自身优势，积极参政议政，建言献策，为石狮新跨越多做贡献。

2011 年 1 月 17 日，市政协举行迎新春座谈会，共商发展人民政协事业和服务石狮科学发展跨越发展的思路、举措。中共石狮市委副书记张贻山指出，石狮市政协工作紧紧围绕市委、市政府发展战略，切实履行政协职能，为石狮市经济社会发展提供了广泛支持，政协工作呈现出与时俱进、开拓创新局面。2011 年政协工作要认真贯彻市第六届党代会精神，牢牢把握两大主题，积极履行三大职能，充分发挥四大作用。

2012 年 5 月 17 日，十届泉州市政协第十一次县（市、区）政协主席工作座谈会在石狮市召开。泉州市政协主席杨俊峰作讲话，石狮市委书记张永宁致辞。与会的各县（市、区）政协领导围绕如何发挥政协优势，助推“二次创业”作了发言交流。与会人员参观大帝集团、黄金海岸二期改造工程。

2014 年 11 月 14 日，石狮市举行庆祝中国人民政治协商会议成立 65 周年座谈会。中共石狮市委书记张永宁指出，习近平总书记在庆祝中国人民政治协商会议成立 65 周年大会上发表的重要讲话，立意高远、内涵丰富、思想深刻，为我们在新起点上做好人民政协工作、发展社会主义协商民主提供了思想遵循和行动指南。市政协自 1991 年成立以来，始终坚持市委的领导，牢牢把握团结和民主两大主题，切实履行政治协商、民主监督、参政议政职能，与党委、政府同心同向、和衷共济，充分发挥协调关系、汇聚力量、建言献策、服务大局的重要作用，为石狮的改革发展稳定做出十分重要的贡献。

2017 年 7 月 5 日，市政协召开两岸文史资料交流座谈会。林自育、陈东华代表市政协向台湾石狮同乡总会常务副会长王爱群和台湾石狮台榕实业有限公司负责人蔡崇熙赠送《石狮文史资料》，台湾石狮同乡总会则向石狮市政协赠送台湾地方志和文史资料，为两岸文化交流发挥积极作用。

2018 年 5 月 17 日，市政协文史学宣委召开“石狮宗祠文化”座谈会。会议总结《石狮宗祠》征编工作，并围绕“发挥宗祠在乡村文化振兴中应有作用”调研课题进行座谈。陈东华出席会议。

第三章 主要工作

人民政协的主要工作也是经常性工作，指在政协全体会议和常委会议闭会期间，按照政协章程的有关规定，组织政协委员开展的各项工作。这些工作既是对全体会议、常委会议精神的落实，也是人民政协经常性履行职能、发挥作用的重要方式。石狮市政协的主要工作内容，通常与各专门委员会负责的工作一致。除此之外，还有社会服务、联络接待、自身建设等工作。

第一节 提案工作

提案是政协委员和参加政协的各民主党派、各人民团体以及政协专门委员会向政协全体会议或者常务委员会提出的、经提案审查委员会或者提案委员会审查立案后，交承办单位办理的书面意见和建议。提案是履行人民政协职能的一种重要方式，是坚持和完善中国共产党领导的多党合作和政治协商制度的一种重要载体，是协助党政机关实现决策民主化、科学化的一条重要渠道。

提案工作是人民政协一项具有全局意义的工作。提案内容涉及当地经济、政治、文化和社会建设的各个领域。

石狮市政协自1991年成立以来，委员提案工作始终被列入市政协的重要工作来抓，市政协常委会按照“围绕中心、服务大局、提高质量、讲求实效”的提案工作方针，不断提高提案质量、办理质量和服务质量，不断推进提案工作制度化、规范化。在每次全委会召开之前，充分发动各民主党派、人民团体以及各界别的政协委员做好书写提案的准备，对于群众反映的热点和难点问题，要求深入调查研究，实事求是地反映社情民意。政协每次全委会期间，组织收集提案并进行审查，会议结束随即进行立案、分类、整理并及时移交政府办进行交办，并要求各承办单位认真办理政协委员提案，提案办理反馈答复期限不超过3个月。在市委、市政府的高度重视以及承办单位的大力支持下，提案工作开展顺利，并取得一定成效。

一、征集 审查 立案

一届市政协共收到提案 148 件，经提案审查委员会审查立案 147 件。其中，一次会议立案 52 件，三次会议立案 37 件，四次会议立案 58 件。这些提案有党派团体提案 23 件，占立案总数的 15.6%；委员提案 124 件，占立案总数的 84.4%。这些提案中，有关教育、科技、文化、体育、卫生方面 32 件，占立案总数的 21.8%；有关市政建设、交通、水电、邮电方面 29 件，占立案总数的 19.7%；有关城乡经济建设、企业管理和市场经济发展方面 24 件，占立案总数的 16.3%；有关社会治安综合治理方面 20 件，占立案总数的 13.6%；有关宣传教育、精神文明建设方面 12 件，占立案总数的 8.2%；有关侨务、统战工作方面 15 件，占立案总数的 10.2%；有关其他方面 15 件，占立案总数的 10.2%。三年来，委员们积极参政议政，先后对石狮市文化、教育、卫生、文物保护、企业生产、房地产开发、农村电价、贫困村改造及出海口排洪工程等问题提出了可行性意见和建议。

二届市政协共收到提案 515 件，经审查立案 502 件，另有 13 件转为人民来信送有关部门参考处理。其中，一次会议立案 73 件，二次会议立案 90 件，三次会议立案 106 件，四次会议立案 107 件，五次会议立案 126 件。这些提案有党派团体提案 183 件，占立案总数的 36.5 %；委员提案 319 件，占立案总数的 63.5%。提案内容有关教育、科技、文化、体育、卫生 106 件，占立案总数的 21.1%；有关市政建设、交通、水电 125 件，占立案总数的 24.9%；有关经济建设 97 件，占立案总数的 19.3%；有关社会治安综合治理 56 件，占立案总数的 11.2%；有关宣传教育、精神文明建设 48 件，占立案总数的 9.6%；有关侨务、统战 33 件，占立案总数的 6.6%；其他方面 37 件，占立案总数的 7.3%。这些提案内容十分广泛，为石狮市经济持续发展、社会安定团结、市场管理规范、市容市貌的美化绿化、基础设施建设和为石狮市精神文明建设服务等方面积极建言献策。

三届市政协共收到提案 531 件，经提案审查委员会审查立案 513 件，确定为重点提案 16 件，另有 18 件转为人民来信送有关部门参考处理。其中，一次会议立案 103 件（重点提案 4 件），二次会议立案 85 件（重点提案 3 件），三次会议立案 96 件（重点提案 3 件），四次会议立案 99 件（重点提案 3 件），五次会议没有提案，六次会议立案130件（重点提案3件）。这些提案有党派团体提案145件，占立案总数的28.3 %；委员提案368件，占立案总数的71.7%。提案内容涉及经济建设方面134件，占立案总数的26.1%；城乡建设方面127件，占立案总数的24.8%；教科文卫体方面129件，占立案总数的25.1%；教育、宣传和精神文明建设方面30件，占立案总数的5.8%；统战侨台宗教方面25件，占立案总数的4.9%；人事劳动社会保障方面16件，占立案总数的3.1%；社会治安和政法、廉政建设方面32件，占立案总数的6.2%；其他方面20件，占立案总数的3.9%。提案的内容主要是围绕国家大政方针和石狮市国民经济建设和社会事业的发展；以及对中央、省、泉州市委、市政府的重大决策的实施落实；机关干部坚持党的宗旨、民主法治建设、廉政建设、机关效能建设、社会稳定、城乡建设等方面，提出建议和意见。

四届市政协共收到提案469件，经提案审查委员会审查立案463件，确定为重点提案18件，另有6件转为人民来信送有关部门参考处理。其中，一次会议立案122件（重点提案4件），二次会议立案174件（重点提案4件），三次会议立案167件（重点提案10件）。这些提案有党派团体提案124件，占立案总数的26.8%；委员提案339件，占立案总数的73.2 %。提案内容涉及经济科技类的70件，占立案总数的15.1%；城乡建设类的121件，占立案总数的26.1%；交通管理类的54件，占立案总数的11.7%；文教卫生类的97件，占立案总数的21%；政法工作类的40件，占立案总数的8.6%；人事劳动及社会保障类的27件，占立案总数的5.8%；统战侨务类的9件，占立案总数的2%；其他的45件，占立案总数的9.7%。提案内容丰富，三年来，委员们从全面建设小康社会、率先基本实现现代化的大局出发，围绕石狮市“十一五”规划，围绕石狮市国民经济建设和社会事业的发展，围绕市委、市政府“一城二路三园九任务”，以及建设现代化工贸旅游港口城市和“平安石狮”、构建和谐社会的建设为重点，针对石狮市经济建设、社会发展、群众生活等大事、要事，提出很好的意见建议。

五届市政协共收到提案931件，经提案审查委员会审查立案902件，确定为重点提案27件，另有29件转为人民来信送有关部门参考处理。其中，一次会议立案180件（重点提案5件），二次会议立案203件（重点提案6件），三次会议立案160件（重点提案4件），四次会议立案172件（重点提案7件），五次会议立案187件（重点提案5件）。这些提案有党派团体提案405件，占立案总数的44.9%；委员提案497件，占立案总数的55.1%。从提案内容来看，经济建设领域的提案517件，占立案总数的 57.3%；科教文卫体领域的提案 223 件，占立案总数的 24.7%；政治、法律、社会保障等领域的提案 162 件，占立案总数的 18%。五年来，委员们从构建社会主义和谐社会的大局出发，围绕石狮市“十一五”规划、石狮市国民经济建设和社会事业的发展、石狮市委和市政府重大决策的实施、石狮市民主法治建设、廉政建设、机关效能建设、社会治安综合治理、城乡建设等方面，提出了很多意见和建议；关注民生、国际金融危机、项目带动、民营企业持续发展、环境建设、社会和谐和新农村建设等热点、难点问题，提出了很多有针对性、可操作性的意见和建议。

六届市政协共收到提案 1206 件，经提案审查委员会审查立案 1161 件，确定为重点提案 26 件，另有 45 件转为人民来信送有关部门参考处理。其中，一次会议立案 218 件（重点提案 6 件），二次会议立案 224 件（重点提案 6 件），四次会议立案 218 件（重点提案 6 件），五次会议立案 244 件（重点提案 4 件），六次会议立案 257 件（重点提案 4 件）。这些提案有党派团体提案 710 件，占立案总数的 61.2%；委员提案 451 件，占立案总数的 38.8%。其中涉及经济建设领域的提案 448 件、占立案总数的 38.6 %。主要围绕加快转变经济发展方式、产业结构调整、发展循环经济；发展电子商务产业、发展海洋特色经济、发展旅游产业、发展优势产业、增强实体经济；改善基础设施、改造农村石结构房以及生态环境建设等内容提出了大量有价值的意见和建议；科教文卫体领域的提案 373 件、占立案总数的 32.1%。围绕教育均衡发展、学前教育发展规划、学生交通安全；保护有价值的闽南古民居、加强狮台文化交流、“海丝”景点、文化古迹的保护与建设；做好基本公共卫生服务工作、维护食品安全；开展全民健身活动、增强青少年体质等群众关注的热点难点问题提出了合理化建议； 政治法律、社会保障等领域的提案 340 件、占立案总数的 29.3%。主要就发展养老服务业、完善社会保障、改革丧葬习俗；市区道路交通安全整治、道路交通设施建设、破解“停车难”问题、城市公共自行车租赁；城乡增设“全球眼”、维护社会安定稳定、建设平安石狮；精准引才、推进政、校、企合作等方面进行提案。

市政协七届一次至四次会议共收到提案 966 件，经提案审查委员会审查立案 835 件，确定为重点提案 22 件，另有 28 件转为人民来信送有关部门参考处理，并案处理 80 件。其中，一次会议立案 251 件（重点提案 5 件），二次会议立案 230 件（重点提案 5 件），三次会议立案 171 件（重点提案 6 件），四次会议立案 183 件（重点提案 6 件）。这些提案有党派团体提案 498 件，占立案总数的 59.6%；委员提案 337 件，占立案总数的 40.4%。其中涉及经济建设领域的提案 270 件、占立案总数的 32.3 %。

主要围绕优化实体经济发展环境、发展智能制造促进产业转型升级、扶持中小微企业、促进电子信息产业发展、加强渔港经济区建设、优化石狮外贸行业营商环境、加快建设石狮智慧城市、发挥侨的优势助力石狮“海丝”建设、解决石狮市联邦国际商业城危房问题、推进农村污水处理、推进峡谷旅游路及配套设施建设等内容提出意见和建议;科教文卫体领域的提案293件、占立案总数的35.1%。主要围绕推行和发展“四点半学校”、大力发展幼儿园、提高中学教育教学质量、加强石狮特色文化传承和保护、加强农村文化活动中心建设、促进滨海休闲旅游产业可持续发展、促进石狮与香港澳门青少年交流互动、创建宝盖山4A级景区、发展中医事业、加强食品卫生安全监管、推进公共卫生工作开展等群众关注的热点难点问题提出了合理化建议;政治法律、社会保障等领域的提案272件、占立案总数的32.6%。主要有全面开展扫黑除恶促进社会和谐稳定、深入开展禁毒工作社会化、提升石狮市交通智能调度系统管理水平、增设市区电动旅游小巴士、加强电动车管理、解决小区停车难问题、促进养老服务业发展、推进石狮市志愿服务事业发展、在市中心区建设24小时自助行政服务区、建立健全政府向社会组织购买公共服务机制等意见建议。

二、提案办理工作及取得成效

政协一届一次会议以来，该届委员提案全部按时完成办复，并取得较好成绩，提案人满意率达90%以上。

主要工作经验：1. 领导重视，有力保障提案工作顺利进行。市政协常委会切实把提案工作纳入市政协重要议事日程，多次召开提案工作会议，具体部署有关提案工作。各承办单位对提案办理工作认真负责，并确定专人负责办理，单位领导对重点提案审阅批办。2. 严格程序，有力保证提案工作规范化。市政协提案工作委员会定期举行会议，检查与部署提案各项工作。严格按照要求规定认真抓好提案登记、分类、交办、催办、核查、办复转交及归档等具体环节。3. 立足落实，有力推进提案成果转化。在办理提案过程中把所有提案分门别类地加以整理，进行全面了解，认真分析案情，适时召开有关人员座谈会，开展讨论、论证。在处理好一般提案前提下，对具有价值而又当前急需解决的重点提案，集中力量进行调查研究，现场视察，作为重点突破。在1993年11月的全省政协提案工作座谈会上，石狮市政协的提案工作经验交流得到上级领导充分肯定与好评。

提案工作成效：建市初期，石狮市各项工作正在有序开展，政协提案起到了很好助推作用。如《关于尽快创办〈石狮乡讯〉和成立市侨联、市总工会》的提案得到落实，《石狮乡讯》于1991年9月30日正式发行，市侨联和总工会也于同年7月正式成立。《要求设立市长与市民联系电话》的提案，市政府接到提案后，于当年11月份设置市长公开电话，受到全市市民的欢迎。《制止中小学乱收费》《建议土地审批增加透明度》《制止占地及申请土地转售》《整顿农村用电秩序》等提案同样取得较好效果。

政协二届一次会议以来，委员提案在市委、市政府有关单位办理后，多数提案的建议得到承办单位的采纳，并付诸或逐步付诸实施，大部分提案人对办复结果表示满意。有的提案已发挥或正在发挥较好的经济效益和社会效益，为石狮市两个文明建设做出了贡献。

主要工作经验：1. 认真撰写，努力提高提案质量。严格要求提案必须遵循科学性、实践性、适度超前性和可行性的原则，深入调查研究，实事求是地反映社会生活中的热点、难点问题，并有的放矢地提出具体解决办法和措施，撰写有质量、有分量的提案，使提案更具有代表性。2. 认真办理，努力提升提案成效。提案办理工作做到主要领导亲自抓，分管领导具体抓，承办任务落实到科室、承办人；对委员提出的问题和建议认真研究，在解决上下功夫；对于涉及几个单位的提案，主办单位和协办单位能协调配合办理、共同办理，促进提案成果转化。3. 重视协商督办，努力提高提案工作水平。重点提案由市长审阅后，在市政府成员会上交付承办单位领导办理。在每年的提案交办会上，市政府分管领导亲自部署办理工作。在办理过程中，市委、市政府办公室领导及经办人员经常与提案委联系，并深入各承办单位或用电话与承办单位联系，了解办理进展情况，督促催办、帮助解决问题。1995年3月，为进一步完善提案工作制度，提高提案质量和办理工作质量，市政协在二届二次全委会上召开提案办理工作表彰大会，对4个提案办理先进单位、4位提案办理先进个人和9件优秀提案进行表彰。通过协调、督促、检查、通报和表彰，有力地促进提案工作的开展。

提案工作成效：委员提案反映人民群众切身利益，具有决策参考价值，引起市委、市政府及有关部门重视，列入议事日程并付诸实施。如多年来政协委员十分关注的生活饮用水水质问题，提出《石狮市水源出路、供水方案和水管理机构改革的设想》《加强晋江南渠引水工程早日启动》和《引水工程必须列入1997年市政建设重中之重的大事来抓》，得到市委、市政府的高度重视，在调研、协调、规划的基础上，此项工程于1998年9月建市10周年之际奠基。如针对石狮建市后社会治安存在的各种问题，先后提出《加强防范、强化护村队工作》《增强警力和报警点、民警下村街》《群防群治，强化社会治安》《抓防范、压发案》等56个提案，得到了公安部门的高度重视，采取许多有效措施，健全群防群治网络，加强快速反应骨干队伍建设，建立110联动系统等，解群众之所难、帮群众之所急，促进社会治安状况明显好转。如《要求近期兴建永宁镇外高万吨深水码头，列入石狮市办实事计划》《要求市政府支持梅林港口扩建工作，促进对台“三通”》《关于祥渔一级渔港建设项目应列入1996年度市委、市政府为民办实事工作内容》《关于发展石狮市经济必须加速建设石湖港码头》等提案，对市委、市政府将1996年定为码头建设年起了促进作用。现这三个港口码头已建成，并逐步发挥了良好的经济效益和社会效益。美化市区环境，塑造城市新形象是环境建设年的项目之一。《改造石狮九二路路面，完善配套设施，美化中心市区》《建议市政府牵头成立“整顿旧市区的综合治理机构”并对旧市区进行整顿》《整顿人行道，改善市区交通条件》等提案，市委、市政府认真对待，多方筹集资金，对九二路进行全面改造，经过短短的几个月时间，九二路路面改造完成，群众十分满意。还有《关于加强政府对市场的引导》《对石狮市场发展的建议》等提案，符合市委、市政府的工作思路。市委、市政府强化服务和规划功能，进一步发挥对经济运行的导向作用。

政协三届一次会议以来，在各承办单位的重视支持下，该届提案的办复率达100%，所提意见和建议大部分被采纳并付诸实施或逐步付诸实施，提案人对办复结果比较满意。

主要工作经验：1. 承办单位重视。三届一次会议有16件重点提案，得到领导的肯定并作了重要批示，承办单位的主管领导办理，抓好落实。对涉及多个部门的提案，各单位和部门能共同做好答复，充分体现了市领导和承办单位对政协委员提案的高度重视。2. 开展“协商”办案。承办单位在办理提案中，其主管领导向提案的政协委员征求意见，就如何把事情办得更好进行座谈，实行“先协商后函复”的办理方式，取得了较好的办理效果。3. 办理速度快捷。由于各级领导的重视，提案办理比较快速，在提案交办后三个月就能完成办理任务并向委员答复。

提案工作成效：1. 关注经济建设，促进经济发展。如《对新一轮创业几点建议》，市经济局经过分析后采纳了部分建议，并出台了《扶持重点企业发展和鼓励招商引资的若干规定》，安排1000万元专项资金鼓励、扶持科技企业，重奖招商引资有功人员，为石狮市工业税收增长发挥了作用；2000 年的《挂靠村居的企业应脱钩》提案，在市政府领导的高度重视下，作为市长办公会研究的内容，常务副市长做出批示，分管副市长具体负责落实，组成专题调研组深入村（居）调查，并将调查结果送市长办公会讨论决定，同时召开提案座谈会征求意见，及时制定解决办法，为企业发展发挥了重要作用。2. 关注城市环境，推动城市建设。如《改善石狮市交通秩序的建议》，为改善石狮市交通秩序提出五项建议，得到市领导重视，市委、市政府联合下发《关于开展交通整治实施方案》，成立以市委副书记为组长，副市长、政协副主席为副组长，市委办、市府办等 13 个部门参加的整治领导小组，开展了一场声势浩大的交通大整治，使石狮市的交通秩序得到很大改善。如《整治饮食油烟污染的建议》，市环保局主要领导十分重视，立即制订计划，成立油烟整顿的领导小组，召开市区各镇（街道）村（居）负责人的动员大会进行部署，对全市饮食业全面调查摸底，下发通知，针对油烟污染严重的饮食业 1500 多家，实行向高空或地下安装抽油烟设备，较好地解决了市区油烟污染的问题。3. 关注教育卫生事业，推进社会事业发展。如 2001 年石狮市的八个民主党派联合提出的《加强完善各镇卫生院建设的建议》，经市政府研究，决定成立“石狮市加强乡镇卫生院建设领导小组”，采取六条措施和七种办法，来解决提案涉及的问题。4. 关注精神文明建设，建设文明城市。如《关于搞好移风易俗，切实为农民减负的建议》，市委文明办结合提案的建议提出在《石狮日报》和电视台开设“公民道德建设 100 例”和“公民道德访谈”等栏目，并制作“市民文明公约”和“公民道德基本规范”大型广告牌，编印出版公民道德建设宣传手册，开展“六提倡、六反对”为主题的移风易俗等群众性精神文明创建活动，广泛宣传公民基本道德规范，强化市民道德意识，切实提高石狮市的精神文明建设水平。5. 关注统战工作，扩大内外联谊。如《关于加强华侨新生代的工作，让华侨爱国爱乡的优良传统世代相传的建议》，市侨台外事局提出要一如既往地做好海外青少年夏令营工作，积极发挥“五侨”职能部门的联合作用，定期召开座谈会共同探讨开展侨务外事工作方案、分析存在问题，研究对策，一起下基层调研，在掌握侨情、接待重点华侨等方面加强联系，通过多种途径加大宣传力度，为招商引资牵线搭桥。6. 关注社会保障工作，提高社会保障水平。如《建立有效机制，把引导石狮待业青年进企业务工作为一项重要工程来抓的建议》，得到市政府相关部门的重视，取得良好社会效果。7. 关注廉政建设，推进政治文明发展。如《法院审判程序要规范化的建议》，市法院党组高度重视，积极向市委反映因审判场所有限所带来的弊病。市委研究后将原安全局办公场所让出供法院（部分庭审）使用，并支持筹建新法院大楼。市法院又以办理该提案为契机，加大庭审改革力度，规范各项制度。

政协四届一次会议以来，市委、市政府高度重视提案的办理工作，每年市政协全委会召开以后，市府办都能及时把审查立案后的提案细化分解，主动与政协专委办、提案委协商，及时召开全市人大代表建议、政协委员提案交办会。各承办单位都能严格按照交办会的要求，按时办理完毕，办复率达 100%。

主要工作经验：1. 创新形式，齐抓共促。市府办充分利用电子政务这一载体，及时公布该年度的提案内容、办理要求及相关表格，方便承办单位查阅。同时，市府办将提案办理工作进度分别在《石狮政讯》进行每月一通报，在为承办单位做好服务的同时也在督促着承办单位抓紧落实提案的办理。2. 政府重视，部门配合。各承办单位都能把提案的办理工作列为“一把手”工程，主要领导负总责，分管领导具体抓，严格把关，明确责任，保证按时办结，确保质量。许多承办单位将办理政协提案与促进各单位、各部门工作紧密结合起来，积极采纳落实提案的建议。3. 重点提案，重点办理。市政府主要领导亲自主持召开政协重点提案办理情况专题会议，听取了承办单位汇报办理情况，研究了加快办理的措施，明确提出“提高认识、高度重视”“完善制度、各负其责”“创新方式、加强沟通”三点要求，共同把提案办理工作做好，尽快把提案转化为成果。4. 跟踪督察，回访复查。在每年提案办理期满后，及时与市府办沟通联系，邀请市府办、部分承办单位及未如期办结单位召开年度提案工作办理座谈会，对提案办理情况进行跟踪督察，反思未如期办结的主客观原因。选取几件办理较好的提案与办理较一般的提案，邀请提案人与承办单位深入实际、调查研究、座谈讨论，“两见面三结合”，共同探讨提案办理工作，努力促进提案成果转化。

提案工作成效：1. 关注经济，促进发展。如《关于继续把鸳鸯池布料市场做大做强》《关于完善培育服装城的各项功能，确保石狮服装城产业集群持续健康发展的建议》《关于处理水头村滩地海产养殖受污染，保护绿色海洋生态的建议》等有关经济建设的提案，都能很快地进入市委、市政府决策圈，并出台了相应的决策。对于鸳鸯池布料市场的发展问题，出台了《关于扶持鸳鸯池布料市场发展的若干措施》，并商请税务部门暂免鸳鸯池布料市场经营户的部分收费；关于服装城发展的提案得到了市委、市政府主要领导的高度重视，多次到石狮服装城现场办公，在招商、推广、经营、管理等方面作了重要的批示，并出台了《关于促进石狮服装城繁荣与发展的若干措施》，为服装城的持续繁荣提供优越的经营环境。2. 反映社情，破解症结。如《关于加快旧城居民区改造的建议》《关于石狮市“城中村”改造做好前期工作的建议》《关于加大旧市区规划建设力度，解决九二路交通拥挤的几点建议》等提案，有力促进了石狮市旧城改造与城市化的进程。如《关于石狮市道路交通综合治理的几点建议》《关于改造荆山电灌站输水管道拓宽石泉路“卡脖子”路段的建议》《建议石狮市设立“城市管理行政执法局”》《关于石狮市防控禽流感若干措施的建议》《关于在石狮市实行家禽定点屠宰、集中检疫的建议》等提案引起市领导和承办单位的重视，均已被采纳，产生了一定的社会效益。3. 围绕重点，办好实事。如《关于妥善解决好弃婴、无主病人、精神病人、流浪乞讨人员的建议》的提案，市政府决定建设“石狮市社会福利中心”，已建成投入使用；《关于严格控制石狮市漂染行业发展规模的建议》得到职能部门的重视和解决，市政府出台了《关于暂停新批漂染企业严格控制污染促进产业升级的若干意见》；《关于石光中学和华侨中学合并的建议》更是得到市委、市政府的高度重视，在多方协调的基础上，两校合并成功。4. 反映民意，共建和谐。如《关于在有条件的村居、社区大力兴建外来工公寓的建议》《关于保障“外来工子女学校”的办学经费的建议》《关于整合教育资源，切实解决外来工子女上学难问题的建议》《将关爱外来工的举措落到实处，为优秀外来工办“绿卡”》等建议，集中体现关心外来工的身心健康发展、子女就学、社会福利保障等问题，许多建议已经被承办单位采纳和落实，外来务工人员在石狮的境况得到了改善，权益得到了更好的保障。

政协五届一次会议以来，各承办单位都能在规定的三个月期限内全部完成答复任务，答复率达 100%。从提案办理情况看，满意和基本满意率为 98.7%。

主要工作经验：1. 提案撰写征集有新思路。一是采用集中培训与自学相结合方式，提高委员的提案素养；二是广泛发动委员、政协参加单位深入基层掌握第一手资料，为撰写提案打下坚实基础；三是开展提案工作评先评优活动，为提案的征集树立榜样；四是编印《石狮市政协 2007—2010 年优秀提案汇编》，为委员撰写提案提供范文；五是充分调动民主党派、团体积极性，撰写出高质量的提案；六是鼓励委员把提案工作的成效与履职经历发表到市政协文史委编撰的《我与石狮政协》一书，用委员的经验体会推动提案工作；七是市政协各个专委会、委员活动组深入经济社会发展的各方面进行视察调研、协商座谈，为撰写提案提供丰富素材；八是专委办在全会前夕及时下发《做好提案准备工作的通知》，积极为撰写提案拓宽信息渠道。2. 提案办理落实有新举措。市委、市政府十分重视政协提案的办理工作，把提案工作摆上重要位置。一是历届市委、市政府主要领导都关心督促提案工作；二是市委常委会专题研究政协提案工作，对提案办理工作提出明确要求；三是每年市政府都把政协提案办理工作列入市长办公会进行专题研究，市长和分管副市长分别对办理工作提出要求；四是各承办单位都能把提案的办理工作列为“一把手”工程，把提案工作落实与各单位年度工作任务结合起来抓。3.提案协商督查有新形式。一是领导分工，督查提案。市政府、市政协分别安排副市长、副主席专人分管提案办理工作。特别是对于每一件重要提案，市政府、市政协都安排副市长、副主席进行同时督办，做到重要提案重点办理、重点督查。二是协商通报，督促落实。每年，市府办将提案办理进展情况及时发布在《石狮政讯》与电子政务网上进行通报，使办理时效、质量得到双落实；每年，学习提案法制委都邀请承办单位召开年度提案办理情况通报会以及重要提案协商座谈会，由承办单位与提案人进行面对面沟通；每年的第四季度政协常委会都邀请市政府一名副市长向政协常委通报年度提案办理情况。三是回访复查、巩固成效。每年提案办理期满后，对部分提案办理情况进行跟踪督察、回访复查，努力促进提案成果转化。四是紧盯难点，专题督查。针对提案不满意件，市政协组织专项督查活动。市政府分管领导带领承办单位，深入现场，调查研究，破解难题。五是绩效考评，刚性督促。2011年，市政协通过与市纪委协商沟通把政协提案办理情况纳入全市机关事业单位年度绩效考评内容，提案的办理落实有了刚性督促，引起了提案承办单位高度重视。

提案工作成效：市政协把提案工作作为政协的一项全局性工作来抓，努力适应新形势，注意研究新情况，积极探索新途径，促使提案的成果转化出现新亮点。如《关于加快沿海公路交通安全配套设施建设的建议》，2007年市政府安排1500万元对沿海公路进行绿化和安全配套设施建设；《关于加快推动企业境内外上市的若干思考和建议》，市政府出台了扶持企业上市的政策，并成立专门机构指导和协调企业上市工作；《关于加快发展石狮中等职业教育的建议》，市政府把加大发展中等职业教育列为石狮市教育工作重点，于2007年把鹏山工贸学校扩建工程列入为民办实事项目；《关于办理灵秀服装创业园房产证的建议》。2008年第九次市长办公会进行专题研究，解决了这一历史遗留问题。这一提案解决300多家企业办理产权证、贷款问题，产生了良好的经济和社会效益；《关于居民住房保障的建议》，市政府制定了石狮市区低收入家庭住房困难发展规划。还专题会议研究决定兴建宝源二期经济适用住房1271套；《关于提高卫生队伍人才建设、打击非法无证行医、加强学校卫生工作的建议》，市委、市政府加大对卫生事业基础设施的投入，建立了覆盖全市的医疗服务体系和医疗保障制度，打击了非法行医。

政协六届一次会议以来，提案的办复率达 100%，办理结果反馈的满意和基本满意率达 100%，所提建议的采纳率达 95.5%。

主要工作经验：1. 着力在增强合力上下功夫，提案工作呈现新格局。一是党政高度重视。市委、市政府始终把重视提案工作作为支持政协委员履职、密切联系群众、接受民主监督、实现科学决策的重要途径，全方位、多渠道支持政协提案工作。市委主要领导每年审阅《重点提案呈阅件》，并批示办理意见。二是政协全力推动。市政协主席会议认真研究确定年度重点提案，市政协常委会议每年一次听取市政府关于提案办理情况通报，市政协全会把听取审议提案工作报告和提案征集初审报告列入会议议程。三是党派积极参与。各民主党派通过召开座谈会，组织相关人员参加考察、视察和有关活动，为撰写提案积极创造条件。四是部门认真办理。各承办单位把办理提案作为改进作风、广纳良策、推动工作的重要途径，进一步规范办理程序，完善办理方式，基本建立了“主要领导亲自抓，分管领导具体抓，业务股室专人负责抓”的工作机制，提案办理取得较好成效。2. 着力在打造精品上下功夫，提案质量得到新提高。一是注重委员培训。坚持每年组织委员进行专题辅导培训，既有石狮政协领导和机关人员讲座交流，又邀请泉州市政协领导和省政协机关人员传经送宝，引导委员准确理解提案工作的有关精神和撰写提案应注意的事项；向委员提供学习资料，编印《石狮市政协 2012—2016 年优秀提案汇编》，为委员撰写提案提供范文；《提案选编》为委员撰写提案提供借鉴。二是着眼选题引导。每年全会召开前两个月就印发征集提案通知，并精心编写《提案参考选题》，引导委员围绕党委、政府中心工作和社会热点难点问题进行选题并调研。通过组织委员参加各类情况通报会、对口联系及专题调研视察活动，使委员知情明政，确保委员撰写提案更有针对性和准确性。三是严格审查立案。每年全会期间都成立提案审查委员会，严格按照《政协提案工作条例》的有关规定，进行立案初审和二次复审，对不符合立案条件的提案，及时与提案人沟通说明。这样做，既尊重提案者的权利，又保证了提案质量。3. 着力在督办方式上下功夫，提案办理取得新成效。一是实行包案督办。坚持每年从政协提案中遴选出重点提案，分别由党政分管领导和市政协副主席领办督办，市政协各专委办对口负责协调，对重要的提案进一步进行专项调研，形成主席建议案或社情民意专报件，报送市委、市政府作决策参考。二是开展联合督办。市政协全会后，提案法制办及时与市府办联合组织提案交办。提案办理过程中，建立并完善提案工作部门、提案人与承办单位的三方协商办理机制，认真开展“两见面三结合”活动，及时协调解决办理过程中存在的问题。

每年在提案办理答复完成后，及时听取市政府办公室关于提案办理情况通报，通过开展联合督办活动，有效地提高了办理质量。三是强化跟踪督办。三个月提案办理结束后，通过开展“回头看”活动，促使一些提案答复类型由“B”（ 提案中所提问题正在解决或已经列入计划准备解决）转为“A”（已经解决或基本解决）。每年市政协领导都会带领提案工作部门的相关人员和部分提案人，选择到几个提案办理单位，采取听取介绍、查阅资料、座谈交流、评价反馈，现场视察等方法，有针对性地检查调研提案办理“回头看”情况，促进一些老案、积案、难案得到解决，进一步推动提案办理成果转化。4. 着力在开拓创新上下功夫，提案工作增添新活力。一是创建提案工作新机制。根据全国、省、泉州市《政协提案工作条例》精神，六届二次会议修订并施行《政协石狮市委员会提案工作实施办法》，创新使用流程图表形式对提案工作的各环节步骤进行直观表述，使提案工作更加规范化、制度化、程序化，进一步增强了政协委员和承办单位的质量意识和责任意识。二是探索提案工作评议新举措。六届一次会议期间，市政协办公室联合市政府办公室共同制定了“政协提案办理工作考评细则”，并于六届二次会议进行修订。“细则”紧紧围绕办结率、反馈率、见面率、落实率和满意率五项指标进行考评，对每件提案办理情况综合评分，纳入单位绩效管理；实行主办单位、协办单位、提案人互评制度，通过评议，既抓办理质量又抓提案质量，既重视主办单位，又不放松协办单位，充分调动“三方”积极性。

提案工作成效：1. 着眼第一要务，为实现石狮市经济平稳较快发展建睿智之言。如《关于做实旅游产业助推“实业强市”的建议》《关于盘活石狮市房地产市场促进经济稳定发展的建议》，紧扣了石狮市当下经济发展的重点，市委、市政府出台了多项“做大做强旅游产业”和“促进房地产市场平稳健康发展”等政策措施。2. 关注科教文卫体，为提升各项社会事业水平谋前瞻之计。如《保护有价值的闽南古民居的建议》《关于加大市区部分小学校园扩容力度的建议》等，市委、市政府高度重视，专门出台了《石狮市历史文化风貌区和优秀传统建筑保护管理工作实施方案》《凤里、湖滨辖区四所小学改扩建方案》。3. 情系改善民生，为推动石狮市社会和谐发展献务实之策。如《关于吸引并留住外来优秀人才的建议》《关于在市区试行“自助自行车”以缓解交通拥堵的建议》等，市委、市政府充分采纳委员们的建议，已全面推行新市民积分管理、启动公共自行车租赁系统等工作。

市政协七届一次会议至四次会议以来，各承办提案的单位均能按时按要求做好办理工作，提案办复率达 100%，办理结果反馈的满意和基本满意率达 100%，没有出现不满意件。市政协常委会测评 22 件重点提案办理情况，满意率达 95.5%。

主要工作经验：1.高度重视强化责任，确保提案办理落实。市委、市政府高度重视政协提案工作，充分发挥其协商民主重要渠道作用，把提案办理协商，作为拓展协商民主的重要形式，把采纳落实委员的建议作为改进工作的“助推器”。市委主要领导及时调阅了全部提案并作出批示，市政府部署提案办理工作，市长多次召开市政府常务会、专题会，研究出台相关落实措施。2.创新机制广泛协商，夯实提案工作基础。一是严把关口提高提案质量，做好提案征集工作。引导委员围绕参考题目深入调研，撰写提案。切实解决提案“虚、大、空”问题，减少“临时提案”现象，推动提案质量不断提升。二是实行“分办件统一答复制度”，要求分办单位充分协调沟通，答复稿统一会签后联合行文予以答复。三是建立“疑难件办理协调制度”。由分管副市长负责召集，每月召开一次办理协调会，对部门提交的办理疑难问题予以重点解决。特别是坚持“副市长、政协副主席督办重点提案制度”，着力提高重点提案办理质量。四是加强协商增进良性互动。各承办单位通过邀请政协委员出席座谈会、视察具体项目、参加政策宣讲和公众开放日等活动，加强与委员办前、办中、办后沟通互动，让委员充分知情。3.加强沟通督办协商，促进提案成果转化。一是加强沟通，搭建互动平台。市政协将推动“协商民主”贯穿于提案工作的全过程，在提案审查、分理、交办、督办及答复文档的收集等环节上，与市政府保持良好沟通和对接，协调好提案人与承办单位、主办单位与协办单位之间的关系，积极组织提案人参与提案办理调研、面商、视察、督办等活动，为“提”“办”双方搭建良性互动平台，使承办单位能深入了解提案的意图和要求，提案人更多地了解到办理情况和政府相关政策。二是突出重点，实行多形式督办。一方面政协领导带领各专委办通过办前指导、办中协调、办后视察等方式对重点提案进行督办；市政府办向市政协提案法制委通报提案办理情况，听取政协委员意见建议；政协常委会听取市政府通报年度提案办理情况，政协常委视察了重点提案办理情况，并对重点提案办理情况进行评议。另一方面抓“进度督查”。提案交办后一个月内，通过现场走访和电话访问等方式，对各承办单位与所承办提案领衔人的面商沟通情况进行检查。抓“即时督查”，根据承办单位和委员的反馈情况，发现问题及时帮助协商解决。办理答复结束后，根据反馈的意见和建议，督促承办单位对有关意见和建议进行落实。抓“跟踪督查”，市政协提案法制办与市政府督查室联合对一些承办提案数量较多的单位和重点提案承办单位进行检查，并对检查中发现的问题进行通报。三是强化跟踪，抓好“回头看”。提案办理工作阶段完成后，要求各承办单位开展办理工作“回头看”活动。由市政协领导带领提案法制办和部分政协委员，联合市政府办和督查室负责同志，到部分承办单位，采用听取介绍、查阅资料、座谈交流、评价反馈等方法，有针对性地检查提案办理“回头看”情况。通过承办单位的“回头看”，促进有些C类答复件转化为B类、B类答复件转化为A类。四是注重宣传，营造良好氛围。市政协积极运用《石狮日报》开辟“政协之窗”、微信公众号平台大力宣传提案工作，报道提案工作情况，进一步激发委员利用提案参政议政积极性，扩大提案工作影响力。五是考评绩效，增强提案工作力度。围绕办结率、反馈率、见面率、落实率和满意率等五项指标强化考核，严格落实《政协提案办理工作评估考核实施细则》，对承办单位提案办理情况进行综合评分，纳入主办和协办单位绩效考评内容。对承办提案量大、办理质量较好的单位给予绩效加分，对办理不力的单位予以绩效扣分。政协常委视察重点提案办理成果，并对重点提案办理情况考评。

提案工作成效：1.为促进经济发展献良策。如《关于优化提升石狮服装城轻纺城营商环境，推动石狮纺织服装产业跨越发展的建议》《关于优化石狮外贸行业营商环境，助力中小企业开拓国际市场的建议》，市政府结合“找差距、抓落实、解难题、化积案”专项行动，从做大服装城采购贸易流量等七方面支持试点工作。如《关于提高我市中小企业电子商务推广的建议》，市政府出台《石狮市支持直播电商发展的若干措施》，通过引导企业、直播基地和品牌创新营销模式，发展网红直播、门店直播、品牌直播等社交电商模式，推动本地品牌、本地产品“走出去”，加快打造新型“网红城市”。2.为繁荣科教文卫事业谋良智。如《关于应对我市中小学校教师严重不足的建议》，市政府采取有力措施，出台《石狮市编外合同教师管理办法（实行）》，在规模控制数内聘用编外教师以保障师资数量，严控中小学行政岗位职数，改组镇（街道）中心校机构，减少对一线教师的占编，缓解中小学校教师严重不足问题。《关于保护民间古建筑的建议》，市政府出台《石狮市历史文化风貌区和优秀传统建筑保护管理工作实施方案》，对历史文化风貌区和优秀传统建筑提出了保护、管理要求和安排。3.为保障改善民生建诤言。如《关于在我市街道社区建立老年人日间照料中心的建议》，市政协出台补齐养老短板政策，印发了《石狮市养老事业补短板任务分解表（2017—2020）》，有序推进各项养老项目。如《关于提升石狮市交通智能调度系统管理水平的建议》，市公安局和大数据局经过实地调研，形成智能交通信号控制系统（一期）项目，纳入“智慧石狮”项目实施，并列为我市申报中央重大项目库子项目。如《关于推进我市农村污水处理工作的建议》，市政府多次组织开展农村生活污水治理

PPP 工程专题会议、现场调研、实地走访等，了解项目建设情况和存在问题，提出具体工作要求。

附：

2001—2020 年石狮市政协重要（重点）提案一览表

表 1

年　度	案　　由	提案人
2001 年	关于加强和改善镇卫生院建设的建议	8 个民主党派
	关于协调实施电费由电力公司统一管理的建议	蔡绵绵
	关于改善石狮市交通秩序的建议	政协学习提案法制委
2002 年	关于发展社会中介——新兴产业的建议	林世安、陈健泳
	关于培育扶持石狮市房屋三级市场与物业管理市场的建议	苏耀辉
	关于统一开发建设工业园区的建议	民建石狮支部
2003 年	关于加大力度组织申报石狮“中国（灯谜）”民间艺术之乡的建议	纪培明
	关于发展石狮市旅游业的几点建议	许民权
	关于优化就业环境、保障企业发展的建议	政协提案法制委
2004 年	关于进一步加强石狮市道路交通综合治理的建议	王有官
	关于继续把鸳鸯池布料市场做大做强的建议	许文彬
	关于进一步做好移风易俗的建议	施心新
	关于妥善解决弃婴的建议	黄刚
2005 年	关于完善培育服装城的各项功能确保石狮服装产业集群持续健康发展的建议	陈连升
	关于严格控制石狮市染整行业发展规模的建议	民革石狮支部
	关于设立石狮市殡仪馆的建议	李国宏
	构筑凤凰巢，留得凤凰居——关于建设外来人才新村的提案	施少雄

续表 1

2006 年	关于清理发放石狮市建市以来回批地建设生活用房之“两证”的建议	蔡子鸿
	关于在石狮市实行家禽定点屠宰、集中检疫的建议	黄种彬
	关于“加强农村工作，增加农民收入”的建议	孙白薇
	关于对市区八七路中段交通拥塞、混乱现象进行重点整治的建议	台盟石狮支部
	关于“城市报警与监控系统建设”的建议	陈建新
	关于整治石狮市交通秩序的几点意见	吴新民
	关于抓紧“城中村”改造，加快城市化建设步伐的建议	民革石狮支部
	关于完善公共卫生服务体系，加强禽流感预防与控制的建议	致公党石狮支部
	关于石光中学和华侨中学合并建设一流名校，进一步提升石狮市教育水平的建议	蔡建四
	关于优化整合石光中学、华侨中学教育资源的建议	丁家全
2007 年	关于解决“招工难”的几点建议	民革石狮支部
	关于进一步加强农村药品监督网络和供应网络建设的建议	政协文教卫体委
	关于石狮市旧城改造的建议	民进石狮支部
	关于加快推动企业境内外上市的若干思考和建议	汪森辉
	关于加快发展石狮中等职业教育的建议	谭晓英
2008 年	关于把沿海五镇纳入全市环卫设施建设和管理的建议	刘德川
	关于发展石狮旅游业的建议	吴永雄
	关于公布石狮市普通住宅标准，促进石狮市房地产市场持续稳定健康发展的建议	吴志松
	关于切实加强省级森林公园灵秀山管理的建议	陈自然
	关于对侨捐项目进行普查回访的建议	李国宏
	关于石狮市高中一级达标校同一志愿、统一分数线联合招生的建议	吴永生

续表 1

2009 年	关于创造良好融资环境，促进企业健康发展建议	施文坛
	关于加快推进沿海大通道水头外线建设步伐的建议	蔡美金
	关于进一步盘活石狮服装城，在服装城设立专业公司的建议	蚶江活动组
	关于沿海三镇新改造商业街变更土地性质的建议	卢荣兴
	关于将宝盖镇塘边村宋塘路以南水塘规划为新图书馆配套用地的建议	李国宏
2010 年	关于促进石狮市物流业发展的建议	蔡子鸿
	关于规范城市道路建设，建立良好交通秩序，提升城市形象的建议	民革石狮支部
	关于构建失地农民权益的长效保障机制的建议	致公党石狮支部
	关于加快石狮市工业园区配套功能建设的建议	施文坛
	关于做好红塔湾、观音山环境保护的建议	李国宏
	关于重视骨干企业外流现象，建立健全“总部经济”服务机制的建议	朱海滨
	关于明确石狮市糖烟酒批发市场定位问题的建议	民建石狮支部
2011 年	关于石狮市户外广告设置的相关建议	邵峰
	关于筹建石狮市旅游集散中心的建议	王志助
	关于进一步规划“宝盖山文化休闲公园”的建议	吴永雄
	关于实行公共建设工程项目代建管理的建议	叶心凤
	关于加速完善石狮服装城规划片区路网的建议	蔡文革
2012 年	关于整治公交车交通违法的几点建议	台盟石狮支部
	关于对化解石狮市中小微型企业融资难 融资贵的建议	民盟石狮总支部
	关于在市区八七路等主要干道设置中间隔离带（栏）的建议	民革石狮总支部
	关于重视和加大对工业园区公共服务和群众性文体设施投入的建议	农工党石狮总支部
	关于设立石狮市文化艺术精品创作“醒狮奖”的建议	纪培明
	关于改进税收征管办法，促进石狮税源“回流”的建议	王熊熊

续表 1

2013 年	关于加大扶持力度，做大做强电子商务产业的建议	市工商联
	关于建立基于地理信息系统的地下管网数字化管理平台的建议	九三学社石狮基层委员会
	关于建设锦江村闽台对渡文化旅游专用码头的建议	蚶江活动组
	关于办好城区初中，留住外来务工人员服务石狮市企业，推动石狮市经济发展的建议	民盟石狮总支部
	关于加快市区停车场规划建设的建议	民革、致公党、民进石狮总支部
2014 年	关于进一步提高城市管理水平建设美丽石狮的建议	致公党石狮总支部
	关于进一步采取措施，保护有价值的闽南古民居的建议	民进石狮总支部
	关于对基本公共卫生服务工作的几点建议	九三学社石狮基层委员会
	关于优化石狮服装城片区交通状况的建议	灵秀活动组
	关于加强市区道路交通安全整治的建议	台盟石狮支部
	关于石狮市人才引进的几点建议	许雄飞
2015 年	关于进一步加强石狮市各镇征地款管理的几点建议	王熊熊
	关于加强食品安全监管，保障菜篮子安全的建议	民革石狮总支部
	关于在市区住宅小区集中的片区设置社区居委会的建议	湖滨活动组
	关于破解“停车难”问题的建议	灵秀活动组
2016 年	关于做实旅游产业助推石狮市新一轮经济发展的建议	施文坛
	关于盘活石狮市房地产市场促进金融市场稳定健康发展的建议	吴志松
	关于调整石狮市学前教育发展规划，加快发展学前教育的建议	台盟石狮支部
	关于建立石狮市革命烈士纪念馆（陵园）的建议	致公党石狮总支部
2017 年	关于加强沿海水环境治理力度的建议	鞠智刚
	关于规范石狮祥芝国家级中心渔港管理，让我们的渔港环境更加整洁和安全的建议	蔡加鹏
	关于完善路网建设，缓解南片区道路交通的建议	民进石狮总支部
	关于加强石狮市知识产权服务体系建设的建议	陈东华
	关于试行一线产业工人素质提升工程的建议	章海木

续表 1

2018 年	关于优化提升石狮服装城轻纺城营商环境，推动石狮纺织服装产业跨越发展的建议	洪英塔
	关于健全石狮市医院新院公交网络的建议	许雄飞
	关于应对石狮市中小学校教师严重不足的建议	民进石狮总支部
	关于保护民间古建筑的建议	叶心凤
	关于在石狮市街道社区建立老年人日间照料中心的建议	民革石狮总支部 民盟石狮总支部
2019 年	关于提升城市供水水质暨加快饮用水消毒工艺升级改造的建议	傅金镇
	关于加强住宅电梯维护和安全监管的建议	蔡洪泽
	关于加快鹏山学校新校区项目建设的建议	蔡清栋
	关于完善峡谷旅游路周边配套设施的建议	许雄飞
	关于开设石狮地方历史、文化、地理校本课程的建议	蔡慰问
	关于增设市区电动旅游小巴士的建议	王荣柏
2020 年	关于推进石狮市农村污水处理工作的建议	台盟石狮支部
	关于创建宝盖山 4A 级景区的建议	李国宏
	关于进一步推进健康石狮的建议	民建石狮总支部
	关于定期举办夏令营活动，加强和促进石狮与香港、澳门青少年交流互动的建议	蔡清栋
	关于加强石狮市中学教育优质发展的建议	致公党石狮总支部
	关于提升石狮市交通智能调度系统管理水平的建议	九三学社石狮基层委员会

第二节　主席建议案、送阅件（民主监督报告）和专报件（社情民意专报件）工作

政协主席建议案、送阅件（民主监督报告）和专报件（社情民意专报件）工作是政协组织向同级党委、政府提出的重要书面意见或建议，是政协组织履行政治协商、民主监督、参政议政职能的重要方式。

1999 年，市政协提出《关于把祥芝镇划分为三个乡镇的主席建议案》，建议把祥芝镇分为祥芝、鸿山、锦尚三镇，被市委、市政府采纳，取得较好经济和社会效果。

提出《尽快对石狮市新建成道路命名的主席建议案》，创新性提出捐资命名的办法，为石狮市道路命名和城市基础设施建设资金的筹集开辟新途径。

2000 年，市政协提出《关于下决心创建信得过一条街的主席建议案》，就创建“信得过一条街”的工作提出：常抓不懈，成立机构、严格管理，创造良好经营环境等五条具体建议，为石狮市强化市场建设，重塑石狮市场的良好形象开辟了一条新思路。提出《关于成立石狮市中华慈善总会的主席建议案》，引起市委、市政府领导高度重视。郑栋梁书记在建议案上批示：“此建议很好，请政府办转发建议案，请各部门支持配合动员各方面力量，共同做好工作。”市政府办公室以狮政办〔2000〕96 号文印发该建议案，由市政协领导牵头，筹建“石狮市中华慈善总会”。同年 10 月，“石狮市中华慈善总会”成立，引起海内外各界人士的强烈反响与关注，得到热心人士的大力支持。

2001 年，市政协提出《关于巩固发展壮大鸳鸯池布料市场的主席建议案》，该建议被市政府采纳，鸳鸯池布料市场的店租得到重新统一规范，经济效益明显增强。提出《关于保护花园城摩托车市场迅速设立报牌服务中心的主席建议案》，建议组建报牌一条龙服务中心，促进该市场健康发展。

2002 年，市政协提出《关于步行街改造要综合多功能考虑的主席建议案》，该建议被市委、市政府采纳，促使步行街改造结合街心公园改造、市中心区停车场和人防工程建设综合考虑，成为环境优美、功能齐全的城市标志性精品工程。提出《关于创办“福建石狮纺织服装学院”的主席建议案》，提议在石狮鹏山工贸学校的基础上筹建“福建石狮纺织服装学院”。该建议案被纳入市委、市政府的决策议程并陆续实施。

2003 年，主席建议案形式不再采用，改以“送阅件”形式向市委、市政府反映社情民意。市政协深入企业一线调查研究，报送《关于民营企业性质甄别和动产抵押物登记工作情况的反映与建议》《关于石狮市民营企业今年以来经济运行情况的反映》《石狮市中小企业融资难的原因及对策》等送阅件。市政协关于《石狮市爱国卫生运动开展情况的视察报告》《石狮市“三馆一场一中心”建设情况的视察报告》以《送阅件》形式送市委、市政府领导及有关部门。

2004 年，市政协报送《关于文体中心的情况反映》《视察医药市场的情况反映》《关于石湖港口经济发展壮大的几点建议》《关于市福利中心建设现状的情况反映》《关于市看守所现状的情况反映》等送阅件。其中《关于文体中心的情况反映》，被市委、市政府采纳后，拨 30 万元作为博物馆前期建设的工程款，加快了该馆兴建的速度。

2005年，市政协针对石狮市农村医疗卫生、社会事业发展的热点、难点，深入调研，形成了《石狮市新型农村合作医疗保险试点村情况反映》《关于石狮市沿海五镇卫生院建设情况的反映》《关于关注食品卫生安全的几点建议》《关于彻底解决联邦商业城老大难问题的措施和建议》等送阅件，客观地分析了存在的问题，提出了针对性、操作性较强的具体意见和建议，引起市委、市政府及相关部门的重视。其中《石狮市新型农村合作医疗保险试点村情况反映》被推荐在泉州市政协全会上交流，得到泉州市政协领导和相关部门的肯定。

2006年，市政协报送《关于省政协经科委莅石调研情况》《关于石狮市计生薄弱村管理工作的情况反映》等送阅件，供市委、市政府决策参考。

2007年，市政协报送《在外来从业人员中推行医疗保险制度的建议》《关于加快创建“教育强市”的几点建议》《关于视察石狮市看守所的情况反映》等送阅件，向市委、市政府反映，使民主监督得到了进一步拓展。

2008年，恢复报送主席建议案。一年来向市委、市政府报送7件主席建议案，全部得到市领导的批示，相关部门高度重视并采纳建议。其中《关于彻底清理废弃石窟安全隐患、充分利用建筑垃圾回填废弃石窟的建议案》，市国土、矿管等部门立即牵头清理废弃石窟；《关于提高石狮市学前教育质量的建议案》，中共石狮市委黄源水书记作了重要批示，副市长郭丽莲立即组织教育局相关人员研究对策，成立学前教育整顿领导小组抓好落实，推动了石狮市公办、民办幼儿园的健康发展。

2009年，市政协提出《海西经济区对接海东经济区物流与保税区对接的建议》《关于抓紧做好石狮市垃圾焚烧处理的建议》的主席建议案呈送市委、市政府有关领导和有关部门负责人参阅。7月份，市政协创刊《社情民意专报件》，完善建言献策机制。全年累计编发《关于尽快取缔蚶江莲塘山前自然村康达腐竹加工厂的建议》《关于石狮市食品安全监管的情况反映》《关于沿海大通道水头外线建设情况的反映》等4件社情民意专报件。

2010年，市政协召开全市政协系统反映社情民意工作会议，部署社情民意工作，并出台《反映社情民意信息工作评比办法》，按量化标准对各办、委、活动组的社情民意信息工作开展每月考评。市政协报送了《关于支持福建省出入境检验检疫局石狮办事处建设的建议》等主席建议案，《关于对石狮市学生托管市场进行规范管理的建议》《关于提高基本公共卫生服务水平的建议》《关于加强扶持和引导经济中介行业的建议》《关于设立泉州湾临时船舶锚地的建议》等社情民意专报件。

2011 年，市政协编发《社情民意专报件》11 篇，其中《关于加强民营担保公司监管的建议》《关于道路指示牌规范设置的建议》被泉州市政协转报泉州市委、市政府。《关于切实解决血库 O 型血液“血荒”的建议》《切实解决外来人口子女就地参加高考的建议》被泉州市政协转报省政协。市政协创刊《政协委员建言》，并编发 6 期。其中《关于充分发挥人民广场视频电视的宣传效应的建议》，市委书记张永宁作了重要批示，相关部门立即采纳整改。《关于规划建设民营机动车管理服务中心的建议》得到市委、市政府领导的批示后，市公安局交通管理大队牵头组织完成并通过了可行性评审。

2012 年，市政协报送《关于石狮市外来工子女就学情况的反映》、《关于创建国家卫生城市工作的建议》等 2 件主席建议案。编发《社情民意专报件》26 件，其中《关于辖区道路“电子警察”与道路主体工程“四同步”建设的建议》，得到中共石狮市委张永宁书记的批示，迅速得到落实。《关于及时滚动石狮市电子政务业务网的建议》在得到市政府有关领导批示后，市府办及时印发《石狮市人民政府办公室关于做好电子政务业务网单位站点内容更新维护工作的通知》，这些专报件及时转化为成果，进一步激发了委员参政议政的积极性。

2013 年，市政协结合石狮市推进殡葬改革工作成立调研组，多方听取政府部门、村居、老人会和群众的意见，提交《关于进一步强化殡葬改革的建议》的主席建议案，市委、市政府高度重视并采纳到殡葬改革实施方案中。开展全市教育均衡发展专题调研，广泛征求社会各界人士意见，报送《关于石狮全域城市化进程中教育优先均衡发展的建议》的主席建议案。编发《社情民意专报件》17 件，其中《关于非正常息访基层政府负担过重的情况反映》，被泉州市政协采用并转报上级部门。《关于在征迁片区大力保护古建筑的建议》，呼吁加强文物保护并提出具体措施，促成设立永宁片区改造文物保护小组和启动华山村古民居建筑群保护规划。

2014 年，市政协报送《关于全域城市化进程中推进医疗卫生事业改革发展的建议》《关于沿海五镇石结构及危房翻建过程中存在问题和建议》等主席建议案。报送《关于同步开展新农合和城居保工作的建议》《关于加大力度拆除石狮市农村废旧危房的建议》《关于促进石狮市巡防工作顺利开展的建议》等社情民情专报件，协调解决诸多民生问题。2015 年，市政协就“现行行政区划不适应发展需求，住宅小区成为管理服务盲视区”这一议题，提交《关于调整中心市区行政区划 创建和谐居住小区的建议》的主席建议案，得到市委肯定并批示转办。市政协编发《关于建立泉台两岸青年交流基地的建议》《关于整合市区花圃市场的建议》《关于壮大村级集体经济的几点建议》等社情民意专报件，在得到市委、市政府主要领导批示后分别转送相关部门。

2016 年，市政协报送《关于建立石狮革命英烈馆（暂定名）的建议》《扎实做好“七五”普法工作的几点建议》等 2 件主席建议案。编发《关于统一归集全市拆迁档案的建议》《关于简化拆迁户入户手续的建议》《关于支持林边社区利用集体空置地建设立体停车场的建议》等社情民意专报件。

2017 年，市政协报送《关于石狮市“回批地”历史遗留问题专项监督的报告》，促成了《石狮市已建历史遗留征地后安置地及地上房屋权属登记工作实施方案》部分条款的调整和《石狮市历史遗留征地后未建安置地指导意见》的出台，加快了“回批地”历史遗留问题的解决进度。报送《关于加强渔港建设管理，力促渔区经济发展的建议 》的主席建议案。编发社情民意 18 件，其中《关于解决背街小巷电线电缆乱搭乱拉现象的建议》，经市委书记朱启平批示后，市政府出台了《石狮市住宅小区创城整治工作方案》，并在城区范围内开展住宅小区创城专项治理工作。《关于加强东埔东宫海龟自然景观保护的建议》，经市委书记朱启平批示后，市政府召开专题会议，拟由政府回购该自然景观周边企业用地并列入保护计划。

2018 年，市政协报送《关于石狮市“小学课后服务”工作民主监督的报告》，市委、市政府主要领导批示有关部门认真研究采纳，有力推动“好事办好、实事办实”。报送《关于全力打造石狮市智能激光显示终端设备生产业基地的建议》的主席建议案。编发社情民意 20 件，其中《关于做好石狮市公益广告的建议》得到市政府市长黄春辉批示后，相关部门出台《石狮市进一步提升户外公益广告工作方案》并实施。《关于加快建设石狮市中小学生户外教育活动基地的建议》引起教育部门重视，2018 年 7 月，郭坑村文化生态园确定为石狮市青少年科普教育基地，也为村集体带来良好的经济社会效益。

2019 年，市政协报送《关于石狮市农村生活污水专项整治民主监督的报告》，市委、市政府主要领导做出批示，市政府分管领导多次召开工作协调会议，制定《石狮市农村生活污水治理 PPP 项目现场检查工作方案》，组成三个专家团队进行全面“回头看”检查。报送《加强保护与利用锦江外线海岸带古迹和自然景观》的主席建议案，得到市委、市政府主要领导批示，要求调整设计思路，使“蚶江八景”中的“玉石思露”等自然景观得以保存。编发社情民意 19 件，其中《整合资源，打造为台港澳侨服务平台的建议》，得到市委高度重视和 16 个部门响应支持，成立服务中心、印发服务卡，为台港澳侨提供优质、高效服务，赢得广泛好评。《关于公园里设置直饮水设施设备的建议》引起相关部门重视，在部分市区公园布置直饮水设备，为方便市民出游、减少白色污染、保护生态环境做出积极贡献。

2020年，市政协结合“城市提质年”活动，针对大气污染防治成立调研组，通过现场踏勘、召开座谈等形式，摸排情况、查找短板，报送《关于我市大气污染防治民主监督的报告》，市委书记蔡萌芽作出重要批示。市政协报送《政协石狮市委员会关于我市学前教育民主监督的报告》，提出诸如“扩大优质普惠学前教育覆盖面、合理规范布局学前教育、加大学前教育经费投入”等建议，市政府市长黄春辉批示相关部门抓好整改工作，积极助推学前教育事业发展。市政协就“我市扬尘污染严重问题”，开展明察暗访，报送《关于加大我市扬尘整治力度的建议》的主席建议案，获市委高度肯定并批示转办。报送《关于进一步做好老旧小区改造工作的建议》的主席建议案，有效推动老旧小区改造工作全面开展。市政协报送社情民意20件，其中《关于拔除市区人行道交通护栏遗留铆钉的建议》《关于消除道路设施安全隐患的建议》，得到市委、市政府主要领导批示，责成有关部门限期内对道路进行修缮整改。《关于进一步提升花海谷公园配套工程的建议》，契合市政府阶段性工作重点，为问题较好较快解决起到良好助推作用。《关于市殡仪馆规范管理及提升环境的建议》被市委市政府采纳，促成对殡仪馆的环境、道路整治提升。

第三节 视察调研工作

调研视察是政协委员履行政协主要职能的重要工作基础。具体说，调研是政协委员深入实际，深入群众，了解党和国家方针政策贯彻落实情况，收集和反映社情民意的有效途径和方法。视察是政协委员了解情况、研究问题、学习提高的重要途径，是人民政协履行职能的一项政治活动和重要形式。

历届市政协在调研视察方面，开展大量富有成效的工作。

一届市政协充分发挥政协委员的优势，围绕经济建设，认真制订和实施调研视察活动计划，共组织专题调研视察29次，形成调研视察报告7份，如《石狮排洪设施的视察报告》《关于石狮市农业综合开发情况视察报告》《石狮市民营科技企业视察报告》等得到市委、市政府的重视，产生良好的反响。1993年年底，市政协组织开展石狮海岸线和港口的调研，撰写了《增创石狮“海峡优势”初探》，发表于《福建政协通讯》。

二届市政协围绕石狮经济建设和社会事业发展重点，开展调研活动，撰写了《石狮民营经济的发展、问题和对策》《实施港口经济发展战略，建设贸工港口城市》等调研文章，供市委、市政府决策参考。围绕对台贸易、20万吨自来水厂建设，民办科技发展等开展视察活动，撰写了《拓宽渠道，积极开展对台贸易》《改革大潮中崛起的石狮民办科技企业》等视察报告。1996年，市政协组织部分常委前往上海、苏州、无锡、南京考察市场管理和市场建设，撰写了“考察归来话市场”系列文章6篇，先后在《石狮消息报》和《石狮研究》上发表。1998年，市政协围绕石狮市的服装业、蓝色产业和旅游业进行深入的调研视察，形成3篇视察报告，刊登在《石狮研究》上。

三届市政协组织视察调研活动72次，撰写专题调研报告32篇。如《关于成立石狮市中华慈善总会》《关于巩固发展壮大鸳鸯池布料市场》《关于创办“福建石狮纺织服装学院”》等调研报告，以送阅件的方式，送市委、市政府及有关部门参考，许多建议被采纳，并付诸实施。先后组织引水工程、石湖港建设、黄金海岸洛伽寺建设、宝盖山22万千伏变电站建设等视察。为石狮市重大项目建设提出意见建议，为市委、市政府决策提供服务。

四届市政协开展各种视察调研活动57次，分别就“滨海旅游”“素质教育”“中小企业融资难”“石狮民营经济”“生态城市建设”“石湖港发展”“社会主义新农村文化建设”“交通道路整治”等问题进行调研。撰写《如何稳定农村中小学教师队伍的调查报告》《加强石狮市沿海五镇卫生室建设的调查报告》《关于加强社会主义新农村文化建设的若干建议》等视察报告25篇。市政协围绕石狮市农村医疗卫生事业发展进行调研，形成《石狮市新型农村合作医疗保险试点村情况反映》，引起市委、市政府重视，被推荐在泉州市政协全会上交流。

五届市政协围绕石狮市经济社会发展中具有综合性、全局性、前瞻性的课题，每年确定一个主题开展专题调研，相继开展“构建和谐石狮”“关注民生”“实践科学发展观”“转变发展方式”“建设现代宜业宜居城市”5个专题调研，撰写77篇共23万字的调研报告，如《改善企业务工环境、增强社会责任意识》《加强石狮市沿海治安巡防和联防（护村）队规范管理的思考和建议》《紧扣“海西”战略机遇，科学发展旅游产业》《关于加快推动石狮纺织服装业转型与升级的建议》等。这些调研报告站在全局高度，客观地反映情况和分析问题，提出具有针对性、可操作性的意见和建议，引起市委、市政府领导的高度重视，成为决策的重要参考依据。市政协组织常委会、专委会、活动组各类视察活动 103 场（次），依托专委会、活动组组织开展各种形式的知情议政活动 62 场（次），保证委员能充分发表意见，营造参政议政的良好氛围。

六届市政协相继开展“助推‘质量石狮、二次创业’”“美丽石狮”“助推石狮全域城市化发展”“顺应新常态，实现新跨越”“助力实业强市，推动跨越发展”等年度专题调研，并主动承担市委年度重点课题调研、泉州政协常委会专题调研任务，提交调研报告 100 余篇；各专委会彰显“小型、专题、实效”特色，组织委员开展调研 50 余次。其中，《关于石狮古民居保护的建议》《关于加大力度推进学前教育规范发展的建议》《规范小区物管服务 创新社会治理方式》等 7 篇文章刊登于《石狮研究》；《关于健全社会救助体系“四种机制”的几点建议》在泉州市政府与市政协协商会上作重点发言；《大力发展石狮市服装电子商务》被推荐为十一届泉州政协三次会议发言材料；《把握新常态 推动泉州纺织服装业转型升级》获市委朱启平书记重要批示，与《关于石狮全域城市化的思考》《关于推进司法公正提升公信力的探讨》等 11 篇调研报告在泉州政协常委会作交流，为促进全市深化改革献计出力。市政协围绕“主导产业培育、农贸市场整治、物质文化保护”等，开展对重点项目建设和重大民生工程进行专题视察 50 多次。

七届市政协围绕“加快创新转型，推动实业强市”“助力‘五个年’推进高质量发展”等主题，组织视察调研 180 余次，形成调研报告 96 篇。其中市政协组织“文化创意产业发展情况”专题调研，从“深具天时、坐拥地利、增进人和”三方面对规划建设“闽南古大厝群景区”进行详细分析，并就“规划运作、模式探索、宣传推介”等提出建议，形成《发展文化旅游产业 打造闽南古大厝群》调研报告，被省委政研室刊发于《调研文稿》第 63 期。市政协调研报告《发挥宗祠在乡村文化振兴中应有作用》，在省政协常委会和泉州市委市政协专题协商会上发言。市政协调研报告《关于做“亮”石狮服装城市场采购贸易的建议》，在泉州市委市政协专题协商会上作重点交流发言。市政协着力推动惠企政策措施落地见效，组织各镇（街道）委员活动组围绕《石狮市进一步支持民营企业健康发展十一条措施》开展调研，就政策制定的可操作性、政策宣传的广泛性、政策兑现的及时性以及政策协调机制的建立等与政府部门对口协商，部分建议被市政府出台的《石狮市进一步推动民营企业高质量发展的若干措施》文件采纳。市政协关注纺织服装产业高质量发展，深入一线、座谈交流、协商探讨，分别从疫情期间和疫后时代两个阶段提出了具体可操作的对策意见，形成《加快推进泉州市制造业高质量发展》调研报告，在泉州市委市政协专题协商会议上作重点交流发言。市政协围绕促进教育、人才与产业有机衔接，推进企业转型提升，撰写《深化产教研融合助力高质量发展》调研报告，刊发于《石狮研究》。

第四节　学习宣传工作

开展学习、宣传与理论研究，是市政协的基础性工作和重要工作任务，也是市政协的优良传统，为提高政协委员文化理论素养、思想政治素质，巩固共同政治基础、增进各界团结，扩大政协影响、树立政协形象，提升政协组织与政协委员的履职能力，发挥重要作用。

一、组织学习

学习是人民政协工作的重要组成部分，也是人民政协的优良传统。人民政协的学习，坚持自己提出问题、自己分析问题、自己解决问题的原则，实行不抓辫子、不打棍子、不扣帽子政策；提倡解放思想、实事求是、畅所欲言、求同存异、增进共识。

市政协坚持自学与集体学习相结合，采取举办学习会、专题报告会、讲座、座谈会等形式，组织委员学习马克思列宁主义、毛泽东思想、中国特色社会主义理论，学习中国共产党的路线、方针、政策及时事政治，学习统一战线和人民政协的基本理论、基本知识和有关规章制度，学习与履行政协职能相关的法律法规、经济、科技、历史知识等。

一届市政协在主席会议、常委会议上学习中共十三届七中全会精神《中共中央关于坚持和完善中国共产党领导的多党合作和政治协商制度的意见》，学习全国政协章程，《政协全国委员会关于政治协商、民主监督的暂行规定》及提案工作条例等，从而进一步认识协商、监督的目的、内容、形式和程序，增强做好政协工作的信心。市政协发文组织委员学习和宣传江泽民总书记“七一”讲话。市政协机关干部组织学习江泽民同志在中央党校发表的重要讲话、党的文件和重要会议精神，吸收各民主党派负责人参加。在学习中坚持以自学为主、集中讨论为辅，不定期地编印《石狮政协》，通报工作及交流学习情况。并同全省、泉州各县（区）建立交换资料的关系。市政协为每位常委订阅《人民政协报》，赠阅《政协信息》，供学习参考。市政协根据各个时期政治形势，组织开展多种形式的学习活动。市政协组织政协常委集中学习，市委分管领导传达了《中共中央关于传达学习邓小平同志重要谈话的通知》文件、邓小平同志的重要谈话精神，学习中央政治局全体会议精神。大家围绕改革开放几个关键问题，进行了热烈的讨论，一致认为，邓小平同志的重要讲话，是进一步改革开放的指针，给石狮市经济界、企业界服下一颗“定心丸”。通过学习，大家统一思想，提高了认识。如石狮是姓“社”还是姓“资”。这是长期以来困扰石狮经济发展的一个最重要的思想障碍，提供了科学的理论和方法。中共十四大会议召开后，市政协与市统战部、宣传部联合召开石狮市各界代表人士学习中共十四大会议精神。市政协把学习邓小平建设中国特色社会主义理论摆在首要位置，组织委员开展了较大规模地学习《邓小平文选》活动，比较全面地学习《邓小平文选》的主要内容，重点学习邓小平南方讲话精神。结合学习《邓小平同志建设有中国特色社会主义理论学习纲要》，紧密联系形势和任务，对解放思想、实事求是的思想路线；社会主义本质特征的科学论断；关于把握机遇加快发展，分三步走实现现代化的战略任务；关于“两手抓、两手都要硬”的基本方针等理论精华有了深刻的理解和领会。

二届市政协始终把组织和推动委员学习放在首位，继续采取委员活动组集中学习、举办培训班和理论辅导讲座、委员立足岗位支持自学等多种形式，开展以学习邓小平理论为重点的学习活动。市政协认真组织学习中共十四大、十五大及历次全会精神等，共组织各种类型学习活动 27 次。举办学习中共十五大精神培训班；开展“双学活动”“三讲”活动；开展学习孔繁森活动；举办新税法知识讲座；邀请中国科协讲师团秘书杨沛霆教授作“现代科技发展趋势与政策”学术讲座。与此同时，组织常委和委员认真学习中共十四大以来的路线、方针、政策，多次组织专家举行学习报告会、学术讲座，及时传达学习中共中央重要会议精神，增强委员贯彻执行党的基本路线的坚定性和自觉性。始终重视抓好统战理论和政协工作知识的学习，通过各种例会和活动，传达中央统战工作会议和全国政协会议的有关精神。

三届市政协通过举办学习报告会、座谈会、研讨会、专题讲座、参观考察等活动，自觉用邓小平理论和中共十五大精神武装头脑，更加坚定建设中国特色社会主义的理想和信念。深入学习中共统一战线和人民政协理论。结合新形势新任务，组织委员学习中国共产党三代领导人关于人民政协的论述，学习江泽民总书记“七一”讲话、中共十五届四中、五中、六中全会精神，江泽民总书记、全国政协主席李瑞环在庆祝中国人民政治协商会议成立 50 周年大会上的讲话精神，进一步加深对中共统一战线理论的理解，增强履行三大职能的责任感。把学习《政协全国委员会关于政治协商、民主监督、参政议政的规定》作为主要任务，认真抓好。并结合石狮市实际，制定了实施办法。特别是在反对以美国为首的北约袭击我国驻南斯拉夫使馆的野蛮行径、反对李登辉抛出的所谓“两国论”等斗争中，与党中央保持高度一致，经受了锻炼。积极参加“三讲”教育活动，认真学习了江泽民总书记提出的“三个代表”重要思想。通过“讲学习、讲政治、讲正气”活动的开展，以学习促工作，以整改促落实，领导班子团结形成了新合力，机关作风有了新转变，专委会工作有了新活力，常委、委员增强新的职能意识。推动了各项工作的开展。

四届市政协为加强建设学习型政协组织，党组、常委会、专委会和活动组，采取多种形式抓学习、增素质。组织学习中共十六大，十六届三中、四中、五中全会精神，从找准履行政协职能的结合点，增强用科学发展观指导政协工作的自觉性，把广大政协委员的思想和行动统一到市委的重大决策上来。及时举办了两期委员学习培训讲座，邀请省社会主义学院副教授陈裔金和泉州市政协副秘书长傅乌讲授政协理论和业务知识，提高了委员的政治理论和业务水平。还邀请省社会主义学院副院长林荣光教授向市五套班子领导、全市科级干部、政协常委、活动组负责人作政协理论及“政协章程修正案”讲座，使与会人员增进对政协事业的了解，更好地理解和支持政协工作。

五届市政协坚持解放思想、实事求是、弘扬求真务实精神，主动适应新形势新任务的要求，不断提高政协委员和机关工作人员的整体素质，努力提升履职能力和水平。通过开展学习贯彻《中共中央关于加强人民政协工作的意见》、学习实践科学发展观、“创先争优”和“两强化两提升”等活动为载体，以“协同协作合力”建设为抓手，以争创文明单位为目标，大力加强工作作风建设，完善机关内部管理制度，激发干部职工工作热情，提高政协机关服务质量，形成团结、勤奋、实干的良好氛围。针对委员来自社会各界、工作学习时间参差不齐等特点，市政协依托常委会、专委会和活动组例会活动组织学习，不断提高委员政治敏感性，开展撰写调研报告、社情民意和提案等知识培训，努力提高委员业务素质。为全体委员赠订《人民政协报》《政协天地》等报纸杂志，不定期寄送《泉州政协》《石狮政协信息》，方便委员学习政协知识、了解各级政协动态，为委员更好地知情议政创造条件。

六届市政协按照创建学习型组织目标要求，组织开展主题鲜明、内容丰富、形式多样的学习培训和主题教育活动，引导广大政协委员深入学习中国特色社会主义理论体系和社会主义核心价值体系，深入学习中共十八大及中央历次全会精神，深入学习习近平总书记系列重要讲话精神，努力在学深学透、落实见效上下功夫，引导政协委员自觉把思想和行动统一到中共中央、省委和市委各项决策部署上来，确保政协事业沿着正确方向前进。着力提升机关党建质量。扎实开展党的群众路线、“三严三实”、“两学一做”学习教育实践活动，做到四有四落实：有学习计划、有学习资料、有学习记录、有学习体会。落实学习时间、学习内容、学习人员和学习效果；举办市政协党组学习教育实践活动和反腐倡廉警示教育活动15场，市政协领导带头发挥促学作用，到分管、挂钩单位上党课10余次；带头开展自我批评，深入查摆在思想境界、素质能力、作风形象等方面的不足，带头以严为尺、以实为标、以学促改。着力提升政协委员素质。注重将集中学习与推动委员自学相结合，学习文件与组织报告会相结合，力求学习效果锦上添花。一是持续给委员“滋养”：邀政协领导为新一届政协委员作“政协基础知识”及“提案撰写”培训，引领智慧升级；请省《政协天地》杂志社主编许和农、泉州市委党校副教授林常颖等作“发挥‘三个作用’，努力当好委员”“深入领会‘四个全面’的战略布局”辅导，演绎头脑风暴；组织至先进地区企业学习取经，力增“委员智库”含金量。二是充分让委员“知情”，把握“上情”：根据委员界别和研究方向，召开部门工作通报会议，形成部门为委员供给信息，委员给部门支着献策的良性互动；掌握“下情”：要求各委员活动组制定联系群众方案，解决社情民意从群众到委员“最后一公里”问题；了解“外情”：常年为委员订阅《政协天地》《人民政协报》《泉州政协》《政协信息》等报刊，助其全方位知政事、清时事。坚持机关学习制度，一以贯之、持续给力，切实做到年初有计划、每季有专题、每月有安排；大力强化“本领恐慌”意识，大力倡导“终身学习”理念，借主席（党组）会议、常委会议、专委会议、委员活动组会议、机关例会之机，在学习中融会贯通、在工作中真抓强干。获“石狮市‘书香单位’”等称号。

七届市政协坚持把思想政治引领作为贯穿政协工作全过程的政治任务、政治责任、政治担当，旗帜鲜明讲政治，坚定不移跟党走。一是坚持用习近平新时代中国特色社会主义思想武装头脑，深入学习贯彻习近平总书记关于加强和改进人民政协工作重要思想，增强“四个意识”，坚定“四个自信”，做到“两个维护”。压实意识形态工作责任制，通过党组会议、党组理论学习中心组、常委会议、主席会议、市领导上党课、理论研讨等多种形式，系统学习中共十九大及中央历次全会全会精神，习近平总书记的重要讲话、重要论述和重要批示精神，特别是习近平总书记在中央政协工作会议暨庆祝中国人民政治协商会议成立70周年大会上的重要讲话精神，从中汲取前行动力、强化履职担当。二是扎实开展“不忘初心、牢记使命”主题教育。组织引导党员干部认真学习、仔细思考，深化对主题教育的重大意义、党的初心和使命责任等的认识。通过集体学习、个人自学、主题党日、专题党课、革命传统教育等形式，推动学习入心入脑。深入基层调研，形成7份报告，高标准高质量完成主题教育调研任务。通过设立意见箱、新媒体留言、召开座谈会、发放意见表等形式，向社会各界广征建议，并认真听取服务对象和基层干部群众意见。梳理8个方面主要问题，聚焦9个专项整治重点，明确具体整改项目、细化治理措施，真刀真枪解决实际问题。三是通过石狮日报《政协之窗》、公微号实时推送中共十九大等重要会议和习总书记系列讲话中提出的新理念、新思路、新战略，不断提高委员、成员的理论和政策水平。认真领会习近平新时代中国特色社会主义思想和基本方略，深刻把握中央、省委、泉州和石狮市委关于加强和改进人民政协工作的文件精神，准确把握新形势下政协工作的主题、性质地位和职能作用，切实做到坚持理想信念不动摇，坚持党的路线方针政策不偏离，坚持弘扬清风正气不松劲，坚持使命担当不懈怠，切实引导社会各界人士把思想和行动统一到中央、省委、泉州和石狮市委的重大决策部署上来。

二、宣传工作

一届市政协开展了“学习雷锋活动月”，积极开展学雷锋活动，弘扬雷锋精神。积极配合社教开展宣传。市政协与市委统战部组织了纪念中国共产党建党70周年及中华人民共和国成立42周年活动，开展热爱党、热爱社会主义教育。组织“坚信党的领导，坚定社会主义信念”为主题的座谈会和联欢会。在石狮市第一期农村社教活动中，各政协活动组积极配合开展社教宣传、“六提倡六反对”为主要内容的移风易俗活动。市政协创办《石狮政协》机关刊物，出刊8期、宣传栏5期，及时反映市政协、各专门委员会、政协委员活动组的活动情况，交流经验，加强与兄弟省、市政协的联系沟通，增进委员的相互了解。市政协为每位常委订阅《人民政协报》，赠阅《政协信息》及《文件汇编》。市政协协助市侨联创办《石狮乡讯》出版2期8000份，送往菲律宾、中国港澳地区等地有关单位和部门，引起了各方的重视，受到海内外乡亲、港澳台同胞的欢迎和好评。选送政协委员及石狮市文学界作者的作品往《世界日报》刊登的达12万字，宣传家乡的经济建设成就，介绍了石狮变化。

二届市政协积极争取新闻媒体的支持，通过《石狮消息报》、石狮广播电视台，加大力度宣传报道市政协的重要活动、工作实绩，扩大政协的社会影响。协助市侨联出版《石狮乡讯》13 期，5.6 万多字，发行到菲律宾、中国港澳台地区、加拿大华人团体和个人，增进海内外乡亲对家乡的了解，增进中外友谊，进一步扩大石狮的影响。认真宣传《中华人民共和国教师法》，刊出 2 期墙报进行宣传，为尊师重教、保护教师合法权益做了一些有益的工作。委员黄明定、周盟渊分别在《泉州晚报》开辟了个人专栏“人生启示录”“明因堂杂谈”，各撰写系列文章 20 多篇，反映良好。文史委委员在国内外多种报刊上发表作品多篇，在菲律宾华文报纸上发表诗作和历史小品 30 多篇。

三届市政协经常通过石狮广播电视台、《泉州政协报》、《石狮消息报》、《政协信息》等新闻工具和信息渠道，对石狮市政协的重大活动、会议进行报道，还积极向《人民政协报》《泉州晚报》《泉州政协报》《福建政协通讯》《福建政协信息》《泉州政协信息》等报刊投稿，先后有《风雨同舟、共创辉煌》《政协为经济建设服务》等多篇宣传、介绍石狮市政协工作的文章在报刊发表。在中华人民共和国成立 50 周年及中国人民政治协商会议成立 50 周年之际，还开展了相关知识竞赛活动，进一步扩大了宣传，增进全社会对人民政协的了解，促进全社会对政协工作的理解支持。

四届市政协大力宣传政协中共中央《关于进一步加强中国共产党领导的多党合作和政治协商制度建设的意见》(中发〔2005〕5 号)和《关于加强人民政协工作的意见》(中发〔2006〕5 号)。为贯彻落实第三次全市政协工作会议精神，主动与市纪委、市委组织部、宣传部、党校、财政局等部门协商，出台配套文件，从干部培养和交流、活动经费、新闻宣传、理论培训等方面支持政协开展工作，全市政协工作呈现出“党委更加重视、政府更加支持、政协更加主动、部门更加配合、社会更加理解”的良好氛围。为加强政协信息工作，制定出台了《政协信息工作实施办法》，组建信息工作队伍，邀请泉州市政协老信息员讲授信息工作知识，研究制定信息宣传计划，扩大宣传面，拓展宣传层次，提高信息工作水平。共编发《政协信息》36 期，近 50 条政协信息分别被《人民政协报》、福建省及泉州市政协刊物采纳刊用。此外，及时开设石狮市政协网，既扩大了宣传，又方便委员发送提案和社会各界人士反映社情民意。通过扩大宣传，增强了委员的荣誉感、责任感和影响力。市政协及各活动组开展了一系列的庆祝活动，委员们纷纷以书法、绘画、摄影、集邮作品展等形式，庆祝中华人民共和国和中国人民政治协商会议成立 55 周年，回顾人民政协的光辉业绩，展示委员风采，扩大影响面，增强凝聚力。

五届市政协强化政协宣传工作，编发61期《政协信息》，其中《石狮籍全国政协委员在全国“两会”上的建议受重视》《石狮市政协委员建言专刊面世》等102条信息，被《人民政协报》、福建省政协理论研究会、《政协天地》和《泉州政协》等刊用。通过举办书画摄影联展、调研成果汇报会和观看国庆献礼影片《建国大业》等活动，庆祝中华人民共和国成立60周年和中国人民政治协商会议成立60周年，增强社会对政协工作的认识和支持；市政协成立20周年之际，以在《人民政协报》和《石狮日报》刊登宣传文章、举办晚会、灯谜竞猜等简朴而隆重的纪念活动，回顾石狮政协光辉历程和工作成效，扩大了政协工作的影响力，为政协事业发展营造了良好氛围。

六届市政协进一步加强宣传工作。与兄弟政协友好互往、资源互通、成果互享。搭建宣传载体。举办“喜迎党的十八大”书法作品展、知识竞赛等系列活动，充分反映建市以来石狮经济社会的巨大变化及各界政协委员的风采业绩。积极探索新形势下政协宣传工作的新方法。借助媒体采访报道，反映政协“政治协商有方、民主监督有力、参政议政有为、团结合作有位”的履职担当；在《石狮日报》开设“政协之窗”专栏，多角度宣传政协组织和委员履职的工作成就。开通“政协之窗”公微号，使之成为联系委员、广纳群言的快捷通道。在各县市区中率先以“特别策划”形式推出《泉州政协》“石狮政协”专栏，集中展示参政议政丰硕成果。修订完善《政协宣传信息工作办法》，编发《石狮政协信息》38期。其中《下基层、解民忧》《石狮市出台政协提案办理工作评估考核实施细则》《弘扬闽台对渡文化，助推东亚“文都”建设》等多篇稿件被《人民政协报》、福建省《政协天地》等采用。

七届市政协努力构建全方位宣传工作格局，为推进人民政协事业发展营造了良好的舆论环境，赢得了社会各方面对政协工作的重视、关心和支持，显著提升了市政协的影响力。一是广泛凝聚发展能量。市政协举办庆祝中华人民共和国成立70周年暨中国人民政治协商会议成立70周年“光辉岁月·和谐政协”文艺晚会，石狮市政协机关和10个政协委员活动组登台演出，多角度展示石狮政协委员履行政治协商、民主监督、参政议政职责的成效。市政协定期举行“石狮政协讲堂”活动，讲堂立足于石狮，彰显石狮文化，成为展现石狮政协委员新时代新担当新作为新风貌的重要窗口。二是促进文化繁荣传承。市政协以石狮建市30周年社会经济发展历程为主线，讲好改革开放故事，编撰出版《不忘初心，砥砺奋进——石狮三十年回眸》。结合地方特色，编撰出版《石狮宗祠》《石狮寺庙建筑》《石狮历史名人》。三是理论研究新提升。典型材料《打造“党员＋委员”民声直通车》被推荐参加全国政协党建理论研讨交流，并被推选至泉州政协系统理论研讨会上作发言；《戴好“人民”政协的帽子 走好协商“民主”的路子》在全国政协召开的闽赣粤琼政协片区座谈会上作交流发言，又被收录省政协“习近平总书记关于加强和改进人民政协工作的重要思想理论研讨会”材料汇编。《人民政协报》专版刊发《凝心聚智 砥砺奋进 助推创新转型 实业强市新跨越——石狮市政协创新履职工作纪实》。

第五节 经济科技工作

1992 年 7 月 23 日，市政协一届九次常委会议就政协如何为石狮市经济发展步伐出谋献策、尽责尽力开展讨论。吴彦南提出要求：1. 要有奋斗目标、好的措施、引进高尖端科学技术；2. 石狮的发展要进一步加快基础设施的建设；3. 要进一步发挥“小政府”的作用；4. 政协要围绕政府的中心工作履行职能，通过多种渠道，为加快石狮市经济建设步伐提意见和建议，充分发挥社会各界的力量。

1993 年 7 月 16 日，市政协三胞经济民族宗教委组织成员对石狮市成片土地开发区进行调研视察。副市长蔡志从介绍石狮市成片土地开发的总体情况，德辉、国际商业城、振狮开发区等工程总指挥部负责人先后介绍了各开发区的具体情况。

1994 年 4 月 12 日，市政协经科委视察石狮市民营科技企业。

1995 年 6 月 23 日，吴彦南率市政协经科委视察石狮对台经贸活动情况和台资企业发展状况。

1995 年 8 月 25 日，市政协二届九次常委会议就“石狮市民营经济面临的困难、问题和对策”专题展开热烈讨论，为加快石狮市民营经济发展建言献策。

1995 年 10 月 10 日，市政协二届十次常委会议讨论《石狮市九五计划和 2010 年远景规划（讨论稿）》，就石狮市国民经济和社会事业发展规划提出意见和建议。

1995 年 12 月 19 日，市政协组织委员视察永宁，参观永宁对台贸易试验点的对台贸易市场、保税仓库等建设工程，视察贫困村转化升级的梧沙村和以优良服务招商引资的西偏村。

1996 年 5 月 9 日，市政协二届十四次常委会议，围绕如何“强化区位优势、营造港口城市优势”专题研讨，为石狮市第二次创业献良策。

1996 年 6 月 25 日，市政协三胞民族宗教委视察石狮部分“三资”企业和梅林对台贸易试验点。实地考察台资企业玖益时装有限公司、泉兴丝绸化纤印染有限公司和港胞回乡开设的华联服装配件企业有限公司以及梅林对台5000吨级码头技术改造工程、祥芝益德盛陶瓷有限公司。

1996年12月17日，市政协组织政协常委、经科委视察石狮市科技园区建设和科技企业发展情况。实地视察祥芝高科技园区、宇泽新星汽车空调厂、宝盖镇科技工业园、市生产力促进中心。副市长何静彦参加视察活动。

1998年4月17日，市政协组织政协常委、经科委和各镇（街道）委员活动组组长对石狮市发展港口经济培育区域性经济特色进行专题调研。调研组考察祥芝镇祥渔渔港、祥芝水产食品开发有限公司、华宝集团公司、东埔渔港、斯特兰体育用品有限公司、开发企业服装有限公司、亿源裕制衣有限公司、盖奇制衣有限公司、蓉芳制衣企业公司、健健针织服装有限公司、达狮雄制衣有限公司等。

1998年7月7日，市政协、市委统战部组织各民主党派、有关人民团体视察石狮市鸳鸯池辅料市场、工商局灵秀分局、“96315”投诉台、农贸路市场、工商局宝湖分局。

1998年7月20日，市政协二届二十八次常委会议专题研讨发展港口经济培育石狮区域性经济特色战略。3个调研组分别以《扬长避短，重振服装业雄风》《大力发展蓝色产业，加快二次创业》《以“特”取胜，大力发展石狮市的旅游业》为题发言，与会常委围绕发展港口经济提出建设性的意见和建议。

2000年10月19日，市政协三届十一次常委会议听取市国税局工作情况通报。

2001年5月27日，蔡志从、许民权、苏文锦、王有官在祥芝镇开展贯彻“三个代表”重要思想调研活动，对祥芝镇发展远洋捕捞、水产品深加工、旧村改造新村建设及维护社会稳定等问题进行探讨。

2001年6月4日，蔡志从、许民权调研联邦工业园发展现状和存在问题。

2001年11月6日，市政协三届十八次常委会议听取石狮海关和泉州港务局工作通报。

2002年6月25日，市政协三届二十五次常委会议讨论重振石狮服装业的意见和建议。

2002年6月，市政协经科委开展石狮市民营企业税负问题专项调研，建议市政府对鸳鸯池布料市场税收管理以及漂染、房地产企业税收进行专题深入调研，创造良好的税负征收环境。

2002年11月22日，市政协组织常委视察石狮市企业服务中心，调研企业服务中心运作情况。

2002年11月25日，许民权、王有官率市政协常委、经科委视察调研石狮市科技型企业。到三协电动汽车有限公司、华兴电控厂、通达电子集团、天马数控设备有限公司、富兴包装有限公司、永信电脑公司等企业视察调研发展高新技术产业、引进先进设备改造传统产业及依靠科技进步开发新产品的情况。

2002年12月3日，许民权、卢文进、王有官率市政协台港澳侨联络委视察大帝集团公司、大信雨具公司等台资企业。

2003年4月，市政协经科委、市总商会调研民营企业工作情况。对民营企业克服“非典”影响提出意见建议。

2003年5月7日，市政协经科委与市工商局、国土局、经济局、人行、市总商会及市政府办体改科等有关部门举行座谈会，就清理甄别“挂靠”集体企业关系到建立现代企业制度，做好企业动产抵押物登记工作关系到盘活资金、帮助中小企业解决融资难等问题进行探讨。吴清含、王有官出席会议。

2003年8月15日，吴清含、王有官率市政协经科委视察石狮市制造业信息化建设情况。实地视察野豹集团、鸿泰漂染厂、亿祥漂染厂的信息化建设情况。

2003年8月18日，市政协经科委撰写《石狮市中小企业融资难的原因及对策》送阅件，送市委、市政府及各有关部门，得到市委、市政府领导的高度重视。市委副书记、常务副市长高云程签发批示。

2003年11月4日，市政协组织驻石狮的泉州市政协委员、石狮市政协常委视察石狮服装城重点建设项目。丁家全、佘日杰、王有官、施心新参加视察活动。

2004年4月20日，市政协召开“关于加快产业结构优化与升级”专题调研座谈会，听取市政府副市长肖汉辉工作通报。佘日杰、黄章煌、施心新及市政协常委、企业界委员出席会议。

2004年5月28日，市政协召开“提升民营经济发展水平”专题调研座谈会。施心新及市政协专委办负责人、部分企业代表、市直有关部门负责人出席会议。

2005年10月9日，市政协组织政协常委、专委会主任和各民主党派负责人召开座谈会，听取市财政局工作通报。丁家全、佘日杰、王有官、施心新、许民权等出席会议。

2005年11月10日，丁家全、佘日杰、王有官、黄章煌、施心新率市政协常委、经科委视察市工商局和国税局。

2007 年 3 月 29 日，市政协召开“解决企业招工难问题”座谈会。会议认真分析当前存在的招工难、待遇低、用工环境差等问题，并提出对策。佘日杰参加会议。

2008 年 3 月，市政协经科委开展“加快石狮市物流业发展”组织调研。调研组先后走访市工商局、经济局、交通局等相关部门及石湖港区、服装城、布料同业公会和部分物流企业。

2009 年 3 月 18 日，市政协领导率政协常委及各专委会（办）负责人到石狮海关调研。

2009 年 3 月 26 日，市政协组织政协常委视察协盛协丰纺织工业园、鸿山热电厂，就如何协调解决困难、推进项目进度建言献策。

2009 年 4 月 9 日，市政协湖滨活动组开展走访企业活动。走访木林森鞋业有限公司、小玩皮服装织造有限公司、鹏达服装有限公司、万里香食品有限公司等企业，为辖区企业渡难关、保增长，努力保持辖区经济平稳较快健康发展建言献策。

2009 年 4 月，市政协经科委、市总商会开展“如何加大中小企业扶持力度，促进民营经济平稳较快发展”专题调研。分析中小企业当前存在的突出问题和制约因素，结合石狮实际情况，提出加大中小企业引导扶持力度的建议。

2009 年 7 月 16 日，市政协永宁活动组到永前建材有限公司，开展“践行科学发展观，科技引领新跨越”的视察座谈活动。

2009 年 9 月 3 日，市政协台港澳侨联络委、凤里活动组联合举行童装产业调研座谈活动，与会人员就如何依托中国童装名镇优势，进一步做强做大石狮童装产业积极建言献策。

2009 年 11 月，施心新率市政协经科委到明祥食品有限公司、正源水产科技开发有限公司等企业开展“如何加快石狮市水产品深加工业”专题调研，提出建议：要把水产品深加工业作为一个重要产业来谋划、规划建设水产品加工园区、鼓励引导企业建立研发机构、加强与台湾合作推进产业对接及建立和规范渔业运行机制。

2010 年 3 月 12 日，市政协组织政协常委视察市电力公司建设情况并听取通报。

2010 年 6 月 9 日，丁家全、佘日杰、吴清木率市政协台港澳侨联络委调研福建出入境检验检疫局石狮办事处。

2010 年 8 月 6 日，丁家全、施心新率市政协经科委开展“做大做强以石狮服装城为中心的商贸圈”调研活动，就服装城运行过程中存在的商户入驻率低、运行成本高及周边片区配套设施不完善等问题建言献策。

2011年5月12日，施心新率市政协经科委开展“发挥工业园区载体作用，推动产业集群优化升级”调研活动。调研组实地考察泉州高新技术开发区石狮园（石狮经济开发区），建议：园区要突出特色产业，形成集聚效应；要千方百计引进大企业，发挥龙头企业的带动作用；要重视教育、文化、卫生等配套设施规划建设，完善配套服务功能。

2012年2月24日，市政协六届一次常委会议就如何助推民营企业“二次创业”建言献策。

2012年3月6日，吴清木率市政协永宁活动组调研生活百年信息服务有限公司、福建大元化工有限公司、海星食品有限公司等企业生产经营状况，协调解决企业在建设和发展中遇到的困难。

2012年4月12日，市政协六届二次常委会议听取税务部门关于石狮市税收征管工作情况的通报。

2012年5月，黄章煌率机关干部到石狮市部分童装企业开展“下基层、解民忧、办实事、促发展”活动，调研童装企业在“质量石狮、二次创业”中如何改变营销模式，创新渠道，借助动漫营销方式和品牌文化建设促进企业转型升级的课题。

2013年8月22日，黄章煌率市政协教科文卫委开展海洋科技产业和星级酒店发展情况视察活动。视察组到华宝集团、海洋生物科技园区、泉州海洋职业学院、绿岛国际酒店，了解石狮市海洋科技产业发展情况以及星级酒店发展情况。政协委员围绕视察主题建言献策。副市长庄宝玲参加视察活动。

2015年12月22日，李丽月、施心新率市政协经济资源委视察祥芝中心渔港及部分在建重点项目建设情况，实地视察通达公司新建的智能硬件生产车间、祥芝中心渔港及石狮海峡渔文化博物馆。

2016年6月28日，施心新率市政协经济资源委到石狮国际轻纺城、石狮服装城及石狮服装网批中心，开展商贸市场运营情况专题视察。

2016年9月22日，施心新率市政协经济资源委视察石狮市产业智能制造及企业公共服务平台，到永信数控科技、通达电器、华飞服饰等智能制造企业以及中国纺织工业联合会检测中心、闽派信息咨询有限公司等企业公共服务平台，参观项目运作环境，听取负责人有关项目发展的介绍，了解各项目在发展过程中亟待协助解决的问题。

2016年11月8日，市政协六届二十五次常委会议听取商务局关于石狮市发挥台港澳侨优势，加大招商引资力度以及开拓海外市场的工作情况通报。

2017 年 5 月 5 日，市政协祥芝活动组开展辖区企业调研活动，到华宝集团、加顺彩印、富兴包装调研企业运营情况。

2017 年 5 月 18 日，陈东华率市政协教科文卫委开展“关于加强石狮市知识产权服务体系建设”专题调研，到石狮市酷瑞电气有限责任公司、泉州市苗艺自动化机械有限公司、石狮市星港塑胶包装有限公司进行实地考察。7 月 21 日，到福建省自贸试验区厦门片区综合服务大厅，厦门（厨卫）知识产权快速维权中心，了解专利申请快速授权、维权中心建设、知识产权扶持与奖励、知识产权网络侵权预警与存证等相关情况。

2017 年 6 月 20 日，市政协七届二次常委会议听取市科技和知识产权局关于“加强石狮市知识产权服务体系建设”、市人力资源和社会保障局关于“培育工匠精神”工作通报并协商建言。

2017 年 8 月 29—30 日，丁东福率市政协提案法制委到富兴包装公司、加顺彩印公司、青商会众创空间、富贵鸟集团、华联服饰配件公司，开展“培育工匠精神”专题调研。

2017 年 11 月 24 日，市政协灵秀活动组视察中纺联、赛琪、青创城等企业，并召开座谈会。

2018 年 3 月 23 日，市政协锦尚活动组到石狮华用新材料科技有限公司、泉州鹏泰服饰有限公司开展调研活动。

2018 年 5 月 8 日，林自育、郭丽莲率市政协台港澳侨民宗委到富兴包装材料有限公司、盈丰服饰有限公司、凌峰漂染织造有限公司、华迪服饰有限公司开展调研，围绕科技创新转变发展方式提出意见建议。

2018 年 8 月，陈贤明率市政协经济资源委开展“促进现代港口物流业发展”专题调研，到卡宾物流、富星云物流、福建两岸供应链管理有限公司、浩翔快递、跨境电商网批中心、服装城和轻纺城物流进行实地调研，听取市经济局相关工作通报，提出意见建议。

2018 年 8 月 9 日，市政协经济资源委召开《关于优化提升石狮服装城轻纺城营商环境，推动石狮纺织服装产业跨越发展的建议》重点提案督办会议。市领导林自育、陈拥军、陈贤明出席会议。

2018 年 9 月 20 日，市政协七届八次常委会议听取市经济局关于“现代物流业发展情况”工作通报并协商建言。

2018 年 12 月 20 日，市政协锦尚活动组到石狮宏兴染整织造有限公司、福建省海兴凯晟科技有限公司开展调研活动。

2019 年 3 月 21 日，陈东华率市政协教科文卫委开展“科普工作及科技教育情况”专题视察活动，实地视察石狮市科普馆开展的各项科普项目、玉湖社区科普阵地、厦门外国语学校石狮分校、轻纺城中纺学产业研究院。

2019 年 4 月 23—26 日，陈贤明率市政协经济资源委及市商务局相关人员赴江苏海门、常熟和浙江义乌 3 个市场采购贸易试点城市学习考察。通过实地视察、听取情况介绍、座谈交流等形式，深入了解有关情况，学习借鉴先进经验。

2019 年 4 月 28 日，市政协灵秀活动组视察石狮服装城市场采购贸易试点、钞坑村城市基层党建、基层治理情况，并在灵秀镇政府会议室召开“一村两委员”工作制度推进会议。林自育、陈东华参加活动。

2019 年 5 月 9 日，陈贤明率部分企业界政协委员开展“市场采购贸易试点方式推进工作”视察活动，实地视察中锡物流、石湖码头的内支航线及外贸航线、石狮服装城北 D 幢市场运营情况等项目。

2019 年 11 月 7 日，市政协锦尚活动组到石狮万峰盛漂染织造有限公司、石狮宏兴染整织造有限公司及石狮市海兴凯晟科技有限公司开展调研活动，了解《石狮市进一步支持民营企业健康发展十一条措施》落实情况。

2019 年 11 月 28 日，市政协经济资源委召开对口协商通报会议，围绕《石狮市进一步支持民营企业健康发展十一条措施》的可操作性、政策宣传的广泛性、政策兑现的及时性以及政策推进协调机制的建立等与政府部门对口协商。

2020年2－5月，陈贤明率市政协调研组开展“进一步推动纺织服装产业做大做强”课题调研，通过走访有关部门和企业，召开座谈会，对近期（疫情期间）和中期（疫后时代）两个阶段提出对策建议。

第六节 城建生态工作

1991 年 4 月 11 日，市政协组织政协常委、委员活动组组长视察晋江西滨至石狮下浦出海口排洪设施，对排洪工程提出意见建议。

1993 年 1 月 3 日，市政协一届十次常委会议就石狮市土地成片开发和基础设施建设提出意见建议。

1994 年 4 月 5 日，市政协经科委视察石狮市 20 万吨自来水工程建设项目。

1995 年 12 月 29 日，市政协组织常委视察石狮市电力联营公司的电力管理和设施建设。

1996 年 12 月 2 日，市政协组织政协常委视察石狮市基础设施“八大项目”建设情况。市政府副市长周真平通报石狮市 1996 年经济运行情况。市委书记何锦龙、副书记魏坚出席会议。

2001 年 4 月 4 日，市政协组织政协常委视察石狮市在建 22 万伏变电站。

2001 年 8 月 18 日，许民权率市政协常委、湖滨活动组视察九二路东段改造工程、市第三实验小学和新湖社区文体中心等建设工程为民办实事项目。

2002 年 3 月 26 日，王有官率市政协文教卫体委、经科委视察石狮市环卫工作。视察组听取石狮市垃圾综合处理厂筹建进展情况通报，视察将军山垃圾填埋场、市垃圾综合处理厂厂址及市区环境卫生状况，建议市政府抓紧建设石狮市垃圾综合处理厂，使石狮市垃圾处理尽快实现无害化、减量化、资源化。

2002 年 7 月 23 日，市政协三届二十六次常委会议听取湖滨街道办事处、国土局有关九二路东段改造工程及石狮市城市规划建设管理情况的通报。

2002 年 9 月 24 日，市政协三届二十八次常委会议听取市环保局关于环境保护情况的通报，并围绕通报情况展开讨论。

2004 年 3 月 23 日，市政协四届三次常委会议专题讨论石狮市城市道路建设和城市交通管理问题。

2004 年 5 月 13 日，市政协凤里活动组调研凤里鸳鸯池布料市场地下停车场及仓储物流等筹建项目。

2004 年 8 月 20 日，丁家全、施心新到石湖港区调研，就石湖港如何提高外贸运量、实行封闭式管理等问题提出意见建议。

2005 年 6 月 8 日，丁家全、佘日杰、王有官率市政协文教卫体委视察石狮市宝盖山生态文化公园、灵秀山森林公园建设情况，并围绕如何建设两个主题公园、促进石狮市旅游事业发展进行座谈。会议建议：1. 公园的主题一定要选准，只有结合当地的自然景观和人文景观提炼出公园的主题，对游客才有吸引力；2. 主题公园的规划宜多方面征求意见，并经科学的论证，以免留下不可弥补的硬伤；3. 建议成立专门筹建机构，以利于协调各方面的关系；4. 政府要加大资金的投入力度，促进石狮市旅游事业的发展，加快“旅游旺市”战略的实施。

2007年6月6日，丁家全、佘日杰、王有官、吴清木率驻石狮的泉州政协委员和石狮市政协委员视察蚶江镇水头村近海环境污染情况。

2008年3月18日，丁家全，佘日杰、施心新视察将军山垃圾处理厂建设情况。

2008年5月28日，市政协开展“道路交通”相关提案回访复查活动，视察部分联运站、车站及市区较为拥挤的路段，听取交通局、交警大队通报了近年来“道路交通”相关提案办理情况。市政府副市长林天虎、陈昌隆参加视察活动。

2010年1月6日，丁家全、佘日杰、施心新、吴清木调研电力公司工作。

2010年6月11日，市政协五届十七次常委会议听取市政府有关重点项目建设情况通报，并视察重点项目建设进展情况。

2012年3月14日，施心新、吴清木、吕培榕率市政协经济资源委及对口单位相关负责人视察石狮市交通运输基础设施重点项目和节点工程施工情况。

2012年5月10日，吴清木率市政协提案法制委开展道路交通管理暨重点提案办理工作视察活动，视察市区“四纵二横”主干道“白改黑”、隔离护栏等交通基础设施建设和市区道路交通管理情况。

2012年9月28日，市政协六届三次常委会议，听取市政府关于2012年重点建设项目进展情况通报，并视察石狮市重点项目。

2013年5月23日，市政协经济资源委开展市道路建设及交通运营情况视察活动。

2013年5月24日，市政协六届七次常委会议听取城市地下管网情况通报并建言献策。

2013年9月18日，市政协六届八次常委会议听取市政府2013年重点建设项目、为民办实事项目进展情况通报，并视察重点项目、为民办实事项目。

2014年6月11日，市政协锦尚活动组开展“关于将军山填埋场旧垃圾处理利用的建议”专题调研活动，到鸿峰环保生物工程有限公司（垃圾焚烧厂）、将军山填埋场、厝上村等地走访，召开座谈会，就将军山填埋场旧垃圾处理情况提出意见建议。

2014年8月28日，市政协六届十四次常委会议听取市住房和城乡规划建设局、市交通运输局工作通报，与会人员围绕交通建设工作建言献策。

2014年12月3日，市政协六届十五次常委会议听取市行政执法局工作情况通报。

2015年4月15日，市政协锦尚活动组到华锦码头开展专题调研活动。活动组详细了解码头发展情况，听取专业人士对石狮发展港口经济的意见和建议。

2015年6月4日，市政协开展“石狮市海岛生态环境保护”专题调研，建议相关部门要保护好大山屿生态环境，加强执法监管，禁止私人上岛侵扰鸟类栖息，严禁并打击各类破坏鸟类等野生动植物资源的违法犯罪行为；古浮村在建设风情旅游小渔村过程中，要打好“白鹭”这张牌，保护好沿岸的白鹭觅食区域，避免过度开发侵扰白鹭。同时举行大山屿生态文化采风活动与“关爱海岛，保护鸟类”志愿服务行动。李丽月、施心新、吴清木参加活动。

2015 年 6 月 26 日。市政协六届十八次常委会议听取市政府关于建设生态市工作情况通报。

2015 年 8 月 24 日，市政协六届十九次常委会议听取市政府关于石狮市物业管理工作情况通报并建言献策。

2015 年 12 月 22 日，市政协经济资源委视察祥芝中心渔港及部分在建重点项目建设情况。

2016 年 11 月 17 日，林自育、施心新视察石狮市 2016 年部分在建重点项目建设情况。视察组到加曾寨片区改造项目、厦门外国语学校石狮分校建设项目、石狮市综合应急救援中心暨特勤消防站和鹏泰科技项目建设现场开展调研，并提出意见建议。

2017 年 3 月 29 日，陈东华率市政协教科文卫委视察小区物业管理工作，建议积极推进老旧小区整治，鼓励物业企业参与老旧小区管理，维护良好的物业环境，为石狮市创建全国文明城市做贡献。

2017 年 6 月 15 日，郭丽莲、陈贤明视察服装城、轻纺城、世茂摩天城周边路网建设及通行情况。视察组实地察看南环路、石金路、同兴路、南洋路、轻纺城等路网建设及通行情况，听取相关部门关于城南片区路网规划与建设情况行通报，要求各有职能部门要加强道路科学规划、加强交通道路建设、加强停车场建设、加强城市交通管理，疏堵结合，依法治理，破解城南片区的道路交通拥堵问题。

2017 年 7 月 20—30 日，陈贤明率调研组深入全市 9 个镇（街道），围绕“已建回批地办证”和“未建回批地处置”等问题，开展“回批地”历史遗留问题专题调研。

2017 年 9 月 25 日，市政协七届三次常委会议听取市国土规划、房产管理部门关于解决“回批地”历史遗留问题工作通报并协商建言。

2017 年 11 月 8 日，陈贤明率市政协经济资源委开展“集控区污水处理厂改造升级和管理体制改革”专题视察活动，到南华、海天、绿源三个集控区的污水处理厂和三益染整公司实地视察并听取市生态环保局、经济局的工作通报，围绕进一步提升染整产业园区环境及产业运行质量提出意见建设。

2017 年 12 月 1 日，市政协锦尚活动组到锦尚镇奈厝前湿地公园及厝上东源公园，就厝上溪及周边环境综合整治进行调研，同时围绕石狮市“创新转型、实业强市”发展战略、海岸带规划建设工作要求及民生补短板等开展座谈会。

2018 年 2 月 6 日，市政协灵秀活动组视察华山古民居保护修缮、金相路南段建设，并就项目建设、招商引资开展讨论。

2018 年 6 月 25 日，陈贤明率市政协经济资源委开展石狮市垃圾分类处理工作情况的专题视察活动，到凤里建筑垃圾临时堆放点、郭坑村的阳光垃圾堆肥房、坑东村的布条破碎处理站、百德康桥小区垃圾分类试点进行实地视察，召开通报座谈会，提出意见建议。

2018 年 8 月 2 日，市政协经济资源委召开《关于健全石狮市医院新院公交网络的建议》重点提案督办会议。

2018 年 10 月 25 日，陈贤明率市政协经济资源委到市国土规划、房产管理部门及凤里、湖滨、灵秀、宝盖、蚶江、永宁六个镇（街道）对石狮市安置房登记办证情况进行调研的基础上，专门召开安置房登记办证对口协商会议，进行专题协商，建言献策。

2019 年 9 月 5 日，陈贤明率市政协常委、经济资源委到北环路——港塘路路口、西环路（农商银行大厦）、八七路——金相路路口、八七路——南洋路路口等积水点，实地视察城市积水点整治工程建设情况，并召开通报座谈会。与会同志结合石狮具体情况提出意见建议。

2019 年 9 月 11 日，陈东华率部分市政协委员开展《关于完善峡谷旅游路周边配套设施的建议》重点提案督办活动，实地视察峡谷旅游路配套设施建设情况。

2019 年 9 月 20 日，市政协七届十三次常委会议听取市城市管理局关于“城市积水整治工程”工作情况通报并协商建言。

2020 年 4—5 月，陈贤明率经济资源委开展“大气污染防治”专项民主监督，实地勘察空气质量监测点，并召开多场座谈分析会。

2020 年 7 月 31 日，陈贤明率市政协经济资源委开展“老旧小区改造情况”专题视察，召开对口协商会议。

2020 年 10 月 23 日，林自育、陈贤明率部分市政协常委、经济资源委视察大气污染防治情况。视察组实地检查石狮市定型机废气工况智能监控平台、蚶江镇疏港通道道路工程扬尘防治措施、宝盖山空气质量自动监测站，以及建发、金辉城、闽南理工学院学生公寓等建筑工地扬尘治理情况。

第七节　农业农村工作

1992 年 7 月 29 日，市政协召开一届八次常委会议听取市经济局关于石狮市农业综合开发情况通报，并视察石狮市农业综合开发示范点。

1996 年 4 月 10 日，市政协祥芝活动组对祥芝镇辖区内化肥、农药、农膜等三种农资产品的供应情况进行视察调研。

1996 年 6 月 15 日，市政协永宁活动组对永宁镇“旧房改造”试点郭坑村进行视察，并提出意见建议。

1998 年 7 月 25 日，市政协灵秀活动组举办研讨会，邀请泉州市农业专家莅会指导。会议建议，灵秀镇要立足高科技、高价值城郊型农业，利用灵秀山优势发展观光农业。

2005 年 11 月 23 日，丁家全、佘日杰、施心新率市政协各办领导、台港澳侨联络委、宝盖、永宁、蚶江委员活动组组长视察石狮市民族村建设。

2006 年 8 月 2 日，中共石狮市委、市政府、市政协联合召开“市政协关于社会主义新农村调研成果”汇报会。泉州市人大常委会副主任、石狮市委书记黄源水提出要求：1. 各级各部门要围绕全局，结合实际，不断增强加快建设社会主义新农村的责任感。2. 政协要发挥优势、凸显作用，为建设社会主义新农村建言出力。要找准发挥优势的结合点，继续围绕新农村建设深入调研，提出更多有见地的建言；要积极协助有关部门做好群众宣传工作，解疑释惑，化解矛盾，维护社会安定稳定；要充分发挥桥梁纽带作用，激发全社会建设新农村的热情。3. 党政部门要加强与政协的沟通，增强联系，把政协建言转为市委、市政府决策依据。要高度重视人民政协履行职能这一重要的民主形式；要认真采纳吸收政协的调研成果；要建立健全协商建言机制。

2007 年 10 月 26 日，施心新率市政协常委、经济科技委视察蚶江镇厝仔村、大厦村、祥芝镇前山村、永宁镇沙堤村的社会主义新农村建设情况。

2008 年 7 月 18 日，吴清木率市政协永宁活动组、市农办视察永宁镇郭宅、山边、郭坑等村社会主义新农村建设情况。

2011 年 1 月 26 日，丁家全、佘日杰、黄章煌、吴清木到永宁镇浯沙村开展慰问活动，支持浯沙村建设党员活动中心、配备体育文化设施和开展体育文化活动资金 2 万元。

2012 年 5 月 2 日，吴清木在灵秀镇茂厦村调研，听取镇分管领导、村“两委”负责人工作汇报，分析存在问题，谋划发展思路。

2014 年 4 月 25 日，施心新在锦尚镇调研石结构及危旧房翻建工作，了解石狮市沿海五镇在实施危房翻建新政以来，锦尚镇农村在历史遗留宅基地手续新建房、石结构及危旧房改造工作中存在问题与对策建议。

2016 年 8 月 9 日，林自育率市政协教科文卫委、文史学宣委到仕林山庄、天农良谷休闲农业、海阔天空现代休闲农业、郭坑生态文化园等地开展都市休闲农业视察。

2017 年 3—4 月，陈贤明率调研组开展“加强渔港建设管理，促进渔区经济发展”专题调研。调研组先后赴晋江、漳浦、东山渔港学习考察，深入石狮祥芝中心渔港和梅林、伍堡等渔港实地视察，对石狮渔港建设管理工作提出对策和措施。

2019 年 8 月，陈贤明率队开展农村生活污水整治工作情况专项监督视察，深入蚶江、祥芝、永宁、锦尚、宝盖 5 个镇 17 个村，通过实地察看、走访调研、收集意见建议、听取通报等方式，提出整改意见建议。

2020 年 9 月 23 日，市政协组织常委开展农村生活污水治理 PPP 项目建设情况专题视察，实地视察宝盖镇铺锦村、蚶江镇石渔村、祥芝镇古浮村、鸿山镇伍堡村、永宁镇金埭村等。

2020 年 9 月 23 日，市政协七届十八次常委会议听取市政府关于农村生活污水治理 PPP 项目阶段性工作通报并协商建议言。

第八节 社会法制工作

1991 年 10 月 30 日，市政协与总工会、妇联联合组织部分女政协委员、市直有关单位工会女职工委员视察基层妇委会，了解基层妇女组织建设及女职工劳动保护和维护女职工合法权益等情况。

1993 年 8 月 10 日，市政协组织政协常委、各委员活动组组长视察市公安局看守所。

1995 年 5 月 30 日，市政协文教卫体委视察凤里、湖滨街道文明片区建设情况。

1995 年 8 月 30 日，市政协文教卫体委视察五星村、新华居委会、林边村三个文明片区建设情况，讨论片区开展精神文明建设的新思路。

1996 年 5 月 20 日，市政协、市委统战部联合召开“严打”斗争情况通报会。市委副书记、市人大常委会主任黄源水向政协常委和各界人士通报石狮市“严打”斗争情况。

1996 年 12 月 23 日，市委统战部、市政协学习提案法制委组织政协委员和各界人士视察湖滨街道文明片区建设情况。

1996 年 12 月 28 日，市政协和市委统战部组织市政协提案委、各民主党派、社会团体负责人视察灵秀镇经济社会工作。

1997 年 7 月 22 日，市政协召开社会治安综合治理情况通报会。市委政法委书记卢文进通报 1999 年 1—6 月份石狮市社会治安状况、综合治理措施和政法部门队伍建设情况。吴彦南、蔡明元、许民权及市政协常委、学习提案法制委出席会议。

1998 年 2 月 18 日，市政协二届二十三次常委会议听取市公安局关于社会治安综合治理情况的通报。

1998 年 4 月 7 日，市检察院召开市政协委员座谈会。市人民检察院检察长何纪欣通报 1997 年度和 1998 年第一季度工作情况。

1998 年 7 月 20 日，吴彦南、蔡明元率市政协常委视察九龙山市公安局看守所、妇教所和拘役所，了解监所牢房软硬件设施情况及罪犯收押、管理和改造方面的工作。

1999 年 5 月 7 日，市政协三届三次常委会议听取市人民法院、市人民检察院、市公安局、市安全局关于开展“争创人民满意的政法单位、争当人民满意的政法干警”活动和维护社会稳定等工作情况通报。

1999 年 8 月 11 日，蔡志从、许民权率市政协常委、政协提案法制委及各民主党派负责人视察石狮市开展“110”社会联动工作情况。

1999 年 11 月 26 日，市公安局召开政协委员征求意见座谈会。市公安局领导通报 1999 年 1—10 月份公安工作情况汇报后，与会委员就公安队伍建设提出意见建议。蔡志从、许民权出席会议。

2000 年 4 月 18 日，市政协三届八次常委会议听取市委常委、市纪委书记蔡马追关于石狮市党风廉政建设和反腐败工作情况和 2000 年工作思路的通报。

2000 年 6 月 29 日，许民权率市政协学习提案法制委、政协常委视察市公安局九龙山看守所。

2000 年 11 月 3 日，许民权、苏文锦率市政协常委、学习提案法制委和凤里活动组调研鸳鸯池公园治安问题。

2001 年 4 月 4 日，市政协三届十五次常委会议听取市公安局工作情况通报。

2001 年 8 月 6 日，市政协三届十七次常委会议听取市人民检察院工作情况通报，并征求与会人员对市人民检察院教育整顿、基层院建设等方面的意见和建议。

2001 年 8 月 23 日，许民权、卢文进、王有官率市政协学习提案法制委视察石狮市“严打”整治工作，听取市公安局刑警大队、湖滨派出所及凤里派出所开展“严打”整治斗争情况通报。

2002 年 1 月 14 日，市政协三届二十次常委会议听取市人民法院 2001 年工作情况及 2002 年工作计划通报。

2003 年 1 月 25 日，市人民法院召开政协委员征求意见座谈会，通报 2002 年工作情况及 2003 年工作思路。蔡志从、卢文进出席座谈会。

2003 年 3 月 3 日，市政协三届三十二次常委会议听取市公安局 2002 年工作情况通报。

2003 年 9 月 12 日，市政协三届三十七次常委会议听取市司法局关于基层人民调解工作情况通报，并视察凤里街道办事处、林边社区基层调解委员会。

2003 年 9 月 28 日，吴清含、许民权、卢文进率市政协常委、文教卫体委视察石狮市流动人口计生管理工作，听取市计生局关于 2003 年流动人口计生管理工作情况通报，并到市流动人口计生管理站信息中心、华宝花园、花园城社区居委会（湖滨街道社区计划生育服务中心）、玉湖社区流动人口计生服务中心及部分规模企业的流动人口计生服务管理室进行实地视察。

2004 年 8 月 2 日，市政协四届四次常委会议听取市公安局工作情况通报。

2005 年 7 月 4 日，市政协领导、全体政协常委、政协机关副科级以上干部在市人民法院审判大楼会议室听取市人民法院院长黄继业通报 2005 年上半年工作情况。

2005 年 10 月 19 日，丁家全、佘日杰、王有官、黄章煌率市政协常委、各专委会主任视察市人民检察院工作。

2006 年 2 月 20 日，市政协四届十一次常委会议听取市公安局 2005 年工作情况通报。

2007 年 3 月 1 日，市公安局召开公安工作通报会。市政协领导、政协常委、各专委会主任、各镇（街道）委员活动组组长、统战委员出席会议。

2007 年 5 月 16 日，王有官、吴清木率学习提案法制委视察市看守所。实地视察看守所智能门禁管理系统、条形码动态管理系统、实时监控中心和牢房等硬件设施建设，并召开座谈会听取市看守所和市武警中队工作情况通报。

2007 年 9 月 28 日，市政协五届三次常委会议听取市委常委、市纪委书记林志建关于石狮市反腐败工作情况通报。

2008 年 2 月 28 日，市政协五届六次常委会议听取市公安局 2007 年工作情况通报。

2008 年 5 月 30 日，丁家全、佘日杰、王有官、吴清木率市政协各办公室主任、文教卫体委开展“打击‘两非’工作、综合治理出生人口性别比失衡问题”专项视察活动，实地视察永宁镇前埔村流动人口服务中心、锦尚镇“生育关怀”基地、蚶江镇外来工之家。

2008 年 6 月 19 日，市政协台港澳侨联络委召开“加强公安、边防、交警协警、护村队员规范管理”调研座谈会议。佘日杰、台港澳侨联络委主要负责人、各镇办分管政法副书记、统战委员、公安派出所、边防派出所负责同志出席会议。

2008 年 8 月 1—7 日，丁家全、王有官、吴清木率市政协学习法制提案委开展法院执行工作专项视察调研活动。

2008 年 8 月 5 日，市政协五届七次常委会议听取市人民检察院 2008 年上半年工作情况通报。

2008 年 9 月 26 日，市政协五届八次常委会议听取市政府副市长高文俱关于石狮市改善民生工作情况通报，并举行市政协民生专题调研成果汇报。

2008 年 12 月 18 日，市政协五届九次常委会议听取市委常委、市纪委书记林志建关于 2008 年市纪委工作情况通报，听取市人民检察院 2008 年检察工作情况通报。

2009 年 6 月 25 日，市政协五届十二次常委会议听取市公安局工作情况通报，组织常委视察凤里派出所、市公安局拘留所、看守所、防暴训练基地。

2009 年 7 月 17 日，王有官率市政协学习提案法制委到市人民法院参加庭审观摩活动。政协委员对法官庭审前准备工作、法庭调查、法庭辩论、陈述以及法官着装是否规范、语言是否规范、审判长驾驭能力等方面进行考评。

2010 年 1 月 20 日，市公安局召开政协委员征求意见座谈会，政协委员听取市公安局专题工作通报，建议：要进一步强化公安队伍形象建设，加大打击“两抢一盗”犯罪力度，加大公安基础建设投入力度，将石狮公安建成一支招之即来、来之能战、高效廉洁的队伍。丁家全，佘日杰、王有官、吴清木出席会议。

2010 年 4 月，市人民法院召开政协委员征求意见座谈会。市人民法院通报 2009 年执行工作情况及 2010 年工作思路，政协委员对法院执行工作提出意见建议。丁家全、王有官、吴清木出席座谈会。

2010 年 7 月 28 日，丁家全、王有官、施心新、吴清木视察石狮市“五五”普法工作。视察组采取听汇报、查看资料和座谈等形式，到宝盖仑后村、凤里街道办事处、市交警大队开展视察。

2011 年 1 月，王有官率市政协学习提案法制委到市人民法院视察执行工作。

2011 年 3 月 24 日，市政协五届二十次常委会议听取市纪委 2010 年工作情况和 2011 年工作计划通报。

2011 年 7 月 21 日，市政协五届二十三次常委会议听取市公安局工作情况通报。

2011 年 9 月 27 日，市政协学习提案法制委组织政协委员与法院人民陪审员，旁听观摩庭审活动，并对庭审过程进行现场评议。

2011 年 12 月 29 日，市政协召开会议听取市纪委纪检监察工作情况通报。市委常委、纪委书记许锦聪通报 2011 年纪检监察工作情况和 2012 年工作计划，并征求市政协常委对市纪委工作的意见和建议。张贻山、黄章煌、施心新、吴清木、吕培榕、王有官出席会议。

2012 年 2 月 24 日，市政协组织政协常委视察市公安局训练基地和办案中心，并听取公安工作情况通报。

2012 年 8 月 29 日，吴清木、王有官率市政协提案法制委视察石狮市“六五”普法工作情况，到永宁镇郭坑村、石狮三中、仑峰客运公司进行视察，了解法制教育重点内容及重点对象的教育落实情况等。

2013 年 3 月 27 日，市政协六届六次常委会议听取市纪委工作情况通报。

2013 年 4 月 26 日，市公安局召开政协委员征求意见座谈会，通报 2012 年及 2013 年第一季度市公安队伍建设和业务工作情况，2013 年政协提案办理工作的进展情况。李丽月、黄章煌、施心新、吴清木出席会议。

2013 年 8 月，李丽月、吴清木在凤里、祥芝、灵秀等镇（街道），就石狮市殡葬改革工作进行调研。形成《关于进一步强化殡葬改革的建议》主席建议案，向市委、市政府反映。

2013 年 12 月 19 日，市政协六届十次常委会议听取市纪委工作情况通报。

2014 年 2 月 13 日，李丽月、吴清木到市人民法院和市人民检察院调研“两院”工作情况，协商政协履行民主监督职能有关事宜。

2014 年 2 月 28 日，市政协六届十一次常委会议听取市人民法院、市人民检察院工作通报并建言献策。

2014 年 5 月 9 日，市公安局召开政协委员征求意见座谈会，通报公安工作情况，并征求群众路线教育活动意见建议，李丽月、施心新、吴清木、吕培榕出席座谈会。

2014 年 6 月 19 日，李丽月、黄章煌、施心新、吴清木、吕培榕率市政协机提案法制委到市人民检察院参加“检察开放日”活动，并进行座谈。

2014 年 9 月 24 日，李丽月、黄章煌、吴清木、吕培榕视察市人民法院执行工作及立案工作情况。

2014 年 12 月 31 日，市政协六届十六次常委会议听取市纪委工作情况通报。

2015 年 3 月 30 日，市政协六届十七次常委会议听取民政工作通报并建言献策。

2015 年 7 月，吴清木率市政协提案法制委开展“推进司法公正提升公信力”专题调研。调研组到市委政法委、人民法院、人民检察院、公安局、司法局调研。

2015 年 7 月 27 日，吴清木率市政协提案法制委、有关社会养老工作的提案领衔人开展居家养老工作视察调研活动，实地视察湖滨街道曾坑社区居家养老服务中心、永宁镇梅林村居家养老服务中心、宝盖镇郑厝村居家养老服务中心，听取石狮市委社会工作部关于社会养老工作情况汇报，围绕养老机构建设、养老服务方式、更新养老理念等方面积极建言献策。

2015 年 12 月 30 日，市政协六届二十一次常委会议听取市纪委工作情况通报。

2016 年 6 月 23 日，吴清木率市政协提案法制委开展石狮市“精准引才”工作专题调研。调研组考察西安工程大学石狮研究院、武汉纺织大学石狮研究院、江西服装学院石狮研究院、设计师协会及新市民积分服务中心。

2016 年 7 月 25 日，市政协六届二十四次常委会议听取市司法局有关石狮市普法工作情况通报。

2016 年 8 月 16 日，林自育、吴清木率市政协提案法制办、市依法治市办公室，到市人民法院和市人民检察院调研石狮市“七五”普法前期工作情况。

2016 年 9 月 30 日，李丽月、林自育、施心新、吴清木视察石狮市农贸市场专项整治提升工作情况。视察组到湖滨长福农贸市场、凤里大仑农贸市场，视察农贸市场整治提升情况及环境卫生问题、消防安全问题。

2016 年 12 月 2 日，市政协六届二十六次常委会议听取市纪委关于监察工作通报。

2017 年 3 月 17 日，市政协七届一次常委会议听取市委文明办关于石狮市创建全国文明城市工作情况通报并协商建言。

2017 年 6 月 17 日，丁东福率市政协提案法制委视察市人民法院、鸿山热电厂等“七五”普法联系点，并组织座谈。

2017 年 11 月 2 日，丁东福率市政协提案法制委视察公安基层派出所执法工作情况，实地视察蚶江边防派出所、宝盖派出所、湖滨派出所并座谈。

2017 年 12 月 8 日，陈东华率市政协教科文卫委、永宁活动组开展移风易俗工作专项视察。

2018年3月20日，丁东福率市政协提案法制委开展“推进智慧公安提升便民服务水平”专题调研，到公民警校、宝盖派出所鞋城警务室、交警大队指挥中心实地调研并座谈。

2018年3月20日，市政协七届六次常委会议听取市公安局关于“推进智慧公安提升便民服务水平”工作通报并协商建言。

2018年4月16日，市政协凤里活动组围绕凤里街道“平安建设提升年”重点工作，到石狮市公安局凤里派出所开展视察活动。

2018年8月9日，丁东福率市政协提案法制委开展《关于在石狮市街道社区建立老年人日间照料中心的建议》重点提案督办活动，实地视察湖滨街道养老日间服务照料中心、宝盖镇仑后村居家养老服务站。

2018年10月31日，丁东福率市政协提案法制委视察基层司法所工作情况，到永宁司法所、宝盖司法所视察调研，听取市司法局关于基层司法所工作通报。

2019年3月22日，市政协七届十一次常委会议听取市人民法院执行工作情况通报并协商建言。

2019年8月15日，丁东福率市政协提案法制委开展“法院执行工作”专题调研。

2019年10月16日，丁东福率市政协提案法制委视察基层法庭建设情况，到祥芝法庭观摩庭审。

2020年5月28日，丁东福率市政协提案法制委开展“社会民生保障体系建设”专题调研，实地考察市社会福利中心（救助站、红景天雅园养老院、孤儿院），听取民政局关于我市社会民生保障工作情况通报并进行座谈。

2020年6月19日，市政协七届十七次常委会议听取市民政局关于“社会救助体系建设情况”工作通报并协商建言。

第九节 教育工作

1992年12月7—8日，市政协文史教科文卫委开展实施义务教育法情况视察活动，视察石光中学、永宁中学、坑东小学、鹏山师范附小、浯沙小学。

1994年4月11日，市政协文教卫体委视察永宁、祥芝、蚶江教育现状及教育附加费征收和使用情况。

1994 年 7 月 4 日，市政协文教卫体委视察石狮华侨医院筹建工作和新华电灌站排水情况。

1994 年 11 月 7 日，市政协文教卫体委视察石狮市在建的中学、幼儿园及教师公寓建设情况。

1995 年 5 月 19 日，吴彦南率市政协文教卫体委视察石狮市中小学爱国主义教育、道德教育和教育“两基”达标情况。

1995 年 12 月 6 日，许民权率市政协文教卫体委视察石狮第六中学、第七中学、第八中学、第二实验小学、第二实验幼儿园和私立育青学校。

1999 年 12 月 9 日，许民权率市政协常委、文教卫体委视察石狮第八中学、新湖中心小学，讨论实施素质教育过程中有关指导思想、师资素质、教学设备、社会环境等问题。

2000 年 5 月 10 日，市政协祥芝活动组到石狮第十中学，开展专题调研，就资金投入、招生方面提出意见建议。

2001 年 7 月 20 日，市政协祥芝镇活动组到石狮市第七中学，开展提高教学质量专题调研。

2001 年 7 月 25 日，市政协文教卫体委会召开素质教育研讨会。会议要求，要解放思想，实事求是，从实际出发，勇于创新，大胆探索素质教育新路子。蔡志从、王有官出席会议。

2002 年 4 月 11 日，王有官率政协鸿山镇委员活动组到鸿山镇教委办、福民中心小学、东明小学调研有关镇办小学办学条件、师资队伍建设及素质教育的问题，探索农村教育发展新思路。

2002 年 11 月 20 日，许民权、苏文锦、王有官率市政协常委、文教卫体委、台港澳侨联络委到鹏翔幼稚培育中心、自然门武术学校调研视察石狮市社会办学情况。

2004 年 11 月 12 日，王有官、黄章煌、施心新率市政协常委、文教卫体委视察中小学危房改造工作，视察赤湖村、莲坂村和古浮村的新校址在建工程及祥芝中心小学、永宁中心小学和沙堤小学改建工程，召开座谈会听取市教育局有关中小学危房改造工作情况通报。

2005 年 10 月 20 日，市政协宝盖活动组到石狮第三中学，开展区域教育事业发展和校园环境建设专题调研活动。

2007 年 5 月 28 日，市政协鸿山活动组开展校园周边环境治安状况专题调研活动，听取石狮五中、东明小学、鸿山派出所、镇教委和西墩村等单位关于学校周边治安情况通报，并提出意见建议。

2008年5月9—12日，吴清木率市政协文教卫体委调研石狮市学前教育事业发展情况，到公办幼儿园、附设在小学的幼儿园，了解石狮市学前教育发展情况与存在的主要问题及困难。

2010年4月29日，丁家全、吴清木率市政协文教卫体委开展“优化石狮中心城区学校资源配置”专题调研。

2010年5月6日，丁家全、吴清木率市政协文教卫体委开展“中心城区学校校安工程和校园安全”专题调研，到凤里中学、市第一实验幼儿园、市第二实验小学、石狮第一中学、华侨中学，了解中心城区学校布局、校安工程、校舍建设标准、学校安全等情况。

2010年12月27日，市政协文教卫体委召开创建“教育强市”专题调研座谈会。听取市教育局及各镇人民政府（街道办事处）有关情况通报，并围绕创建“教育强市”建言献策。丁家全、吴清木出席会议。

2011年4月1日，丁家全、吴清木率市政协文教卫体委。到泰山航海学院、泉州服装纺织学院和闽南理工学院视察民办高校发展情况。

2012年3月29日，黄章煌率市政协教科文卫委发展情况。到鹏山附小和锦峰实验学校，视察外来务工人员子女就学现状，听取市教育局，凤里、湖滨、灵秀、宝盖中心校有关情况通报。

2014年4月28日，市政协六届十二次常委会议听取教育局工作情况通报并开展专题协商。

2015年6月23—24日，李丽月、施心新率市政协教科文卫委视察石狮市学前教育工作情况，视察公办园湖滨中心园、宝盖中心园、永宁中心园和民办幼儿园新苗第三幼儿园、伟才新星幼儿园、金宝贝二园，并听取市教育局关于全市学前教育工作情况通报。

2016年6月29日，市政协六届二十三次常委会议听取市教育局关于石狮市学前教育情况通报。

2017年7月12日，陈东华率市政协教科文卫委视察未成年人教育和保护的工作情况，实地视察石狮实验中学附属小学、石狮仁爱学校、石狮市第一中学。

2018年11月14日，林自育、陈东华率市政协教科文卫委开展“小学课后服务”

专项监督视察活动，到蚶江中心小学、宝盖镇塘边小学、第三实验小学等实地视察课后服务工作情况。

2019年10月16日，陈东华率部分市政协委员开展《关于开设石狮地方历史、文化、地理校本课程的建议》重点提案督办活动，实地视察宽仁小学、古洋小学开展乡土文化进校园情况，并召开座谈会。

2019年5月6日，郭丽莲率市政协台港澳侨民宗委开展《关于加快鹏山学校新校区项目建设的建议》重点提案视察督办。视察组到鹏山学校新校区工地，听取相关单位有关项目推进情况的汇报，要求各单位要优化设计方案、列出时间表、尽快推进项目。

2019年10月24日，陈东华率市政协教科文卫委开展“学前教育集团化发展”对口协商，实地考察灵秀中心幼儿园、凤里中心幼儿园、凤里第二中心幼儿园，听取相关单位情况汇报，建议要注重学前教育办学质量，重点突出公办、公益性质，推进学前教育集团化发展，保证优质公办园向示范园发展。

2020年9月17—18日，陈东华率部分市政协委员对全市学前教育工作开展专题民主监督活动。先后实地走访了部分在建、公办、民办幼儿园，并召开4场座谈会，就各幼儿园存在的问题、难题进行探讨。

2020年11月24日，陈东华率市政协教科文卫委开展职业教育工作情况专题视察，到泉州海洋职业学院、鹏山工贸学校，对院校的办学硬件设施、教学环境、特色职业教育等方面进行实地察看，并召开座谈会。

2020年12月1日，郭丽莲率市政协台港澳侨民宗委开展“跟踪督办重点提案”活动，到华山古民居、石狮鹏山学校新校区，跟踪督办华山古民居修缮进展情况和鹏山学校新校区建设情况。

第十节　文化体育工作

1992年10月9日，市政协文史教科文卫委到六胜塔、姑嫂塔开展文物保护工作情况视察活动。

1996年11月27日，市政协二届十七次常委会议听取市文明办、科卫文体局关于石狮市文化设施和管理情况通报，就繁荣发展石狮市文化市场提出意见建议，视察图书馆、街心公园、绿洲读书社、鸳鸯池公园等文化设施。

1997年6月10日，市政协二届二十次常委会议就石狮市旅游业发展进行专题协商，与会人员围绕市委、市政府发展旅游支柱产业、培植经济新增长点，及《石狮市旅游业发展规划（讨论稿）》，提出意见建议。

1997年6月23日，吴彦南率市政协常委、文教卫体委视察石狮市文化体育在建工程。

1997年11月7日，许民权率政协常委、文教卫体委视察李子芳故居、黄金海岸度假村、石湖码头、六胜塔。

1999年9月30日，市政协、市委统战部、民盟石狮支部、市书画协会联合举办庆祝中华人民共和国成立50周年、中国人民政治协商会议成立50周年书画展，弘扬爱国主义统一战线和改革开放政策。

2001年3月20日，卢文进率市政协文史委到永宁下宅村，调研印度尼西亚总统瓦希德先祖陈金汉祖籍地线索，考察蚶江“对渡碑”和永宁“镇海石”，提出加强保护意见。

2001年4月11日，许民权、苏文锦、王有官率市政协常委、各民主党派负责人、文教卫体委视察石狮日报社和石狮市少年儿童体育学校。

2001年11月1日，苏文锦、王有官率市政协常委、政协文教卫体委视察石狮广播电视台及花园城、宝盖镇有线电视网络前端（基站），并进行座谈。

2002年7月30日，王有官率市政协文史委视察石狮市“海丝”东端海口片申报世遗情况，视察姑嫂塔、六胜塔及林銮渡，检查景点拆迁、环境绿化、美化工作情况。

2003年6月16日，市政协永宁活动组召开“探索我镇旅游业发展之路”研讨会，为推进“旅游旺市”献计出力。

2003年6月24日，苏文锦、王有官率市政协文教卫体委视察石狮市“三馆一场”建设情况。视察组听取建设单位情况通报，并提出意见建议。

2004年4月21日，佘日杰、王有官、黄章煌视察石狮市文体中心建设情况。

2004年9月27日，市政协在人民广场举办“纪念中国人民政治协商会议成立55周年”千条灯谜群众竞猜活动。丁家全参加活动。

2005年8月2日，丁家全、佘日杰、王有官率市政协常委、各专委会成员、宝盖活动组负责人及机关科级干部到石狮日报社视察。

2005年10月25日，黄章煌率市政协文史委视察石狮市博物馆、档案馆建设工程。建议：1. 博物馆增设“石狮华侨史”特色馆；2. 档案馆建设要跟上信息时代的发展，方便市民网上查询。

2007 年 12 月 15 日，丁家全率驻石狮的泉州市政协委员视察石狮日报社和东方收藏馆。

2008 年 1 月，市政协举行《石狮民俗》专辑首发式。

2008 年 8 月 20 日，丁家全、佘日杰、吴清木率市政协文教卫体委视察石狮市体育馆及图书馆、博物馆、文化馆等文体设施，要求确保泉州市承办的第六届全国农运会石狮分赛区承办舞龙、舞狮比赛项目顺利进行。

2009 年 6 月 10 日，丁家全、吴清木率市政协文教卫体委和湖滨活动组视察旅游资源、旅游业规划等情况。视察组听取市科技文体旅游局关于石狮市旅游资源、旅游业规划情况通报，考察蚶江“古渡口”、六胜塔、祥芝渔港等旅游景点。

2011 年 10 月，市政协举办“纪念‘辛亥革命’100 周年、石狮市政协成立 20 周年”书画摄影作品展览活动。

2012 年 8 月 6 日，台湾台中教育大学洪惟仁教授率“两岸闽南语研究”课题组在石狮进行学术考察，与市政协、侨台外事局、民政局、方志办等单位负责人和当地文史工作者进行学术交流座谈，讨论石狮市方言之分布、语言之使用及相关历史文化。黄章煌出席座谈会。

2012 年 9 月 13 日，黄章煌率市政协教科文卫委视察石狮市文化产业发展情况，视察四号工业区服装创意园规划建设、富兴包装公司包装印刷文化产业基地、健健集团发展动漫产业基地发展情况，并进行座谈。

2013 年 4 月 25 日，黄章煌率市政协教科文卫委、文史学宣委开展石狮市农家书屋（职工书屋）提升工程、全民健身活动场所建设情况调研视察活动，到市青少年校外体育活动中心、大帝集团职工书屋以及永宁镇郭坑村调研座谈。副市长庄宝玲参加活动。

2013 年 9 月 27 日，市政协文史学宣委到石狮日报社一品堂艺术馆观摩“德南根书文化艺术展”，并就发展文化创意产业、繁荣石狮文化事业建言。

2013 年 11 月，市政协设立政协文史资料室，收集整理来自全国政协和省、地（市、州）政协交流的文史资料 2000 多册，为政协委员提供学习、交流、创作、研究的平台。

2013 年 11 月，市政协文史委编撰出版的文史资料专辑《石狮侨影》被中国国家图书馆收藏。

2013 年 11 月 19 日，石狮政协之友书画院成立暨“中国梦·石狮情”书画展揭幕仪式举行，市委书记张永宁，市委副书记、市长张贻山，李丽月、丁家全共同为书画展揭幕。丁家全任石狮政协之友书画院院长。

2013 年 11 月 25 日，市政协六届九次常委会议听取市文体旅游新闻出版局工作情况通报。

2013 年 12 月，市政协文史委联合台湾文史界专家编撰的《石台亲缘》一书出版。

2014 年 4 月 25 日，市政协同省文联、省书协联合主办“林景辉书法作品展”在福州画院开幕。省书法家协会主席陈奋武、市政协主席李丽月、石狮政协之友书画院院长丁家全及石狮政协之友书画院、市政协文史委和来自省内外的社会各界人士和书画爱好者出席开幕式。

2014 年 6 月 6 日，市政协办公室、机关党支部、泉州市政协刺桐书画院和石狮政协之友书画院联合举办“五洲杯”石狮政协之友摄影展。

2014 年 6 月 26 日，市政协举办福建省“八闽丹青奖”获奖书法家作品邀请展暨石狮政协之友书画院书画精品展。

2014 年 10 月 30 日，任汉平美术馆、市政协办公室、石狮日报社联合主办的“草圣遗风 释草传世——任汉平书法特展暨新书首发仪式”在石狮日报社一品堂艺术馆举行。

2014 年 11 月 21 日，市政协组织摄影爱好者到老城区古街及跨海大桥进行采风活动。

2014 年 12 月 11 日，黄章煌率市政协教科文卫委、文史学宣委开展文化产业发展情况视察调研，到富兴包装材料公司、石狮日报社、石狮广电传媒公司、星期 YI 创意园，听取相关情况通报。

2015 年 1 月 12 日，石狮政协之友书画院举办“古民居 故园情——‘凤里杯’石狮政协之友摄影展”。

2015 年 4 月 3 日，黄章煌率市政协教科文卫委开展校园足球工作调研。察看蚶江中学、蚶江第二中心小学的校园足球训练、场地设施、器材使用等情况，听取校园足球开展情况通报，并召开座谈会。市政府副市长杜举胜参加活动。

2015 年 4 月 15 日，市政协教科文卫委主办，石狮政协之友书画院、市政协凤里活动组承办的“林天生山水画展”在石狮政协委员活动中心开幕。

2015 年 6 月 30 日，市文联、市书法家协会、石狮政协之友书画院、金门书法学会交流团和新加坡书法家丘程光在政协之友书画院举行交流笔会。

2015年8月13日，市政协召开“宗祠文化”学习培训会议。泉州市文物研究中心原主任陈鹏鹏作《闽南传统民居的建筑特点》辅导讲座，市博物馆馆长李国宏作《修谱祭祖之祠堂文化》辅导讲座。

2015年10月30日，市政协办公室、文史学宣委、市文联、石狮政协之友书画院联合主办“金秋诗词吟诵会”，围绕纪念中国人民抗日战争和世界反法西斯胜利70周年、庆祝中华人民共和国成立65周年和中国人民政治协商会议成立65周年等主题，登台吟诵，交流切磋。

2016年2月22日，“诗书影联辉——蔡天生、蔡自然、蔡宗程作品联展”开幕式在石狮政协委员活动中心举行。

2016年3月25日，市政协六届二十二次常委会议听取石狮市旅游产业工作情况通报。

2016年9月8日，林自育率市政协科教文卫委、文史学宣委开展“石狮市物质文化保护”专题调研，视察石湖码头（林銮渡）、六胜塔、永宁古卫城驿站和大闽府等地，了解石狮市物质文化遗产保护工作及民间博物馆的运营情况。

2016年9月30日，市政协在石狮国际轻纺城举办“灵秀风采”摄影作品展。

2017年11月2日，市政协主办、石狮政协之友书画院承办的“翰墨丹青歌盛会——石狮市政协庆祝党的十九大胜利召开书画展”开幕，展出76位作者78幅书法、美术、篆刻作品。

2017年11月13日，市政协蚶江活动组开展“‘古泉州（刺桐）史迹’申遗点保护利用”视察活动。

2018年4月13日，陈东华率市政协教科文卫委视察全民健身工作情况，到湖滨街道曾坑社区、宝盖镇前园村、凤里办事处五星社区笼式足球场、市武术协会视察健身场所建设及健身工作开展情况。

2018年4月21日，市政协主办，石狮政协之友书画院、石狮市雪峰广告公司承办，政协教科文卫史办、市书法家协会协办的“纪念石狮建市30周年——全国著名书法家邀请展”在石狮政协之友书画院举行，邀请李世俊、张公者、梁永琳、张世刚、齐作声等5位书法家到石狮，与石狮市10多位书法家同台展览。

2018年11月1日，郭丽莲、陈东华率部分市政协委员开展《关于保护民间古建筑的建议》重点提案视察督办。视察组到永宁镇港边村佘明培故居、灵秀镇华山村古民居和湖滨街道玉湖社区王起沃故居，实地视察古民居恢复重建工作情况，并围绕民间古建筑保护工作提出意见建议。

2018 年 11 月 28 日，陈东华率市政协教科文卫委开展“公共文化设施建设情况”专题视察活动，实地视察察湖滨街道长福社区综合文化服务中心、宝盖镇综合文化站、鸿山镇东园文体活动中心。

2019 年 5 月 30 日，林自育、陈东华率部分市政协常委、教科文卫委开展“民宿旅游业发展情况”专题调研，实地考察新沙堤民宿聚落，黄金海岸一杲公寓、喆啡酒店，榕园 1966 旅游民宿，南门 7 号旅游民宿，永宁古卫城客栈，并召开座谈会。

2019 年 6 月 21 日，市政协七届十二次常委会议听取市文化体育和旅游局关于“民宿旅游业发展情况”工作情况通报并协商建言。

2019 年 9 月 21 日，市政协庆祝中华人民共和国成立 70 周年暨中国人民政治协商会议成立 70 周年“光辉岁月·和谐政协” 文艺晚会在石狮音乐厅举行，市政协机关和 10 个政协委员活动组登台演出。市委书记朱启平，市委副书记、市长黄春辉，市人大常委会副主任施心新，市政府副市长黄延艺到场观看演出。

2019 年 9 月 30 日，市政协主办，市政协办公室、石狮政协之友书画院等单位承办的“我和我的祖国”政协书画摄影展在政协委员之家十楼展厅举行揭幕式，展出近百幅书画摄影佳作。

2020 年 6 月 17 日，陈东华率市政协教科文卫委开展“科技 + 科普 + 乡村旅游”服务平台建设情况专题视察，实地考察永前生态环境星创天地、玉湖豆腐文化商贸园、中茂生态农庄，并围绕深化产业融合、促进旅游业高质量发展提出意见建议。

2020 年 9 月 8 日，陈东华率市政协教科文卫委开展“乡村文化传承保护情况”专题视察，到古浮蔡松柏故居、莲坂小学南音传承中心、沙美村狮阵武术馆等文化阵地，详细了解乡村文化传承保护情况，对各文保单位文化传承保护工作提出意见和建议。

2020 年 11 月 6 日，陈东华率部分市政协委员开展《关于创建宝盖山 4A 级景区的建议》重点提案督办活动，实地考察了峡谷旅游路集散中心、花海谷公园、宝盖山景区游客服务中心、落英幽谷、石窟公园，并召开座谈会。

2020 年 11 月 10 日，市政协举行“石狮政协讲堂”揭牌仪式，并开展第一期“石狮政协讲堂”活动。市政协文史委副主任李国宏、洪亚怀分别作《有一种乡愁镌刻在石狮的古厝上》、《从历代名人诗文透视石狮的历史内涵》讲座。

第十一节 卫生工作

1992年8月10—11日，市政协文史教科文卫委到永宁子英医院、蚶江卫生院、祥芝伍堡卫生院和谢厝卫生院开展农村卫生工作情况视察活动。

2001年4月3日，许民权率市政协台港澳侨联络委到子英医院进行视察调研。

2001年8月15日，许民权、王有官率市政协常委、文教卫体委调研石狮市计生工作，到鸿山镇伍堡污染工业区、锦尚艺苑工艺品有限公司等5个计生工作典型单位进行调研。

2002年4月22日，王有官率市政协文教卫体委、经科委调研石狮市环境卫生状况，听取市环卫处关于石狮市环卫工作和石狮市垃圾综合处理厂筹建进展情况的通报，视察将军山垃圾填埋场、市垃圾综合处理厂厂址。

2002年6月19日，蔡志从、许民权、苏文锦、卢文进率市政协常委、文教卫体委视察市医院医风医德建设情况。

2003年4月29日，王有官率市政协文教卫体委视察石狮市爱国卫生工作，观察东西排水沟、下浦水闸、石光中学至狮仔山脚暗渠等卫生情况。

2003年5月8日，市政协三届三十五次常委会议听取市政府副市长郭丽莲关于石狮市防治非典型肺炎工作情况通报。

2004年7月8日，黄章煌率市政协文教卫体委视察石狮市医药市场，要求有关部门提高监管能力，确保人民群众身体健康。

2005年9月8日，丁家全、佘日杰、王有官率市政协文教卫体委视察基层卫生院。

2006年5月18日，佘日杰、王有官、吴清木率市政协文教卫体委开展计生黄牌、单列村（社区）计生工作视察活动。

2006年8月16日，丁家全、佘日杰、王有官、施心新率市政协委员视察石狮市疾病预防控制中心建设情况，并召开石狮市新农村建设医药卫生系统工作情况通报会。

2007年4月11日，王有官、吴清木率市政协文教卫体委视察市妇幼医院和市华侨医院，并召开座谈会。

2007年5月29日，市政协祥芝活动组到祥芝卫生院开展“农村初级卫生保健工作”调研活动。

2007年8月31日，丁家全、佘日杰、王有官、吴清木率市政协文教卫体委视察石狮市医药卫生市场情况。

2008年5月30日，丁家全、佘日杰、王有官、吴清木率市政协文教卫体委开展“打击‘两非’工作、综合治理出生人口性别比失衡问题”专项视察，视察永宁镇前埔村流动人口服务中心、锦尚镇“生育关怀”基地、蚶江镇外来工之家。

2008年11月13日，丁家全、王有官、吴清木率市政协文教卫体委到宝盖、灵秀、凤里、湖滨视察石狮市社区医疗卫生发展情况。市政府副市长郭丽莲参加活动。

2009年7月16日，丁家全、王有官、吴清木率市政协文教卫体委视察食品安全监管情况，听取市食品药品监管局关于食品安全监管工作情况通报，到古宅农贸市场、金龙船食品公司视察生产、加工、流通等环节的基础设施、环境卫生、食品检测情况。市政府副市长刘德旺参加活动。

2010年6—7月，吴清木率调研组开展石狮市基本公共卫生服务项目实施情况调研活动，到鸿山卫生院、蚶江卫生院、宝盖社区卫生服务中心、湖滨社区卫生服务中心了解基本公共卫生服务项目的具体实施情况。

2012年7月，市政协委员受邀参加市质监局举行的“质监邀您看企业·食品安全大家行”活动，听取市质监局工作人员对企业质量安全、主体责任监管的相关法律、法规等相关内容的通报，并围绕石狮市食品安全存在的问题和隐患提出意见建议。

2012年7月26日，黄章煌率市政协教科文卫委开展创建国家卫生城市专题调研活动，察看南洋路西区排水沟、玉湖果蔬市场、林边社区琼林巷等地，听取创卫办关于“创卫”相关情况通报。

2014年6月27日，市政协六届十三次常委会议听取石狮市卫生计生工作情况通报。

2015年6月26日，市政协六届十八次常委会议听取市政府关于公立医院改革情况通报。

2015年11月10日，李丽月、施心新率调研组开展食品安全工作专题调研，到海阔天空休闲农业公司、宝盖中心幼儿园、德辉超市、湖滨中心农贸市场考察。听取市场监督管理局关于食品安全工作情况通报。市政府副市长林旺强参加活动。

2015年11月26日，市政协六届二十次常委会议听取市政府关于食品安全工作情况通报。

2016年4月22日，李丽月、吴清木率市政协委员视察石狮市疫苗监管情况，到福建省量源生物医药有限公司、市疾病预防控制中心和宝盖社区卫生服务中心，对石狮市疫苗的购买、储存、运输、使用等各环节进行全方位视察，并就疫苗的相关情况进行视察，听取相关单位有关疫苗管理工作情况通报。

2018年5月31日，林自育率调研组开展“医疗卫生人才柔性引进工作”专题调研。调研组到石狮市医院、大德康元中医门诊部、仁德综合门诊部和妇幼保健院，参观医院环境和硬件设施，并召开座谈会，围绕加大柔性引进医疗卫生人才力度以及提升学科建设水平提出意见建议。

2018年6月14日，陈东华率部分市政协常委、教科文卫委开展“医疗系统人才队伍建设情况”专题调研，到锦尚卫生院、湖滨社区卫生服务中心、石狮华侨医院实地调研。

2018年6月21日，市政协七届七次常委会议听取市人力资源和社会保障局、卫生和计划生育局关于“石狮市医疗系统优秀人才队伍建设情况”工作通报并协商建言。

2018年11月29日，市政协凤里活动组视察市医院新院等市重点项目，并在市政协委员之家委员活动室进行集中学习、座谈交流、建言献策。

2019年11月27日，陈东华率市政协教科文卫委开展“智慧医疗服务工作情况”专题视察活动，实地视察湖滨社区卫生院、妇幼保健院和石狮市总医院。

2020年3月20日，市政协七届十六次常委会议听取市卫健局关于“疾病预防控制体系建设”工作情况通报并协商建言。

2020年3月10日，陈东华率部分市政协常委、教科文卫委开展“完善疾病预防控制体系建设”专题调研，到华山酒店集中隔离观察点、湖滨社区卫生服务中心、市中医院病房以及市疾病预防控制中心，详细查看并了解各单位的硬件设施和疾控体系建设的有关情况，并召开座谈会。

2020年3月20日，市政协七届十六次常委会议听取市卫健局关于“疾病预防控制体系建设”工作通报并协商建言。

2020年10月30日，陈东华率部分市政协委员开展《关于进一步推进健康石狮的建议》重点提案督办活动，实地视察石狮市中医院、祥芝卫生院湖西分院、石狮市妇幼保健院，并召开座谈会。

第十二节　港澳台侨与民族宗教工作

2002年9月4—7日，中共泉州市委常委、石狮市委书记、市长李建国率队赴深圳与石狮籍政协港澳委员及部分旅港澳乡贤举行座谈会，并参观考察部分石狮籍乡亲在深圳的企业。蔡志从参加活动。

2003年4月11日，市政协在永宁镇召开台港澳侨联络工作座谈会议。会议提出，要充分发挥石狮著名侨乡和台湾同胞主要祖籍地优势，加强与港澳台同胞、海外华侨华人和社团的广泛接触，努力开拓台港澳侨联络工作新局面，为石狮市实施“四市三海”发展战略和促进祖国统一多做贡献。吴清含、许民权出席会议。

2003年6月9日，市政协三届三十六次常委会议邀请泉州市政协副秘书长、台港澳侨联络委主任陈明泉作侨务知识讲座。

2005年11月23日，丁家全、佘日杰、施心新率市政协台港澳侨联络委及政协宝盖、永宁、蚶江活动组负责人视察石狮市少数民族村建设，要求把党的民族政策落实到位，搞好民族团结，推动民族村工作上新水平，要保持良好发展势头，发挥各自优势，不断创新，抢抓机遇，高标准规划，加快建设社会主义新农村。

2007年11月30日至12月1日，市政协澳门委员活动组座谈会在广东珠海举行。丁家全、佘日杰、施心新出席会议。

2008年1月16日，石狮籍出席省政协会议的全国政协委员、省政协委员和在榕石狮籍乡贤新春座谈会在福州召开。丁家全、佘日杰、施心新出席会议。

2008年9月11日，佘日杰、王有官率市政协港澳委员视察石湖港区、石狮服装城及石狮市政协委员之家等项目，通过实地考察，让港澳委员更好地了解国情、乡情，更好地围绕中心、服务大局、履行职能，不断增强参政议政能力。

2009年1月3日，市委、市政府在泉州召开港澳、异地商会泉州市政协委员座谈会，沟通情况听取意见，共商发展大计。丁家全、佘日杰、施心新出席座谈会。

2010年1月12日，市委、市政府召开石狮籍泉州市港澳政协委员和异地商会代表座谈会，共商大计，共谋发展。

2011年7月6—11日，市政协经科委、市贸促会组织伊思曼、都宝、祥鸿、龙铨等14家企业组团赴台考察，与台湾纺织行业组织、院校、企业就深化石台纺织服装合作广泛交流洽谈，取得丰硕成果。施心新任考察团团长。

2011年9月20日，市政协台港澳侨联络委视察侨捐工程。

2013年12月12日，施心新率市政协台港澳侨民宗委视察朝天寺、虎岫寺、洛伽寺、永宁基督教堂等宗教活动场所、永宁沙堤小学等侨捐工程。

2015年12月29日，市政协台港澳侨民宗办与市侨台外事局、侨联、佛教协会，走访慰问贫困港澳台同胞与侨胞。

2017年2月22日，郭丽莲率市政协台港澳侨民宗委视察普莲寺、朝天寺、三源寺、虎岫寺等宗教活动场所，了解宗教场所建设和活动开展情况。

2017 年 3 月 31 日，郭丽莲率市政协台港澳侨民宗委视察访静修禅寺、莲花禅寺、金相院等宗教活动场所，围绕积极创建和谐寺观教堂提出意见建议。

2017 年 4 月 11 日，郭丽莲率市政协台港澳侨民宗委到郭坑村、前坑村、石渔村、石农村调研少数民族村建设情况。

2017 年 6 月 6 日，郭丽莲率市政协台港澳侨民宗委及相关部门视察侨台港澳及外资企业运行情况。视察组详细了解华飞制衣公司、星港文化创意园、吉的堡嘉育幼儿园、禾乃食品公司生产经营情况以及存在困难，围绕破解企业发展难题提出意见建议。

2017 年 7 月 26 日，郭丽莲率市政协台港澳侨民宗委开展“新生代华人华侨联络联谊工作”专题调研。调研组到天球进出口、远辉化纤纺织、万弘海洋生物科技、森德妇幼用品等企业和石狮市菲华归侨经济促进会，与新生代华人华侨举行座谈，了解其创业情况，建议新生代华人华侨加强与家乡的联系和交流，发挥侨力、在招商引资、经贸交流及支持家乡建设发展中多做贡献。

2017 年 10 月 19 日，郭丽莲率市政协台港澳侨民宗委到佛教协会、道教协会、基督教三自爱国会调研宗教工作情况。

2017 年 11 月 9 日，郭丽莲率市政协台港澳侨民宗委视察基层侨联建设情况。实地视察湖滨街道侨联、玉湖社区、永宁镇侨联、下宅村等单位，并召开座谈会。

2017 年 11 月 22 日，市政协七届四次常委会议会议听取市民族与宗教事务局关于“石狮市发展宗教慈善事业促进社会和谐”工作情况通报并协商建言。

2018 年 5 月 17 日，郭丽莲率市政协台港澳侨民宗委到清净寺、东福寺调研宗教场所敬老养老工作情况。

2018 年 8 月 7 日，郭丽莲率市政协台港澳侨民宗委到龙显宫、忠仁庙、斗美宫调研宗教界开展公益慈善事业工作情况。

2018 年 9 月 14 日，郭丽莲率市政协台港澳侨民宗委视察少数民族村经济发展情况，到石湖寨石山民俗文化广场、石湖始祖宫、离坑生态文化园，了解石湖推进“特色村寨”和“美丽乡村”建设情况及当地民族小学扶助措施。

2018 年 10 月 23 日，林自育、郭丽莲率市政协台港澳侨民宗委开展“华侨捐赠社会公益事业情况”专题调研活动。调研组到石光中学、第八中学、第四实验小学以及石狮市妇幼保健院，实地查看华侨捐赠项目，听取相关单位关于华侨捐资项目的管理使用情况汇报。

2018 年 11 月 23 日，市政协七届九次常委会议听取市侨台外事局关于“石狮市侨捐项目管理使用规范”工作情况通报并协商建言。

2019 年 8 月 2 日，郭丽莲率市政协台港澳侨民宗委视察新修订《宗教事务条例》贯彻落实情况。视察组到往普莲寺、三源寺、五台庵、洛伽寺召开座谈会，听取市民族宗教局关于贯彻落实新修订的《宗教事务条例》情况的通报。

2019 年 9 月 4 日，郭丽莲率市政协台港澳侨民宗委视察石狮市少数民族村特色村寨建设情况，实地视察石渔村、郭坑村特色村寨建设情况，要求少数民族村寨在建设中要统一规划、分类指导，突出特色村寨特色；要整合资源，多方支持，共同打造特色村寨；要丰富载体，保护传承，挖掘提升特色村寨内涵。

2019 年 9 月 9 日，市政协台港澳侨民宗委到宝盖镇、灵秀镇居家养老中心调研宗教参与社会养老情况。

2019 年 11 月 6—7 日，郭丽莲率市政协台港澳侨民宗委开展“整合资源为台港澳侨服务情况”专题调研活动，实地考察石狮市留学人员暨归国创业人员联谊会、石狮市菲华归侨经济促进会、石狮市闽台两岸青年文化产业创新创业基地及石狮市阿雷西进出口贸易有限公司等部分台港澳侨外资企业。

2019 年 11 月 21 日，市政协七届十四次常委会议听取市委统战部关于“整合资源打造为台港澳侨服务综合平台”工作通报并协商建言。

2020 年 2 – 3 月，郭丽莲率市政协台港澳侨民宗办走访部分外资企业和委员企业，到石狮市聚祥漂染、美佳爽（福建）卫生用品有限公司、福建协盛协丰印染实业有限公司、市恒祥漂染实业有限公司、市德胜公司、集智、宏基公司、腾祥（石狮海产品）公司、石狮市永益船运有限公司，详细了解企业疫情防控措施，复工复产中遇到的困难和问题。

2020 年 5 月 8 日，郭丽莲率市政协台港澳侨民宗委开展“台港澳侨服务中心”成员单位落实“优质、精准、高效、便捷”服务情况视察，要求各成员单位推进各项服务工作，更好地凝聚侨心、汇聚侨智、发挥侨力、维护侨益。

2020 年 6 月 17 日，郭丽莲率市政协台港澳侨民宗委开展“少数民族村家园清洁行动”专项视察，实地察看蚶江镇石渔村、石农村和永宁镇郭坑村，要求进一步促进少数民族村村容村貌整治工作，营造良好人居环境，提高农村精神文明创建水平。

2020 年 8 月 20 日，郭丽莲率市政协台港澳侨民宗委开展“发挥海外归国留学人才作用、助力石狮创新发展”对口协商活动，实地走访树派公学幼儿园、姚太家政、石狮市恒派针纺贸易有限公司、石狮市双奇汽车城发展有限公司，并召开对口协商座谈会。

2020年10月14日，郭丽莲率市政协台港澳侨民宗委开展“加强宗教团体自身建设，更好发挥积极作用”专题调研，实地视察洛伽寺、城隍庙、石狮基督教堂、甘露寺、斗美宫、蚶江基督教堂宗教活动场所，并召开座谈会。

2020年11月10日，郭丽莲率市政协台港澳侨民宗委开展“汇集海外侨胞优质资源，助力我市市场采购贸易方式试点发展”专题调研，实地考察东南亚采购集散中心、信慈贸易公司、中锡市场采购海关监管场所、石狮国际食品城，实地了解我市市场采购贸易方式试点发展情况。

2020年12月8日，市政协七届十九次常委会议听取市商务局关于“汇聚海外侨胞优质资源，助力我市市场采购贸易方式试点发展”工作通报并协商建言。

第十三节　文史资料工作

1991年10月31日，市政协成立“石狮市政协文史资料编辑组”。吴永胜任组长，林祖武任副组长，林祖炳、林英乔、郑天应、李显扬、粘国民、王明篇、蔡海潮为成员。

1992年，市政协编撰《石狮文史资料》第一辑，11万字，分各镇沿革、海港交通、军事、经济、宗教、考证和人物传记等7个小目。协助市侨联创办《石狮乡讯》，出版2期。为全国政协文史委编撰的大型史书《侵华日军罪行踪录》提供《石狮永宁镇惨案》和《石狮祥芝三惨案》2篇稿件。

1993年，市政协编撰《石狮文史资料》第二辑。协助石狮市侨联出版《石狮乡讯》11期。

1994年，市政协编撰《石狮文史资料》第三辑，共10万多字。协助市侨联出版《石狮乡讯》。

1995年，市政协编撰《石狮文史资料》第四辑，共9万多字。高武铺、王明篇撰写的《晋江县永宁镇七・一六惨案》《日机、日舰袭扰晋江县祥芝镇的暴行》文章，入编全国政协文史委出版的《侵华日军暴行总录》一书。文史委委员吴永胜、林祖武分别撰写的《明清时期漳、泉人民在台湾农垦事业中的贡献》《重镇蚶江古渡雄风，崛起海峡民办特区》2篇论文，在厦门、漳州、泉州三市联合举办的“发展闽台关系、促进祖国统一”参政议政学术研讨会上宣读。

1996年，市政协编撰《石狮文史资料》第五辑，共9万多字。在泉州召开的全国性“施琅学术研讨会”，吴永胜向大会提交《施琅在闽史迹调查》学术论文。邱季煌、王人秋、蔡世佳、郑伯洋等委员在菲律宾《世界日报》《菲华时报》《华侨商报》《联合时报》发表文章。

1998年，市政协编撰《石狮文史资料》第六辑。

1999年7月20—29日，市政协许民权、蔡世佳、王人秋、胡毅雄、吴永胜、李国宏、林祖武组成的采访组到澳门，采写旅澳石狮乡亲创业史，编撰《石狮人在澳门》一书。

2000年，市政协编撰《石狮文史资料》第七辑，近12万字。文史委到厦门市同安区开展文史工作交流、考察活动，撰写、发表闽台关系史文章。

2001年1月13日，市政协举行《海内外石狮人书画集》首发式。

2001年，市政协编撰《石狮文史资料》第八辑。

2002年，市政协编撰《石狮文史资料》第九辑，收编中华人民共和国成立以来石狮人在各条战线上获得省、部级以上表彰的164位英模人物的先进事迹。

2003年，市政协编撰《石狮文史资料》第十辑，收编1992—2001年，石狮人在各条战线上获得省、部级以上表彰的104位英模人物的先进事迹。

2004年，市政协编撰石狮文史资料《石狮掌故》专辑，收录石狮市具有代表性的“风光名胜”“人文传奇”“民间故事”“民俗风情”。

2005年，市政协编撰石狮文史资料《石狮服饰》专辑。该书分“服装产业”“服装名城”“服饰文化”三部分，展示石狮服装业发展全貌。

2006年，市政协编撰石狮文史资料《石狮风云》专辑，收集石狮早期地下革命斗争以及抗日战争、解放战争、民主建政时期的情况，协助省政协文史委开展《福建摩崖石刻》《名人故居》等多个文史专题的征集工作，其中《林元品故居》《董云阁故居》《李子芳故居》被省政协文史委《名人故居》专辑采用。

2007年，市政协编撰石狮文史资料《石狮民俗》专辑，共计11万余字，图片100多幅，介绍石狮民俗的形成、演化等特色，配合泉州市政协文史委出版《泉州名人故居》。

2008年，市政协编撰石狮文史资料《石狮古厝》专辑，收集整理石狮特色古建筑。掌故、传奇、趣闻、逸事和照片。

2009年，市政协编撰石狮文史资料《石狮地名》专辑。

2010 年，市政协编撰石狮文史资料《我与石狮政协》专辑，讲述政协委员参政议政的经历。

2011 年，市政协编撰石狮文史资料《石狮往事》专辑。

2012 年，市政协编撰石狮文史资料《石狮侨影》专辑，通过讲述与华侨老照片相关联的史迹，重温华侨艰苦奋斗的历程和热爱桑梓的善举，弘扬华侨精神，与中共石狮市纪委编撰《廉政灯谜评析》。

2013 年，市政协编撰石狮文史资料《石台亲缘》专辑，反映石狮与台湾“五缘关系”的珍贵资料。在泉州地区率先成立县级政协文史资料室，收藏全国各地文史资料 2000 多册。与有关部门出版讲述杨丽婉夺冠历程一书——《妈妈，我终于看到国旗升起来了》。支持文史委成员李天锡教授出版《石狮文史散论》。

2014 年，市政协编撰石狮文史资料《鳌城稽古》专辑，反映永宁古卫城风采。《石台亲缘》被中国国家图书馆和中国政协文史馆收藏。与市文体局、图书馆联合制作 22 册政协文史资料电子文本，方便群众在线阅读。

2015 年，市政协编撰石狮文史资料《石狮宗祠》（上册）专辑，收录 67 篇石狮宗祠文稿和 500 多张珍贵照片。开展文史学术交流活动，参与市政府地名征集评选、《石狮导游词》编撰、《石狮谜语大会》评委等工作，拓宽文史资料为经济社会、精神文明建设服务渠道。

2016 年，市政协编撰石狮文史资料《石狮宗祠》（下册）专辑。

2018 年，市政协编撰石狮文史资料《不忘初心 砥砺奋进——石狮建市 30 年回眸》专辑。

2019 年，市政协编撰石狮文史资料《石狮寺庙建筑》专辑。

2020 年，市政协编撰石狮文史资料《石狮历史名人》专辑。

第十四节　社会服务工作

1991 年 3 月 22—23 日，市政协市区第一、第二委员活动组开展“学雷锋树新风，弘扬雷锋精神”咨询、便民利民服务系列活动，服务群众 500 多人次。

1992 年 2 月 19 日，市政协一届三次会议期间，政协委员和列席人员踊跃捐款 65000 元，资助贫困村祥芝镇赤湖前厝自然村发展生产，建设家园。

1994 年 2 月 22 日，市政协二届二次常委会议上，政协常委踊跃捐款 1.2 万元，支持修建扶贫大道。

2001年6月24日，市政协湖滨活动组举行庆祝中国共产党成立80周年座谈会，为慈善事业捐款26万元。

2001年7月20日，市政协宝盖活动组召开“庆申奥成功座谈会”暨慈善事业捐款仪式。宝盖镇社会各界向慈善事业捐款153万元。市领导郑栋梁、蔡志从、蔡马追、黄水源、许民权参加活动。

2002年9月，市政协机关工作人员向“爱心满泉州”慈善活动奉献爱心，共捐款1320元。

2002年11月21日，市政协文教卫体委、市华侨医院联合到祥芝镇后湖村举办“贯彻十六大精神、奉献爱心义诊活动”。

2004年11月18日，市政协文教卫体委、市华侨医院联合到蚶江镇莲西村开展送医送药活动。

2007年12月19日，市政协文教卫体委、石狮市华侨医院联合到祥芝镇湖西村开展义诊活动。

2008年5月14日，市政协机关开展向四川地震灾区捐款活动，机关人员共捐资5850元。

2008年8月25日，市政协灵秀活动组开展“金秋助学”活动，对3名灵秀籍贫困大学生给予资助，每人1000元。市图书馆及活动组联合向灵秀创业园文体中心赠书200册。

2008年12月10日，市政协宝盖活动组开展“迎新年、送温暖”活动，走访慰问“五保户”等困难弱势群体，送去粮油食品和慰问金。

2009年6月17日，市政协湖滨活动组、湖滨街道老年学校和玉湖老年学校在玉湖社区联合举办“健康知识讲座”，邀请中国抗癌协会福建省分会名誉会长、福建省老年健康长寿研究会副会长苏振国作《怎样活到一百岁》专题讲座。

2009年8月28日，市政协灵秀活动组开展“金秋助学”活动暨农家书屋捐赠仪式，对3名灵秀籍贫困学生给予资助。王金响委员向塔前村“农家书屋”捐助1万元。

2009年10月22日，市政协宝盖活动组到祥芝古浮慈爱老人福利院，看望孤寡老人，送去慰问金。

2009年12月12日，市政协宝盖活动组与石狮振狮医院，到革命老区宝盖镇杆头村开展义诊活动，为老区人民送医送药。

2010年4月19日，市政协澳门委员活动组在石狮举行捐赠活动，向青海玉树地震灾区捐助救灾款人民币20万元。部分委员捐款人民币60万元，为山区捐建希望工程“侨心小学”3所。

2010年5月17日，市政协永宁委员活动组、市佛教协会在永宁镇沙堤村委会联合开展“助残济困”活动，为82名受助对象发放慰问金共计24600元，赠送大米和食用油。

2010年9月1日，市政协灵秀活动组举行“金秋助学”活动。对3名灵秀籍贫困学生进行奖学资助。王金响委员向全市38家“农家书屋”捐赠价值3.2万多元书籍。

2010年10月1日，市政协办公室、蚶江活动组联合举办“树新风、献爱心”下乡义诊、免费赠药品、宣传爱国卫生等活动。

2010年11月26日，丁家全、吴清木率市政协文教卫体委到永宁镇浯沙村看望慰问孤寡老人和残疾人，市华侨医院为村民进行义诊、赠药。

2011年1月27日，市政协灵秀活动组到祥芝古浮慈爱老人福利院及永宁婷婷儿童院，看望慰问孤寡老人及孤儿，送去慰问金。

2011年8月26日，市政协灵秀委员活动组举行2011年“金秋助学”仪式，为3名灵秀籍贫困大学生各捐助3000元。

2012年3月21日，市政协机关联合市华侨医院、灵秀镇计生服务站、前廊村计生协会等单位到灵秀镇前廊村开展“学雷锋、树新风、献爱心”联合义诊活动。

2012年4月13日，市政协机关志愿者服务队与闽南理工学院志愿者服务队，在市区港南路——濠江路一带开展志愿者交通劝导文明出行活动。

2012年5月8日，市政协锦尚活动组与市华侨医院、市护理协会联合在万峰盛漂染织造有限公司开展“关爱外来工健康、促进企业二次创业”义诊活动，为近300位工人免费送医送药。

2012年5月22日，市政协永宁活动组和市残联、市佛教协会联合开展“关爱残疾人”慰问活动。

2012年8月28日，市政协灵秀活动组开展“金秋助学”捐助活动，捐助困难学子8名，颁发助学金4万元。

2012年9月5日，市政协蚶江活动组到市慈爱老人福利院、婷婷儿童院开展慰问活动。

2012年9月7日，市政协宝盖活动组开展慈爱助学活动，为宝盖镇10名学子捐款资助 3 万元。

2012 年 10 月 24 日，市政协机关志愿服务队联合锦尚活动组、市华侨医院、市图书馆，到锦尚镇杨厝村慰问该村孤寡老人，与老人们共度“重阳节”。

2012 年 12 月 12 日，市政协湖滨活动组开展扶贫济困慈善活动，为 14 名困难群众捐款 1.4 万元。

2013 年 1 月 23 日，市政协锦尚活动组到鼎盛、港溢等 12 家锦尚企业，走访慰问困难外来工。

2013 年 3 月 26 日，李丽月、吴清木率市政协机关党支部、机关志愿者服务队在双髻山开展“美丽石狮 绿满石狮”义务植树志愿服务活动。

2013 年 4 月 8 日，李丽月，施心新、吴清木率市政协机关干部、澳门委员活动组，到市慈爱老人福利院和市婷婷儿童院开展慰问活动。

2013 年 8 月 26 日，市政协灵秀活动组开展“金秋助学”捐助活动，共捐助困难学子 11 名，颁发助学金 3 万元。

2013 年 9 月 30 日，市政协蚶江活动组到蚶江中学开展 2013 年“金秋助学”活动，为 10 名贫困学生每人发放 1000 元助学金。

2013 年 10 月 22 日，市政协湖滨活动组、湖滨街道侨联开展“金秋助学”活动，为 15 名贫困大学生捐助 2.6 万元助学金。

2013 年 11 月 28 日，市政协香港委员活动组到永宁镇、锦尚镇，慰问特困失能老人。

2014 年 1 月，市政协领导到各挂钩联系村、社区以及挂钩帮扶对象家中，开展新春慰问活动。

2014 年 1 月 15 日，市政协鸿山活动组与石狮热电有限公司到鸿山镇东埔一村开展“关注困难户・春节送温暖”活动。

2014 年 1 月 17 日，市政协机关、政协之友书画院、锦尚活动组、市书法家协会及市华侨医院，到锦尚镇杨厝村开展“文化卫生下乡”结对共建活动。

2014 年 6 月 13 日，市政协鸿山活动组联合厦门眼科中心在鸿山镇东埔三村老人文体活动中心开展义诊活动。

2014 年 8 月 1 日，市政协机关和广电局外高村帮扶工作队进村入户开展帮扶活动，了解基层群众生产生活情况，认真倾听群众诉求，共同研究解决措施。

2014 年 8 月 25 日，市政协灵秀活动组开展“金秋助学”活动，共捐助困难学子 9 名，颁发助学金 3 万多元。

2014 年 12 月 26 日，施心新率市政协台港澳侨民宗委、市侨台外事局、市侨联、市佛教协会到永宁、锦尚、宝盖开展慰问帮扶贫困归侨、台胞活动。

2015 年 2 月，市政协领导到永宁洋厝、凤里华南、蚶江莲塘、锦尚卢厝等挂钩联系村、社区走访慰问，并到锦尚杨厝开展文明单位结对帮扶活动。

2015 年 2 月 4 日，在锦尚镇杨厝村开展市政协文化卫生科普下乡活动，李丽月、施心新带队走访慰问结对帮扶困难户，并送上慰问金。

2015 年 6 月 4 日，市政协机关志愿服务队赴大山屿开展“关爱海岛·保护鸟类——大山屿海岛生态环境保护”志愿活动，推动海岛生态环境保护，共建绿色家园。

2015 年 7 月，李丽月、吴清木率市政协机关党支部和机关志愿服务队，到林边社区开展志愿服务，并为社区困难党员和困难户送上慰问金。

2015 年 8 月 25 日，市政协机关党支部与灵秀活动组联合开展“金秋助学”活动，为 8 名贫困大学生送上助学金。

2016 年 1 月，市政协领导慰问华仑社区、大仑社区计生困难户到锦尚杨厝村、锦尚村，湖滨街道林边社区开展文明单位结对帮扶活动。

2016 年 1 月 26 日，市政协机关在永宁镇塔石村开展“下基层、解民忧、送温暖、办实事”活动。

2016 年 8 月 22 日，市政协机关党支部、志愿者服务队与灵秀活动组联合开展“金秋助学”帮扶活动，为灵秀镇多名贫困大学生助学。

2016 年 9 月 13 日，林自育、吴清木率市政协机关党员，到湖滨街道林边社区开展慰问活动。

2016 年 10 月 9 日，李丽月、林自育、吴清木到锦尚镇慰问挂钩困难群众。

2017 年 1 月，市政协开展 2017 年春节慰问活动。市政协领导分别带队慰问机关离退休干部职工、市政协领导联系的老干部、挂钩村帮扶困难户。

2017 年 1 月，市政协宝盖活动组开展新春慰问活动，捐资 5000 元慰问 10 户困难户。

2017 年 1 月，市政协凤里活动组参与凤里街道组织的“迎新春，送温暖”活动，捐资 1 万元慰问低保户。

2017 年 1 月 22 日，市政协祥芝活动组开展“2017 年春节慰问贫困学子”活动，向 5 名学生每人发放助学金 3000 元。

2017 年 3 月 3 日，市政协机关志愿服务队人员参加“石狮红·志愿汇”2017 年学雷锋志愿服务系列活动暨石狮市志愿服务城市馆启用仪式。

2017年3月7日，市政协、市红十字会、市湖滨街道林边社区在湖滨街道林边社区居委会三楼联合举办志愿者应急救护培训。

2017年5月19日，市政协宝盖活动组向永春县东关镇外碧小学捐赠5万元，用于完善教学设施。

2017年6月23日，市政协组织机关志愿者服务队以“洁净海滩 你我同行”为主题，围绕“六项治理”中的美化市容环境到黄金海岸开展集中志愿服务活动。

2017年6月28—30日，市政协组织机关志愿服务队人员前往林边社区开展文明劝导志愿服务，协助落实创城工作。

2017年8月9日，市政协澳门活动组召开座谈会并向25个开展创建精神文明工作的社区赠送卫生清洁设备。林自育、郭丽莲参加活动。

2017年9月6日，市政协蚶江活动组开展“同心善行”活动，走进慈爱老人福利院并送去慰问金和优质大米、油、米粉等慰问物资，总价值2万元。

2017年10月18日，市政协第七届蚶江活动组开展的2017年“金秋奖学”活动，向蚶江中学18名品学兼优的贫困学生每人颁发1000元的奖学金，共计1.8万元。

2018年1月30日，市政协在永宁镇永宁第二社区开展2018年度新春“三下乡”活动，并对部分困难群众进行了慰问。

2018年2月6日，市政协开展2018年春节慰问活动。市政协领导分别带队慰问机关离退休干部职工、市政协领导联系的老干部、挂钩村帮扶困难户。

2018年2月9日，市政协祥芝活动组开展春节慰问孤寡老人及困难户活动，向全镇11名孤寡老人及困难户送上米粉和慰问金。

2018年3月12日，市政协机关的党员志愿者们前往湖滨街道林边社区为社区老人们开展“春暖石狮红——党建引领志愿服务暖人心”公德宣讲志愿服务活动。

2018年5月，市政协凤里活动组向宽仁社区居委会捐赠2万元，新华社区居委会捐赠3万元，支持基层服务设施建设。

2018年7月，市政协凤里活动组捐资2.65万元慰问凤里街道结对帮扶的永春县呈祥乡40户贫困家庭。

2018年9月25日，市政协蚶江活动组、通达集团党支部联合开展的2018年“金秋奖学”活动，向蚶江中学18名品学兼优的学生每人颁发1000元的奖学金。

2018年9月29日，市政协宝盖活动组与镇商会、侨联筹集3万元爱心款，捐赠给政和县星溪乡同心光彩敬老院。

2018 年 10 月 26 日，市政协蚶江活动组联合石狮青商会蚶江活动组赴永春县苏坑镇、德化县杨梅乡慰问困难群众，为 40 名困难群众和品学兼优学生发放了石狮海产品及慰问金共 20000 元。

2018 年 11 月，市政协领导前往各自挂钩联系的镇（街道）、结对帮扶村（社区）、挂钩企业及挂钩帮扶贫困户家中走访、慰问。

2018 年 11 月 15 日至 12 月 15 日，市政协机关组织机关志愿服务队成员到指定路段开展“文明交通专项整治月”活动引导。

2018 年 12 月，市政协宝盖活动组开展慰问活动，捐资 1.3 万元资金慰问困难户。

2019 年 1 月 23 日，市政协开展 2018 年春节慰问活动。市政协领导分别带队慰问机关离退休干部职工、市政协领导联系的老干部、挂钩村帮扶困难户。

2019 年 1 月 24 日，市政协到灵秀镇彭田村开展 2019 年度新春“三下乡”活动。

2019 年 1 月 30 日，市政协锦尚活动组慰问锦尚 32 户贫困残疾人家庭，共发放慰问金 16000 元。

2019 年 3 月 5 日，市政协机关参加“助力新灵秀 建功新时代”2019 年“学雷锋纪念日”主题活动

2019 年 3 月 28 日，市政协机关联合凤里街道华南社区，在实验小学开展系列精神文明创建活动。市政协文史学宣委副主任洪亚怀以“春风化雨泽千秋”为题，为到场的市政协机关工作人员、华南社区、实验小学师生和家长代表，奉上了一场“家风家训”专题讲座。

2019 年 4 月 10 日，市政协机关党支部到石狮市湿地公园开展“保护湿地公园 共建美好家园”党员主题日活动。

2019 年 5 月 15 日，市政协祥芝活动组与祥芝镇莲江小学共同举行“南音人才培育共建基地”签约揭牌仪式，活动组向莲江小学捐赠 2 万元。

2019 年 6 月 4 日，市政协机关联合华南社区、五洲大酒店以“青粽飘香 情暖社区”为主题，开展了端午节慰问活动。组织社区党员、社工及志愿者分别入户走访慰问辖区内的高龄老人、病困残疾人、低保户。

2019 年 7 月 19 日，市政协蚶江活动组赴政和县开展“山海协作助力精准扶贫活动”，为 30 户困难户送去石狮海产品及慰问金共 2 万元。

2019 年 9 月 11 日，市政协机关党支部联合华南社区党委及其共建单位以“中秋共度聚人心 共驻共建汇力量”为主题开展庆中秋及慰问活动。

2019 年 9 月 25 日，市政协蚶江活动组、通达集团党支部联合开展 2019 年“金秋助学”活动，向蚶江中学 18 名品学兼优的学生每人颁发奖学助学金 1000 元。

2019 年 10 月 22 日，市政协组织机关党员志愿者、华南社区党员志愿者及社工联合开展志愿服务活动，入户帮助社区的老年人进行城市居民社会养老保险待遇领取资格认证。

2020 年 1 月 13 日，市政协开展 2020 年度新春“三下乡”走进蚶江村活动，通过义诊送药、书赠春联、科普宣传、赠送书籍、灯谜展猜等活动，将“文化、卫生、科技”送下乡。

2020 年 2 月 27 日，市政协机关联合华南社区开展“清洁家园 共抗疫情”主题党日活动。

2020 年 3 月 7 日，市政协锦尚活动组向石狮市医院捐资 2 台心电监护仪（价值 4 万元），为坚决遏制疫情扩散、夺取防控斗争胜利贡献政协力量。

2020 年 3 月 6 日，市政协机关与华南社区在星期 YI 创意园华南社区党员服务中心联合开展“华南社区城市基层党建服务活动——疫情防控宣传与服务活动”。

2020 年 3 月 26 日，市政协机关与华南社区第二党支部联合开展“共驻共建一条心 联防联控抗疫情”志愿服务宣传活动。党员志愿者与社区志愿者齐心协力，用“敲锣喊话”的方式向辖区居民群众宣传并分发《再致全市人民一封信》、疫情期间暂停清明祭扫活动以及个人疫情防控防护知识等宣传材料。

2020 年 6 月 24 日，市政协机关与华南社区、石狮农商银行联合开展“践行新思想、情系高龄老人”端午走访慰问活动，走访慰问辖区内的高龄老人、低保户。

2020 年 7 月 1 日，市政协机关联合华南社区开展“我是党员我担当——清洁家园”主题党日活动。

2020 年 7 月 15 日，市政协联合华南社区开展“共驻共建同携手 文明创城聚合力”主题党日活动。

2020 年 8 月 28 日，市政协机关志愿服务队与华南社区党委联合开展“厉行节约、反对浪费”文明倡导志愿服务活动。

2020 年 9 月 25 日，市政协机关与华南社区党委联合开展 “红飘带”志愿服务引领新时代文明实践活动，通过开展环保宣传、普法宣传、便民服务、卫计咨询等形式帮助社区群众排忧解困。

2020 年 10 月 22 日，市政协机关联合市慈善总会到凤里街道华南社区、永宁镇第二社区开展重阳节慰问活动，对辖区内的困难户、孤寡老人进行走访慰问。

第十五节 联络接待工作

一、全国政协在石狮调研视察

1991年10月7日，全国政协科教委主任周巍峙在石狮视察教育、文化工作。

1992年2月23日，全国政协副主席程思远在石狮考察。省政协副主席许集美陪同。

1992年2月23日，驻闽的全国政协委员考察组在石狮视察。

1993年11月12日，全国政协常委、全国妇联原副主席黄甘英率全国政协妇青委在石狮调研全家福时装有限公司、蚶江镇华联针织漂染厂等“三资”企业中女工、青工生产生活状况。吴彦南陪同。

1993年12月6日，全国政协副主席、中共中央统战部部长王兆国在石狮视察龙珠岛制衣实业有限公司和恒兴制衣有限公司，并举行座谈会。福建省委副书记林开钦，泉州市领导林文麟、丘广钟、傅圆圆、刘成业、陈再成，石狮市领导吴彦南、邱家赞、周真平陪同。

1995年12月18日，全国政协副主席、中共中央统战部部长王兆国在石狮考察闽南黄金海岸、永宁对台贸易试验点、融盛汽车联营厂、玖益服装有限公司及王氏仁森机构。省委常委、省委秘书长黄瑞霖、泉州市领导何立峰、傅圆圆、骆灿堂、何国栋及石狮市领导陪同。

1996年11月23日，全国政协常委李鹿野率全国政协外事委在石狮视察，并举行座谈。

1997年10月20日，全国政协副主席阿沛·阿旺晋美率全国政协民族和宗教委员会在石狮考察群英路旅游购物街、林边塑料玩具厂、玖益时装发展公司考察改革开放、经济发展、民族团结和社会进步等有关情况。省政协副主席陈增光和泉州市政协副主席叶聪敏陪同。

1998年11月，中共中央政治局常委、全国政协主席李瑞环在石狮视察。

1998年11月3日，全国政协副主席罗豪才、张克辉率全国政协港澳台侨委员会调查组在石狮调研闽南黄金海岸度假村、石湖码头、六胜塔海峡两岸交流情况，听取汇报。省政协副主席陈增光，泉州市政协副主席张章炳、王仁杰，市领导朱新民、蔡明元、许民权陪同。

1998 年 11 月 4 日，全国政协副主席杨汝岱在石狮视察。省政协副主席刘金美、副秘书长俞贤光，泉州市政协主席傅圆圆，市政协主席吴彦南陪同。

1998 年 12 月 27 日，全国政协副主席李贵鲜在石狮调研黄金海岸度假村、文行灯饰有限公司、玖益时装有限公司和小商品街，听取汇报。省政协副主席陈增光，泉州市政协主席傅圆圆，市领导郑栋梁、吴彦南、李健康陪同

1999 年 6 月 16 —17 日，全国政协常委、社会法制委副主任王大明在石狮调研劳动就业体制机制情况。

2001 年 4 月 23 日，全国政协副主席万国权在石狮市视察运输市场和整顿规范市场经济秩序情况。

2001 年 7 月 6 —7 日，全国政协副主席周铁农及部分全国政协委员在石狮调研闽南海洋世界。市领导郑栋梁、蔡志从、庄金平陪同。

2001 年 11 月 23 日，全国政协副主席任建新在石狮考察富贵鸟集团、通达集团和石湖港，听取汇报。省政协副主席陈家骅，泉州市政协副主席刘佳景，市领导蔡志从、高云程陪同。

2001 年 12 月 17 日，全国政协副主席张思卿在石狮考察富贵鸟集团、鸳鸯池布料市场、闽南黄金海岸度假村及闽南海洋世界。省人大常委会原副主任郑义正、省政协副秘书长陈新华，泉州市政协副主席叶聪敏，市领导蔡志从、骆建国陪同。

2003 年 11 月 29 日，全国政协副主席张克辉在石狮考察。省政协副主席叶家松、吴新涛和省政协原副主席陈荣春陪同。

2004 年 1 月 28 日，全国政协副主席罗豪才在石狮考察石狮服装城、石狮市“四馆一场一中心”文体设施、大帝集团、龙诚纺织实业有限公司、石湖港区、富贵鸟集团，听取汇报，并座谈。省政协副主席王钦敏、泉州市政协副主席陈敬聪，市领导李建国、高云程、黄水源、吴清含、骆建国、王爱恳、张贻山、李丽月、郭丽莲陪同。

2004 年 11 月 30 日，上海市政协党组书记、主席蒋以任和全国政协常委、民建中央副主席、上海市政协副主席黄关从率在沪的全国政协委员团在石狮考察。省政协副主席苍震华、泉州政协副主席陈敬聪，市领导李建国、高云程、丁家全、王有官、施心新陪同。

2005 年 4 月 19 日，全国政协副主席张思卿在石狮考察富贵鸟集团、华丰纺织国际集团有限公司、昇邦电子科技有限公司、永信电脑设计制造有限公司。省人大常

委会原副主任郑义正、泉州市政协副主席刘佳景，市领导高云程、丁家全、陈衍泽陪同。

2005 年 10 月 28 日，全国政协副主席张克辉率全国政协委员赴闽视察团在石狮视察。省政协副主席黄瑞霖、苍震华、叶家松，泉州市政协主席林荣取、副主席何国栋、陈敬聪陪同。

2007 年 4 月 7 日，全国政协港澳台侨委副主任何少川在石狮调研石狮服装城、石湖港区、通达集团和富贵鸟集团、永宁镇前埔村、石狮日报社，听取汇报。市领导黄源水、丁家全陪同。

2007 年 5 月 10 日，全国政协机关事务管理局副巡视员程瑾、国家卫生部保健局副局长李宁在石狮考察。省政协办公厅接待处处长董奕，泉州市政协副秘书长万国章，市领导黄源水、丁家全、郭丽莲陪同。

2007 年 6 月 28 日，华东六省一市第十四次政协工作座谈会的代表在石狮考察石狮服装城、石狮市富贵鸟集团。省政协主席梁绮萍、副主席叶家松，泉州市委书记郑道溪、泉州市政协主席林荣取、副主席吴共湖、苏小青，市领导黄源水、高云程、丁家全、黄章煌、吴清木陪同。

2010 年 5 月 23 日，全国政协文史和学习委员会副主任卞晋平率全国政协文史和学习委在石狮富贵鸟集团、大帝集团考察海峡西岸经济区经济与文化发展情况。省政协文史和学习委员会副主任程润江、泉州市政协副主席骆沙鸣陪同。

2010 年 7 月 1 日，全国政协副主席阿不来提·阿不都热西提在石狮考察 PTA 项目。省政协副主席李祖可，市领导黄南康、丁家全、佘日杰、施心新陪同。

2012 年 1 月 26 日，全国政协副主席阿不来提·阿不都热西提在石狮考察 PTA 项目。泉州市政协主席杨俊峰、副主席吴共湖，市领导张永宁、黄南康、张贻山、刘德旺、吴清木陪同。

2012 年 6 月 15 日，全国政协副主席、民建中央第一副主席张榕明在石狮考察大帝集团和佳龙石化公司。省政协副主席郭振家、泉州市政协副主席陈益，市领导张贻山、黄章煌、吕培榕陪同。

2013 年 9 月 25 日，由全国政协教科文卫体委员会副主任马德秀率全国政协调研组在石狮专题调研闽南理工学院 “高等教育质量建设”情况，并座谈。泉州市政协副主席苏小青，市领导张贻山、李丽月、杜举胜陪同。

2017 年 4 月 13 日，全国政协文史和学习委员会副主任叶小文在石狮开展“海上丝绸之路文化遗产保护和利用”专题调研。省政协文史和学习委员会主任陈必滔、泉州市政协副主席骆沙鸣，市领导朱启平、林天虎、林志鹃、陈东华陪同。

2019 年 4 月 17 日，云南省政协主席李江率住滇的全国政协委员和云南省政协委员考察团在石狮视察“突出创新驱动，推动产业高质量发展”情况，实地考察石狮市通达集团、市场采购贸易试点、青创城等。福建省政协副主席张兆民，泉州市政协王瑞强副主席，市领导朱启平、林自育、陈宏、陈贤明陪同。

二、福建省政协在石狮调研视察

1991 年 6 月 15 日，省政协副主席许集美在石狮检查工作，听取石狮市贯彻落实《中共中央关于坚持和完善中国共产党领导的多党合作和政治协商制度的意见》文件精神和市委如何加强政协工作等情况汇报。吴彦南陪同。

1991 年 7 月 9 日，省政协副主席高胡在石狮考察市看守所和女子收容教育所，听取汇报。市领导刘成业、黄源水、蔡明元、高铭群陪同。

1992 年 1 月 11 日，省政协副主席高胡率省、泉州市总工会、环保局、劳动人事局在石狮视察三资企业劳动法规实施情况。

1995 年 12 月 1—3 日，省政协文教卫体委在石狮调研“双休日职工群众的文化生活”情况。

1996 年 4 月 24—26 日，省政协副主席周厚稳率省政协学委会在石狮调研胸罩服装厂、龙珠岛制衣实业有限公司，并举行座谈会。吴彦南陪同。

1996 年 5 月 8—11 日，省政协文教卫体委副主任李裕德、陈锐率省政协文教卫体委在石狮专题调研宝盖镇塘头卫生所、蚶江镇卫生院、永宁镇卫生院、永宁镇的梅林卫生所、沙堤村、郭坑村个体卫生所“农村卫生及预防工作”，听取汇报。泉州市政协副主席郑今奋陪同。

1996 年 10 月 10 日，省政协常委、社会法制委副主任韦立率省政协社会法制委在石狮专题调研企业职工“四职教育”和“平等协商，集体合同”制度落实情况。

1997 年 4 月 30 日，省政协常委、台港澳侨联络委副主任林大穆在石狮调研企业投资软环境情况。

1997 年 5 月 4 — 6 日，省政协法制委员会副主任韦立在石狮专题调研“家庭伦理道德建设”情况。泉州市政协主席傅圆圆陪同。

1997 年 5 月 31 日，省政协副主席林开钦在石狮调研市自来水厂、德宝纺织厂、莲中蔬菜基地、祥芝科技园，并举行座谈会。泉州市政协副主席叶聪敏陪同。

1998 年 9 月 19 日，省政协副主席、民进福建省委会主委林逸在石狮视察绿洲读书社、民进石狮支部。市领导许民权、郭丽莲陪同。

1999 年 4 月 27 日，省政协社会法制委员会副主任李联明在石狮调研社会保障问题及非国有企业职工参加社会保险情况。

2000 年 4 月 11 日，省政协经济科技委员会副主任尤珩、孙新峰在石狮调研祥芝渔港港建及港务管理的情况。

2000 年 4 月 22 日，省政协经科委副主任王振生在石狮调研高新技术产业状况。

2001 年 3 月 21 日，省政协学习宣传委许和农、潘心雄副主任在石狮专题调研“增进公民道德建设实效性”情况。

2001 年 5 月 15—16 日，省政协主席陈明义率省政协文教卫体委员会在石狮调研社会力量办学情况，并听取汇报。泉州市领导刘德章、施永康、傅圆圆、洪泽生、郑今奋，市领导郑栋梁、蔡志从、刘见永、王有官陪同。

2001 年 5 月 29 日，省政协常委、提案委副主任叶榕生，省政协常委、民革泉州市委员会主委吴同在石狮检查省政协“为提高防灾减灾能力，石狮市应加快气象现代化建设步伐”提案的办理落实情况。

2001 年 6 月 19 日，省政协经科委副主任沈继武率省政协经济科技委员会在石狮调研华宝集团和盖奇制衣有限公司等民营企业发展状况。

2001 年 8 月 8 日，省政协办公厅副主任王健、省政协科技委员会副主任王振生、钱匡武及各地（市）政协主席在石狮考察民营经济发展状况。泉州市政协副主席陈敬聪陪同。

2002 年 5 月 9 日，省政协经科委副主任林思翔在石狮调研“发展农村各类中介组织”情况。

2003 年 4 月 10 日，省政协副主席苍震华在石狮调研灵秀镇“如何公正对待农民工的问题”，并举行座谈会。泉州市政协副主席刘佳景陪同。

2003 年 4 月 10 日，省政协经科委副主任卓超率省政协经科委在石狮专题调研厝仔村、石湖工业园区、港口建设以及大帝集团“农村工业化”情况。

2004 年 3 月 11 日，省政协经科委调研组在石狮专题调研“加快发展中心城市”情况。泉州市政协副主席陈敬聪，市领导吴清含、王金战、高文俱、佘日杰、王有官、施心新陪同。

2004 年 4 月 22 日，省政协副主席陈家骅率省政协经科委调研组在石狮专题调研富贵鸟集团、盖奇制衣有限公司、石狮市服装城和鸳鸯池布料市场“壮大主导产业及其产业集群”情况，并座谈。泉州市政协副主席叶聪敏陪同。

2005 年 5 月 10 日，省政协副主席王钦敏率省政协调研组在石狮调研明祥海产品加工厂、祥芝国家一级渔港和石湖码头海洋经济发展情况，听取汇报。泉州市政府副市长洪泽生、泉州市政协副主席何融融，市领导丁家全、刘德旺、施心新陪同。

2005 年 9 月 2 日，省政协主席陈明义率驻闽的全国政协委员视察团在石狮视察石湖港区、富贵鸟集团、石狮服装城。省人大常委会副主任陈营官，省政协副主席邹哲开、陈家骅、苍震华、吴新涛，泉州市政协主席林荣取、副主席郑今奋、何融融，市领导许昆贞、高云程、佘日杰陪同。

2005 年 11 月 11 日，全省文史资料工作座谈会代表在石狮考察六胜塔、石湖码头、黄金海岸、姑嫂塔。泉州市政协副主席王仁杰，市领导丁家全、佘日杰陪同。

2005 年 12 月 20 日，省政协副主席潘心城在石狮调研彬伊奴、菲华金丘企业诚信文化建设情况。泉州市人大常委会副主任周子澄，泉州市政协副主席郑今奋，市领导黄源水、丁家全、佘日杰、黄章煌陪同。

2006 年 4 月 5 日，省政协副主席叶家松在石狮调研蚶江镇水头村、蚶江十一孔闸和城市污水处理厂工地海洋防灾减灾工作。泉州市政府副市长洪泽生、泉州市政协副主席陈敬聪陪同。

2006 年 4 月 12 日，省政协副主席苍震华率省政协社会和法制委在石狮调研禁毒工作。泉州市政协副主席陈敬聪，市领导丁家全、陈昌隆、王有官陪同。

2006 年 6 月 29 日，省政协副主席、省科技厅厅长王钦敏在石狮调研纺织、服装、鞋业、机电等科技型企业，听取汇报。市领导黄源水、丁家全、郭丽莲陪同。

2006 年 9 月 6—7 日，省政协经济科技委员会副主任林方磊、吴德厚在石狮调研鸿山热电厂选址、石湖码头、商业步行街、石狮服装城、大帝集团，听取汇报。市领导黄源水、高云程、陈昌隆、佘日杰、施心新陪同。

2006 年 9 月 26 日，省政协文教卫体委员会主任林景华率省政协调研组在石狮调研职业教育发展情况。泉州市政协副主席林玉莲，市领导丁家全、郭丽莲、王有官陪同。

2007 年 5 月 18 日，省政协副主席陈家骅在石狮调研华景集团有限公司、石狮服装城。泉州市政协副主席陈敬聪，市领导黄源水、丁家全、佘日杰、施心新陪同。

2007 年 7 月 24 日，省政协副主席苍震华率工会、共青团、青联、妇联、社科界省政协委员组成的视察团在石狮调研“依法维护残疾人权益，努力促进残疾人就业”。泉州市政协副主席苏小青，市领导黄源水、丁家全、林仁达、陈昌隆、王有官陪同。

2007年11月18日，省政协副主席黄瑞霖在石狮考察《收藏快报》和东方收藏馆。市领导泉黄源水、高云程、丁家全、张贻山、李丽月陪同。

2008年9月18日，省政协副主席陈芸在石狮视察凤里街道五星社区、加多宝饮料公司、永宁镇前埔村流动人口服务管理工作情况。泉州市政协副主席吴共湖陪同。

2009年5月26—27日，省政协副主席邓力平率调研组在石狮专题调研“加强农村环境整治，促进新农村建设”情况。调研组到中心区城市污水处理厂、鸿峰环保生物工程有限公司、闽南理工学院、蚶江镇厝仔村、永宁镇前埔村、黄金海岸调研，听取汇报。泉州市政协副主席陈敬聪，市领导丁家全、洪维陆、杜举胜、施心新陪同。

2010年5月12日，省政协社会法制委副主任江爱华率省政协“基层消防基础工作”调研组在石狮调研玉湖社区和前埔村消防安全工作开展情况。泉州市政协副主席苏小青，市领导丁家全、杜举胜、王有官陪同。

2010年6月10日，省政协人口资源环境委员会主任张学梅率视察团在石狮视察黄金海岸、伍堡工业集控区、祥芝中心渔港近岸海域环境状况。泉州市政协副主席傅福荣、骆沙鸣，市领导丁家全、许赞成、陈元生、洪维陆、施心新陪同。

2010年10月20日，省政协副主席、省新闻出版局局长郭振家在石狮检查第二届海峡印刷技术展览会筹备情况。省新闻出版局副局长陈忠财，泉州市副市长潘燕燕陪同。

2011年11月11日，福建医科大学副校长、附属第一医院院长林建华率福建医科大学省政协委员在石狮调研“县级医疗机构改革进展情况”。泉州市政协副主席陈元殿，市领导丁家全、林介平、王有官陪同。

2011年11月29日，省政协经济委副主任、省国税局原局长张金水率省政协经济界委员在石狮专题调研通达集团、鼎日光电公司“发挥税收职能作用，促进经济发展方式转变”情况。

2012年6月12日，省政协社会法制委副主任黄家铭在石狮专题调研“加强依法治理、推进道路交通安全法制建设”。调研组到市客运中心站、环城高速公路石狮互通口、交通事故多元调解中心调研，并座谈。市领导杜举胜、施心新、吴清木陪同。

2012年7月24日，省政协主席梁绮萍，省政协副主席兼秘书长张燮飞，省政协副主席、省委统战部部长雷春美，省政协副秘书长林岗然在石狮考察。到闽南理工学院考察，听取汇报，并向闽南理工学院董事长许景期颁发省政协委员爱心捐赠专项资金证书。泉州市政协主席杨俊峰、副市长周真平，市领导林自育、杜举胜、黄章煌陪同。

2012年9月21日，省政协教科文卫体委员会副主任、省科协副主席叶顺煌率省政协科协界委员调研科普场馆建设情况。泉州市政协副主席骆沙鸣陪同。

2012年10月11日，省政协社会法制委主任陈保明率全省政协社会和法制工作座谈会与会代表在石狮考察富贵鸟公司、黄金海岸。泉州市政协副主席王瑞强，市领导李丽月、高文俱、吴清木陪同。

2013年5月8日，省政协副主席陈绍军率省政协调研组在石狮专题调研“积极稳妥推进福建省城镇化建设”情况。泉州市政协副主席李冀平，市领导张永宁、张贻山、李丽月、刘德旺、黄章煌、施心新陪同。

2013年6月26日，省政协副主席薛卫民率领省政协调研组在石狮调研社区矫正队伍建设工作。泉州市政协副主席王瑞强，市领导李丽月、吴清木陪同。

2013年9月11日，省政协教科文卫体委员会主任、省卫生厅原厅长杨平在石狮专题调研取消药品加成落实情况。市领导李丽月、庄宝玲陪同。

2013年9月12日，省政协副主席陈绍军在石狮调研取消药品加成落实情况。

2014年3月6日，以泉州市政协副主席王瑞强为副组长的省政协调研组在石狮专题调研减轻基层组织负担情况。调研组到凤里华南社区、湖滨花园城社区，永宁前埔村、郭坑村调研，听取汇报，并征求意见和建议。市领导李丽月、吴清木陪同。

2014年7月8日，省政协副主席郭振家率调研组在石狮督办调研《关于加快我省海洋产业发展的建议》重点提案办理情况。到市海洋生物科技园区、华宝海洋生物化工有限公司、祥芝国家中心渔港调研。泉州市政协副主席吴共湖，市领导李丽月、张鸰翔、施心新陪同。

2014年7月23日，省政协港澳台侨和外事委副主任、省贸促会会长张秋在石狮调研侨资企业发展环境。到石狮龙祥制革有限公司、福建清源科技有限公司、威兰西（中国）服饰有限公司调研，并举行座谈会。市领导李丽月、陈元生、施心新陪同。

2014年10月16日，省政协副主席陈绍军在石狮视察“我省高校办学质量提升状况”。市领导李丽月、杜举胜、黄章煌陪同。

2017年9月26—27日，省政协副主席杨根生在石狮开展提案办理协商工作专题调研，实地视察通达智能硬件项目、“海丝三宝”——六胜塔、万寿塔、林銮渡申报世界文化遗产、永宁古卫城和城隍庙城隍文化节活动情况。泉州市政协副主席骆沙鸣，市领导黄春辉、林自育、林志鹃、丁东福陪同。

2017 年 10 月 19 日，省政协副主席薛卫民在石狮永宁郭宅、第一社区开展“加强太阳能在美丽乡村建设中的运用与推广”专题调研。林自育、陈贤明陪同。

2018 年 5 月 9 日，省政协副主席阮诗玮在石狮市蚶江镇卫生院、石湖村委会、石渔村卫生所、永宁镇郭坑村等地视察少数民族村基层卫生工作。泉州市政协副主席王瑞强，市领导林自育、张汉杰、郭丽莲陪同。

2018 年 8 月 23 日，省政协副主席刘献祥到石狮祥芝中心渔港、华宝明祥水产公司、海星生物科技公司、海峡渔文化博物馆等地，开展《“一带一路”视野下的福建海洋文化产业发展建议》重点提案调研活动。泉州市政协副主席骆沙鸣，市领导林自育、李斌、陈东华陪同。

2019 年 4 月 24 日，省政协民族和宗教委员会主任杨江帆在石狮开展少数民族特色村寨工作调研，到蚶江镇石渔回族村、永宁镇郭坑回族村，了解少数民族特色村寨经济社会发展和保护情况。泉州市政协副主席王瑞强、石狮市政协副主席郭丽莲陪同。

2019 年 7 月 12 日，省政协主席崔玉英到石狮通达电子集团、闽南理工学院调研，并在市政协机关召开座谈会。泉州市政协主席李转生，石狮市政协主席林自育陪同。

2020 年 5 月 14 日，省政协委员泉州活动小组在石狮开展调研活动，调研组到泉州鹏泰服饰有限公司、石狮正源水产科技开发有限公司、福建省左海国际物流有限公司，了解企业疫情防控措施，复工复产中遇到的困难和问题。

2020 年 8 月 6 日，省政协副主席薛卫民在石狮开展“加大老年教育供给”重点提案督办调研。调研组一行先后来到蚶江老年学校、石狮市老年大学，详细了解两所老年学校教育工作开展情况，并召开座谈会。泉州市政协副主席王春金，市领导林自育、陈东华陪同调研。

2020 年 8 月 13 日，省政协副主席洪捷序在石狮开展“培优做强重点产业，推进‘十四五’产业基础高级化和产业链现代化”课题调研。调研组深入飞通通讯、卡宾服饰等企业，实地了解高新民营制造业的基本情况、制约民营制造业的突出问题以及支持民营制造业相关政策的落实情况。

三、泉州市政协在石狮调研视察

1995年11月7日，泉州市政协副主席曾惠华率泉州市政协经科委在石狮视察“菜篮子”工程、冬修水利情况和20万吨自来水工程。到灵秀水库、西岑海堤、蚶江海堤、前埔蔬菜基地、诚信养殖公司、20万吨自来水工程视察，听取汇报。

1995年11月23日，泉州市政协副主席王文泰在石狮视察石狮市“菜篮子”工程建设情况。市领导禹宾熙、许民权陪同。

1996年7月22日，泉州市政协教育卫生体育委在石狮调研比力矿泉水厂、湖滨制冷食品厂、京狮饮料厂、霁宝矿泉水厂的食品卫生检疫检验情况。

1996年7月，泉州市政协副主席曾惠华在石狮视察社会治安综合治理和“严打”斗争的工作情况。到湖滨派出所、灵秀镇派出所、湖滨办事处新湖村、凤里办事处大仑村视察，并举行座谈会。市领导黄源水、吴彦南、王文雅陪同。

1996年8月6—8日，泉州市政协副主席张章炳率泉州市政协文教卫体委在石狮调研中小学德育工作。

1996年11月12—13日，泉州市政协主席傅圆圆率驻永春的泉州市政协委员在石狮视察扶贫奔小康工作。到蚶江镇厝仔村、永宁镇金埭村、石湖港万吨级码头和20万吨自来水厂视察，听取汇报。市领导吴彦南、许民权陪同。

1997年12月8日，泉州市政协副主席薛天赐率驻安溪的泉州市政协委员在石狮视察。到德宝织染有限公司、建新表业有限公司、石湖码头、梅林码头、黄金海岸度假村及花园城视察，听取汇报。

1998年9月10日，泉州市政协副主席张章炳率市政协社会法制委在石狮专题调研维护政协委员权益工作。

1998年11月5日，泉州市政协主席傅圆圆、泉州市政协副主席薛天赐率驻德化的泉州市政协委员在石狮视察。到闽南黄金海岸度假村、海洋世界、石湖万吨码头、文行灯饰有限公司、林边塑胶玩具厂视察。市委书记、代市长郑栋梁陪同。

1998年12月1日，泉州市政协副主席薛天锡率市政协经科委在石狮专题调研科技与经济结合问题。

1999年4月14日，泉州市政协副主席叶聪敏率调研组在石狮专题调研石光中学、华侨中学、育青学校、永宁中学“发展高中阶段教育问题”。市政府副市长郭丽莲陪同。

2000年4月12日，泉州市政协副主席薛天锡率市政协经科委在石狮专题调研“十五”计划有关工作。

2000年9月1日，受中共泉州市委的委托，泉州市政协党组成员、政协副主席、统战部部长何国栋率检查组在石狮检查落实省委加强政协工作情况。

2000年11月30日至12月1日，泉州市政协副主席、永春县委书记张贻伦率驻永春的泉州市政协委员在石狮视察。视察组到蚶江镇厝仔村、蚶江村、石湖码头、祥芝镇大堡污控区、富贵鸟鞋业公司、闽南黄金海岸度假村视察，听取汇报。市领导高云程、蔡志从、许民权、王有官陪同。

2001年8月20日，泉州市政协副主席刘佳景、何融融在石狮检查《中共福建省委关于进一步加强人民政协工作若干问题的决定》文件的贯彻落实情况。市领导蔡志从、骆建国、黄水源陪同。

2001年8月21日，泉州市政协主席傅圆圆、泉州市政府副市长廖小军、泉州市政协副主席叶聪敏、刘佳景、郑今奋、何融融、陈敬聪、林玉莲、陈秋菊率泉州市政协委员、各民主党派负责人在石狮视察沿海繁荣大道建设情况。

2001年11月22日，泉州市政协副主席陈秋菊率泉州市政协提案委、台港澳侨联络委在石狮调研环保部门行风建设情况。市领导许民权、王有官陪同。

2001年11月26—27日，泉州市政协主席傅圆圆率驻泉港的泉州市政协委员及泉州市民主党派负责人在石狮视察市引水工程、福林鞋业有限公司、鸳鸯池布料市场，听取汇报。市领导蔡志从、黄水源、许民权、王有官陪同。

2002年8月29日，泉州市政协副主席何融融、陈敬聪、林玉莲率泉州市政协课题组在石狮专题调研明祥食品有限公司、宝盖屠宰场、市检疫站及农贸市场“治理餐桌污染”情况，听取汇报。市领导蔡志从、庄金平、王有官陪同。

2002年10月9日，泉州市政协副主席陈敬聪、陈秋菊率泉州市政协港澳委员在石狮视察泉州市沿海繁荣大道石狮将军山段、鸿山段、石湖港码头、通达集团、六胜塔，听取汇报。泉州市委常委、石狮市委书记、市长李建国陪同。

2003年4月24日，泉州市政协主席傅圆圆率泉州市政协调研组在石狮调研石狮外贸出口及通关环境情况。市领导吴清含、王有官陪同。

2003年6月25日，泉州市政协副主席陈敬聪率泉州市政协经科委在石狮视察石湖码头、梅林码头。

2003年7月22日，泉州市政协副主席刘佳景率泉州市法院、司法局、政协专委办在石狮专题调研木林森鞋业有限公司、湖滨林边社区居委会、凤里街道办事处、永宁镇政府调委会人民调解委员会规范化建设情况，并举行座谈会。

2003 年 11 月 14 日，泉州市政协主席傅圆圆、副主席刘佳景、陈敬聪、陈秋菊率泉州市政协委员在石狮视察沿海大通道建设情况。市领导高云程、吴清含、王金战、许民权陪同。

2003 年 12 月 3 日，泉州市政协副主席叶聪敏、王仁杰率泉州市政协委员在石狮视察石狮服装城、池布料市场、九二路东段、富贵鸟集团、市文化馆。

2004 年 12 月 9 日，泉州市政协主席傅圆圆、副主席刘佳景率泉州市政协委员在石狮视察商业步行街、石狮服装城、社会福利中心和沿海大通道等重点项目工程。市领导李建国、丁家全陪同。

2005 年 12 月 9 日，泉州市政协副主席叶聪敏、刘佳景、郑今奋、林玉莲率驻泉州市区的泉州市政协委员在石狮视察市中心区城市污水处理厂、富贵鸟集团、石狮服装城。市领导丁家全、高文俱、佘日杰陪同。

2006 年 3 月 20 日，泉州市政协副主席陈敬聪率调研组在石狮专题调研永宁镇前埔村、山边村建设社会主义新农村情况。市领导丁家全、刘德旺、佘日杰、王有官陪同。

2006 年 6 月 23 日，泉州市政协主席林荣取、副主席何国栋、陈敬聪率泉州市政协委员在石狮视察闽南黄金海岸度假村、海洋世界、海豚表演馆旅游业发展情况。泉州市政府副市长潘燕燕，市领导黄源水、丁家全、郭丽莲、佘日杰陪同。

2006 年 10 月 13 日，泉州市政协主席林荣取、副主席郑增辉在石狮视察石湖港。泉州市政府副市长王亚君，市领导林天虎、王有官、吴清木陪同。

2007 年 4 月 9 日，泉州市政协副主席吴共湖、陈铭福在石狮调研少数民族村经济建设情况。市领导陈昌隆、佘日杰陪同。

2007 年 4 月 12 日，泉州市政协主席林荣取，副主席陈敬聪、许连捷、吴共湖、陈元殿、陈立德、骆沙鸣、王祖耀在石狮视察。市领导黄源水、丁家全、王金战、佘日杰、王有官、黄章煌、施心新、吴清木陪同。

2007 年 6 月 12 日，泉州市政协副主席陈敬聪率经科委在石狮专题调研石狮市城市污水处理厂、蚶江镇水头村十一孔桥、伍堡工业污染集控区“加大环保力度、促进人与自然和谐”情况，并座谈。市领导丁家全、黄南康、林天虎、佘日杰、施心新、吴清木陪同。

2007 年 6 月 21 日，泉州市政协副主席陈元殿、王祖耀在石狮专题调研 第三实验小学、凤里中学、蚶江中学、锦峰实验学校、石光华侨联合中学“义务教育均衡发展情况”。市领导丁家全、郭丽莲、吴清木陪同。

2007年8月9日，泉州市政协研究室王伟明主任、胡毅雄副主任在石狮调研乡镇（街道）政协委员活动组工作情况。

2007年9月7日，泉州市政协副主席傅福荣在石狮调研市广电服务中心、蚶江镇大厦村调研数字电视平移工作，听取汇报。市领导丁家全、李丽月陪同。

2007年9月7日，泉州市政协副主席吴共湖率泉州市政协民宗界在石狮视察宗教活动场所。市领导陈昌隆、佘日杰陪同。

2007年11月30日，泉州市政协副主席陈元殿率领泉州市政协文教卫体委在石狮视察农村医疗卫生工作情况。市领导丁家全、郭丽莲、吴清木陪同。

2008年4月25日，泉州市政协主席林荣取、副主席陈敬聪、傅福荣、苏小青、陈元殿率泉州市民主党派负责人和泉州市政协委员在石狮视察蚶江镇厝仔村、祥芝镇前山村社会主义新农村建设情况，并座谈。市领导黄源水、丁家全、张贻山、洪维陆、佘日杰、王有官、施心新、吴清木陪同。

2008年11月14日，泉州市政协秘书长黄利禾率驻丰泽的泉州市政协委员在石狮视察宝盖鞋业工业园、石湖港区、加多宝公司、大帝集团。丁家全、吴清木陪同。

2008年12月5日，泉州市政协副主席陈敬聪率驻惠安的泉州市政协委员在石狮视察石湖港区、鸿山热电厂、石狮建市20周年成就展厅。

2009年6月18日，泉州市政协主席林荣取率泉州市政协副主席陈敬聪、许连捷、吴共湖、傅福荣、陈元殿、陈立德、骆沙鸣、王祖耀及各委办在石狮永宁镇前埔村、鸿山热电厂、协盛协丰纺织公司、泰山航海职业学院、石湖港区、佳龙石化纺纤公司调研。市领导黄源水、丁家全、王有官、黄章煌、施心新、吴清木陪同。

2009年11月4日，泉州市政协副主席陈敬聪率泉州市政协农林水界别委员在石狮视察种子科技试验场，听取汇报。市领导丁家全、洪维陆、佘日杰、施心新陪同。

2010年5月13日，泉州市政协副主席陈敬聪率泉州市政协委员在石狮视察渔港建设和海产品加工情况。视察组到利成水产食品有限公司、福祥恒辉船舶修造有限责任公司、祥芝国家中心渔港、祥芝水产品批发市场、华宝明祥食品有限公司、华宝海洋生物化工有限公司视察。市领导刘德旺、施心新陪同。

2010年6月7日，泉州市政协副主席傅福荣在石狮电力公司调研。市领导丁家全、黄章煌陪同。

2010年10月19日，泉州市政协副主席吴共湖、陈铭福率调研组在石狮调研“泉台农业产业对接”。市领导洪维陆、佘日杰陪同。

2010年10月20日，泉州市政协副主席陈敬聪在石狮调研小城镇建设。市领导张贻山、潘华、施心新陪同。

2010年11月4日，泉州市政协副主席陈元殿率驻德化的泉州市协政委员在石狮视察石狮服装城、石狮市博物馆、石湖码头、汇龙纺织公司、大帝集团。市领导丁家全、林志建、吴清木陪同。

2010年11月10日，泉州市政协副主席吴共湖、苏小青、陈元殿、骆沙鸣、陈铭福、王祖耀率市直的泉州市政协委员在石狮视察佳龙化纤公司、石湖港区、石狮鸿山热电厂，听取汇报。市领导许维泽、黄南康、丁家全、洪维陆、佘日杰、施心新、吴清木陪同。

2011年3月10日，泉州市政协主席杨俊峰、副主席陈元殿在石狮调研。市领导黄南康、丁家全、林志建、高文俱、佘日杰、黄章煌、施心新、吴清木、吴清含陪同。

2011年6月9日，泉州市政协副主席陈立德在石狮专题调研市看守所、玉湖社区、宝盖镇“创新社会管理，发挥社会组织化解矛盾促进稳定的作用”。市领导丁家全、王有官陪同。

2011年7月27日，泉州市政协副主席吴共湖在石狮调研郭坑村少数民族村文化基础设施建设情况，听取汇报。市领导丁家全、张贻山、陈元生陪同。

2011年7月28日，泉州市政协副主席骆沙鸣在石狮调研公租房建设情况。调研组听取汇报，到元兴工业园区配建公共租赁住房、宏太企业配建公共租赁住房工程调研。市领导丁家全、张贻山、刘德旺、庄宝玲、施心新陪同。

2012年4月26日，泉州市政协副主席许连捷在石狮调研部分重点企业。调研组到爱登堡制衣发展有限公司、雄豹狼服装发展有限公司、威兰西服饰有限公司、大帝集团调研。市领导张永宁、黄南康、张贻山、吕培榕陪同。

2012年5月11日，泉州市政协副主席李冀平在调研石狮部分重点企业和重点项目。调研组到王老吉配套制罐项目、海兴新型生物质PTT差别化短纤维项目、石狮国际轻纺城项目调研。市领导张贻山、李丽月、黄章煌、吴清木陪同。

2012年5月30日，泉州市政协副主席王瑞强在石狮视察市区及永宁、宝盖、蚶江镇辖区宗教场所和少数民族村新农村建设情况。市领导林自育、施心新、吴清木陪同。

2012年7月19日，泉州市政协副主席李冀平在石狮调研挂钩联系的加多宝公司、华宝集团和益兴针织公司。市领导庄宝玲、黄章煌陪同。

2012 年 7 月 20 日，泉州市政协副主席吴共湖率泉州市政协人口资源环境委员会在石狮调研永宁镇郭坑村和前埔村“农村独生子女家庭享受奖励与优惠政策的情况”。市领导张鸽翔、施心新陪同。

2012 年 9 月 7 日，泉州市政协副主席吴共湖、陈益在石狮专题调研西洋公园和宝盖山风景区“泉州环湾生态城市建设”情况，听取汇报。市领导刘德旺、施心新陪同。

2012 年 10 月 19 日，泉州市政协副主席许连捷率驻晋江的泉州市政协委员在石狮视察。到国际轻纺城、泉州环城高速石狮互通连接线项目、泉州湾跨海大桥、佳龙石化、加多宝公司视察。市领导张永宁、李丽月、张永安、施心新陪同。

2012 年 11 月 14 日，泉州市政协副主席李冀平率市直的泉州市政协委员在石狮视察。到国际轻纺城项目、石狮海兴新型生物PTT差别化短纤维项目、鸿山热电厂项目、石狮市医院新院项目视察。市领导张永宁、张贻山、李丽月、张永安、施心新陪同。

2012 年 11 月 16 日，泉州市政协副主席李冀平在石狮调研华奇环保冷印公司、飞通通讯设备有限公司中小企业自主创新情况。市领导李丽月、张永安、黄章煌陪同。

2013 年 5 月 14 日，泉州市政协副主席王瑞强在石狮调研政协委员参与诉讼调解工作情况。

2013 年 7 月 19 日，泉州市政协调研组在石狮高新技术产业开发区内的通达、永信、日冠、华韩、汇龙等企业调研石狮高新区建设发展情况。市领导洪维陆、黄章煌陪同。

2013 年 7 月 26 日，泉州市政协副主席吴共湖在石狮专题调研海西（石狮）电子商务园区、国际轻纺城、纺织服装创新发展云“加快发展现代服务业”。市领导张永安、施心新陪同。

2013 年 11 月，泉州市政协副主席陈益率驻德化的泉州市政协委员在石狮调研。调研组到泉州跨海大桥施工、纺织服装产业基地、海西（石狮）电子商务园区、甲骨文服装创新发展云以及世茂钞坑城市综合体调研。市领导李丽月、林自育、施心新、吴清木陪同。

2013 年 11 月 19 日，泉州市政协主席杨俊峰率泉州市政协在石狮视察海西（石狮）电子商务园区、世茂钞坑城市综合体重点项目建设，并举行座谈会。泉州市政府副市长李建辉，泉州市政协副主席吴共湖、苏小青、王瑞强、陈益，市领导张永宁、张贻山、李丽月、梁炳辉、黄章煌、施心新、吴清木、吕培榕陪同。

2014 年 4 月 4 日，泉州市政协主席杨俊峰、副主席吴共湖率异地商会泉州市政协委员在石狮视察国际轻纺城、世茂钞坑城市综合体、星期 YI 服饰创意博览园等重点项目和城市建设管理情况，并举行座谈会。市领导张永宁、张贻山、李丽月、刘德旺、施心新陪同。

2014 年 5 月 9 日，泉州市政协副主席吴共湖在石狮专题调研“乡村垃圾和污水处理”。调研组到永宁镇孝女姑垃圾处理中转站、郭坑村污水垃圾处理工程、锦尚镇生活污水截污及提升工程调研建设情况。市领导李丽月、蔡天守、施心新陪同。

2014 年 6 月 25 日，泉州市政协副主席李冀平在石狮调研纺织服装产业创新发展云项目、纺织服装发展基地、万泓海洋生物科技生产项目、益家仓储物流配送中心等在建重点项目完成情况。市领导李丽月、施心新陪同。

2014 年 11 月 21 日，泉州市政协副主席骆沙鸣、王瑞强在石狮视察星期 YI 服饰创意博览园、海西（石狮）电子商务园、国际轻纺城等新型城镇化建设情况，听取汇报。市领导李丽月、刘德旺、吴清木陪同。

2015 年 3 月 5 日，泉州市政协副主席李冀平在石狮调研“海丝”先行区建设推进情况。

2015 年 5 月 8 日，泉州市政协副主席吴共湖率泉州市政协委员在石狮调研海西（石狮）电商园区的龙凤商城、淘宝石狮馆电商产业和旅游行业的发展情况。市领导庄宝玲、施心新陪同。

2015 年 5 月 28 日，泉州市政协副主席李冀平率队在石狮调研石狮电子商务仓储项目、福建万泓海洋生物科技生产项目、石狮华宝海洋生物扩建项目等在建重点项目完成情况，听取汇报。市领导李丽月、施心新陪同。

2015 年 11 月 18 日，泉州市政协副主席李冀平率泉州市政协委员华大活动组在石狮视察美佳爽公司、石狮市服装城、轻纺城、青创城国际网批中心。市领导李丽月、林自育、吕培榕、施心新、吴清木陪同。

2015 年 11 月 19 日，驻泉港的泉州市政协委员以及泉州市政协机关、各联络委在石狮考察六胜塔、石湖港码头、永宁前埔村社会事业和民生项目建设情况。市领导李丽月、施心新、吴清木陪同。

2016 年 4 月 14 日，泉州市政协副主席陈益在石狮专题调研鸿山热电有限责任公司、市中心区污水处理厂生态补水工程“完善泉州市生态文明建设体制改革”情况，听取汇报，并举行座谈会。市领导李丽月、蔡天守、施心新陪同。

2017年4月5日，泉州市政协副主席林志建率泉州市政协异地委员及部分泉籍异地商会会长在石狮视察通达智能制造、国际轻纺城、世贸摩天城等项目。市领导林天虎、杜举胜、陈贤明陪同。

2017年5月17日，泉州市政协副主席林志建在石狮开展“培育市场要素，助推泉州国家级自主创新示范区建设”专题调研。调研组考察华韩（泉州）新型面料开发有限公司、泉州市领界智能科技有限公司、石狮市科达电器有限公司，并与石狮高新技术产业开发区和各企业负责人进行座谈。林自育、陈贤明陪同。

2017年10月25日，泉州市政协副主席洪川夫率泉州市政协委员安溪活动组在石狮学习考察古泉州（刺桐）史迹保护、管理经验。市领导林自育陪同。

2017年10月27日，泉州市政协副主席王祖耀、李冀平、王瑞强率泉州市政协市直委员在石狮开展“古泉州（刺桐）史迹申遗与保护”视察活动。市领导林自育、杜举胜、丁东福陪同。

2017年11月8日，泉州市政协主席陈灿辉在石狮调研。市领导林自育陪同。

2018年11月22日，泉州市政协党组书记李转生，泉州市政协副主席洪川夫、林志建率泉州市政协经济委、人口资源环境委在石狮开展年度视察活动。市领导林自育、张永安、陈贤明陪同。

2019年5月21日，泉州市政协副主席林志建在石狮开展“推动民营企业发展，高质量落实赶超跨越”和“提速提质发展服务业，聚力助推赶超攻坚”专题调研。调研组深入校园大道、青创城国际网批中心实地考察，并与相关部门和企业座谈。市领导林自育、陈贤明陪同。

2019年8月28日，泉州市政协副主席王瑞强、陈益率宗教、社科、法律、文化、民主党派等界别泉州市政协委员在石狮开展“国旗、宪法和法律法规、社会主义核心价值观、中华优秀传统文化”进宗教活动场所调研视察活动。调研组实地察看“四进”宗教活动场所落实情况，听取泉州市民族与宗教事务局有关开展“四进”活动工作情况汇报。市领导林自育、郭丽莲陪同。

2019年10月11日，泉州市政协副主席王瑞强在石狮市“不忘初心、牢记使命”主题教育实践基地、李子芳纪念馆、永宁镇行政服务中心参观学习。市领导林自育、丁东福陪同。

2019年10月12日，泉州市政协主席李转生在石狮调研快速交通建设情况。调研组实地察看一重环湾快速路石狮段（石狮大道与水头外线交叉口）、二重环湾快速路石狮段（学府路与南环路交叉口）、永宁外线的建设情况。市领导黄春辉、林自育、施汉杰、陈贤明陪同。

2019 年 11 月 1 日，泉州市政协副主席陈铭福、王瑞强在石狮市海洋船舶北斗卫星导航系统及通讯设备飞通（福建）生产基地开展年度视察活动。市领导林自育、丁东福陪同。

2019 年 11 月 14 日，泉州市政协副主席陈铭福率泉州市政协永春活动组在石狮开展异地视察活动。

2020 年 5 月 19 日，泉州市政协副主席林志建在石狮开展“加快推进泉州市制造业高质量发展”专题调研，实地考察福建省海兴凯晟科技、福建安元光学科技。

2020 年 6 月 3 日，泉州市政协副主席王春金在石狮开展“深化产教融合　助力高质量发展”专题调研，实地走访泉州海洋职业学院，并召开座谈会。

2020 年 8 月 14 日，泉州市政协主席李转生，副主席骆沙鸣员、洪川夫到石狮宝盖镇妇联组织区域化改革项目点“咱厝边家庭服务中心”、石狮市妇女儿童活动中心，开展妇女儿童保护工作专项视察。市领导蔡萌芽、林自育陪同视察。

2020 年 8 月 25 日，泉州市政协副主席王瑞强、陈益在石狮开展“谁执法谁普法”视察调研，实地视察鞋城社区融合治理中心

2020 年 9 月 1 日，泉州市政协委员南安活动组到石狮国际食品城、国际商贸城、东南亚集散中心、青创城电商直播基地，开展新业态经济专项学习考察。市领导林自育陪同考察。

2020 年 10 月 30 日，泉州市政协副主席陈益率泉州市政协委员德化活动组到石狮通达集团、飞通公司、领顺智能科技有限公司、中科有限公司开展年度视察调研。市领导林自育陪同视察。

2020 年 11 月 4 日，泉州市政协委员惠安活动组到石狮石狮湿地公园、玉湖食品厂、宝盖山花海谷公园、体育公园和红塔湾海岸公园等地开展年度视察调研。

四、其他政协组织在石狮调研考察

1996 年 4 月 20 日，湖北省政协常务副主席钟书樵率湖北省政协考察团在石狮考察融盛汽车改装厂，听取介绍。省政协秘书长游冠洲，市领导蔡明元陪同。

1996 年 8 月 15 日，北京市政协文教卫体委在石狮考察日东升羽毛球拍厂、亚洲

保龄球馆、黄金海岸海滨浴场，并举行座谈会。

1996 年 10 月 10 日，鲤城区政协副主席许忠率鲤城区政协经济委在石狮考察玖益时装厂、林边玩具厂、斯特兰体育用品厂、黄金海岸旅游度假村有限公司。

1996 年 10 月 11 日，山东省政协主席陆懋曾率山东省政协在石狮考察。省政协副主席刘金美，泉州市政协副主席薛天赐陪同。

2002 年 11 月 1 日，出席在泉州市召开的八省（区）十市政协横向联系会的代表在石狮考察金汇纺织面料市场、富贵鸟集团、石湖港、六胜塔、闽南黄金海岸“海洋世界”两个文明建设的新成就。泉州市政协副主席陈敬聪，市领导蔡志从、许民权、王有官陪同。

2003 年 9 月，陕西省政协主席安启元、河南省政协副主席姚如学、新疆政协副主席朱振中分别率团在石狮考察民营经济发展及教科文卫工作情况。

2003 年 4 月 23 日，漳州市政协主席张庆宗率漳州市芗城区政协教育界委员在石狮考察泉州光电信息职业学院、行实幼儿园和中英文实验学校发展民办教育工作，听取汇报。

2005 年 5 月 29 日，青海省政协副主席赵启中在石狮考察闽南黄金海岸度假村、富贵鸟集团、石狮服装城。

2005 年 9 月 27 日，上海市政协副主席宋仪侨在石狮考察石湖港区、华丰纺织公司、富贵鸟集团和石狮服装城民营经济发展情况。省政协办公厅副主任陈澍陪同。

2006 年 3 月 15—16 日，宁夏回族自治区平罗县政协主席何子汇、党组书记万青山在石狮考察石湖码头、富贵鸟集团、石狮服装城。市领导丁家全、佘日杰、吴清木陪同。

2006 年 5 月 25 日，青海省政协副主席蔡巨乐在石狮专题调研民营经济发展情况。市领导丁家全、吴清木陪同。

2006 年 9 月 14 日，安徽省政协常务副主席秦德文在石狮考察富贵鸟集团、大帝集团、石狮服装城、石湖码头、闽南黄金海岸、石狮日报社。省政协常委、省委宣传部原副部长黄诗筠，市领导黄源水、李丽月陪同。

2006 年 10 月 30 日，陕西省政协副主席朱振义在石狮考察石狮服装城、富贵鸟集团、大帝集团培育市场经济和发展私营企业工作。省政协经济科技委员会副主任姚钦华陪同。

2007 年 3 月 8 日，辽宁省政协常务副主席张行湘在石狮调研石狮服装城、大帝集团、富贵鸟集团。省政协社会和法制委员会副主任陈锐，泉州市政协社会和法制委员会副调研员叶冠亮陪同。

2007 年 4 月 7 日，新疆维吾尔自治区政协人口资源环境委员会专职副主任罗建基在石狮考察大帝集团、石湖港区、石狮服装城。

2007 年 6 月 27 日，洛江区政协在石狮考察政协湖滨活动组、石狮服装城。

2007 年 7 月 4 日，漳州市政协副主席吴建筑率漳州市政协部分委办、县政协负责人在石狮考察政协湖滨活动组工作情况。市领导丁家全、吴清木陪同。

2007 年 8 月 14 日，安徽省政协副主席陈心昭在石狮考察富贵鸟集团、大帝集团。省政协文教卫体委员会副主任蓝万清、泉州市政协文教卫体委员会主任黄聪吟陪同。

2007 年 11 月 14 日，青海省政协副主席鲍义志、仁青安杰在石狮调研大帝集团、富贵鸟集团、石狮服装城。

2007 年 11 月 22 日，辽宁省政协副主席张成伦在石狮调研大帝集团、黄金海岸洛伽寺、石狮服装城发展民营经济、旅游业情况。省政协民宗委副主任茅国庆，泉州市政协副主席吴共湖陪同。

2008 年 10 月 23 日，青岛市四方区政协副主席孙开基率考察团在石狮服装城、通达集团考察，并举行座谈会。市领导丁家全、佘日杰、吴清木陪同。

2009 年 3 月 5 日，吉林省政协副主席赵家治在石狮调研大帝集团、石湖港区、石狮服装城。市领导丁家全、林自育、王有官陪同。

2010 年 11 月 18 日，黑龙江省政协副主席王利民在石狮考察石狮服装城、富贵鸟集团、大帝集团。市领导丁家全、佘日杰陪同。

2010 年 12 月 8 日，西藏自治区政协副主席乔元忠在石狮考察石狮服装城、大帝集团公司及市博物馆。市领导丁家全、施心新陪同。

2011 年 4 月 7 日，浙江省湖州市吴兴区政协副主席、区委统战部部长胡建忠，区政协副主席贺志明、束明德在石狮考察石狮服装城、大帝集团促进民营经济健康快速发展情况，听取介绍。市领导陈衍泽、施心新陪同。

2011 年 6 月 9 日，厦门市政协社会法制委主任赵玉文在石狮考察郭坑回族村少数民族村社会主义新农村建设情况。

2011 年 8 月 13 日，贵州省遵义市政协副主席谭剑锋在石狮考察万祥图书馆、石狮服装城。市领导张贻山陪同。

2013 年 5 月 22 日，六盘水市政协副主席张俊昌在石狮考察 “民营企业取得的成效和鲜活经验”。市领导李丽月、吴清木陪同。

2013 年 5 月 30 日，广东省政协副主席梁伟发在石狮考察“弘扬海丝精神，提高开放水平，促进经济发展”。考察团到石狮博物馆、姑嫂塔以及海西（石狮）电子商务园区、石狮服装城、国际轻纺城、世茂钞坑城市综合体考察。市领导李丽月、黄章煌陪同。

2014 年 6 月 16 日，三明市政协副主席许清华在石狮考察县级公立医院改革情况。泉州市政协副主席李冀平，市领导李丽月、庄宝玲、黄章煌陪同。

2015 年 5 月 3 日，浙江省绍兴市政协在石狮考察祥鸿纺织有限责任公司，并举行座谈会。

2015 年 5 月 27 日，河北省政协社会和法制委员会主任钱晓钟在石狮专题调研市金融服务中心、大帝集团“解决企业融资难、融资贵”情况。

2015 年 5 月 29 日，霞浦县政协主席韦大兴在石狮考察政协委员积分管理制度以及政协机关服务管理工作。考察组到世茂钞坑城市综合体、国际轻纺城、政协委员活动中心，并座谈。市领导李丽月，施心新、吴清木陪同。

2015 年 6 月 30 日，广东省河源市政协副主席具铁祥在石狮考察大帝集团和富贵鸟集团民营经济发展情况。泉州市政协侨台外事委主任骆志成，市领导李丽月、施心新陪同。

2015 年 7 月，浙江省绍兴市政协副主席黄文泽率队在石狮考察绿源环境工程有限公司、祥鸿染整有限公司“如何加快印染产业转型升级”情况，听取介绍。

2016 年 8 月 10 日，广西钦州市政协副主席李磊岩在石狮考察祥芝国家中心渔港、福建恒辉船舶修造有限责任公司“加快海洋经济发展情况”，并举行座谈会。

2017 年 2 月 23 日，湖北省黄冈市政协副主席吴佑元在石狮考察大帝集团、金苑等纺织服装企业。

2017 年 3 月 26 日，内蒙古自治区锡林郭勒盟政协副主席郭晓峰、额尔登孟克在石狮考察旅游产业发展情况，实地考察永宁老街、城隍庙、永宁卫城。

2017 年 6 月 19 日，山东省东营市垦利区政协副主席徐冬梅到鹏山工贸学校考察职业教育联合办学情况。

2017 年 8 月 15 日，光泽县政协副主席潘国武在石狮考察“新市民积分管理办法”等先进经验，到市人才大厦、青商会众创空间调研并座谈。

2017 年 11 月 8 日，浙江省长兴县政协副主席李彩琴在石狮考察旅游工作，实地考察林銮渡、六胜塔。

2017 年 11 月 21—22 日，广西东兴市政协副主席邓立强在石狮考察学习城市建设管理的经验、做法。

2017 年 12 月 13 日，内蒙古自治区政协副主席梁铁城在石狮考察“推进特色小镇建设和推动绿色发展方面的经验和做法”，实地考察蚶江镇的六胜塔、石湖码头、林銮渡及通达集团。

2018 年 5 月 8 日，浙江省嵊泗县政协副主席黄迎春在石狮调研移风易俗、殡葬改革工作，实地考察郑厝老年人活动中心并召开座谈会，听取市委社工部、市委文明办相关工作汇报。

2018 年 7 月 19 日，宁德市古田县政协副主席林世晴在石狮开展“提升服务质量，助推工业企业发展”调研活动，考察祥芝国家中心渔港、大帝集团和中纺联“一馆一院二中心”、纺织服装产业联盟等企业。

2018 年 7 月 20 日，柳州市城中区政协副主席黄革文在石狮开展食品企业调研，实地考察黎祥食品有限公司、北记食品有限公司。

2018 年 8 月 16—17 日，广西政协副主席钱学明率队在石狮开展“深入融入‘一带一路’，大力推进南向通道建设”专题题调研，实地考察中纺联“一馆一院二中心”、大帝集团、豪宇服饰（卡宾）等企业。市领导林自育、陈贤明席陪同。

2018 年 8 月 28 日，吉林省吉林市政协副主席马招利在石狮开展“招商引资工作”专题调研。

2018 年 10 月 11 日，辽宁省丹东市政协副主唐亮席在石狮开展“加快推进远洋渔业发展和水产品加工产业提档升级”专题调研。

2018 年 10 月 11 日，四川省政协副主席祝春秀在石狮考察县域经济发展情况。福建省政协办公厅主任陈善平、泉州市政协副主席洪川夫陪同。

2018 年 10 月 11 日，漳州市政协副主席杨胜华在石狮考察民营经济运营情况，实地考察服装城、轻纺城和行政服务中心。

2018 年 11 月 6 日，漳州市政协副主席杨胜华在石狮考察乡村振兴战略和小学“四点半”课后服务相关情况。市领导林自育、丁东福陪同。

2018 年 11 月 14 日，广东省清远市政协副主席钟鸿辉在石狮开展“加快市区一体化建设，构建市区利益共同体新机制”考察活动。

2018 年 11 月 22–23 日，内蒙古自治区呼伦贝尔市政协副主席丽娜在石狮考察农业科技现代化及文化旅游业发展情况。

2019年4月17日，宁波市北仑区政协副主席郑莉带领在石狮考察基层社会治理网格化建设工作，实地考察湖滨新湖社区网格化管理典型点、宝盖鞋城一体化维权中心。

2019年5月10日，山西省长治市政协副主席姚中华在石狮考察民营经济发展情况。

2019年5月22日，广西蒙山县政协副主席吴科在石狮考察蚶江“特色小镇建设”工作。

2019年7月26日，江苏省沛县政协副主席揭月华带领考察组一行，到石狮市考察“市营商环境建设助推民营经济发展的主要做法和典型经验”。考察了服装城“市场采购贸易试点”和市行政服务中心。

2019年8月13日，尤溪县政协副主席谢高兴一行调研考察石狮市优化营商环境建设情况，考察石狮市服装城市场采购贸易试点和大帝集团。

2019年8月15日，佛山市政协副主席万志康在石狮考察“产业升级，打造产业集群”工作情况。

2019年8月22日，浙江省浦江县政协副主席陈代康在石狮考察“国际化营商环境建设”和“金融服务环境建设”工作，实地视察金融服务中心、行政服务中心、市场采购贸易试点。

2019年8月27日，四川省什邡市政协主席殷萍在石狮考察全国文明城市创建工作，实地考察石狮市公安局交通警察大队智能交通指挥中心、凤里街道后花农贸市场、湖滨街道新湖社区四点半课堂、百姓书房、老人免费食堂等、市创城办文明天气图智能系统。

2019年9月25日，泉州市洛江区政协主席王伊景在石狮市“不忘初心、牢记使命”主题教育实践基地、李子芳纪念馆、曾坑四端堂家风家训馆参观学习。市领导林自育、丁东福陪同。

2019年9月9日，银川市政协副主席钱秀梅在石狮考察“民营企业营商环境”情况，实地考察市行政服务中心、大帝集团。

2020年5月20日，福鼎市政协党组成员、四级调研员陈苏闽率队在石狮考察“海漂垃圾治理”，实地考察永宁镇红塔湾、鸿山镇长任尾、祥芝镇清净寺、蚶江镇碧海净寺等处海岸段。

2020年8月27日，霞浦县政协副主席胡屏辉率队在石狮考察“电子商务发展”情况，

考察双奇智慧电商公司、青创网批中心

2020年9月17日，株州市政协副主席柳怀德率队在石狮开展“提案办理协商规则”专题调研。

2020年9月21日，成都市双流区政协副主席李根富率队在石狮考察“发展壮大村（社区）集体经济”情况，实地考察湖滨街道玉湖社区、永宁镇前埔村、祥芝镇古浮村。

2020年9月21日，广西北海市海城区政协副主席朱丹率队在石狮开展“加强公共法律服务在小微企业发展中的作用”专题调研。

2020年9月24日，莆田市涵江区政协副主席郭立红率考察组一行10人，到王起沃故居、华山古民居考察侨房和特色古民居保护情况。

2020年10月21日，太苍市政协副主席黄浩忠率队在石狮考察“城市绿道及公园建设”情况，实地考察永宁镇红塔湾、旅游峡谷路等。

2020年10月23日，三明市梅列区政协党组书记林翠玲率队在石狮考察“构建小区共商共治机制”。

2020年11月12日，霞浦县政协副主席蓝丽英率队在石狮考察水库清淤工作情况。

2020年11月18日，哈尔滨市政协党组副书记、常务副主席王镜铭率队在石狮考察通达集团、帝牌集团，参观市政协委员参政议政厅。泉州市政协副主席王春金、市领导林自育、陈贤明陪同考察。

2020年11月25日，江西省赣州市政协副主席孔刃非率考察组一行10人在石狮考察文化强市建设、跨境电子商务发展等情况，实地考察杨孙西文化馆、市场采购贸易试验点、世茂海上丝绸之路博物馆。

2020年12月3日，吉林省政协副主席赵晓君率队在石狮考察海洋经济建设情况，实地考察明祥食品有限公司、祥芝国家中心渔港。市领导林自育、陈贤明陪同考察。

五、驻石狮泉州市政协委员调研视察活动

1996年11月29—30日，吴彦南率驻石狮的泉州市政协委员在永春视察农村奔小康情况。王为远委员捐款3万元，解决永春东平镇文峰村引水工程资金缺口问题。

2001年12月18日，泉州政协副主席刘佳景率驻石狮的泉州市政协委员在泉港视察。

2002 年 12 月 30 日，泉州市政协副主席刘佳景率驻石狮的泉州市政协委员视察梅林对台码头，祥渔码头、石湖码头。

2005 年 12 月 1 日，泉州市政协副主席刘佳景率驻石狮的泉州市政协委员视察城市污水处理厂、石湖港区、泰山航海学院、灵秀镇标准厂房和石狮服装城，并举行座谈会。

2007 年 10 月 26 日，泉州市政协副主席陈立德率驻石狮的泉州市政协委员视察长春理工大学泉州学院、福建加多宝饮料有限公司、祥芝镇钱山文化休闲公园。市政府副市长陈昌隆陪同。

2008 年 11 月 5 日，泉州市政协副主席陈立德率驻石狮的泉州市政协委员在丰泽视察丰泽区东海滨城大道、宝秀小区、海星小区、海峡体育中心、先创电子、虎都公司。丰泽区政协主席苏解放，副主席张福龙、孔繁湘陪同。

2009 年 11 月 25 日，泉州市政协副主席陈立德率驻石狮的泉州市政协委员在石狮视察西洋公园滞洪排涝工程、沿海大通道水头路段、市生活垃圾综合处理厂(鸿峰环保公司)扩建工程，听取汇报，并举行座谈会。

2010 年 10 月 14—15 日，泉州市政协副主席陈立德率驻石狮的泉州市政协委员在德化视察德化三德陶瓷、恒晟公司、龙鹏集团、陶瓷博物馆和国宝乡云龙谷。德化县政协主席吕素珠、副主席李文建陪同。

2011 年 11 月 22 日，泉州市政协党组成员王瑞强率驻石狮的泉州市政协委员在晋江视察万达广场、世茂滨水城市综合体。晋江市政协主席周伯恭、副主席王庆芬陪同。

2011 年 12 月 22 日，驻石狮的泉州市政协委员召开座谈会。市政协副主席王有官指导政协委员如何撰写提案。市政协主席张贻山主持并讲话。

2012 年 11 月 13 日，泉州市政协副主席李冀平率驻石狮的泉州市政协委员在泉州台商投资区视察北车（泉州）轨道装备有限责任公司、台商投资区规划展示馆、泉州湾跨海大桥台商投资区标段，听取介绍。泉州台商投资区党工委书记吴汉宗陪同。

2013 年 10 月 12 日，泉州市政协副主席李冀平率驻石狮的泉州市政协委员在德化视察陶瓷博物馆、城市规划馆、泉州工艺美术职业学院师生陶瓷艺术作品展示厅、恒晟公司、顺美集团、城东开发区、蕴玉瓷庄（陶瓷研究所）。

2014 年 11 月 4 日，泉州市政协副主席李冀平率驻石狮的泉州市政协委员在安溪视察安溪中国国际（EC）产业园数据中心、数字媒体体验馆、新城规划展示厅、弘桥智谷电商产业园。

2016 年 10 月 13 日，泉州市政协副主席王祖耀率驻石狮的泉州市政协委员在洛江视察嘉泰数控机械有限公司、福建铁拓机械有限公司和华中数控产业化基地。

2017 年 5 月 23 日，林自育率泉州市政协委员石狮活动组到南安市开展交流学习活动。

2017 年 10 月 23 日，泉州市政协副主席李冀平率泉州市政协委员石狮活动组到惠安县聚龙小镇、崇武古城等地开展文化旅游专题视察活动。

2018 年 8 月 28 日，林自育率泉州市政协委员石狮活动组到永春县开展交流学习活动。先后参观了彬达制香厂、永春老醋厂、大羽村等，详细听取当地关于保护和开发利用传统文化、生态发展等情况的介绍，并就相关问题进行深入探讨交流。

2019 年 4 月 20—24 日，林自育率泉州市政协委员石狮活动组到重庆市、武汉市考察“互联网 + 实体经济”。

2019 年 5 月 31 日，泉州市政协副主席李冀平率泉州市政协委员石狮活动组到德化县开展“互联网 +”调研活动，到德化陶瓷工业设计研究院、德化爱陶瓷平台、德化陶瓷电商平台等，了解德化县“互联网 +”发展环境，文化创意产业，电商企业运作模式以及“互联网 +”推动产业转型升级等互联网经济发展情况。

2020 年 7 月 3 日，泉州市政协委员石狮活动组基层联系点挂牌。

2020 年 7 月 3 日，泉州市政协委员石狮活动组在政协委员活动中心 4 楼参政议政厅召开座谈会，学习全国政协会议精神、泉州市《加强和改进政协工作的实施意见》、泉州市委政协工作会议精神。

2020 年 9 月 18 日，泉州市政协委员石狮活动组到石狮高新区视察，实地考察中石光芯（石狮）有限公司、福建中益制药有限公司和石狮申泰新材料科技有限公司，详细了解企业规模、经营情况、发展战略、产业优势，以及当前存在的困难，并对企业发展提出意见建议。

2020 年 11 月 2 日，泉州市政协副主席王春金率泉州市政协委员石狮活动组、华大活动组，到安溪县开展年度视察调研。视察组实地察看晶安光电 LED 展示馆、中科三安植物工厂、李光地故居、国心绿谷茶庄园，详细了解安溪县在谋划新产业发展新格局，实行产业转型，抢占科技产业高地等方面的情况。

第十六节 自身建设

一届市政协加强自身建设，密切与委员的联系，发挥政协机关对活动组的指导作用。制定学习制度，规定学习时间，通过政治学习，委员们交流思想、增进共识、坚定信念，提高履职能力和思想水平。把“团结、民主、深入、扎实”作为作风建设的重要内容来抓，努力打造勤奋进取、积极向上的政治氛围。积极深入各活动组参加学习和活动，听取意见，了解情况，扩大联系面。政协机关设置办公室、宣教办、综合办3个内设机构，设置学习提案委、三胞经济民族宗教委、文史教科文卫委3个专委会。

二届市政协始终坚持共产党的领导，坚持以邓小平理论和党的基本路线为指导，坚持和完善共产党领导的多党合作和政治协商制度，确保政协工作沿着正确的方向前进。加强政治思想工作，通过多种政治培训和学习“老三篇”，学习英模事迹，开展“双学四讲”活动，增强机关工作人员的责任感、使命感。同时加强制度建设，建立岗位目标责任制、办公会议制度、接待制度和财务管理制度等。

三届市政协强化履行职能的内部环境建设，以制度建设进一步规范机关各项工作。制定和完善20多条办公制度，进一步规范考勤、请销假、车辆管理和财务管理等办公制度，做到以制度管人、管事。通过组织机关工作人员参加各种学习活动，认真落实每周二、四的学习例会制度，把政治理论学习同业务知识学习结合起来，认真学习市委《关于加强党员干部队伍教育管理监督的若干规定》等文件精神和政协统战理论，提高队伍素质，为政协履行职能创造了优越的内部环境，树立良好外部形象。

四届市政协以开展先进性教育活动和岗位练兵活动为契机，认真组织机关党员干部和委员中的中共党员学习《中国共产党章程》《关于建立健全教育、制度、监督并重的惩治和预防腐败体系实施纲要》等先进性教育内容，修订机关各项工作制度，完善反腐倡廉工作机制，整顿机关作风，提高队伍素质，扎实树立社会主义荣辱观。积极组织参加泉州市、石狮市岗位练兵竞赛活动，取得泉州市和石狮市两个二等奖和两个三等奖的好成绩。制定完善《石狮市政协常委会议事规则》《关于加强政协委员队伍建设的规定》《关于委员辞职及违规处理的规定》，同时建立政协领导挂钩联系政协常委、各民主党派工作制度，从制度上保证常委会活动的质量，加强对委员的规范化管理。在活动组建设方面，市政协在各活动组“五有”（即有活动制度、有活动记录、有活动经费、有办公场所、有印章）的基础上，下发《关于规范镇（街道）委员活动组建设的通知》，从硬件方面进一步加强活动组建设，为活动组开展工作提供保障。

五届市政协坚持解放思想、实事求是、弘扬求真务实精神，主动适应新形势新任务的要求，不断提高政协委员和机关工作人员的整体素质，努力提升履职能力和水平。通过开展学习贯彻《关于加强人民政协工作的意见》、学习实践科学发展观、“创先争优”和“两强化两提升”等活动为载体，以“协同协作合力”建设为抓手，以争创文明单位为目标，大力加强工作作风建设，完善机关内部管理制度，激发干部职工工作热情，提高政协机关服务质量，形成团结、勤奋、实干的良好氛围；按照省委编办《关于进一步加强和规范县（市、区）政协机关机构编制管理意见》要求，主动向市委、市编委建议政协机构改革方案，协调将政协内设机构调整为5个正科级办公室，科学合理规范政协内设机构，把政协机关建设成为领导决策的参谋部、委员履职的服务部，获评“石狮市先进基层党组织”“泉州市文明单位”等。

六届市政协通过强化队伍管理，内外联动立形象。一是转变机关工作作风。全面贯彻落实中央八项规定精神、厉行勤俭节约、反对铺张浪费，端正会风、文风、学风。二是科学规范工作方式。内强队伍、外塑形象，以改革创新精神谋划机关自身建设。制定机构改革方案，把内设机构调整为5个正科级办公室，并配强各办人员，推动政协工作不断向“制度化、规范化、程序化”迈进。三是持续完善工作体制。抓好联络协调、优化后勤保障、创新服务载体、延伸服务渠道。修订完善“主席会工作规则、专委会工作规则、活动组管理规定、机关考勤规范”等十几项管理制度；严格执行“财务审批、物品采购、接待服务”等十二项业务制度，建立政务公开机制，强化机关工作目标责任管理，进一步提升干部队伍的执行力、战斗力与服务力。获福建省政协信息工作先进单位、泉州市文明单位、石狮市先进基层党组织、石狮市党建工作先进单位、石狮市书香单位等称号，在石狮市年度绩效考核中多次取得“优秀”等次。

七届市政协把加强政协委员和机关干部队伍建设，作为推动政协事业发展的重要保障,引导广大委员更好发挥主体作用,政协机关干部争当政治过硬、服务一流的模范。一是重视委员队伍建设。强化委员责任意识，教育广大委员始终牢记政治身份、遵守政治规矩。按照“懂政协、会协商、善议政，守纪律、讲规矩、重品行”要求，开展“政协系统读书月推荐好书”活动，推进“书香政协”建设，切实提升委员素质，增强履职能力；创设“政协讲堂”，搭建展示委员风采的新舞台；落实好委员履职积分管理办法，优化委员履职考核内容和方式，健全委员履职情况统计评价机制，激发履职主动性和积极性。二是推进政协组织建设。稳妥做好市政协机构改革有关工作，优化专委会设置，使专委会更加适应新形势下的政协工作需要，履职活动更为顺畅。随着政协工作机制的不断完善，政协工作也不断向基层延伸，加强了对镇（街道）活动组的建设管理，对活动组经费使用情况开展监督检查，确保各活动组扎实开展活动，在基层社会治理中彰显新作为。三是加强机关自身建设。坚持对机关干部从严教育、从严要求、从严管理、从严监督，营造风清气正的机关政治生态。市政协机关获评“2018—2020 省级文明单位”。

第十七节　政协委员之家建设与管理

石狮市政协委员之家大楼于 2003 年 11 月举行奠基仪式，2009 年 9 月封顶并开始内部装修，2011 年年底大楼落成，历时 8 年。大楼占地 2.62 亩，地面 12 层，地下 1 层，总建筑面积 10874 平方米。项目总支出 2053 多万元（包括室内装修、室外道路硬化、三回路用电及监理费等）。2018 年，经司法鉴定，主体工程决算价 13536858 元。

2003 年 8 月 20 日，经市政府第六次常务会议研究决定，同意把位于八七路与子芳路交叉路口的 2.62 亩土地划拨给市政协建设政协委员之家，并从市财政拨出 181.2 万元作为启动资金及支付土地款，建设资金由市政协自筹。

2003 年 11 月 29 日，石狮市政协委员之家大楼举行奠基仪式，成立石狮市政协委员之家建设领导小组，下设办公室，负责日常事务。

2004 年 2 月，石狮市政协委员之家工程进行规划设计，拟建 10 层，建筑面积 1.4 万平方米，初步预算造价 1200 万元。

2005 年 6 月，委托海口市城市规划设计研究院泉州分院设计。

2005 年 7 月，进行实质性总体方案设计。

2006 年年初，“委员之家”被列为市年度重点项目，并明确由政协自行筹资独建。

2006 年 9 月对总体方案进行会审，同时委托泉州水电工程勘察院对地质进行勘察（共钻探 22 孔）。

2006 年 10—12 月，设计单位进行具体工程设计。

2007 年 1 月，泉州市建设工程图审中心、石狮市规划建设局组织会审。泉州泉成勘察有限公司（甲级）进行基坑周边护坑设计，泉州市公安消防支队进行消防设计会审、施工设计会审。

2007 年 9 月，因 2003 年立项用途为行政办公功能，已超过两年，且总投资额原为 1100 万元，与后来实际预算 1600 万元差距较大，不符合有关规定，不能进行招投标。于是申请重新立项，同时委托泉州市工程咨询中心进行可行性研究，10 月完成可行性研究报告，后由市经济局根据市长办公会下文重新立项。

2008 年初，确定由三明华宇建筑有限公司承建，标的金额 14677946 元。监理单位：郑州中兴工程有限公司。至此，委员之家大楼的地质钻探、施工图纸设计和图纸会审已全部完成。该大楼占地 2.62 亩，地面建筑 12 层，地下建筑 1 层，建筑面积共 11000 平方米。

2009 年 6 月，经市机构编制委员会批准，成立“石狮市政协委员活动中心”，事业编制 3 人。

2009 年 9 月，大楼封顶并开始内部装修。

2011 年年底，大楼竣工。

2013年5月16日，石狮市政协委员活动中心揭牌投入使用。设立健身室、跑步机室、力量器械室、休闲室、多功能室，阅览室、书画室。

建设政协委员之家得到各级石狮籍政协委员大力支持，共筹资 1590 多万元（含捐物）。

附：石狮市政协“委员之家”大楼捐资一览表

姓　名	捐资金额（万元）	姓　名	捐资金额（万元）	姓　名	捐资金额（万元）
李贤义	100	许荣茂	100	蔡经阳	87.97
蔡建四	60	吴为贡	60	王永权	50
蔡天真	50	蔡第賬	50	佘德聪	50
林荣河	30	王亚榆	30	施少雄	30
洪文伟	30	林英达	30	黄文远	20
洪香坛	20	欧阳文咸	20	邱季端	20
吴光雄	20	胡连荣	20	王志助	20
邱华勇	20	蔡天锡	20	施能向	20
蔡佳定	20	黄其他	20	吴清水	20
王衍筑	20	许宝龙	15	杨世民	15
林志强	11	杨国潮	11	柴文华	10
李金恋	10	许清源	10	林荣洲	10
蔡明哲	10	蔡国伟	10	姚志远	10
蔡友堵	10	佘英杰	10	陈连升	10
邱建益	8	洪明向	8	蔡清萍	7
洪珊珊	6	吴成积	6	蔡敦岁	6
许聪海	6	卢锦钦	6	洪健雄	5
黄其博	5	龚纯良	5	蔡胜利	5
田启明	5	洪祥棋	5	姜盈艺	5
侯智江	5	吴文正	5	欧阳成积	5
许文彬	5	蔡东强	5	蔡文返	5
蔡清镖	5	施永周	5	严兆照	5

蔡满载	5	纪建强	5	郭跃民	5
洪江汉	5	林辉煌	5	许明聪	5
蔡扬波	5	蔡振志	5	王善旭	5
郑天从	5	蔡少文	5	王鹏程	5
刘德庆	5	邱尚棍	5	林美	5
卢荣兴	5	蔡清阳	5	吴清涵	5
蔡景明	5	许经辉	5	蔡国钟	5
蔡清爽	5	蔡文革	5	蔡少岩	5
王金展	5	柯金灿	5	蔡跃进	5
林清阔	5	陈伯忠	5	尚万平	5
陈文程	5	林国环	5	蔡清汉	5
施纯顾	5	洪养正	5	董再发	5
陈伟文	5	黄明叶	5	戴素娥	5
林聪跃	5	佛教协会	5	道教协会	5
戴长旋	5	程源惠	5	蔡衍达	5
戴燥木	5	邵峰	4	许金钟	3
蔡天色	3	王树林	3	郭清楚	3
黄金辉	2	陈健泳	2	施祥智	2
吴志松	2	吴丽婉	2	蔡天生	2
吴文彬	1	颜祜火	1	郑建捌	1
蔡建兴	1	黄际堆	0.871	孙白薇	0.5
黄树民	0.5	吴为永	0.5	施性山	0.3
黄再兴	0.2	丁家全	0.2	张贻山	0.2
佘日杰	0.2	王有官	0.2	黄章煌	0.2
施心新	0.2	吴清木	0.2	吴清含	0.2
阮一衡	0.1	吴明玥	0.1	林再贤	0.1
纪丽卿	0.1	王再兴	0.1	程育钦	0.1
陈飞跃	0.1	柯建社	0.1	陈自然	0.1

第十八节　石狮政协之友书画院工作

2013年11月19日，石狮政协之友书画院举行成立仪式，丁家全担任理事长和院长。

2013年11月19日，市政协、石狮政协之友书画院举行“中国梦 石狮情”书画展揭幕仪式，中共石狮市委书记张永宁，市人民政府市长张贻山，市政协党组书记、副主席李丽月，石狮政协之友书画院院长丁家全为书画展揭幕。

2014年1月17日，市政协、石狮政协之友书画院、政协锦尚委员活动组和石狮医院开展“迎新春文化卫生下乡——走进杨厝”志愿服务活动，为锦尚镇杨厝村后山自然村村民义诊送药、书赠春联250副。

2014年4月25日，省文联、省书法家协会、市政协主办的“林景辉书法作品展”在福州画院举行开幕式，展出石狮政协之友书画院常务副院长林景辉书法作品100多幅。

2014年6月6日，市政协主办的“五洲杯”政协之友摄影展揭幕式在政协委员活动中心举行，展出120幅摄影佳作。

2014年6月26日，省书法家协会、市政协举办的福建省“八闽丹青奖”获奖书法家作品邀请展暨石狮政协之友书画院书画精品展揭幕式在政协委员活动中心举行，展出“八闽丹青奖”福建书法双年展金奖和金奖提名作者书法作品30余件，以及部分石狮政协之友书画院书画精品。展览期间邀请省书法家协会领导作学术报告。

2014年9月9日，市政协在政协委员活动中心举办“甲午中秋诗词吟诵会”，与会人员以诗会友，赏月吟诵，赞颂家乡石狮，祝福美丽中国。现场还穿插灯谜、书法、茶道、香道等文艺表演。

2014年9月29日，市政协在政协委员活动中心举行“石狮政协文史老照片展”揭幕式，展出120幅文史老照片。

2014年10月30日，市政协办公室、石狮日报社举办的“草圣遗风 释草传世——任汉平书法特展暨新书首发仪式”在石狮日报社一品堂艺术馆举行，展出于右任嫡传弟子任汉平书法精品。

2015年1月30日，市政协主办，市政协办公室、政协凤里委员活动组、石狮政协之友书画院承办的“古民居 故园情——‘凤里杯’石狮政协之友摄影展”在政协委员活动中心举行，展出反映石狮古民居风采照片110多幅。

2015年2月4日，市政协办公室、政协之友书画院、石狮医院、市科协和政协锦尚委员活动组开展“2015年新春‘走进杨厝后山’——文化卫生科普下乡活动”，为杨厝村后山自然村村民书赠春联、义诊送药、科普宣传，慰问困难群众。

2015年4月15日，市政协教科文卫委主办，石狮政协之友书画院、政协凤里委员活动组承办的“林天生山水画展”揭幕式在政协委员活动中心举行。

2015年4月29日，市委统战部主办，石狮各民主党派协办，民盟石狮市总支、石狮政协之友书画院承办的“纪念‘五一口号’发布67周年石狮市民主党派摄影展”在政协委员活动中心开幕，展出100多幅摄影作品。

2015年6月30日，石狮市文联、石狮市书法家协会、石狮政协之友书画院与金门书法学会交流团和新加坡书法家丘程光在政协之友书画院举行交流笔会，现场挥毫泼墨，共抒翰墨情缘，双方互赠纪念品。

2015 年 8 月 15 日，省书法家协会、市政协办公室、石狮日报社主办，石狮政协之友书画院、大爱妈祖(福建)文化传播公司、湄洲岛管委会、天德名茶协办，福建天心堂文化传播公司承办的“柯云瀚、祁永信、张煌三人书法联展”在石狮日报社一品堂艺术馆开幕，展出 3 位书法家作品数十幅。

2015 年 9 月 21 日，中共鸿山镇党委、鸿山镇人民政府、市文联、市摄影家协会主办，市政协教科文卫史办公室、石狮政协之友书画院协办的“石狮市优秀摄影作品展暨邱国南摄影精品展”在鸿山公园文化中心开幕。

2015 年 10 月 30 日，市政协在政协委员活动中心举办“乙未金秋诗词吟诵会”，政协之友以诗会友，赞颂家乡石狮，祝福美丽中国。

2015 年 11 月 13—15 日，省文联、省书法家协会、市政协、市委宣传部等单位在石狮市政协委员活动中心举办“第十一届全国书法篆刻展获奖作者暨福建省参展作者石狮精品展”，展出第十一届全国书法篆刻展获奖作者及福建省参展作者书法篆刻作品 74 幅。中国书法家协会副秘书长潘文海以及省书法家协会领导参加开幕式和学术、采风、笔会等活动。

2015 年 11 月 24 日，石狮日报社、市政协教科文卫史办公室、石狮政协之友书画院联合主办的“美丽石狮摄影行”活动启动。新华社、《工人日报》《法制日报》等中央媒体的资深摄影记者与当地摄影爱好者组成采风团，围绕“岸线风情”“老厝撷影”等主题，用镜头记录“十二五”期间石狮社会、文化发展成就。

2015 年 11 月 20—29 日，石狮政协之友书画院参与举办“以古为徒——邱尚坤书法作品展”。

2015 年 12 月 4 日，省文联、省书法家协会、市政协、市委宣传部主办，市文联、石狮政协之友书画院、石狮天心堂文化传播公司承办的“第十一届全国书法篆刻展获奖作者暨福建省参展作者精品展”在省画院开幕，展出 63 幅“国展”获奖及参展作者书法精品。石狮政协之友书画院组织书法爱好者前往观展，与省书协开展交流，参观省博物院美术书法作品展。

2016 年 1 月 26 日，市政协、市文联、石狮政协之友书画院、石狮医院、市图书馆、市书法家协会、政协永宁委员活动组到永宁镇塔石村开展“迎新春文化、卫生下乡”志愿服务活动，向村民送医送药，为困难群众送上慰问金和物品，书法家们现场书赠

300副春联。

2016年2月22日，市政协办公室、市文联、石狮政协之友书画院等单位举办的“诗书影联辉——蔡天生蔡自然蔡宗程昆仲作品展”开幕式在政协委员活动中心举行，展出蔡氏昆仲书法、诗词、摄影精品120幅，举行《诗书影联辉作品集》首发式。

2016年5月14—16日，石狮政协之友书画院举办“大美狮城翰墨行——李世俊、刘瑞等著名书法家石狮采风笔会活动”，《中国书法报》副总编李世俊和书法家刘瑞在石狮开展书法讲座、采风创作和赠书活动。

2016年9月30日，市政协办公室、市文联、灵秀镇政府、政协灵秀委员活动组，石狮政协之友书画院和市摄影家协会联合举办“灵秀风采”摄影展开幕式在石狮服装城举行，展出反映灵秀风采照片120幅，举行《灵秀风采摄影集》首发式。

2016年国庆节期间，市政协举办“丙申金秋诗词吟诵会”，政协之友欢聚一堂，以诗会友，赞颂家乡石狮，祝福美丽中国。

2016年12月12日，市政合举行“道德讲堂”——“学习贯彻习近平总书记在中国文联十大、中国作协九大开幕式上重要讲话精神”座谈会，邀请全国文代会代表、石狮政协之友书画院常务副院长林景辉传达全国文代会精神。

2017年1月19日，石狮政协之友书画院协办“墨海涛声”——张英涛书法展，展出书画院顾问、市书法家协会主席张英涛书法精品100多幅。

2017年2月25日，石狮政协之友书画院协办“情满狮城——蔡东红书画展”，展出书画院副院长、市美术家协会主席蔡东红书画精品100多幅。

2017年11月2日，市政协主办、石狮政协之友书画院承办的“翰墨丹青歌盛会——石狮市政协庆祝党的十九大胜利召开书画展”开幕，展出76位作者78幅书法、美术、篆刻作品。

2018年1月30日，石狮政协之友书画院与市政协机关党支部、教科文卫史办公室等单位联合举办“下基层，解民忧，送温暖，办实事——石狮市政协2018年度新春‘三下乡’”，前往永宁镇第二社区开展书赠春联和扶贫济困等活动。

2018年4月21日，市政协主办，石狮政协之友书画院、石狮市雪峰广告公司承办，政协教科文卫史办、市书法家协会协办的“纪念石狮建市三十周年——全国著名书法家邀请展”在石狮政协之友书画院举行，邀请李世俊、张公者、梁永琳、张世刚、齐作声等5位书法家到石狮，与石狮市10多位书法家同台展览。

2018年6月18日，中华灯谜学术委员会、市政协机关党支部、政协教科文卫委主办，石狮政协之友书画院、市灯谜协会承办的“翰墨丹青蕴谜香——中华灯谜文化节书画贺件展暨郑育斌珍藏历代谜家书画作品展”揭幕式在政协之友书画院举行，市政协领导和200多位海内外谜友参加揭幕式。

2018年10月23日，“献礼改革开放四十周年——全国百强县（市）政协书画作品邀请展暨助推县域经济发展研讨会”在湖北省大冶市举行，石狮政协之友书画院组织11名书画家20幅作品参展，并赴大冶学习交流。

2018年11月28日，市委宣传部、统战部、澳门石狮同乡总会等主办，石狮政协之友书画院等单位协办的“洪珊珊个人书艺篆刻展揭幕式”举行揭幕展，展出石狮籍澳门书法家洪珊珊40多件书法、篆刻作品。

2018年12月20日，市委宣传部、市文联主办，市书法家协会承办，政协之友书画院协办的“新石狮奋进新时代——庆祝改革开放四十周年系列书法展”开幕式在市文联大厦举行。

2018年12月，市委宣传部、文联、书法家协会和政协之友书画院联合举办“十一届国展获奖书家走进石狮合作书法长卷特展”。

2019年1月24日，市政协机关党部、政协机关志愿服务队、石狮政协之友书画院、政协灵秀委员活动组、市科协、石狮市总医院、灵秀灯谜社等单位联合组织的石狮市政协机关2019年新春“三下乡”活动在灵秀镇彭田村举行，书法家们挥毫泼墨，书写500多副春联。

2019年2月19日至3月19日，石狮政协之友书画院与市美协等单位在文联大厦二楼展厅联合承办“新石狮奋进新时代——庆祝中华人民共和国成立70周年美术作品展”。

2019年7月18日，市政协办公室与石狮政协之友书画院举办的“翰墨颂中华”——石狮政协之友书法精品收藏展在政协委员活动中心四楼委员参政议政厅揭幕，精选16位著名书法家和第十一届全国书法篆刻展获奖书家优秀作品展出。

2019年9月30日，市政协主办，市政协办公室、石狮政协之友书画院等单位承办的“我和我的祖国”政协书画摄影展在政协委员之家十楼展厅举行揭幕式，展出近百幅书画摄影佳作。

2019年10月29日，第二届全国百强县市（区）政协书画邀请展暨助推县域经济发展研讨会在合肥市长丰县开幕，共有16个全国百强县市（区）政协参加，参展书画作品370多幅，石狮政协之友书画院选送11位书画师21幅书画精品参展，并赴长丰学习交流。

2020年1月11日，石狮政协之友书画院前往晋江龙湖良品堂伴手礼基地开展“新春文化下乡”活动。

2020年1月13日，市政协开展“2020年度新春三下乡” 活动，在蚶江文化公园举举行义诊送药、书赠春联、科普宣传、赠送书籍、灯谜展猜等活动，慰问蚶江村4名贫困户。石狮政协之友书画院10多位书法家们书写600幅春联，为古镇带来浓浓的节日氛围。

2020年1月18日，由石狮市灵秀镇人民政府、市文化旅游公司主办，石狮政协之友书画院、市书法家协会、政协灵秀委员活动组协办的“笔墨·华山——石狮书法家2020年新春书赠春联”活动在灵秀镇华山村“归园田居”举行，市政协之友书画院、市书法家协会12名书家挥毫泼墨，向村民们书赠400多幅春联。

2020年4—5月，市政协办公室、教科文卫史办公室、政协之友书画院在《石狮政协之窗》公众号举办“抗疫专题文艺作品”微展播，展出政协委员和书画院书画师书法、美术、摄影、灯谜、诗歌等50幅（篇）作品。

2020年9月30日，由中共石狮市委宣传部、石狮市文学艺术界联合会主办，石狮市美术家协会、石狮政协之友书画院承办的“美绘石狮·决胜全面建成小康社会”主题美术作品展在市文联大厦开幕。

2020年10—12月，由政协石狮市委员会、市政协办公室、市政协教科文卫史办公室、石狮政协之友书画院、石狮市书法家协会承办的“第十一届全国书法篆刻展获奖作者暨福建省参展作者石狮精品展——书法名家精品回顾展”在政协之友书画院展出。

2020年12月5日，由石狮市文联主办，石狮市摄影家协会承办，石狮政协之友书画院协办的“逐梦前行奔富裕，凝心聚力构新图”摄影作品展揭幕仪式在石狮市文联大厦举行，展出摄影作品130幅。

2020年12月15日，石狮政协之友书画院深入蚶江古镇开展文艺采风活动。

第四章　人　物

第一节　石狮市政协领导班子成员简介

一、主席简介（按任职先后为序）

吴彦南

男，汉族，福建省石狮市人，1941 年 9 月出生，高级工程师。1954 年 9 月在石狮市石光中学读书。1960 年 9 月在上海交通大学发配电专业学习。1965 年 9 月任华东电力建设局江苏公司技术员。1980 年 5 月任晋江电力灌溉公司电力股股长。1981 年 4 月加入中国共产党。1983 年 10 月任晋江县人民政府副县长。1984 年 11 月任晋江县人民政府县长。1985 年 4 月任中共晋江县委常委、晋江县人民政府县长。1987 年 9 月任泉州市华福对外经济贸易公司总经理。1990 年 10 月任中共石狮市委副书记、政协石狮市委员会筹备组组长。1991 年 1 月、1994 年 1 月连任中共石狮市委副书记、政协石狮市委员会主席。1998 年 11 月任中共石狮市人大常务委员会党组书记。1999 年 1 月任石狮市人大常务委员会主任、党组书记。2002 年 1 月退休。2002 年 8 月任石狮市老科技工作者协会创会会长。曾任泉州市第十、十二、十三届人民代表大会代表，泉州市第七、八届政协委员。所撰写的《增创石狮“海峡优势”初探》《发展港口经济，建设贸工港口城市》《科技在石狮放异彩》等文章发表在省部级以上刊物。1993 年被省人民政府推荐参加在北京召开的全国农村奔小康工作会议，被人事部、林业部评为“三年无森林火灾”贡献突出的先进个人。

蔡志从

男，汉族，福建省石狮市人，1942年10月出生。1959年在晋江县祥芝公社祥芝村参加社会活动。1960年3月加入中国共产党。先后任中共晋江县祥芝公社祥芝村支部副书记、大队长，晋江县祥芝公社渔网厂厂长、党支部书记，中共晋江县祥芝乡政府社直企业支部书记。1978年12月任中共晋江县祥芝乡委员会副书记。1983年参加全国渔业干部、上海水产学院海洋渔业专业培训。1985年9月在中共晋江县委党校中专班学习，任党支部书记。1988年3月任石狮建市筹备领导组工作人员，同年9月任石狮市经济局局长，中共石狮市市直机关经济系统委员会书记。1991年1月、1994年1月连任石狮市人民政府副市长。1999年1月任政协石狮市委员会主席、政协党组书记。2001年3月任石狮市中华慈善总会创会会长。2003年3月退休。1994年参加中组部、建设部联合举办的全国市长研究班培训，撰文《石狮市改革开放、思路与实践》在培训班上交流。1993年被评为福建省“百日防火安全‘好主管’”，1995年被评为“全国城市环境整治先进城市市长”，2002年被评为福建省“扶残助残先进个人”。

吴清舍

男，汉族，福建省石狮市人，1954年10月出生。1974年12月入伍，为陆军某部战士。1977年12月加入中国共产党。1978年2月在陆军某部任排长、副连长、连长。1982年5月在南昌陆军学院学习。1982年5月在陆军某部任副营职参谋、一营代营长。1984年1月任晋江县人民武装部军事科长。1989年8月任石狮市人民武装部军事科长。1991年5月任石狮市人民武装部部长。1996年3月任石狮市人民政府副市长。1998年11月任中共石狮市委常委、石狮市人民政府副市长。1999年1月任中共石狮市委常委、秘书长、市委办公室主任、市直机关党群系统党委书记。2003年3月任政协石狮市委员会主席。2004年1月任政协石狮市委员会主席、政协党组书记。2004年7月任政协石狮市委员会调研员。2015年2月退休。

丁家全

男，汉族，河南省固始县人，1953年2月出生。1969年2月入伍，在福州某部任战士，同年5月任福州军区某部打字员。1971年5月加入中国共产党。同年12月任福州某部军务科保密员、见习参谋。1973年11月任福州军区某团副连长。1976年3月任福州军区某部连长、连党支部副书记。1978年9月任福州军区某部作训科参谋。1979年1月任福州军区某团副营长。1979年6月任福州军区某部作训股副股长、股长。1981年3月任福州军区某团营长、营党委副书记。1982年7月任福州军区某师司令部作训科科长。1984年1月任福州军区某团参谋长、团司令部党委书记、团直属党委书记。1985年12月任南京军区团长、团党委副书记。1987年9月在南京陆军指挥学院学习。1989年8月任南京军区团长、团党委副书记。1991年10月任南京军区某师参谋长、司令部党委书记、师直属党委书记。1994年5月任南京军区某师副师长（大校军衔），1995年9月参加中央党校函授学院经济管理专业学习。1995年10月任中共泉州市委、泉州市人民政府台湾工作办公室副主任（正处级），兼系统党总支书记。2004年8月任中共石狮市政协委员会党组书记。2005年4月任中共石狮市政协委员会党组书记、政协石狮市委员会主席。2011年12月任政协石狮市委员会正处级干部。2013年6月退休（退休后享受副厅级政治、生活待遇）。1976年立三等功。

张贻山

男，汉族，福建省晋江市人，1961年11月出生。1981年5月任晋江县侨声中学教师、政教处副主任。1985年5月加入中国共产党。1987年2月任晋江县“五讲四美三热爱”办公室、精神文明建设委员会办公室副主任。1991年5月任晋江县广播电视局副局长。1993年12月任中共晋江市龙湖镇委员会副书记、龙湖镇人民政府镇长。1999年2月任中共青阳镇委员会副书记、青阳镇人民政府镇长。1999年5月任泉州市城市监察支队支队长（其中1998年9月至2000年12月参加中央党校函授本科行政管理专业学习）。2001年3月任石狮市人民政府副市长。2003年4月任中共石狮市委副书记，2005年12月兼任中共石狮市委教育工作委员会书记。2009年12月任中共石狮市委副书记、市委教育工作委员会书记、市委党校校长。2011年7月任中国人民政治协商会议石狮市委员会党组副书记。2011 年 12 月任政协石狮委员会主席、党组书记。2012 年 5 月任中共石狮市委副书记，石狮市人民政府代市长、市政府党组书记，石狮市政协主席、政协党组书记。2012 年 12 月起任中共石狮市委副书记，市人民政府市长、党组书记。2016 年 6 月任石狮市人民政府正处级干部。2019 年 4 月逝世。被科技部评为 2003 年至 2004 年度、2008 年至 2009 年度全国市（县、区）科技进步工作先进个人。2006 年被中共福建省委、福建省人民政府评为福建省精神文明建设先进工作者。2008 年被中共泉州市委、泉州市人民政府表彰为泉州市人口和计划生育先进工作者。获得“中国服装产业集群优秀工作者”称号。是 2013 年全国县（市）科技进步考核先进个人。被中华全国总工会、国家安全生产监督管理总局评为 2013 年度全国“安康杯”竞赛活动优秀组织者。入选 2012 年、2013 年度人民网最受关注的地方领导。曾任泉州市第十五届人民代表大会代表、福建省第十届人大代表。

李丽月

女，汉族，福建省石狮市人，1957 年 11 月出生。1981 年 9 月任晋江地区石壁水电站技术员。1984 年 7 月任泉州市农业工程学校教员。1988 年 6 月加入中国共产党。1991 年 6 月任中共石狮市委组织部干部科副科长。1993 年 9 月任石狮市人民政府凤里街道办事处副主任。1996 年 3 月就读福州大学成人教育学院经济管理专业，同年 4 月任中共石狮市凤里街道委员会副书记、凤里街道办事处主任。1999 年 2 月任中共石狮市凤里街道委员会书记。2001 年 11 月任中共石狮市委常委、凤里街道党委书记。2002 年 2 月任中共石狮市委常委、宣传部部长。2002 年 6 月任中共石狮市委常委、宣传部部长、宣传系统党委书记。2007 年 2 月任中共石狮市委常委、宣传部部长。2012 年 8 月任中共石狮市委宣传部部长。2012 年 10 月任中国人民政治协商会议石狮市委员会党组副书记。2012 年 12 月任石狮市政协副主席、党组副书记。2013 年 5 月任政协石狮市委员会主席、党组书记。2016 年 12 月任政协石狮市委员会正处级干部。2018 年 1 月退休。曾任中共福建省第七次代表大会代表、中共泉州市第九次代表大会代表，泉州市第十二、十三届人民代表大会代表，泉州市第十一届政协委员。被评为“福建省第七届精神文明建设先进工作者”。

林自育

男，汉族，福建省石狮市人，1962年1月出生。1979年12月任海军某舰队士兵。1984年3月加入中国共产党。1985年3月任晋江县祥芝乡人武部干事。1988年10月任石狮市祥芝镇人武部干事。1990年10月任祥芝镇人民政府副镇长。1993年8月任中共祥芝镇委员会副书记。1996年4月任中共祥芝镇委员会副书记、祥芝人民政府镇长。1997年12月任中共祥芝镇委员会书记。1999年9月任中共祥芝镇委员会书记、镇人民代表大会主席团主席。2002年2月任石狮市民政局局长。2002年10月任中共石狮市委农村工作、市人民政府农业工作领导小组办公室主任、系统党委书记。2004年7月至2007年7月挂职中共西藏工布江达县委副书记。2004年5月任中共石狮市委常委兼农办主任、农办系统党委书记。2006年2月任中共石狮市委常委。2007年11月任中共石狮市委常委、市人民政府常务副市长。2007年12月任中共石狮市委常委、市人民政府常务副市长、市政府党组副书记。2011年7月任中共石狮市委常委、统战部部长。2016年7月任中共石狮市政协党组书记，2016年12月任政协石狮市委员会主席、党组书记。1989年12月被泉州市人民政府、泉州军分区评为“拥军优属先进个人”。1996年3月被福建省委宣传部、司法厅评为“二五”普法先进个人，同年10月被中共泉州市委、市人民政府评为精神文明建设先进工作者。1999年5月被福建省人民政府评为福建省计划生育先进工作者。2001年12月被中共泉州市委、泉州市军分区评为党管武装好书记。2012年、2013年两年被福建省委统战部评为先进工作者。曾任中共泉州市第九次代表大会代表，第十一届、十二届政协泉州市委员会委员。

二、副主席简介（按任职先后为序）

蔡明元

男，汉族，福建省石狮市人，1928年12月出生。先后在石狮益群小学、晋江县县立初级中学、泉州高级中学高中部读书，任泉州高级中学学生会主席。1947年离乡，前往上海投考大学未成，返石狮后在其父开的酱油店里帮忙。1955年，响应党的三大改造政策，动员其父亲的企业接受对私改造，实行企业公私合营，同年任晋江县石狮酱油厂第一门市部主任。1961年任晋江县石狮工商联专职副主委。1966年，工商联撤销，到晋江县永宁供销社当业务员。1972年任晋江县外贸公司会计。1977年任晋江县石狮中旅社会计、股长、副经理。1987年任政协晋江县委员会副主席。1989年参与石狮市人大筹备工作。1990年7月任政协石狮委员会筹备组副组长。1991年1月至1999年1月任政协石狮委员会副主席。1998年1月任石狮市“110”基金会首届会长。1999年1月任政协石狮市委员会常务委员。曾任福建省第六、七、八届人民代表大会代表，泉州市第十、十一届人民代表大会代表。泉州市第十一届人大常务委员会常务委员。2004年6月逝世。

高铭群

男，汉族，福建省石狮市人，1930年6月出生于菲律宾描戈律市。曾用名：堤曼。高级教师、研究员。1936年6月随父母回祖国探亲定居。1937年3月在晋江县永宁霁江小学读书。1948年2月先后在晋江县安海养正中学、厦门鼓浪屿英华书院读初中。休学期间，在晋江县永宁霁江小学任义务教师。1951年9月在泉州第一中学高中部读书。1955年8月在厦门大学历史系学习。1959年8月任江西师范大学历史系助教。1960年9月任江西省赣南行政公署文教处普教科主办科员。1962年3月任江西省赣州师范中小学领导干部轮训班辅导员、教师。1969年2月在江西省赣州市第三中学任高级教师、教研组长，在这期间分别兼任江西省赣州市归国华侨联合会常委、主席，江西省赣州市民进委员会副主任委员。1984年4月加入中国民主促进会。1985年6月加入中国共产党。1989年8月任石狮市华侨中学高级教师。1991年1月至1994年1月任政协石狮委员会副主席，兼石狮侨报社社长。1993年4月兼任民进石狮支部委员会主任委员。政协江西省第五届委员会委员，政协江西省赣州市第七、八届委员会常委，世界文化教育艺术研究中心、中国社会科学发展研究中心、中国管理科学研究院人文科学研究所研究员。1994年1月退休。1994年5月先后任石狮市老龄工作委员会副主任、老年教育委员会常务副主任、老年大学校长、市直老年人联谊会理事长。2014年3月逝世。

许民权

男，汉族，福建省晋江市人，1944年12月出生。1952年9月在晋江县金井毓支小学读书。1958 年 9 月在晋江县第三中学读书。1964 年 9 月在厦门大学经济系学习。1968 年 7 月在江西省建设兵团九团实习、劳动。1970 年 12 月任江西省水电工程团政工干事。1976 年 9 月加入中国共产党。1977 年 4 月任晋江县第三中学教员、政治教研组组长。1984 年 9 月任晋江县教师进修学校教研室副主任。1986 年 1 月任中共晋江县委党校副校长。1988 年 9 月在石狮市外贸经济委员会工作，同年 11 月任中共石狮市委办公室负责人。1989 年 4 月任中共石狮市委办公室副主任。1990 年 3 月任中共石狮市委群众工作部部长，同年 7 月兼任政协石狮市委员会筹备组副组长。1991 年 8 月至 1992 年 2 月任政协石狮市委员会副主席、中共石狮市委统战部部长。1992 年 3 月任中共泉州市委统战部副部长。1994 年 1 月任政协石狮市委员会副主席、中共石狮市委统战部部长。2004 年 1 月任政协石狮市委员会正处级调研员。2005 年 10 月退休。

宋太平

男，汉族，福建省鲤城区人，1945 年 12 月出生。高级经济师，无党派人士。1968 年起先后担任晋江县石狮爱委会消毒员，晋江县青阳镇建筑标准配件厂供销员、石狮市胸罩厂总经理，石狮市三协集团公司董事长。1994 年 1 月至 2004 年 1 月任政协石狮市委员会副主席。1997 年 3 月任泉州市商会第十届副会长。1999 年 10 月任福建省乡镇企业总商会副会长。2000 年 5 月任中国乡镇企业研究院研究员。曾任政协福建省第六、七届委员会委员。1986—2002 年先后被评为“全国科技实业家”“全国100名当代优秀农民企业家”“福建省最佳农民企业家”“福建省优秀乡镇企业家”“爱国敬业守法先进企业家”“1995 创业之星”“全国乡镇企业家”。

苏文锦

男，汉族，福建省晋江市人，1943 年 3 月出生。会计师，高级经济师。1962 年于晋江县安海养正中学毕业，同年 10 月任晋江县东石公社出纳、总务。1964 年 12 月任中国人民银行晋江县支行会计。1966 年 5 月加入中国共产党。1969 年 10 月任晋江县英林公社、石狮公社干宣队队员。1973 年 4 月任晋江东石公社会计。1977 年 4 月任中共晋江县东石公社委员会秘书、东石公社革命委员会副主任。1980 年 10 月任中共晋江县永和公社委员会委员、永和公社革命委员会副主任。1984 年 8 月任中共晋江县石狮镇委员会副书记、石狮镇企业总公司总经理。1988 年 3 月任石狮建市筹建领导组工作人员，同年 10 月任石狮市财政局负责人、局长。1998 年 3 月任政协石狮市委员会副主席兼财政局局长。2002 年 2 月任政协石狮市委员会副主席。2005 年 2 月退休。

郭丽莲

女，汉族，福建省南安市人，1961 年 9 月出生。无党派。1979 年 10 月泉州师专学生。1981 年 8 月南安县侨光中学任教师。1983 年 7 月晋江县侨中任教师。1986 年 8 月晋江县石光中学（后为“石狮市石光中学”）任教师、教务处副主任。1993 年 12 月任石狮市教育局副局长。1997 年 12 月任石狮市教育局副局长、主任科员。1998 年 3 月任政协石狮市委员会副主席、石狮市教育局副局长。1999 年 1 月至 2011 年 11 月任石狮市人民政府副市长。2011 年 12 月任石狮市人大常委会副主任。2016 年 12 月任政协石狮市委员会副主席。先后被评为全国科技工作先进个人、全国市（县、区）科技进步考核先进个人、全国农村改水改厕先进工作者、福建省先进教育工作者、泉州市重视老年教育工作先进个人。

卢文进

男，汉族，福建省石狮市人，1946 年 7 月出生。1954 年 9 月在晋江县祥芝复光小学读书。1960 年 9 月在晋江县第二中学读书。1964 年任晋江县祥芝公社卢厝大队文书、共青团祥芝公社委员会委员。1965 年 12 月入伍，在海军航空兵某场站新兵连任连团支部副书记。1966 年 3 月任海军航空兵某场站水鱼雷队文书。1967 年 5 月加入中国共产党。1970 年 2 月任海军航空兵某场站机修厂管理员。1970 年 10 月任海军航空兵某场汽车修理连副政治指导员。1971 年 10 月任海军航空兵某场站政治处组织干事。1972 年 9 月任海军航空兵某部政治部组织干事。1979 年 5 月任海军航空兵某部政治部组织科副科长。1982 年 5 月在中国人民解放军南京政治学院进修。1983 年 9 月任海军航空兵某场站政治处主任。1984 年 1 月任海军航空兵某部政治部组织科科长。1985 年 7 月任海军航空兵某场站政治委员（上校军衔）。1989 年 11 月转业任石狮市公安局副政治委员。1990 年 6 月任中共石狮市委政法委副书记兼办公室主任。1994 年 8 月任中共石狮市委政法委书记。1999 年 1 月任政协石狮市委员会副主席、中共石狮市委政法委书记。2004 年 2 月任中共石狮市委调研员，兼石狮市计划生育协会会长。2006 年 10 月退休。1969 年、1988 年立三等功。1996 年被评为“福建省先进军转干部”。

王有官

男，汉族，江西省吉水县人，1953 年 10 月出生。1970 年 12 月入伍，在福州军区某部炮兵团任战士、机关给养员。1973 年 12 月加入中国共产党。1974 年 6 月任福州军区某部炮兵团二连司务长、连党支部委员。1979 年 2 月任福州军区某部炮兵团农场会计、场党支部书记。1981 年 3 月任福州军区某部炮兵团四连政治指导员、连党支部书记。1983 年 11 月任福州军区某部炮兵团二营政治教导员、营党委书记。1985 年 10 月任南京军区某部司令部政治协理员、机关党总支书记。1988 年 5 月任南京军区某部司令部管理科科长、司令部党委委员。1990 年 3 月任南京军区某部司令部直工科长、直属党委书记。1993 年 4 月任南京军区某团政治委员、团党委书记。1996 年 4 月任石狮市人民武装部政治委员、人民武装部党委书记、中共石狮市人民政府党组成员。2000 年 10 月任政协石狮市委员会副主席、中共政协石狮市委员会党组成员。2003 年 8 月兼任石狮市关心下一代工作委员会主任。2011 年 10 月任政协石狮市委员会正处级干部。2014 年 3 月退休。曾任中共福建省军区第十二次代表大会代表，中共守备三师第八次代表大会代表。1983 年被某军评为优秀党支部书记，1994 年被福建省军区评为优秀团党委书记，1984 年被解放军总政治部评为全军优秀政治委员。1975 年、1977 年、1981 年、1983 年、1991 年先后五次立三等功。

佘日杰

男，汉族，福建省石狮市人，1951 年 11 月出生。1968 年 8 月中学毕业后，回乡务农。1969 年 12 月入伍，在空军某部任有线电守机员、载波员。1971 年 6 月加入中国共产党。1972 年 12 月任空军某部场站通信修理所技工。1973 年 6 月任空军某部场站通信修理所技师。1975 年 6 月在西安空军通信学院学习。1979 年 1 月任空军某部场站司令部通信参谋（正连）、战勤参谋（副营）。1983 年 6 月任空军某部场站司令部副参谋长。1986 年 8 月在重庆渝州教育学院学习。1987 年 6 月任空军某部场站参谋长、副站长。1991 年 9 月任石狮市人事局局长。1996 年 3 月任中共石狮市蚶江镇委员会书记。1999 年 1 月任石狮市人民政府副市长。2004 年 1 月任政协石狮市委员会副主席。2004 年 3 月任政协石狮市委员会副主席、中共政协石狮市委员会党组副书记。2010 年 4 月兼任石狮市工商联（总商会）主席（会长）。2011 年 10 月任政协石狮市委员会正处级干部。2012 年 3 月退休。撰写的《石狮市“小政府、大社会”机构模式运行轨迹与改革思路》发表于《福建改革》第 50 期。1987 年立三等功。1995 年被评为“全省人事编制系统先进工作者”。1999 年被评为“全省优秀预备役先进工作者”。2002 年被评为“全省优秀预备役军官”。

黄章煌

男，汉族，福建省南安市人，1959 年 8 月出生。1978 年 9 月在泉州师专中文系学习。1980 年 2 月在南安师范担任汉语教师、兼任教工团支部书记。1986 年 9 月在福建教育学院中文系学习。1988 年 6 月加入中国共产党，同年 9 月任石狮市教科文卫局文体科副科长。1992 年 4 月任石狮市科卫文体局副局长、祥芝镇社会主义教育工作队队长兼任中共祥芝镇委员会副书记。1993 年 1 月任石狮市科卫文体局副局长。1998 年 6 月任中共石狮市委宣传部副部长、社会主义精神文明建设委员会办公室主任。1999 年 9 月任中共石狮市锦尚镇委员会书记、锦尚镇人大主席团主席。2002 年 2 月任中共石狮市凤里街道委员会（党工委）书记。2004 年 1 月任政协石狮市委员会副主席，同年 12 月兼任石狮市总工会主席。2016 年 1 月提前退休。曾任中共泉州市第九次代表大会代表。所撰《石狮市文化市场建设与管理初探》获得 1992 年福建省重点课题优秀论文奖，并入编《当代中国改革与建设文库》和《世纪之光》丛书。

施心新

男，汉族，福建省石狮市人，1963 年 4 月出生。无党派。1970 年 2 月在晋江县石狮杆东小学读书。1975 年 9 月在晋江县石光中学读书。1979 年 9 月在晋江地区供销学校计统专业学习。1981 年 8 月在晋江县土产日杂公司任统计、业务、副股长。

1989 年 5 月在石狮市供销社任统计、业务科副科长、供销大厦经理。1993 年 3 月任石狮市供销社副主任。（1990 年 9 月至 1993 年 7 月就读安徽财贸职业学院财会专业函授）。1996 年 4 月任石狮市宝盖镇人民政府副镇长。1999 年 3 月任石狮市经济局副局长、主任科员。2002 年 10 月任石狮市侨台外事局局长。2004 年 1 月任政协石狮市委员会副主席。2004 年 3 月至 2009 年 12 月兼任石狮市工商联（总商会）主席（会长）。2016 年 12 月任石狮市人大常委会副主任。

吴清木

男，汉族，福建省南安市人，1963 年 4 月出生。1979 年 9 月在南昌陆军学院学习。1981 年 8 月加入中国共产党。1982 年 7 月任福州军区某部排长。1985 年 3 月任福州军区某团副连长、连长。1990 年 9 月任南京军区某团副营长。1992 年 6 月任南京军区某团作训股股长。1995 年 3 月任南京军区某师教导队队长。1996 年 9 月任惠安县人民武装部军事科参谋。1997 年 5 月任南安市人民武装部军事科科长。1997 年 2 月至 1999 年 12 月参加海军某舰艇学院在职本科学习。1999 年 4 月任泉州军分区军动科科长。2006 年 1 月至 12 月任政协石狮市委员会党组成员。2006 年 12 月任政协石狮市委员会副主席。2016年12月任石狮市人大常委会副主任。1994年立三等功一次，1996 年被师党委评为优秀共产党员，2005 年被福建省军区评为行政管理先进个人。

吕培榕

男，汉族，福建省晋江市人，1959 年 7 月出生。中国民主建国会会员，高级经济师。1977 年高中毕业以后，作为知识青年参加上山下乡。1981 年在晋江县安海镇供销社工作，历任晋江安海镇供销社职员、经理、主任。1993 年开始自主创业，创立了大帝鞋服有限公司。2003 年组建大帝集团，任大帝集团董事长。2011 年 12 月至 2016 年 12 月任政协石狮市委员会副主席。2017 年 6 月任民建福建省第九届委员会副主任委员。曾任第十一届福建省政协委员，第十届、十一届泉州市政协常委。2005 年，被评为“福建省优秀中国特色社会主义事业建设者”。2007 年，获福建省“五一劳动奖章”。2008 年，获评“福建省劳动模范”。2009 年，被评为“福建省优秀企业家”。2010 年，被中国民建中央委员会评为“中国民主建国会全国优秀会员”。

陈贤明

男，汉族，福建省丰泽区人，1961年7月出生。1985年5月加入中国共产党。1980年1月应征入伍中国人民武装警察部队泉州市支队。1981—1984年就读中国人民武装警察部队专科学院。1984年8月任晋江县公安局祥芝边防所正排职干事。1988年2月任晋江县公安局永宁边防派出所副连职副所长兼福建省永宁边防工作站站长。1989年6月任石狮市公安局永宁边防派出所正连职所长。1991年12月任石狮市公安局永宁边防派出所副营职所长。1995年10月任晋江市公安局边防大队正营职政治教导员、大队长。1998年9月任晋江市公安局边防大队副团职大队长。1998年11月任福州市公安局边防支队参谋长。2001年5月任泉州市公安局边防支队副支队长。2002年8月任中华人民共和国肖厝边防检查站正团职政委（其中2003年7月至2005年7月参加中央党校函授法律本科学习）。2007年2月任公安部厦门通信导航维修中心正团职政委（2006年12月至2007年2月参加泉州行政学院军转干部培训）。2007年2月任石狮市人大常委会党组副书记（2007年9月至2007年11月参加中共泉州市委党校处级班培训）。2008年1月任石狮市人大常委会副主任。2016年12月任政协石狮市委员会副主席。1989年被福建省公安厅授予“全省优秀干警”称号。1990—1992年连续三次立个人三等功。1991年被福建省边防总评为优秀共产党员。1991年被中共泉州市委、泉州市人民政府授予政法系统先进个人称号。1993年立个人二等功。1994年度被公安部授予“全国优秀人民警察”称号。1994年被共青团福建省委授予“福建省第二届十大杰出青年”称号。1994年被中共泉州市委授予“泉州市文明市民标兵”称号。1995年立个人三等功。1996年度被公安部授予“全国缉枪缉毒先进个人”称号。

丁东福

男，汉族，山东省阳信县人，1962年3月出生。1979年9月在南昌陆军学院学习。1982年2月加入中国共产党，同年8月起任福州军区某师排长、干部文化教员。1985年5月起任泉州军分区政治部宣传科干事、宣传保卫科科长。2000年2月任永春县人民武装部政治委员。2001年3月任石狮市人民武装部政治委员。2003年4月任中共石狮市委常委、石狮市人民武装部政治委员。2007年12月任中共石狮市人大党组成员、石狮市人大常委会副主任，其间 2008 年 6 月至 2010 年 6 月任四川地震灾后重建石狮工作队副队长。2016 年 12 月任政协石狮市委员会副主席。1988 年起立泉州军分区三等功两次，福建省军区三等功一次。被福建省军区和南京军区授予“优秀共产党员”称号。获福建省“星星火炬”奖章。2010 年被四川彭州市授予“荣誉市民”称号。被福建省表彰为援助四川地震灾后重建先进个人。

陈东华

男，汉族，福建省晋江市人，1972 年 10 月出生。1998 年 3 月加入中国致公党。1991 年 9 月在福州大学化工系学习。1996 年 12 月任致公党泉州市委会科员。2004 年 3 月任致公党泉州市委会组宣处副主任科员。2006 年 6 月任致公党泉州市委会组织处副主任科员。2006 年 8 月任致公党泉州市委会组织处副处长。2012 年 9 月任致公党泉州市委会组织处处长。2015 年 9 月任致公党泉州市委会办公室主任。2016 年 7 月政协石狮市委员会副主席提名人选。2016 年 12 月任政协石狮市委员会副主席。曾任第十二届政协泉州市委员会委员，第十一届致公党泉州市委会副主委。

第二节　中共石狮市政协党组成员名录

一、一届市政协党组成员

书　记：吴彦南
成　员：许民权（1991.6—1992.2）
陈其南
蔡必胜

二、二届市政协党组成员

书　记：吴彦南（1998.11 免）
蔡志从（1998.11 任）

成　员：许民权
苏文锦（1998.3 任）
陈其南
蔡必胜
郭迪田

三、三届市政协党组成员

书　记：蔡志从（2003.3 免）
吴清含（2003.3 任）
成　员：许民权
苏文锦（2003.8 免）
卢文进
王有官（2000.10 任）
陈其南（2003.12 免）
叶泽旺（2003.12 任）

四、四届市政协党组成员

书　记：吴清含（2004.8 免）
丁家全（2004.8 任）
副书记：佘日杰
成　员：王有官
黄章煌
吴清木（2006.1 任）
许民权（2005.7 免）
叶泽旺（2006.11 免）
阮一衡（2006.11 任）

五、五届市政协党组成员

书　记： 丁家全（2011.12 免）
张贻山（2011.12 任）

副书记： 佘日杰（2011.12 免）
张贻山（2011.7—2011.12）

成　员： 王有官
黄章煌
吴清木
阮一衡（2011.6 免）

六、六届市政协党组成员

书　记： 张贻山（2012.10 免）
李丽月（2013.5—2016.7）
林自育（2016.7 任）

副书记： 李丽月（2012.10—2013.5）

成　员： 黄章煌（2015.8 免）
吴清木
纪丽卿（2012.12—2016.6）
张子键（2016.7 任）

七、七届市政协党组成员

书　记： 林自育

副书记： 林天虎（2020.5 任）

成　员： 陈贤明
丁东福
张子键（2017.7 免）
郭永加（2017.7 任）

第三节　石狮市政协领导班子成员名录

一、一届市政协领导班子成员

主　席： 吴彦南

副主席： 蔡明元

高铭群

许民权（1991.8—1992.2）

二、二届市政协领导班子成员

主　席： 吴彦南

副主席： 蔡明元

许民权

宋太平

苏文锦（1998.3 任）

郭丽莲（1998.3 任）

三、三届市政协领导班子成员

主　席： 蔡志从（2003.3 免）

吴清含（2003.3 任）

副主席： 许民权

苏文锦（2003.7 免）

卢文进

宋太平

王有官（2001.1 任）

四、四届市政协领导班子成员

主　席： 吴清含（2005.3 免）
丁家全（2005.4 任）

副主席： 佘日杰
王有官
黄章煌
施心新

五、五届市政协领导班子成员

主　席： 丁家全

副主席： 佘日杰
王有官
黄章煌
施心新
吴清木

六、六届市政协领导班子成员

主　席： 张贻山（2012.12 免）
李丽月（2013.5 任）

副主席： 黄章煌
施心新
吴清木
吕培榕
李丽月（2012.12—2013.5）

七、七届市政协领导班子成员

主　席：林自育
副主席：郭丽莲
陈贤明
丁东福
陈东华

第四节　石狮市政协常务委员名录

一、一届市政协常务委员（20 名）

王人秋　王亚南　王华民　王清阳　王聪敏　刘　京　许书溪　许民权
许绍镇　纪荣华　吴永胜　吴清水　吴章轩　邱季煌　宋太平　陈谋木
郑伯洋　高积华　蔡世佳　蔡必胜

二、二届市政协常务委员（25 名）

王人秋　王亚南　王华民　王聪敏　许书溪　许绍镇　纪荣华　吴永胜
吴清水　吴清华　吴章轩　吴雪萍　邱季煌　余光仁　陈其南　陈谋木
郑伯洋　施至储　施宣楼　高积华　郭迪田　蔡文彬　蔡友镖　蔡世佳
蔡必胜

常务委员变动情况：
1997 年 2 月 17 日，市政协二届十八次常委会议增选刘建平为常务委员。

三、三届市政协常务委员（29 名）

王人秋　王亚南　王济民　王衍筑　王聪敏　许书溪　许绍镇　刘建平
庄清水　吴永雄　吴清水　吴清华　吴雪萍　余光仁　陈其南　陈谋木

林和平　郑伯洋　施义芳　施心新　施宣楼　洪志伟　高积华　蔡子朝
蔡文彬　蔡友镖　蔡世佳　蔡明元　蔡绵绵

常务委员变动情况：

1.2000 年 2 月 17 日，市政协三届二次会议增选吴国凯、蔡建业为常务委员。

2.2000 年 8 月 29 日，市政协三届十次常委会议决定撤销蔡友镖常务委员职务。

四、四届市政协常务委员（31 名）

王衍筑　叶心凤　叶泽旺　庄清水　庄跃耕　杨玉霜　吴为贡　吴永雄
吴光雄　吴明怀　吴明玥　吴雪萍　邱华勇　陈谋木　林英达　林荣河
林晓晖　郑伯洋　胡连荣　施义芳　施文坛　施养谊　黄　刚　商庭烟
蔡文彬　蔡世佳　蔡建四　蔡美金　蔡第艰　蔡绵绵　戴小芬

五、五届市政协常务委员（43 名）

王亚榆　王志助　王衍筑　王莉萍　叶心凤　刘炳祥　阮一衡　李繁红
杨玉霜　吴为贡　吴永雄　吴光雄　吴明怀　吴明玥　邱华勇　何子晖
陈连升　陈谋木　林再贤　林英达　林荣河　林晓晖　欧阳文咸　郑伯洋
胡连荣　施义芳　施心新　施少雄　施文坛　施养谊　施能向　洪克明
洪香坛　黄　刚　黄文远　商庭烟　蔡天锡　蔡文彬　蔡建四　蔡美金
蔡第艰　蔡绵绵　颜伟文

常务委员变动情况：

2010 年 12 月 28 日，市政协五届十九次常委会同意刘炳祥辞去常务委员职务。

六、六届市政协常务委员（44 名）

王　瑛　王玉芬　王永权　王亚榆　王宗培　叶心凤　叶金宝　田启明
许雄飞　纪培明　李灿新　李繁红　杨玉霜　吴为贡　吴明玥　吴周雄

吴教盛 邱今堤 邱华勇 邱尚棍 何子晖 张永传 陈伟文 陈连升
林英达 林荣河 林晓晖 欧阳文咸 胡连荣 施少雄 施文坛 施宝健
施剑峰 施养谊 洪明向 洪香坛 洪祥棋 黄 刚 黄文远 蔡少岩
蔡佳定 蔡建四 蔡清爽 蔡绵绵

常务委员变动情况：

1.2012 年 12 月 12 日，市政协六届五次常委会同意杨玉霜辞去常务委员职务。

2.2012 年 12 月 22 日，市政协六届二次会议增选纪丽卿为常务委员。

3.2014 年 4 月 28 日，市政协六届十二次常委会同意王玉芬、吴明玥、施宝健辞去常务委员职务。

4.2014 年 12 月 3 日，市政协六届十五次常委会议同意吴周雄辞去常务委员职务。

5.2015 年 11 月 26 日，市政协六届二十次常委会议同意蔡绵绵辞去常务委员职务。

6.2016 年 1 月 7 日，市政协六届六次会议增选卢祖明、杨华铿、陈清璜为常务委员。

七、七届市政协常务委员（31 名）

王汉滨 王永权 王金响 王莉萍 卢祖明 叶心凤 吕 锜 刘德芳
许雄飞 许聪海 苏榕榕 李灿新 邱今堤 邱尚棍 佘英杰 张子健
张永传 陈文程 陈汉河 林天生 林晓晖 施文坛 施剑峰 洪香坛
洪祥棋 黄 刚 蔡进强 蔡佳定 蔡清栋 颜福瑜 鞠智刚

常务委员变动情况：

1.2017 年 9 月 25 日，市政协七届三次常委会议同意张子健辞去常务委员职务。

2.2017 年 12 月 24 日，市政协七届二次会议增选郭永加为常务委员。

3.2019 年 12 月 30 日，市政协七届十五次常委会议同意林晓晖、佘英杰辞去常务委员职务。

4.2020 年 1 月 9 日，市政协七届四次会议增选洪明芳、郭景专为常务委员。

第五节　石狮市政协委员名录

一、一届市政协委员（103 名）

（一）中共（7 人）

王清阳　卢文进　许民权　朱新民　吴彦南　陈其南　蔡维普

（二）民主党派（9 人）

王华民　王济民　许绍镇　吴永德　何作荣　邱季煌　洪荣辉　郭天助
蔡文彬

（三）共青团（2 人）

刘　京　蔡水添

（四）总工会（筹）（2 人）

黄奕连　蔡重耀

（五）妇联（2 人）

王玉端　吴蝶英

（六）青联（筹）（2 人）

许国锋　康耀仁

（七）工商联（12 人）

王亚南　江水贵　吴光如　吴夏云　吴雪萍　宋太平　陈新生　施义芳
谢金练　蔡友平　蔡友扁　蔡明元

（八）农业（7 人）

杨尚坤　吴为化　邱大松　林天锡　蔡友名　蔡建业　蔡清渔

（九）台联（2 人）

王志章　许书溪

（十）文学艺术（6 人）

王人秋　纪安心　李仰圣　吴彦造　郑伯洋　黄明定

（十一）科学技术（4 人）

杨人勤　邓芳塔　施心新　施尚希

（十二）教育（10 人）

卢远征　许自明　苏宝明　吴永胜　吴式锚　吴章轩　林阿娇　高铭群

郭丽莲 蔡必胜

（十三）医药卫生（3人）

施宣楼 姜鼎铭 龚诗建

（十四）华侨（10人）

王聪敏 叶宗田 庄自然 许天文 纪荣华 吴仕彬 邱允然 高积华
蔡世佳 蔡海潮

（十五）少数民族（2人）

郭金宝 粘国民

（十六）体育界（2人）

陈谋木 高天理

（十七）宗教界（1人）

王聪渊

（十八）无党派人士（4人）

吴彦金 林国志 周明渊 蔡第福

（十九）特邀人士（16人）

王爱恳 许天奎 吴为果 吴华哲 吴清水 吴清华 陈祥永 林贵攀
林婉珍 柯建社 黄喜清 龚尚团 蔡天生 蔡秀珍 蔡金榜 蔡德泉

委员变动情况：

1993年3月1日，市政协一届十一次常委会议决定增补蔡友镖、郑天应、龚丽卿为委员。

二、二届市政协委员（140名）

（一）中共（11人）

卢文进 朱新民 许民权 吴彦南 余光仁 陈其南 施至储 郭迪田
蔡维普 蔡绵绵 蔡必胜

（二）民主党派（13人）

王华民 王济民 叶心凤 庄天山 许绍镇 何作荣 邱季煌 柯山红
施宣楼 洪荣辉 高积华 郭天助 蔡文彬

（三）共青团（3人）

王秀也 施养谊 蔡水添

（四）总工会（2人）

黄奕连 蔡重耀

（五）妇联（4人）

王玉端 杨丽影 吴蝶英 戴棉棉

（六）青联（4人）

许国锋 吴海璇 邱振鹏 康耀仁

（七）工商联（17人）

王亚南 江水贵 吴光如 吴夏云 吴雪萍 宋太平 陈新生 施义芳
洪志伟 郭天从 曾子明 谢金链 谢景志 蔡水彬 蔡天真 蔡友镖
蔡明元

（八）农业（14人）

李辉标 杨尚坤 吴为化 吴育欣 邱家派 邱大松 林天锡 林德雄
黄 存 黄连捷 蔡金狮 蔡金蝉 蔡建业 蔡友名

（九）台联（2人）

王志章 许书溪

（十）文学艺术（9人）

王人秋 王明篇 纪安心 李仰圣 吴彦造 吴永胜 郑伯洋 黄明定
蔡友谋

（十一）科技（5人）

吕荣德 杨人勤 邱华栋 郑文华 施尚希

（十二）教育（8人）

苏宝明 吴永德 吴章轩 张振耀 范启永 林亚娇 周午芬 郭丽莲

（十三）医药卫生（3人）

郑天应 姜鼎铭 龚诗建

（十四）侨联（7人）

王聪敏 叶宗田 许天文 纪荣华 邱允然 蔡海潮 蔡世佳

（十五）少数民族（2人）

郭金宝 粘国民

（十六）体育（3人）

陈谋木 柯贤强 高天理

（十七）宗教（2 人）

王聪渊 吴教盛

（十八）无党派人士（4 人）

吴彦全 林国志 周盟渊 蔡第福

（十九）港澳委员（12 人）

王明洋 卢文烟 卢章煌 许荣茂 李贤义 佘德聪 陈智仁 洪清谊
黄明川 黄其他 曾玲玲 蔡健生

（二十）特邀人士（15 人）

许天奎 吴清水 吴清华 吴为果 邱华钦 陈祥永 林婉珍 柯建社
施心新 黄喜清 龚丽卿 龚尚团 蔡德泉 蔡秀珍 蔡天生

委员变动情况：

1.1994 年 12 月 23 日，市政协二届五次常委会议决定增补姜金丽、吴国凯、吴永雄为委员。

2.1995 年 8 月 25 日，市政协二届九次常委会议决定增补陈海龙、蔡东升为委员。

3.1995 年 10 月 10 日，市政协二届十次常委会议决定增补许泽生、李清来、施超然、洪鸿波、杨静纯、陈遵铭为委员。

4.1996 年 2 月 7 日，市政协二届十二次常委会议决定增补姜雄雄、何萍萍、王算治、李木理、柯秀芬、陈安治、颜贻钊为委员。

5.1997 年 2 月 17 日，市政协二届十八次常委会议决定增补刘建平为委员。

6.1997 年 4 月 7 日，市政协二届十九次常委会议决定增补黄梓钦、蔡炯明、许明棋、施维山、吴为烈、邱金愿、蔡文彬、蔡敦岁、许龙伟、施世扬、李圣汉、施合作、王丽园、林和平、邱志强为委员。

7.1998 年 3 月 6 日，市政协二届二十四次常委会议决定增补苏文锦、许莉莉、吴家雄、施纯向、许志鑫、林荣河、吴少青、蔡友岛、林世安、苏祖振、蔡经泉、蔡宏义为委员。

8.1998 年 3 月 16 日，市政协二届二十五次常委会议决定增补王青阳为委员。

三、三届市政协委员（188 名）

（一）中共（10 名）

卢文进 刘建平 许民权 许经山 苏文锦 余光仁 陈其南 施至储
蔡志从 蔡绵绵

（二）民主党派（21 名）

王 瑛 王济民 王聪敏 叶心凤 庄天山 朱英伟 朱建敦 许绍镇
纪荣海 孙白薇 李小玲 吴永雄 吴永德 谷晋青 陈飞跃 柯山红
施宣楼 施凉凉 施鸿滨 高积华 蔡文彬

（三）共青团（2 名）

吴记招 戴小芬

（四）工会（3 名）

邱玉星 林世安 蔡文革

（五）妇联（3 名）

杨丽影 施川娥 戴棉棉

（六）青联（4 名）

苏耀辉 吴海璇 邱振鹏 蔡友堵

（七）工商联（27 名）

王亚南 王衍筑 江水贵 许猛猛 苏维钊 李天德 杨永达 吴国平
吴新华 宋太平 陈连升 林华勇 郑雪英 施少鸿 洪江汉 洪志伟
洪香坛 高重庆 曾子明 谢金链 谢景志 蔡天宝 蔡天真 蔡友镖
蔡永殊 蔡第賬 蔡嘉怀

（八）农业（13 名）

吴育欣 邱家派 张祖对 林晓晖 施心新 黄双喜 黄 存 黄连捷
蔡建业 蔡荣欣 蔡金狮 蔡金禅 蔡清岭

（九）台联（1 名）

许书溪

（十）文学艺术（10 名）

王人秋 吕文彬 纪安心 吴为永 吴为坤 陈惠国 郑伯洋 蔡友谋
蔡宏义 颜贻钊

（十一）科技（8名）

吕培榕 庄清水 杨人勤 吴金煌 吴雪萍 林和平 郑文华 蔡天生

（十二）教育（6名）

许书熊 张振耀 范启永 洪建忠 董永贵 谢婉琳

（十三）医药卫生（4名）

郑天应 施鸿裕 姜鼎铭 黄荣杰

（十四）侨联（10名）

王明逢 王明篇 李仰圣 吴为化 吴清水 邱志强 何作荣 施义芳
蔡世佳 蔡经泉

（十五）少数民族（3名）

郭天纵 郭友福 郭建奇

（十六）体育（3名）

李春阳 吴明怀 陈谋木

（十七）宗教（2名）

王聪渊 吴教盛

（十八）无党派人士（5名）

吴永盘 林国志 周盟渊 施纯向 蔡世棋

（十九）特邀（53名）

王丽园 王建全 王明洋 王德全 王算治 王鹏程 卢文烟 卢章煌
庄明明 许龙伟 许泽生 许明棋 纪培明 苏祖振 李木理 李圣汉
李清来 杨祖杏 杨静纯 吴少青 吴为烈 吴明玥 吴国凯 吴家雄
吴清华 邱金愿 佘祖忆 陈海龙 陈智仁 陈遵铭 林荣河 林积车
胡连荣 柯建社 施世扬 施维山 施超然 姜雄雄 洪鸿波 洪清谊
洪滨漳 黄剑峰 黄梓钦 龚丽卿 董欣跃 蔡子朝 蔡文彬 蔡世平
蔡明元 蔡建设 蔡其雄 蔡炯明 蔡敦岁

委员变动情况：

1.1999年12月30日，市政协三届五次常委会议决定增补陈建设、龚春燕为委员。

2.2000年8月29日，市政协三届十次常委会议决定撤销蔡友镖的委员职务。

3.2000年11月14日，市政协三届十二次常委会议决定增补王有官、叶泽旺、李国宏、邱其仁、宋祖招、柯建成、徐洪、蔡及时为委员。撤销陈惠国的委员职务。

4.2001 年 4 月 4 日，市政协三届十五次常委会议决定增补蔡建四、邱仲华为委员。

5.2001 年 8 月 6 日，市政协三届十七次常委会议决定增补林再贤为委员。撤销黄存的委员职务。

6.2002 年 1 月 14 日，市政协三届二十次常委会议决定增补王鸿燕、商庭烟、洪文化、邱华勇、陈健泳为委员。

7.2002 年 9 月 24 日，市政协三届二十八次常委会议决定增补陈自然、王人伟、吴晓霞、施能向、施养谊、许飞龙、苏荣灿为委员。

8.2003 年 2 月 19 日，市政协三届三十一次常委会议决定增补吴清含为委员。

9.2003 年 5 月 8 日，市政协三届三十五次常委会议决定增补吴成家、纪丽卿、王再兴为委员。

四、四届市政协委员（200 名）

（一）中共（10 人）

王有官　叶泽旺　刘炳祥　杨玉霜　佘日杰　吴明玥　吴清含　黄章煌
蔡水添　蔡绵绵

（二）民主党派（22 人）

王若兰　王聪敏　叶心凤　叶铿铿　朱建敦　纪荣海　孙白薇　李灿新
杨祖杏　吴永雄　谷晋青　张庆玉　陈飞跃　郑海滨　施文坛　施鸿滨
黄　刚　蔡子鸿　蔡文彬　蔡美金　蔡鸿鹏　颜伟文

（三）共青团（2 人）

黄溪洪　董再发

（四）青联（2 人）

周建平　蔡友堵

（五）总工会（3 人）

邱国镖　林世安　蔡文革

（六）妇联（3 人）

黄秀暖　戴小芬　戴素娥

（七）农业（10 人）

卢荣兴 刘文穗 刘雄伟 刘鹏飞 吴光雄 林丽娜 黄种彬 蔡上劳
蔡清岭 蔡清波

（八）科技（8人）

王爱群 庄炎明 庄清水 李远志 吴雪萍 陈炎生 林荣河 廖益明

（九）教育（8人）

王鸿燕 邱富杭 张振耀 陈澍慧 林婉洁 洪文化 高武志 谢婉琳

（十）侨联（8人）

王明逢 邱华勇 施义芳 施养谊 高双双 蔡天真 蔡世佳 蔡第赈

（十一）宗教（4人）

吕启明 邱天从 商庭烟 释法观

（十二）体育（3人）

吴明怀 陈谋木 林诗勇

（十三）医药卫生（3人）

王守东 庄明明 施鸿裕

（十四）文化艺术（13人）

庄跃耕 许飞龙 纪安心 苏荣灿 李国宏 吴为永 吴振东 郑伯洋
洪全克 黄再兴 龚蓓苾 蔡奕品 颜贻钊

（十五）工商联（34人）

王志助 王衍筑 田启明 许文彬 许明聪 吴国平 吴清远 吴新华
邱仲福 汪森辉 陈文程 陈连升 陈国艺 陈健泳 林保成 林聪跃
林连泉 胡连荣 柯法胜 施少雄 施明碳 贺桂明 高重庆 谢景生
蔡天生 蔡东强 蔡加怀 蔡永殊 蔡建四 蔡经义 蔡经康 蔡振志
蔡辉煌 颜祜爽

（十六）无党派（5人）

张彪生 邵 峰 林晓晖 施心新 蔡世棋

（十七）少数民族（2人）

郭友福 郭德成

（十八）特邀一（43人）

王建全 王明添 王善旭 卢锦钦 许少谋 许泽生 李建荣 杨静纯
吴为贡 吴文正 吴文彬 吴晓霞 吴家雄 吴清涵 吴新民 佘英杰

陈伯忠　陈胜利　陈遵铭　林英达　欧阳文咸　侯智江　施能向　施维山
施超然　洪三跃　洪文伟　洪明智　洪鸿波　黄金辉　黄明叶　黄建煌
曾凤飞　蔡及时　蔡天色　蔡再兴　蔡宏体　蔡经阳　蔡经评　蔡衍达
蔡清爽　蔡清镖　戴长旋

（十九）特邀二（17人）

王人伟　王文龙　王再兴　刘玉珊　李世芬　江松辉　许世平　纪丽卿
纪培明　陈自然　陈建新　林启彬　欧阳成积　柯建社　黄　榕　龚春燕
蔡洪潮

委员变动情况：

1.2004年9月30日，市政协四届五次常委会议决定增补丁家全、程育钦为委员。不再聘任江松辉、陈炎生、许世平为委员。

2.2005年3月24日，市政协四届七次常委会议决定不再聘任柯法胜、李远志、黄溪洪为委员，撤销施鸿裕的委员职务。

3.2006年2月20日，市政协四届十一次常委会议决定增补吴清木为委员。不再聘任林保成、黄榕为委员。

五、五届市政协委员（250名）

（一）中共（12人）

丁家全　王有官　王莉萍　刘炳祥　阮一衡　杨玉霜　吴明玥　吴清木
吴清含　佘日杰　林再贤　黄章煌

（二）民主党派（22人）

叶心凤　叶铿铿　朱建墩　纪荣海　孙白薇　李灿新　杨祖杏　吴永雄
邱建平　谷晋青　张庆玉　陈飞跃　郑海滨　施文坛　施鸿滨　洪克明
黄　刚　蔡子鸿　蔡文彬　蔡美金　蔡鸿鹏　颜伟文

（三）无党派（5人）

张彪生　林晓晖　施心新　洪祥棋　蔡景明

（四）工会（4人）

汪森辉　尚万平　黄文元　蔡文革

（五）共青团（3人）

卢荣斌 曾少君 董再发

（六）妇联（4人）

卢永清 邱桂香 黄秀暖 戴素娥

（七）侨联（8人）

王坤治 邱华勇 施养谊 高双双 郭迪福 黄其博 蔡文返 蔡第躿

（八）台联（1人）

蔡仲谋

（九）青联（2人）

王东晓 郑天从

（十）工商联（47人）

王志助 王明逢 王金展 王衍筑 王爱群 田启明 刘德庆 朱海滨
许清源 严兆照 李建荣 杨清泉 吴光雄 吴志松 吴国平 吴新民
吴新华 邱仲福 邱尚棍 陈文程 陈连升 陈新民 邵 峰 林世安
林荣河 林聪跃 胡连荣 柯建社 施义芳 施少雄 施永周 施明碳
姜盈艺 洪明向 洪香坛 洪健雄 黄文远 黄明叶 蔡天锡 蔡东强
蔡永殊 蔡经评 蔡振志 蔡清阳 蔡绵绵 蔡辉煌 蔡嘉怀

（十一）经济（12人）

王亚榆 王明卫 刘德川 庄跃耕 陈一心 陈健泳 林启彬 林国环
林德雄 施永忠 施能向 蔡扬波

（十二）科技（10人）

王鹏程 许克忠 何子晖 陈志远 陈 锟 林辉煌 高 峰 曾国平
蔡少文 蔡宗程

（十三）教育（9人）

卢崎青 许聪海 吴永生 陈澍慧 林婉洁 罗富灿 洪文化 谢婉琳
谭晓英

（十四）医药卫生（4人）

王水龙 王守东 吴文广 蔡俊龙

（十五）农业（10人）

卢荣兴 刘鹏飞 许明聪 李锦聪 邱国泉 林金盾 黄文炳 黄种彬

蔡上劳　蔡清岭

（十六）体育（4 人）

吴明怀　陈谋木　林诗勇　蔡奕品

（十七）文艺（18 人）

许飞龙　纪安心　苏荣灿　李国宏　李繁红　吴为永　吴为坤　吴金森
林天生　林景辉　郑伯洋　施性山　黄再兴　龚蓓苾　蔡友堵　蔡天生
蔡天温　颜贻钊

（十八）少数民族（3 人）

郭金镖　郭清楚　郭跃民

（十九）宗教（6 人）

王金响　吕启明　吴求瓦　邱天从　商庭烟　释法观

（二十）特邀一（27 人）

王再兴　王善旭　王巍巍　刘文权　庄雪峰　纪丽卿　纪培明　李建设
吴志远　吴晓霞　吴清涵　邱建申　何明耀　佘日明　陈文希　陈水深
陈自然　陈胜利　林建勤　胡激洋　洪奇树　郭晓锋　高重庆　程育钦
蔡世博　蔡健康　蔡清镖

（二十一）特邀二（39 人）

王永权　王建全　王明添　卢锦钦　纪建强　许文彬　许泽生　李圣汉
李金恋　吴为贡　吴文正　佘英杰　陈遵铭　林英达　欧阳文咸　欧阳成积
周志聪　侯智江　施维山　施超然　洪三跃　洪文伟　洪明智　洪鸿波
黄建煌　黄金辉　程源惠　蔡天色　蔡天真　蔡世平　蔡汉阳　蔡佳定
蔡其雄　蔡建四　蔡炯明　蔡衍达　蔡清汉　蔡清爽　戴长旋

委员变动情况：

1.2007 年 7 月 20 日，市政协五届二次常委会议决定增补王幼昆、王树林、庄雅斯、许文煜、许经辉、许金钟、吴丽婉、陈伟文、陈伯忠、林美、林荣洲、林清阔、姚志远、施纯顾、柯金灿、洪江汉、洪养正、黄伟信、龚纯良、蔡少岩、蔡国伟、蔡国钟、蔡建聪、蔡胜利、蔡跃进、蔡敬业、蔡满载、潘文体、颜祜火、戴景木为委员。

2.2008 年 2 月 28 日，市政协五届六次常委会议决定不再聘任郭晓峰为委员。

3.2008 年 8 月 5 日，市政协五届七次常委会议决定增补刘旭杰、刘湖南、许良才、许宝龙、吴成积、李天辉、杨世民、杨国潮、邱建益、陈冰凌、林志强、施养猛、施祥智、洪珊珊、柴文华、黄进来、蔡明显、蔡明哲、蔡清萍、蔡敦岁为委员。不再聘任何明耀、陈锟、陈水深、罗富灿、施明碳、郭晓锋、蔡天真为委员，撤销庄跃耕的委员职务。

4.2010 年 12 月 28 日，市政协五届十九次常委会议决定增补叶金宝、纪锦明、张美雪、陈方兴、林梓杰为委员，不再聘任刘炳祥、朱海滨、李天辉、陈一心、林聪跃、高峰为委员。

六、六届市政协委员（247 名）

（一）中共（12 人）

王玉芬　叶金宝　纪培明　杨玉霜　吴明玥　吴清木　张贻山　陈殿魁
施宝健　施剑峰　徐辉文　黄章煌

（二）民革（4 人）

许雄飞　张庆玉　施汉杰　颜胜利

（三）民盟（4 人）

王　瑛　李苍墀　洪少培　蔡鸿鹏

（四）民建（4 人）

王熊熊　吕培榕　杨文峰　洪克明

（五）民进（4 人）

刘永康　邱建平　林晓晖　林清丛

（六）农工党（4 人）

王荣柏　李灿新　邱清雄　洪志向

（七）致公党（4 人）

吴丽欣　吴曙军　施文坛　蔡丽勉

（八）九三学社（3 人）

王克锰　郑海滨　黄　刚

（九）台盟（2 人）

叶心凤　叶雅莉

（十）无党派（6 人）

张彪生　杨建群　施心新　施荣标　洪祥棋　蔡景明

（十一）工会（4 人）

刘添明　吴尔德　尚万平　林文键

（十二）共青团（3 人）

叶泽锋　高德友　蔡国庆

（十三）妇联（4 人）

吴丽婉　邱桂香　蔡亚碟　戴素娥

（十四）侨联（9 人）

王　足　邱华勇　施养谊　郭迪福　蔡文返　蔡其仁　蔡国钟　蔡胜利

蔡清爽

（十五）台联（1 人）

王家勇

（十六）青联（2 人）

邱今堤　黄泰山

（十七）工商联（46 人）

王仁国　王华宁　田启明　许文煜　吴长晓　吴志松　吴新民　邱仲福

邱国庆　邱尚棍　辛炳煌　张海彬　陈小秋　陈文豹　陈文程　陈连升

邵　峰　林　传　林　美　林荣河　林鹏集　欧阳文咸　欧阳成积　柯金灿

胡连荣　侯智江　姜盈艺　施少雄　施永周　施纯顾　洪江汉　洪明向

洪香坛　洪健雄　姚道锡　黄文远　龚文晓　蔡少岩　蔡永和　蔡建四

蔡清阳　蔡清爽　蔡跃进　蔡辉煌　戴熻木　鞠智刚

（十八）经济（11 人）

余永成　吴周雄　邱宗煌　陈方兴　陈增坛　林梓杰　柯建成　施渊若

龚纯良　蔡清镖　蔡绵绵

（十九）科技（6 人）

刘德庆　陈冰凌　洪文伟　龚一士　曾国平　蔡洪泽

（二十）科协（5 人）

纪锦明　何子晖　郑建捌　郑养正　蔡少文

（二十一）教育（9 人）

许文健　许聪海　吴永生　张宝定　陈澍慧　林圣源　黄思福　蔡宗程

谭晓英

（二十二）医药卫生（3人）

王水龙　吴文广　曾庆宗

（二十三）农业（9人）

王鹏程　李栋梁　李盛芳　陈建设　林金盾　高武志　蔡芳臻　蔡和平　蔡剑锋

（二十四）体育（4人）

卢章达　邱尚城　黄彩霞　黄清苗

（二十五）文艺（新闻出版、社会科学）（20人）

王东晓　王培珉　王焕连　刘延钦　许清源　李宗伟　李逢奖　李繁红　吴为坤　吴文斌　邱国南　邱尚坤　余晓泉　林仁财　林天生　黄汉瑜　龚纯华　蔡天奖　蔡天温　蔡东红

（二十六）社会福利与社会保障（2人）

叶　玮　邱华培

（二十七）少数民族（4人）

郭金镖　郭焕哲　郭跃民　郭滨滨

（二十八）宗教（5人）

王金响　吕启明　邱天从　吴教盛　释法观

（二十九）特邀一（28人）

王亚榆　王宗培　许一平　许良才　许宝龙　许金钟　吴为贡　吴志远　吴家源　余日明　张子群　张永传　陈文晖　陈锦章　胡激洋　施永忠　施养猛　洪奇树　黄波泥　黄炳亮　龚怡诺　谢文传　蔡芳汶　蔡明显　蔡明哲　蔡盈盈　蔡健康　蔡清票

（三十）特邀二（25人）

王永权　王明添　王树林　卢锦钦　刘德芳　杨国潮　吴必特　邱跃进　余英杰　陈伟文　陈伯忠　林佑碧　林志强　林英达　洪明智　洪养正　洪锴灿　黄伟信　蔡乃安　蔡伟松　蔡志忠　蔡佳定　蔡其雄　蔡清萍　蔡敬业

委员变动情况：

1.2012 年 12 月 12 日，市政协六届五次常委会决定增补李丽月、卢瑞墩、纪丽卿、齐建伟、杨福兴、陈国兴、施长华、黄作影为委员，不再聘任张贻山、许一平、佘日明、胡激洋、徐辉文、龚怡诺、蔡健康为委员，撤销刘永康的委员职务。

2.2013 年 5 月 24 日，市政协六届七次常委会议决定增补庄文华、张毅斌、黄勇超为委员，不再聘任叶泽锋、陈方兴、陈冰凌为委员。

3.2013 年 11 月 25 日，市政协六届九次常委会议决定增补蔡邑鹏、施文波、王春炜为委员，不再聘任吴志远、龚一士、林梓杰为委员。

4.2014 年 12 月 3 日，市政协六届十五次常委会议决定增补李莎、许文足、吴立志、吴金锁、蔡文市、王雅凉、吴海龙、施碧溪、姜盈谦为委员，不再聘任吴周雄、黄勇超、庄文华、蔡邑鹏、张子群、陈文晖为委员。

5.2015 年 11 月 26 日，市政协六届二十次常委会议决定增补卢祖明、杨华铿、陈清璜为委员，不再聘任余永成、张毅斌、施养猛为委员。撤销余晓泉的委员职务。

七、七届市政协委员（182 名）

（一）中共（11 人）

丁东福　王汉滨　王莉萍　卢祖明　苏榕榕　吴宗顺　张子健　陈贤明
林自育　施剑峰　颜福瑜

（二）民革（3 人）

王明志　许雄飞　颜胜利

（三）民盟（3 人）

李苍墀　邱华民　蔡进强

（四）民建（3 人）

王熊熊　吕　锜　蔡少文

（五）民进（3 人）

邱建平　林晓晖　林清丛

（六）农工党（3 人）

王荣柏　李灿新　洪志向

（七）致公党（4 人）

吴曙军　何世宁　陈东华　施文坛

（八）九三学社（2人）

王克锰　黄　刚

（九）台盟（2人）

叶心凤　叶雅莉

（十）无党派（6人）

王进步　吴小锦　林景辉　洪少迎　洪建树　郭丽莲

（十一）工会（3人）

吴尔德　章海木　黄梅跃

（十二）共青团（2人）

王佳铁　蔡国庆

（十三）妇联（3人）

王美满　洪凤媚　蔡小玲

（十四）侨联（6人）

王　足　王名用　邱国庆　蔡国钟　蔡胜利　蔡慰问

（十五）台联（1人）

佘圣尧

（十六）青联（2人）

林荣银　施宝健

（十七）工商联（35人）

王伟锋　王华宁　卢文革　许文煜　许世煌　许华强　吴友金　吴荣枢
吴聪辉　邱仲猛　邱华培　邱尚棍　辛炳煌　陈小秋　陈文豹　陈汉河
林　传　林志成　林诗体　林金文　林顺建　林晓文　林鹏集　胡海荣
施明晓　姜盈艺　洪香坛　龚建闽　龚诗康　蔡世界　蔡世群　蔡良球
蔡明显　蔡青峰　蔡剑锋

（十八）经济（12人）

王世炎　吴光淼　邱宗煌　邱今堤　辛辉跃　柯建成　洪英塔　黄达生
黄灿铭　龚纯良　傅金镇　鞠智刚

（十九）科技（科协）（6人）

刘永盼　许昭挺　李圣阳　李宗晓　吴立志　蔡洪泽

（二十）教育（6人）

华丕长　庄婉瑜　许天坑　许聪海　邱清雄　林雅琍

（二十一）医药卫生（2 人）

卢丽雅　吴文广

（二十二）农业（5 人）

李栋梁　陈建设　林贞千　林金盾　柳水扬

（二十三）体育（2 人）

李大杰　吴清专

（二十四）文艺（新闻出版、社会科学）（12 人）

孙文添　纪安心　苏荣灿　李宗伟　吴丽欣　邱国南　邱尚坤　林天生
施约限　蔡东红　蔡茂庆　蔡清栋

（二十五）社会福利与社会保障（2 人）

叶立锋　邱志雄

（二十六）少数民族（3 人）

郭梅展　郭景专　郭滨滨

（二十七）宗教（3 人）

王金响　邓灵勇　吴婉婉

（二十八）特邀一（21 人）

吕光前　许自旭　许宝龙　李　莎　杨国潮　吴新艺　张永传　林宏钧
林志强　施养谊　黄世集　黄作影　黄清锋　蔡乃安　蔡加鹏　蔡民权
蔡伟松　蔡有进　蔡明哲　蔡荣展　蔡清静

（二十九）特邀二（16 人）

王永权　刘德芳　佘英杰　李聪颖　吴清清　陈文程　陈健康　施永周
施清积　施碧溪　洪志杰　洪祥棋　洪聪海　黄波泥　傅金城　蔡佳定

委员变动情况：

1.2017 年 9 月 25 日，市政协七届三次常委会议决定增补郭永加为委员。

2.2017 年 12 月 29 日，市政协七届五次常委会议决定增补王鸿梁、吴华栋、蔡联楠为委员，不再聘任李大杰、林诗体、黄清锋为委员。

3.2018 年 6 月 21 日，市政协七届七次常委会议决定增补林霖为委员，不再聘任吴清专为委员。

4.2018 年 12 月 29 日，市政协七届十次常委会议决定增补陈垂汉、陈伟祥、董立新、林育明、蔡育婷、蔡盈盈、刘雪芬、刘德攀、李国宏为委员，不再聘任李圣阳、蔡民权、施养谊、孙文添、蔡小玲、张子健、庄婉瑜、吕光前、黄灿铭为委员。

5.2019 年 12 月 30 日，市政协七届十五次常委会议决定增补蔡剑猛、蔡荣达、洪明芳、苏崇艺、蔡劲松、林才哲为委员，不再聘任王名用、吴光淼、林晓晖、吴立志、佘英杰、施碧溪为委员。

第六节　市政协机关内设机构主任、副主任名录

一、办公室（1991 年 8 月设立）

主　任：陈其南（1993.12—2003.12）
叶泽旺（2003.12—2006.12）
阮一衡（2006.12—2011.6）
纪丽卿（2012.12—2016.6）
张子健（2016.7—2017.9）
郭永加（2017.9 任）

副主任：陈其南（1991.8—1993.11）
王算治（1995.5—1996.2）
吴明玥（1996.4—2002.6）
纪丽卿（2002.6—2012.12）
刘福全（2011.11—2015.6）
蔡　菁（2014.12 任）
蔡盈盈（2015.6—2016.6）
林晓晖（2016.6—2016.11）
洪奇树（2017.9 任）

二、宣传教育办公室（1991 年 8 月设立，1998 年 12 月撤销）

主　任：蔡必胜（1994.5—1996.2）
王算治（1996.3—1998.12）

副主任：蔡必胜（1991.8—1994.4）

三、专门委员会综合办公室（1991 年 8 月设立，1998 年 12 月更名为“专门委员会办公室”，2011 年 6 月撤销）

主　任：郭迪田（1993.8—1998.12）
　　　　叶泽旺（2002.6—2003.12）
　　　　蔡绵绵（2003.12—2006.12）
　　　　林再贤（2006.12—2011.6）
副主任：叶泽旺（1999.3—2002.3）
　　　　程育钦（2004.3—2011.6）

四、台港澳侨联络办公室（1998 年 12 月设立，2011 年 6 月更名为“港澳台侨与民族宗教办公室”，2011 年 11 月撤销）

主　任：王算治（1999.1—2001.10）
　　　　吴明玥（2002.6—2011.11）
副主任：王再兴（2002.6—2011.6）

五、经济环境与教科文卫办公室（2011 年 6 月设立，2011 年 11 月撤销）

主　任：王玉芬（2011.6—2011.11）
副主任：程育钦（2011.6—2011.11）

六、法制提案与学习文史办公室（2011 年 6 月设立，2011 年 11 月撤销）

主　任：杨玉霜（2011.6—2011.11）
副主任：何世明（2011.6—2011.11）

七、提案法制办公室（2011 年 11 月设立）

主　任：杨玉霜（2011.11—2012.12）
　　　　卢祖明（2015.6 任）
副主任：何世明（2011.11—2016.6）
　　　　杨思恩（2016.6—2018.6）

八、经济资源办公室（2011 年 11 月设立）

主 任：王玉芬（2011.11—2014.4）
杨华铿（2015.6—2016.6）
苏榕榕（2016.6 任）

副主任：程育钦（2011.11—2013.9）
林晓晖（2015.6—2016.6）
章华旺（2016.6 任）

九、教科文卫史办公室（2011 年 11 月设立）

主 任：纪培明（2011.11—2016.6）
颜福瑜（2016.6 任）

副主任：洪明芳（2011.11—2016.6）
王晓明（2016.6 任）

十、台港澳侨民宗办公室（2011 年 11 月设立）

主 任：吴明玥（2011.11—2014.4）
陈清璜（2015.4—2016.11）
林晓晖（2016.11—2018.9）
蔡盈盈（2018.11 任）

副主任：王仁国（2013.3—2016.6）
蔡盈盈（2016.6—2018.11）
蔡文茹（2019.3 任）

第七节 市政协专门委员会主任、副主任名录

一、一届市政协专门委员会

1. 学习提案委员会

主 任：许民权

副主任：许绍镇 王华民 陈其南 蔡海潮

2. 三胞经济民族宗教委员会

主　任：蔡明元

副主任：朱新民　蔡必胜　高积华　纪荣华　蔡世佳　许书溪

3. 文史教科文卫委员会

主　任：高铭群

副主任：卢远征　王人秋　邱季煌　郑伯洋　吴永胜

二、二届市政协专门委员会

1. 经济科技委员会

主　任：吴彦南

副主任：宋太平　吴夏云　陈其南

2. 学习提案委员会（1995 年 12 月更名为“学习提案法制委员会”）

主　任：许民权

副主任：许绍镇　蔡绵绵　卢文进（1997.2 任）　吴明玥（1997.2 任）

3. 三胞民族宗教委员会（1997 年 2 月更名为“台港澳侨联络委员会”）

主　任：蔡明元

副主任：施至储　蔡必胜　朱新民　蔡世佳　王算治（1997.2 任）

4. 文教卫体委员会

主　任：郭迪田

副主任：王人秋　陈谋木　余光仁　施宣楼

5. 文史资料委员会

主　任：吴永胜

副主任：邱季煌　郑天应

三、三届市政协专门委员会

1. 经济科技委员会

主　任：宋太平（2000.6 免）

陈其南（2000.6—2002.6）

曾子明（2002.6 任）

副主任：陈其南（2000.6 免）　吴金煌　庄清水　宋祖招（2001.4 任）

曾子明（2001.4—2002.6）

2. 学习提案委员会

主　任：许民权（2000.6 免）

许绍镇（2000.6 任）

副主任：许绍镇（2000.6 免）　蔡绵绵　吴明玥（2002.6 免）　吴国凯

纪丽卿（2002.6 任）　王济民（2002.6 任）

3. 台港澳侨联络委员会

主　任：蔡明元（2002.6 免）

蔡世佳（2002.6 任）

副主任：蔡世佳（2002.6 免）　吴清水　高积华　许经山　王算治

吴明玥（2002.6 任）　王再兴（2002.6 任）

4. 文教卫体委员会

主　任：苏文锦（2000.6 免）

陈谋木（2000.6 任）

副主任：余光仁　王人秋（2002.6 免）　陈谋木（2000.6 免）　叶泽旺（2001.4 任）

郑伯洋（2001.4 任）　洪建忠（2001.4 任）　庄明明（2001.4 任）

5. 文史资料委员会

主　任：卢文进（2000.6 免）

蔡子朝（2000.6 任）

副主任：蔡子朝（2000.6 免）　吴永雄　吴永胜　郑天应　王人秋（2001.4 任）

四、四届市政协专门委员会

1. 经济科技委员会

主　任：庄清水

副主任：陈健泳　蔡经康　王再兴（2005.7 任）

2. 学习提案法制委员会

主　任：蔡美金

副主任：陈自然　胡连荣（2004.3 任）　程育钦（2005.7 任）

3. 台港澳侨联络委员会

主　任：蔡世佳

副主任：施养谊　商庭烟（2004.3 任）　吴明玥（2005.7 任）

4. 文教卫体委员会

主　任：陈谋木

副主任：高武志　郑伯洋　庄明明　蔡绵绵（2005.7 任）

5. 文史资料委员会：

主　任：吴永雄

副主任：李国宏　蔡亚印（2005.7 任）

五、五届市政协专门委员会

1. 经济科技委员会

主　任：蔡绵绵

副主任：孙白薇　何子晖　陈健泳　施义芳

2. 学习提案法制委员会

主　任：蔡美金

副主任：刘炳祥　纪培明　陈自然　程育钦

3. 台港澳侨联络委员会

主　任：施养谊

副主任：吴明玥　王再兴　杨玉霜　高双双　商庭烟

4. 文教卫体委员会

主　任：陈谋木

副主任：卢崎青　李繁红　郑伯洋　蔡俊龙

5. 文史资料委员会

主　任：吴永雄

副主任：纪丽卿　李国宏　蔡宗程

六、六届市政协专门委员会

1. 提案法制委员会

主　任： 杨玉霜（2015.11 免）

卢祖明（2015.11 任）

副主任： 何世明　叶金宝　陈殿魁　施宝健　黄　刚

2. 经济资源委员会

主　任： 王玉芬（2015.11 免）

杨华铿（2015.11 任）

副主任： 程育钦　蔡绵绵　林晓晖

3. 台港澳侨民宗委员会

主　任： 吴明玥（2015.11 免）

陈清璜（2015.11 任）

副主任： 施养谊　施剑峰

4. 教科文卫委员会

主　任： 纪培明

副主任： 洪明芳　王　瑛　何子晖　李繁红　曾庆宗

5. 文史学宣委员会

主　任： 纪培明

副主任： 洪明芳　龚纯华　蔡宗程

七、七届市政协专门委员会

1. 提案法制委员会

主　任： 卢祖明

副主任： 杨思恩（2018.12 免）　何世明　吴宗顺　王汉滨　黄　刚

2. 经济资源委员会

主　任： 苏榕榕

副主任： 程育钦（2020.12 免）　章华旺　柯建成　黄灿铭（2018.12 免）

邱尚棍　吴顺泰（2018.12 任）

3. 台港澳侨民宗委员会

主　任： 林晓晖（2018.12 免）
蔡盈盈（2018.12 任）

副主任： 王仁国　蔡盈盈（2018.12 免）　施正极（2020.12 免）
蔡芳臻（2020.12 免）　洪孝心（2018.12 任）　施养谊（2020.12 任）
黄丽雅（2020.12 任）　蔡文茹（2020.12 任）　施文坛（2020.12 任）

4. 教科文卫委员会（2020 年 12 月撤销）

主　任： 颜福瑜

副主任： 纪培明　曾庆宗（2018.12 免）　王晓明　蔡进强　李灿新
王　足（2017.12 任）

5. 文史学宣委员会（2020 年 12 月撤销）

主　任： 颜福瑜

副主任： 纪培明　曾庆宗（2018.12 免）　王晓明　孙文添（2018.12 免）
洪亚怀（2017.12 任）　林育明（2018.12 任）　李国宏（2018.12 任）

6.农业和农村委员会（2020 年 12 月设立）

主　任： 苏榕榕

副主任： 吴顺泰　章华旺　林金盾

7.教科卫体委员会（2020 年 12 月设立）

主　任： 颜福瑜

副主任： 王晓明　蔡进强　李灿新　王　足

8.文化文史和学习委员会（2020 年 12 月设立）

主　任： 颜福瑜

副主任： 王晓明　林育明　纪培明　李国宏　洪亚怀

第八节　市政协机关党支部委员名录

1991 年 8 月至 1994 年 8 月，政协机关党员组织关系在中共政协、统战、商会联合支部，1994 年 9 月成立政协机关党支部。

1994 年 9 月政协机关党支部成立

书　记：陈其南

副书记：庄清水（1996.10 任）

纪检委员：陈其南（兼）

组织委员：郭迪田（1998.12 免）　吴明玥（1998.12 任）

宣传委员：蔡必胜（1996.10 免）　王算治（1996.10 任）

2001 年 9 月政协机关党支部换届

书　记：陈其南

副书记：吴明玥

纪检委员：庄清水

组织委员：李祝坚（2002.6 免）　纪丽卿（2002.6 任）

宣传委员：叶泽旺

2005 年 2 月政协机关党支部换届

书　记：叶泽旺

副书记：蔡绵绵

纪检委员：纪丽卿

组织委员：陈文希

宣传委员：蔡亚印

2007 年 1 月政协机关党支部换届

书　记：阮一衡（2011.6 免）

副书记：吴明玥

纪检委员：纪丽卿

组织委员：刘福全

宣传委员：程育钦

2013 年 1 月政协机关党支部换届

书　记：纪培明

副书记：纪丽卿
纪检委员：程育钦
组织委员：刘福全
宣传委员：何世明

2015 年 7 月政协机关党支部换届

书　记：纪丽卿（2016.8 免）
张子健（2016.8 任）
副书记：程育钦
纪检委员：王仁国
组织委员：蔡盈盈
宣传委员：何世明

2017 年 9 月政协机关党支部换届

书　记：张子键（2017.9 免）
郭永加（2017.9 任）
副书记：杨思恩（2018.5 免）
蔡盈盈（2018.10 任）
纪检委员：王晓明
组织委员：洪奇树
宣传委员：章华旺

2020 年 10 月政协机关党支部换届

书　记：郭永加
副书记：蔡盈盈
纪检委员：王晓明
组织委员：洪奇树
宣传委员：章华旺

第九节 市政协委员活动组组长、副组长名录

一、一届市政协委员活动组

1. 市区第一活动组（1991 年 3 月设立）
组 长：许绍镇
副组长：王华民 许书溪
2. 市区第二活动组（1991 年 3 月设立）
组 长：王人秋
副组长：蔡世佳 陈谋木
3. 永宁活动组（1991 年 3 月设立）
组 长：高积华
副组长：吴蝶英 郭天助
4. 蚶江活动组（1991 年 3 月设立）
组 长：纪荣华
副组长：王亚南 林国志
5. 祥芝活动组（1991 年 3 月设立）
组 长：邱季煌
副组长：蔡金榜 邱允然

二、二届市政协委员活动组

1. 市区第一活动组（1996 年 9 月撤销）
组 长：许绍镇
副组长：王华民 许书溪
2. 市区第二活动组（1996 年 9 月撤销）
组 长：王人秋
副组长：蔡世佳 陈谋木
3. 永宁活动组
组 长：高积华

副组长： 郭天纵　吴蝶英

4. 蚶江活动组

组　长： 纪荣华

副组长： 王亚南　林国志　蔡福第（1996.6 任）

5. 祥芝活动组

组　长： 邱季煌

副组长： 邱允然　王明篇

1996 年 6 月，将市区第一、第二活动组，按调整后的新行政区划分为凤里、湖滨、宝盖、灵秀 4 个活动组。

6. 凤里活动组（1996 年 9 月设立）

组　长： 许绍镇

副组长： 许书溪　蔡世佳

7. 湖滨活动组（1996 年 9 月设立）

组　长： 陈谋木

副组长： 王人秋　吴永德　王华民

8. 宝盖活动组（1996 年 9 月设立）

组　长： 王算治

副组长： 王玉端　吴清水

9. 灵秀活动组（1996 年 9 月设立）

组　长： 姜丽金

副组长： 吕荣德　王聪敏

三、三届市政协委员活动组

1. 湖滨活动组

组　长： 陈谋木

副组长： 曾子明　孙白薇　吴为永（2002.6 任）

2. 凤里活动组

组　长： 许绍镇

副组长： 蔡世佳　蔡文彬

3. 灵秀活动组

组 长：王聪敏（2002.6 免）

纪培明（2002.6 任）

副组长：王人秋 李小玲 施凉凉（2002.6 任）

4. 宝盖活动组

组 长：施心新（2002.6 免）

蔡荣欣（2002.6 任）

副组长：吴清水 蔡荣欣（2002.6 免） 吴永德

5. 祥芝活动组

组 长：王明篇

副组长：蔡建业

6. 永宁活动组

组 长：高积华

副组长：郭天纵 郑天应

7. 蚶江活动组

组 长：施鸿裕

副组长：林国志 纪荣海

8. 特邀委员活动组（香港）

组 长：邱金愿

副组长：王明洋

9. 特邀委员活动组（澳门）

组 长：陈智仁

副组长：洪鸿波 施世扬

10. 鸿山活动组（2001 年 6 月设立）

组 长：王明篇

11. 锦尚活动组（2001 年 6 月设立）

组 长：林再贤

邱其仁（2003.3 任）

副组长：陈福元（2003.3 任）

四、四届市政协委员活动组

1. 凤里活动组

组　长： 郑伯洋

副组长： 蔡东强　蔡友堵　商庭烟　许文彬

2. 湖滨活动组

组　长： 陈谋木

王善旭（2005.7 任）

副组长： 吴为永　孙白薇　吴振东　林丽娜　洪文化

3. 宝盖活动组

组　长： 吴明怀

副组长： 陈连升　陈文程

4. 灵秀活动组

组　长： 纪培明

副组长： 蔡清爽　施能向　蔡天色

5. 蚶江活动组

组　长： 蔡第鯸

副组长： 纪荣海　许明聪

6. 永宁活动组

组　长： 李国宏

副组长： 苏荣灿　洪全克

7. 祥芝活动组

组　长： 蔡清波

副组长： 刘雄伟

8. 锦尚活动组

组　长： 卢荣兴

9. 鸿山活动组

组　长： 蔡振志

副组长： 廖益明　施少雄

五、五届市政协委员活动组

1. 凤里活动组

组　长：郑伯洋

施养谊（2008.12 任）

副组长：蔡东强　蔡友堵　商庭烟　许文彬

2. 湖滨活动组

组　长：陈谋木

副组长：吴为永　孙白薇　洪文化　王善旭　卢永清

3. 灵秀活动组

组　长：纪培明

副组长：蔡清爽　施能向　蔡天色

4. 宝盖活动组

组　长：吴明怀

副组长：陈连升　黄文远　陈文程

5. 蚶江活动组

组　长：蔡第䠆

副组长：王亚榆　许明聪　林国环

6. 永宁活动组

组　长：李国宏

副组长：苏荣灿　董再发

7. 祥芝活动组

组　长：王金展

副组长：刘鹏飞　刘德川

8. 鸿山活动组

组　长：蔡振志

副组长：施少雄

9. 锦尚活动组

组　长：卢荣兴

副组长：李灿新

10. 香港活动组

组　长：黄建煌

副组长：吴为贡　林英达　蔡建四

11. 澳门活动组

组　长：许泽生

副组长：李圣汉　施超然

六、六届市政协委员活动组

1. 凤里活动组

组　长：施养谊

副组长：蔡芳汶　田启明　洪明向　施永周　蔡宗程

2. 湖滨活动组

组　长：王培民

副组长：吴为坤　王华宁　李盛芳　施纯顾　辛炳煌　张永传　王焕连　黄清苗

3. 灵秀活动组

组　长：蔡盈盈

副组长：吴长晓　张海彬　邱仲福　蔡剑峰

4. 宝盖活动组

组　长：陈连升

副组长：龚怡诺（2013.12 免）　黄文远　陈文程　洪香坛　施长华（2013.12 任）
施文坛（2014.4 任）

5. 蚶江活动组

组　长：郭跃民

副组长：陈锦章　蔡跃进　戴素娥　王　足

6. 永宁活动组

组　长：龚一士（2013.12 免）
洪奇树（2013.12 任）

副组长：洪奇树（2013.12 免）　吴教盛　李宗伟　高德友　蔡国庆
陈小秋（2013.12 任）

7. 祥芝活动组

组　长：曾国平

副组长：吴志远（2013.12 免）　刘德芳　蔡邑鹏（2013.12—2014.12）
　　　　吴金锁（2014.12 任）

8. 鸿山活动组

组　长：鞠智刚

副组长：张子群（2014.12 免）　郭迪福　蔡文市（2014.12 任）

9. 锦尚活动组

组　长：李灿新

副组长：陈文晖（2014.12 免）　邱尚棍　王雅凉（2014.12 任）

10. 香港活动组

组　长：林英达

副组长：吴为贡　佘英杰

11. 澳门活动组

组　长：王永权

副组长：洪香坛　欧阳文咸　陈连升　洪祥棋　洪明向

七、七届市政协委员活动组

1. 凤里活动组

组　长：施养谊（2019.1 免）
　　　　林天生（2019.1 任）

副组长：郑天宝 林天生（2019.1 免） 蔡世群 蔡胜利

2. 湖滨活动组

组　长：施明晓

副组长：施正极 王佳铁 王美满 许自旭 吴小锦 吴光森　林景辉
　　　　胡海荣 洪建树

3. 灵秀活动组

组　长：林志成

副组长：李加勇 王世炎 邱仲猛 洪英塔 黄世集 蔡国钟

4. 宝盖活动组

组　长：洪香坛

副组长：上官加兴 陈文程 施文坛

5. 蚶江活动组

组　长：许聪海

副组长：邱尚木 王 足 邱华培 林清丛 蔡洪泽

6. 永宁活动组

组　长：龚诗康

副组长：林文森 苏荣灿 李宗伟 李栋梁 蔡国庆

7. 祥芝活动组

组　长：蔡良球

副组长：黄荣辉 傅金镇 蔡明显

8. 鸿山活动组

组　长：鞠智刚

副组长：蔡芳臻 林鹏集

9. 锦尚活动组

组　长：李灿新

副组长：蔡作为 邱尚棍

10. 香港活动组

组　长：佘英杰（2019.12 免）
蔡佳定（2019.12 任）

副组长：蔡佳定（2019.12 免） 刘德芳

11. 澳门活动组

组　长：王永权

副组长：洪香坛 洪祥棋

第十节　驻石狮全国政协委员、全国政协石狮籍港澳台侨委委员名录

一、驻石狮全国政协委员

（一）第十二届（2013.3—2018.3）（2名）

许景期　林积灿

（二）第十三届（2018.3-　　）（4名）

王正伟　吕培榕　林积灿　姚志胜

二、全国政协石狮籍港澳台侨委委员

（一）第八届（1993.3—1998.3）（2名）

杨孙西　施展熊

（二）第九届（1998.3—2003.3）（6名）

卢文端　许明良　杨孙西　施展熊　洪清源　姚志胜

（三）第十届（2003.3—2008.3）（6名）

卢文端　卢温胜　许荣茂　李贤义　杨孙西　施展熊

（四）第十一届（2008.4—2013.3）（6名）

卢文端　卢温胜　许荣茂　李贤义　杨孙西　施展熊

（五）第十二届（2013.3—2018.3）（6名）

王亚南　王明洋　卢文端　卢温胜　许荣茂　李贤义

（六）第十三届（2018.3-　　）（6名）

王亚南　王明洋　许荣茂　李贤义　杨莉珊　佘德聪

第十一节　驻石狮福建省政协委员、福建省政协石狮籍港澳台侨委委员名录

一、驻石狮福建省政协委员

（一）第六届（1988.1—1993.1）（2名）

宋太平　蔡仲谋

（二）第七届（1993.1—1998.1）（3名）

吴夏云　宋太平　蔡仲谋

（三）第八届（1998.1—2003.1）（1名）

吴夏云

（四）第九届（2003.1—2008.1）（1名）

许景期

（五）第十届（2008.1—2013.1）（5名）

王德全　许景期　迟　岩　林和平　郭东泽

（六）第十一届（2013.1—2018.1）（11名）

王仁奖　王德全　吕培榕　迟　岩　张志猛　林和平　林建勋　胡连荣　施仲舒　郭东泽　蔡建四

（七）第十二届（2018.1-　　）（3名）

许聪海　邱建筑　姚明耀

二、福建省政协石狮籍港澳台侨委委员

（一）第六届（1988.1—1993.1）（1名）

杨孙西

（二）第七届（1993.1—1998.1）（11名）

王仁森　卢文端　卢温胜　许自励　许明良　李贤义　杨孙西　邱季端　佘德聪　施建新　洪清源

（三）第八届（1998.1—2003.1）（17名）

王飞虎　卢文端　卢温胜　许自励　许明良　许荣茂　李贤义　杨孙西

邱季端 邱祥坤 何萍萍 佘德聪 施建新 洪清源 姚志胜 黄其他
蔡健生

（四）第九届（2003.1—2008.1）（12 名）

王正伟 王明洋 卢温胜 许荣茂 李贤义 邱季端 何萍萍 佘德聪
黄其他 黄梓钦 董清世 蔡宗生

（五）第十届（2008.1—2013.1）（19 名）

王正伟 王亚南 王明洋 王德全 卢金荣 卢温胜 李木理 何萍萍
佘德聪 张志猛 林和平 施建新 姚志远 黄其他 黄梓钦 董清世
蔡国伟 蔡宗生 蔡炯明

（六）第十一届（2013.1—2018.1）（17 名）

王正伟 王亚南 王清海 卢金荣 许荣芳 李木理 吴新民 何萍萍
佘德聪 林英达 施建新 姜玉堆 姚志远 董清世 蔡国伟 蔡宗生
蔡炯明

（七）第十二届（2018.1-　　）（12 名）

王清海 王德全 卢金荣 卢锦钦 许荣芳 李木理 李圣根 林英达
林建勋 姚志远 蔡建四 蔡炯明

第十二节 驻石狮泉州市政协委员、泉州市政协石狮籍港澳台侨委委员名录

一、驻石狮泉州市政协委员

（一）第六届（1986.1—1991.3）（5 名）

王华民 许天云 许绍镇 李贤起 蔡子朝

（二）第七届（1991.3—1996.3）（11 名）

王聪敏 许民权 李贤起 吴彦南 吴夏云 吴雪萍 吴章轩 吴清华
蔡友扁 蔡明元 蔡建业

（三）第八届（1996.3—2001.4）（18 名）

王为远 王聪敏 叶心凤 许民权 吴彦南 吴夏云 吴海旋 吴教盛
吴雪萍 吴章轩 吴清华 陈谋木 施义芳 施能坚 蔡友镖 蔡世佳

蔡志从　蔡建业

（四）第九届（2001.4—2006.12）（21名）

丁家全　王为远　王聪敏　叶心凤　庄国阳　许民权　孙白薇　吴教盛
吴雪萍　吴清华　吴清含　陈连升　陈衍泽　陈谋木　施义芳　黄树民
蔡文革　蔡世佳　蔡志从　蔡建业　颜年安

（五）第十届（2006.12—2012.1）（22名）

丁家全　王仁奖　王若兰　叶心凤　吕培榕　刘建辉　孙白薇　苏文露
李培德　吴教盛　邱祥坤　余光仁　陈衍泽　林介平　林宏楠　郑雪英
施养谊　黄　刚　黄明瑄　黄彩霞　蔡经义　蔡清淳

（六）第十一届（2012.1—2017.1）（26名）

卢荣斌　吕培榕　许栋梁　孙白薇　苏文露　李丽月　李培德　吴侨声
吴雄聪　张文彬　张贻山　茅罗平　林自育　林宏楠　林晓晖　郑雪英
胡连荣　侯国富　黄　刚　黄其博　蔡自力　蔡经义　蔡奕品　蔡彩红
蔡清淳　蔡双其

（七）第十二届（2017.1-　　）（23名）

吕　锜　纪世贤　苏文露　吴侨声　邱亚环　邱煌乐　陈东华　林天虎
林天津　林自育　胡善灯　胡毅杰　侯国富　洪飞跃　姚道锡　高晶炯
黄　刚　蔡双其　蔡仲昆　蔡经义　蔡奕品　蔡彩红　戴素娥

二、泉州市政协石狮籍港澳台侨委委员

（一）第六届（1986.1—1991.3）（2名）

许明良　蔡秀屏

（二）第七届（1991.3—1996.3）（7名）

卢温胜　许明良　李贤义　邱季端　洪清艺　黄其他　蔡秀屏

（三）第八届（1996.3—2001.4）（9名）

王正伟　王亚南　卢温胜　李贤义　邱季端　洪清艺　黄其他　蔡秀屏
蔡宗生

（四）第九届（2001.4—2006.12）（10名）

王正伟　王亚南　王明洋　卢章煌　李木理　林和平　姜玉堆　洪清艺

蔡秀屏 蔡宗生

（五）第十届（2006.4—2012.1）（10名）

王亚南 卢金荣 卢章煌 李木理 佘祖忆 张志猛 林和平 姜玉堆
洪清艺 蔡秀屏

（六）第十一届（2012.1—2017.1）（8名）

王仁奖 王永权 许莉莉 邱建益 邱威廉 林英达 林荣洲 姜玉堆

（七）第十二届（2017.1- ）（9名）

许栋樑 许莉莉 许鸿达 邱威廉 林宏楠 林明慨 姜盈盛 姚明耀
蔡绍为

第五章　重要文献

此章仅选录涉及石狮市政协工作的重要文件，其中中共石狮市委、石狮市人民政府文件 12 份，石狮市政协文件 10 份。

第一节　中共石狮市委　石狮市人民政府文件

中共石狮市委关于进一步加强政协工作的意见

（狮委〔1996〕7 号）

各镇（街道）党委，市委各部、委、办、局，市直各党组（党委、总支、支部）：

中国人民政治协商会议是中国人民爱国统一战线的组织，是中国共产党领导的多党合作和政治协商的重要机构，是我国政治生活中发挥社会民主的主要形式。在新的历史时期，人民政协的根本任务，就是团结一切可以团结的力量，调动一切积极因素，为振兴中华统一祖国而共同奋斗。党的十四大把完善中国共产党领导的多党合作和政治协商制度，作为我国政治体制改革的主要内容之一，再次强调要巩固和发展新时期爱国统一战线。石狮市是著名的侨乡和台湾汉族同胞的主要祖籍地之一，在推动石狮市社会各项事业的发展和促进祖国和平统一大业中具有重要地位。开展人民政协工作具有独特的优势和广阔的领域，是大有作为的。当前，石狮市正向建设现代化的贸工港口城市的宏伟目标迈进，需要充分调动一切积极因素，凝聚石狮市各阶层、各界人士，发扬“团结、自强、务实、奉献”精神，齐心协力，奋发拼搏。在新的形势下，各级党委必须高度重视和充分发挥人民政协的作用。

为了进一步加强和改善人民政协工作，充分发挥人民政协的职能作用，根据《政协全国委员会关于政治协商、民主监督、参政议政的规定》和中共中央〔1995〕13

号关于这个规定的《通知》精神，结合石狮市实际，特提出如下若干意见：

一、进一步加强和改善党对政协工作的领导，提高人民政协的社会地位。

政协工作是党的全局工作的重要组成部分。党委重视与支持政协工作，是开创政协新局面的根本保证。

1. 市委要把政协工作列入重要议事日程，每个季度听取一次政协工作汇报，研究政协工作，并形成制度坚持执行。

2. 各镇（街道）要选配专职或兼职统战委员，党委要确定一名副书记分管政协、统战工作，分管领导要经常过问政协委员活动工作，主动参加委员活动组的重要会议和重要活动，及时提出指导性意见。

3. 要按照干部“四化”方针和德才兼备的标准，选拔配备好政协领导班子，做到结构合理，党内党外人士比例适当。要加强政协党组班子建设，以保证在政协组织中发挥领导核心作用。

4. 要加强对各级党组织的统战理论教育，增强全党的统战观念。市委党校举办的各类培训班，应将统战、政协理论列入干部培训的必修课。广播、电视、《石狮消息报》等新闻媒介要重视对政协工作的宣传报道，使广大干部、群众和海外侨亲更加充分地了解人民政协的性质、地位和作用。《石狮消息报》应开辟专栏，有线电视要设立栏目，定期发表政协委员、各民主党派人士有关利国利民的意见和建议，同时要注意宣传政协委员、民主党派人士在两个文明建设中的先进事迹。

5. 政协工作要列入各级党委的任期目标责任制内容之一。把是否重视政协工作、是否善于发挥政协作用，作为考察各级党委政绩的一项内容，作为衡量领导干部政治素质、政策水平和民主作风的标志之一。

6. 市委统战部在履行“了解情况、掌握政策、调整关系、安排人事”职能的过程中，要主动及时向政协党组反映情况，认真听取政协党组的意见，保证人民政协充分发挥职能作用。

二、建立健全各项制度，加强政治协商、民主监督、参政议政的规范化、制度化建设。

政治协商、民主监督、参政议政是人民政协的主要职能，必须在党的领导下，积极稳妥地推进，使之逐步走上经常化、制度化、规范化的轨道。

1. 各级党委、政府以及各有关部门、单位要按照市政协提出的《政协石狮市委员会关于政治协商、民主监督、参政议政的实施办法》要求，结合实际，支持政协更好地履行政治协商、民主监督、参政议政的职能。

2. 各级党委、政府要把政治协商纳入决策程序，坚持“三在前”和“三在先”的原则，即重大问题在党委决策之前、人大通过之前、政府实施之前必须同政协协商。制定经济建设和社会的发展计划、决定事关人民生活的重要问题，要先协商后决策；对重要人事安排包括同级政府领导成员的任免，要先协商后决定；制定关系到地方全局的政策和规定，要先协商后通过。协商的程序和内容由党委、人大、政府或政协主席会议提出。

3. 要重视和认真办理政协提案。对政协主席会议、常委会、全委会向党委、政府提出的重要建议案和专委会重要视察调查报告提出的意见和建议，党政主要领导要亲自过问，党委、政府办公室要进行督办，有关部门应认真负责地研究处理，并在规定时限内作出书面答复，及时做到反馈跟踪。由民主党派、人民团体和政协委员提出的涉及重大问题的提案，可提请党政主要领导阅批，纳入党委办公室或政府办公室的督查渠道，责成有关部门、有关单位认真办理，增强提案办理力度。

4. 加强市委、市政府同政协的联系。市委召开常委会议和其他有关重要会议，要邀请不是同级党委常委的政协党员主席或党组书记列席。政府召开全体成员会议和有关会议时，视需要邀请政协有关领导列席。党委、政府必须加强与政协的沟通和协商，建立健全党政负责同志与政协、民主党派的季谈会和挂钩联系制度。坚持专项工作情况通报制度，完善交友制度，坚持走访联系制度。党政部门和法院、检察院要同政协相应的专门委员会建立联系制度，经常互通情况，保持对口协商。各镇（街道）党委、政府召开有关会议时，视需要邀请政协委员活动组负责人列席。

5. 充分发挥政协在民主监督和参政议政方面的作用。各级党委、政府应定期向政协通报工作情况，听取意见和建议。同时围绕经济建设和社会事业发展的重要决策和重大举措，给政协出课题，交任务，使政协更好地发挥“智囊团”和“人才库”的作用，当好党委和政府的参谋。

三、切实关心和支持政协搞好自身建设。

加强政协的思想建设、组织建设和制度建设，进一步提高政协机关干部队伍的政治思想、业务素质，是人民政协履行职能的重要保证。各级党委一定要高度重视和关心支持政协的自身建设。

1. 要重视政协的组织建设。政协的界别设置、委员推荐、人员比例、年龄梯次、知识结构，要从新时期人民政协履行职能的需要出发作出安排，既注意委员的广泛性、代表性，又要重视委员的参政议政能力。特别要注意把各界中有较高层次、较大影响的人士吸纳进政协来。根据石狮市的特点和优势，要重点加强港澳委员、民营企业家委员、文史文化委员的队伍建设，充分发挥他们在两个文明建设和促进祖国和平统一方面的积极作用。

2. 在配好政协领导班子同时，要重视政协机关中层班子的配备，充实机关干部队伍。政协机关干部的培训选调、任用和提拔，应与党政机关干部一视同仁。坚持政协干部同党政机关干部的双向交流，做到有进有出，合理流动，促进干部队伍成长，使政协机关工作更有活力。

3. 市政协应配合市委党校每年举办一期专门培训班，对政协委员、各民主党派负责人进行党的政策、统战理论、政协基本知识的培训，提高参政议政的水平。

四、努力为政协履行职能开展工作创造良好条件。

各级党委必须努力创造条件，形成重视、支持、关心、理解政协工作的良好氛围。

1. 各单位的党组织和党政领导要关心本单位的政协委员，注意倾听、听取他们的意见和建议，主动关心并尽可能帮助他们解决工作、学习、生活中遇到的困难和问题。政协委员所在单位要支持委员参加政协各种活动。单位召开有关会议，开展重要活动，要吸收委员参加，为委员提供参政议政的机会。

2. 党政部门有关重大课题组织的调研活动，要主动邀请对口的政协专门委员会及其相关的委员参加，采纳合理化建议。政协和政协委员通过会议、调查、考察、检查、咨询等形式履行职能，涉及的有关单位和部门，要予以支持、积极提供方便、密切配合。

3. 党政部门要积极改善政协工作条件，尽力帮助解决政协机关的办公用房、交通工具、干部职工住房等方面的困难。政协召开的全体委员会议、常委会议、专门委员会会议以及委员视察、调研、考察、文史资料出版、三胞接待、外事活动等专项经费，应列入同级政府的财政预算。其他活动经费，应视财力情况，尽量予以保证。

4. 各级党委和政府要支持政协多形式、多渠道、多层次地开展对台工作、海外联系工作和外引内联工作，要注意安排市政协参加重要的外事活动、出国出境考察等。

5. 依法保护政协委员的民主监督权利。政协委员在宪法范围内按照政协章程及其有关规定提出批评和意见，涉及有关单位和个人，不得对此打击报复，发现有报复者，要根据情节，依法依纪作出处理。

6. 政协委员是人民政协履行职能的主体，具有广泛性和代表性，在社会上有较高的声誉和地位。委员有触犯国家法律和法规的，执法部门在追究其责任之前，除特殊情况外，应事先向政协组织通报。

中共石狮市委

1996年1月19日

关于印发《政协石狮市委员会关于政治协商、民主监督、参政议政的实施办法》的通知

（狮委〔1996〕8号）

各镇（街道）党委，市直各党组，各部、委、办、局：

市委同意市政协二届常委会第十一次会议讨论通过的《政协石狮市委员会关于政治协商、民主监督、参政议政的实施办法》，现印发给你们，望认真贯彻执行。

开展政治协商、民主监督、参政议政是加强石狮市社会主义民主政治建设的需要。市政协根据《政协全国委员会关于政治协商、民主监督、参政议政的规定》精神，对政治协商、民主监督、参政议政的范畴、内容、形式、程序作了具体的规定，这将有利于推动政协工作的规范化、制度化。各级、各部门要支持政协的工作，充分发挥政协组织在政治、经济、文化和社会生活各个领域中的作用，重要问题要在决策之前与政协进行协商。各级政府召开全体会议和有关会议时，可视需要邀请政协有关领导列席。党委和政府有关职能部门要加强联系政协工作，支持政协组织开展调查研究、视察评议等各项活动；对政协工作中存在的困难，要切实帮助解决。

中共石狮市委

1996年1月20日

政协石狮市委员会关于政治协商、民主监督、参政议政的实施办法

（1995年12月29日市政协二届十一次常委会议通过）

为了贯彻执行《政协全国委员会关于政治协商、民主监督、参政议政的规定》，逐步推进政治协商、民主监督、参政议政的规范化、制度化，加强石狮市社会主义

民主政治建设，进一步发挥人民政协在国家和本市政治生活中的作用，特制定本实施办法。

第一条 政协石狮市委员会（以下简称市政协）的主要职能是：政治协商和民主监督，组织参加本会的各党派、团体和各界人士参政议政。其目的是：巩固和发展爱国主义统一战线，发扬社会主义民主，反映社会各方面的意见和要求，为参加政协的各党派、无党派爱国人士、各人民团体、各界人士发挥作用疏通渠道，集思广益，促进本市重大决策的科学化、民主化；监督国家宪法、法律、方针政策和地方性规定在本市的贯彻执行；协助国家机关改进工作作风，提高效率，搞好勤政、廉政建设，克服官僚主义，反对腐败现象。在中共石狮市委领导下，加强同各民主党派的团结合作，反映社情民意，协调社会各方面关系，推动本市社会主义物质文明、精神文明和民主法制建设，促进社会主义市场经济和社会生产力的发展，维护和发展社会的安定团结，促进祖国统一大业的实现。

第二条 政治协商是对本市的大政方针及政治、经济、文化和社会生活等重要问题的协商。在中共石狮市委（以下简称市委）决定之前，市人民代表大会（以下简称市人大）通过之前，石狮市人民政府（以下简称市政府）实施之前，进行协商和就决策执行过程中的重要问题进行协商。

（一）政治协商的主要内容：

1. 石狮市贯彻党和国家大政方针的重要部署和重大措施。

2. 本市物质文明和精神文明建设、社会主义民主法制建设的重要规划、重要改革方案，政治生活中的重大事项和人民群众生活中的重大问题。

3. 市政府工作报告、市财政预算报告、国民经济和社会发展中、长期规划和年度计划，城市建设总体规划和重大开发建设项目方案。

4. 本市重要地方性规定（通告、细则等）。

5. 市委提出的重要人事安排。

6. 本市行政区划的变动。

7. 有关贯彻祖国和平统一方针政策，发挥石狮市对台区位优势的重要举措，外事、侨务、对台等方面的重要问题。

8. 本市各党派之间和政协内部的重要事务以及爱国统一战线的其他重要问题。

（二）政治协商的主要形式：

1. 市政协全体委员会议、常务委员会议（以下简称常委会议）、主席会议、专题座谈会。

2. 根据需要召开的各民主党派、有关人民团体和各界人士参加的协商座谈会；政协专门委员会（以下简称专委会）与党政有关部门的专题调查、视察活动及其对口座谈讨论。

3. 列席市委常委会议、市人大会议、市政府常务会议、全体成员会议以及其他有关的重要会议。

第三条　民主监督是人民政协对国家宪法、法律、法规在本市的实施，重大方针政策的贯彻执行，本市党政机关及其工作人员的工作情况，通过建议和批评的方式进行监督。

（一）民主监督的主要内容：

1. 本市党政机关贯彻国家宪法、法律、法规与地方性规定的情况，党中央、国务院重要方针政策的执行情况。

2. 石狮市国民经济、社会发展计划和财政预算执行情况，重大建设项目、经济科学技术开发方案和重要改革措施的实施情况。

3. 本市党政机关及其工作人员履行职责、遵纪守法、勤政廉政等方面情况。

4. 人民群众迫切要求解决的重要问题的情况。

5. 本市党政机关及有关部门对市政协建议案和委员提案的办理情况。

6. 参加市政协的各单位及个人遵守政协章程和执行政协决议的情况。

7. 有关单位邀请监督或需要政协介入的其他方面的监督。

（二）民主监督的主要形式：

1. 市政协全体委员会议、常委会议或主席会议向市委、市政府提出的建议案，参加政协的单位、各专委会和政协委员提出的提案，组织视察活动的调查报告。

2. 政协委员举报或以其他形式的批评和建议，以及批评、建议跟踪监督工作。

3. 参加市委、市人大、市政府及其有关部门组织的调查视察和检查活动。

4. 根据需要与党的纪检机关、国家权力机关、司法机关和行政监督机关的检查监督活动。

5. 政协委员应邀担任党政部门、执法部门的特约监察员、检查员、教育督导员、审计监督员等。

第四条　参政议政是政治协商和民主监督的拓展和延伸。

其内容包括：

1. 选择人民群众关心、党政部门重视、政协有条件的课题，精心计划、周密组织专题调查研究，积极主动向党政领导机关提出建设性的意见。

2. 抓住社会普遍关心的重点、热点问题，不定期地进行评论，开展议政活动，帮助群众解疑释惑。

3. 发挥委员的群体优势，通过各种渠道，开展各种活动，广开言路，广开才路，充分发挥委员专长和作用，为改革开放和社会主义现代化建设献计出力。

4. 推荐优秀的民主党派和无党派人士担任政府及其有关部门的实职领导。

参政议政形式

1. 市政协委员对本市群众普遍关心的问题提出意见，经主席会议同意，可提请市委、市政府及其有关部门召开座谈会，由相关部门的负责人向委员介绍情况、答复提问、听取意见。座谈会也可委托市政协举行，邀请有关部门负责人参加。

2. 市政协专委会就某一重大专项课题组织科学论证，形成意见、建议后送有关部门作决策参考。

3. 由市政协办公室或有关专委会每月举行一次委员活动日，内容包括政情通报、时事报告、协商对话和联谊活动等。

4. 在委员中开展提出一条有质量的建议，提供一条有价值的信息，写出一份有分量的提案活动。

5. 由市政协主办的《石狮政协》简报，应增设参政议政栏目，刊登市政协委员反映社情民意和对各级党政部门决策的意见、建议，为政协委员提供参政议政的论坛，沟通思想，传播经验，探索新问题。

6. 市政协学习中心组每月举行一次会议，学习时事政治，并进行讨论，提出意见、建议。

第五条 政治协商、民主监督、参政议政的主要程序和要求

1. 市政协主席会议根据市委、市政府、各民主党派、各人民团体以及党政有关部门的提议，安排协商活动并决定协商的形式和参加范围。市政协主席会议认为需要协商的问题，也可建议上述机关或部门将问题提交政协协商。

2. 有关石狮市贯彻落实党和国家大政方针的重要部署和改革开放中的重要政策措施，一般安排在主席会议、常委会议或委员专题座谈会进行，并请党政领导或有关部门负责人到会通报情况，协商讨论。

3. 市政府的经济与社会发展规划（草案）、财政预算报告等，在提交人大审议前，

应听取政协意见，一般安排在政协全委会前的常委会议上讨论协商。

4. 本市重要的地方性规定（草案），在起草过程中，应邀请市政协有关委员提前介入，在提请市人大常委会审议前，应听取政协的意见。

5. 组织部门对市科级以上干部的考核、考评，要注意听取被考核人所在系统、单位的各民主党派人士和市政协委员的意见。

6. 本市行政区域划分的变动，在上报上级政府或人大常委会审议之前，应听取政协的意见。

7. 城乡建设总体规划和重大开发建设项目在市政府组织实施之前，应听取政协的意见；在实施过程中，应不定期向政协通报实施情况。

8. 物价、住房、医疗和社会保障等方面有关人民生活中的重大制度改革，在方案和措施出台之前,以及今后的实施过程中,有关负责人应到市政协通报情况、听取意见。

9. 协商的议题与会期确定，要认真做好协商的准备工作。市政协办公室（或有关专委会）要制定议程，至少提前七天将会议通知及有关文件、材料送达参加协商的人员，以便与会人员事先做好准备，做到有的放矢，确有成效。

10. 对一些重要的协商课题在协商之前，市政协及其专委会应围绕议题，组织必要的调查、视察，有关方面和部门应予认真支持和配合。

11. 在各种形式的协商会议上，委员可以个人名义发言，也可以本团体、本党派地方组织的名义发言。如果需要就协商的问题作出有关决议，应按政协章程规定办理。

12. 在实施政治协商、民主监督、参政议政中需要协调的有关事项和问题，可提交市委、市人大、市政府、市政协主席会议研究讨论。

13. 市政协党组在市委领导下开展工作。要及时将进行协商监督的情况，向市委作出报告；重大问题和工作中的困难，应及时向市委请示。有的协商议题市委可视情况委托市政协党组举行协商会议，负责组织实施，并向市委作出报告。

14. 市政协协商监督、参政议政的重要活动，要根据活动不同特点和不同内容，形成会议决议、会议报告、会议纪要、调研考察报告、专题报告、活动简报等不同形式的文件材料，送达有关部门处理。以市政协全体委员会议、常委会议、主席会议名义提出的意见、建议和批评，均由市政协办公室以正式文件形式送达有关方面或部门。有关方面和部门应积极负责研究处理，并将结果以正式文件作出答复。

第六条　市政协组织的重点课题调研形成的专题报告，经常委会议或主席会议审议通过，以政协常委会议或主席会议建议案的形式向市委、市政府提出。各专委会的重要建议和委员的重要提案，也可以由专委会通过后，提交常委会议或主席会议审议转为常委会议或主席会议的建议案。

建议案由市政协办公室以正式文件形式送达市委、市政府，由市委、市政府安排有关方面或部门研究办理，并将结果以正式文件形式作出答复。

第七条 政协委员的提案是委员参政议政最基本、最主要的形式；其委员提案经提案委员会审查立案后，由市委办公室、市政府办公室按照有关办理人大代表建议、政协委员提案的规定办理。提案委员会应加强与市委办公室、市人大办公室、市政府办公室的联系，共同做好提案办理工作的催办、督查和反馈工作，加强公开办案、现场办案、跟踪办案的力度。

由党派、团体等单位提出的提案和委员的重要提案，交办前应先送政协主席，对其中属于全局性、涉及重大问题的重要提案，根据主席阅示意见，提请市委、市政府主要领导批办。

第八条 市政协各专委会在常委会领导下，组织发动委员开展政治协商、民主监督、参政议政的经常性活动。活动中要充分发挥各专委会的基础作用，制定活动计划。围绕市委、市政府的中心工作，就本专委会职责范围的重要问题认真选好题目，组织学习座谈、视察考察，开展专题调查和提案工作，为政协的协商会议准备必需的材料。

各专委会应充分运用视察和提案这两种基本工作方法，主动加强与市委、市人大、市政府有关部门的对口联系，互相支持和配合。专题调查视察活动可邀请市人大、市政府有关部门和有关党派、团体及其他方面参加或联合举行。

第九条 镇（街道）政协委员活动组是组织市政协委员和各界人士代表就地参政议政的重要机构，要进一步健全委员活动组的活动制度，主动争取镇（办事处）党委、政府的重视。市政协有关办公室要加强同各委员活动组的联系，每月活动日要深入进行指导，开展各项活动，使之逐步走上经常化、制度化的轨道。

第十条 市政协全体委员会议、常委会议和其他形式的协商会议以及重要的参政议政活动，主要新闻单位应及时宣传报道。市广播电视台和《石狮消息报》要经常反映政协委员和各界人士的意见、建议和批评，扩大协商监督、参政议政的社会效应。

第十一条 根据政协特点开展形式多样、丰富多彩的委员活动，帮助委员开阔视野，加强联系，了解情况。视需要和可能组织学术报告会、专题论证会，为委员知情出力，为提高参政议政水平创造良好条件。

第十二条 政协委员的民主权利应受到尊重和保护。在政协的各种会议上，委员有提出批评、发表意见的自由。任何单位和个人，都不得对提出举报、批评和反对意见的政协委员进行打击报复。委员因履行职责受到不公正对待的，政协组织有责任予以保护。

政协委员可直接向党政纪检监督和政法部门举报，也可通过市政协举报。对政协委员的举报，有关部门要认真研究、慎重处理、及时答复，并做好保密工作。不得推诿不办或打击报复。

第十三条 政协委员所在单位和部门要积极支持委员参加政协的各种活动，给予因公的待遇，市政协要督促委员所在单位，按照上级有关文件规定精神，积极提供条件，使委员能及时看到应看的文件、听到应听的报告、参加应参加的会议。单位召开的有关会议，开展重要的活动，要尽量吸收委员参加，为委员提供参政议政的机会。

第十四条 政协委员是政协工作的主体，各位委员要增强责任感、使命感和荣誉感，努力学习政治时事、科学技术和业务知识，更新观念，提高理论政策水平和参政议政能力；要增强组织纪律观念，自觉履行职能，积极参加政协的会议和活动；增强群众观念，深入实际，调查研究，密切联系自己所代表的党派、团体及有关方面的群众，及时地反映社情民意，在参政议政中更好地发挥应有的作用。

第十五条 政协机关干部要振奋精神，开拓进取。必须加强自身建设，改进工作作风；讲质量、讲效率、讲规范、讲协作，有序高效地工作，不断地增强服务观念，更好地为委员履行职能服务。

第十六条 本办法由政协石狮市委员会常委会通过之日起执行。

中共石狮市委贯彻《中共福建省委关于进一步加强人民政协工作若干问题的决定》的实施意见

（狮委〔2000〕46号）

为全面落实党的十五大精神、中共中央关于加强新时期统一战线和人民政协工作的一系列指示，以及江泽民总书记《在庆祝中国人民政治协商会议成立五十周年大会上的讲话》精神，根据《中共福建省委关于进一步加强人民政协工作若干问题的决定》（闽委发〔1999〕13号，以下简称《决定》）和《中共泉州市委贯彻〈中共福建省关于进一步加强人民政协工作若干问题的决定〉的意见》（泉委〔1999〕5号，以下简称《贯彻意见》），结合石狮实际，特提出如下贯彻意见。

一、认真学习省委《决定》和泉州市委《贯彻意见》精神，进一步加强党对政协工作的领导

人民政协是中国人民爱国统一战线的组织，是中国共产党领导的多党合作和政治协商制度的重要机构，是我国政治生活中发扬社会主义民主政治的重要形式。在我国政治体制总格局中，人大、政府、政协在党委统一领导下，分工协作，各司其职，构成了我国政治体制的特点和优势。人民政协在建设有中国特色社会主义事业中有着不可替代的重要作用。

1. 认真学习、宣传、贯彻省委《决定》和泉州市委《贯彻意见》精神。这两份文件是指导石狮市政协工作跨世纪发展的重要文件，对于进一步加强和改善党对政协工作的领导，继续推进政协履行职能的规范化、制度化建设，充分发挥人民政协在石狮市政治、经济和社会生活中不可替代的作用，具有十分重要的意义。要认真抓好《决定》精神的贯彻落实，并结合实际，制定具体贯彻意见或实施细则。市政协要与市纪委、组织部、宣传部、党校、监察局、财政局等单位商议，分别制定有关配套文件，保证《中共石狮市委贯彻〈中共福建省委关于进一步加强人民政协工作若干问题的决定〉的实施意见》的全面贯彻落实。

2. 要把政协工作列入重要议事日程。市委常委会每年至少召开两次常委会议，听取政协党组的工作汇报，研究政协工作，每届党委任期内至少召开一次政协工作会议，研究和解决人民政协事业在发展中的问题。市委、市政府各指定一名副职领导联系政协工作，经常参加政协主要会议和重大活动，听取意见和反映，帮助解决实际问题。进一步完善、落实市委、市政府与民主党派、政协委员联系交友的制度。

3. 加强对各级领导干部进行人民政协理论的教育。各级党委学习中心组要把统战和政协理论纳入学习计划。党校要把统战和政协理论作为党政干部特别是新任党政领导干部培训的必修课。市、镇（办）领导要自觉学习党的统一战线和人民政协理论，进一步提高对人民政协工作重要性的认识。

4. 新闻单位要加大对政协工作的宣传力度。各新闻单位要把宣传人民政协工作列入年度计划。当前，要着重宣传省委《决定》和泉州市委《贯彻意见》精神，提高全社会对政协工作的认识。石狮日报社、电视台等新闻媒体要开辟专栏专题，宣传多党合作与政治协商制度，宣传政协组织和民主党派的重大活动，特别是对政协全委会、常委会及政协委员重要视察、调研活动要加强宣传报道。同时，要注意宣传政协履行职能的经验和成效，宣传政协委员认真履行职责及忠于职守的先进事迹。

5. 发挥政协党组的政治核心作用。政协党组在市委的领导下，要主动向市委汇报和请示工作，认真履行市委赋予的职责，在政协组织中发挥政治核心作用，保证党的路线方针政策和市委的决定的贯彻执行；政协中的共产党员，要发挥党的优良传统和作用，认真贯彻执行党的统战政策，真心实意地同党外人士交朋友，努力做合作共事的模范、廉洁奉公的模范、发扬民主作风的模范。

二、采取有效措施，积极推进政协履行职能的规范化、制度化

6. 进一步规范政治协商。要把政治协商列为市委、市政府的重要决策程序。重大问题的协商要坚持“三在前”和“三在先”的原则，即在市委决定之前、人大通过之前、政府实施之前必须同政协协商。政府工作报告、财政预算和决算、制定经济和社会发展计划、决定事关人民生活的重要问题、要先协商后决策；对重要人事安排要先协商后决定；制定关系地方全局的政策和规定，要先协商后通过。协商的内容和形式要认真按照省委《决定》执行。每年政协全委会后，市委、市政府要与政协一起研究制定全年的协商计划和方案，分阶段有步骤地组织实施。协商的程序由市委、人大、政府或政协主席会议提出。协商准备要充分，时间要充裕，有关领导要参加。

7. 切实加强民主监督。政协的有关会议、建议案、提案、委员视察、重要建议专报、民主评议、批评及举报等，是政协实行民主监督的主要形式。市委常委会和市政府常务会或专题会要将政协全委会议、常委会议、主席会议的建议案列入会议的议题。政协在组织民主监督活动时，有关部门和单位要提前提供法律、法规、政策依据以及监督对象的材料。各级党政领导及有关部门对重要提案要认真阅批，及时处理，纳入督办程序。每年至少应向政协通报一次提案的办理情况。

党政机关组织的重大执法检查和行风评议，应邀请政协委员和民主党派人士参加，党政有关部门要继续坚持在政协委员中聘请特约监察员、检察员、审计员、教育督导员等制度，组织人事部门在考核领导班子和领导干部时，要注意听取所在单位政协委员的意见。纪检监察机关和新闻单位要大力支持政协开展民主监督，使政协的民主监督与法律监督、纪律监督、舆论监督紧密结合，发挥出更大的作用。

市政协要敢于监督、善于监督，切实加强党政机关、司法机关及其工作人员在勤政廉政、党风行风、遵纪守法等方面的民主监督，配合机关效能建设，积极参与对职能部门的评议。

8. 大力支持政协参政议政活动。市政府及有关部门要积极支持政协组织开展调研、视察等活动，重视采纳政协提出的意见和建议。市直有关部门要与政协相应的专门委员会健全完善对口联系制度，交流信息，交换意见，磋商问题，并根据需要进行联合调研。要支持人民政协组织的海外联谊和交往，以推动招商引资和科技、教育、文化交流活动。市政府组织的重要出访和外事活动，应视情况安排政协和民主党派的负责人参加。

三、创造必要条件切实为政协履行职能提供保证

9. 加强政协的组织建设。政协换届时委员人选的推荐或届中调整，要严格执行《中共中央办公厅关于各级政协人事安排问题的通知》（厅字〔1991〕16 号）、《中国人民政治协商会议章程》等文件精神，有关委员的安排方案，提前征求政协党组的意见。统战部、组织部对拟聘委员进行考核时要邀请政协党组参与。

支持政协搞好自身建设。要加强政协专门委员会及其办事机构的建设，注意选拔热爱和善于做政协工作、经验丰富、有协调能力的同志担任专门委员会的领导。要加强对政协机关干部的培养、选拔和使用，加大政协机关干部与党政机关干部双向交流力度，进一步改善政协机关干部队伍的年龄结构和知识结构。

要进一步加强镇（街道办事处）所在地政协委员联络组的建设。各镇（街道办事处）要为联络组提供学习、活动场所和必要的活动经费，并指定一位党委副书记具体负责，定期开展活动，使政协委员能够更好地发挥作用。

10. 坚持政协领导参加有关重要会议和活动的制度。市委召开常委会议和其他重要会议时，要邀请政协主席（或党组书记）列席；人大有关会议和活动，政府全体成员会议、有关常务会议以及其他重要会议和活动，要请政协领导或政协办公室、有关专门委员会负责人参加。

11. 坚持重要情况通报制度。市委、市政府每年至少要向政协通报两次工作情况；镇（街道）党委、政府（街道办事处）每年至少也要向本镇（办）政协委员活动组通报两次工作情况，就全局性的工作和政协委员普遍关心的重要问题征求意见。对经济、政治和社会生活中的重大事件，应及时向政协作专题通报。要坚持市委、人大、政府、政协、纪委办公室主任联席会议制度，定期通报情况，形成互相配合、互相支持的良好工作局面。

12. 维护政协委员的合法权益。政协委员所在单位应大力支持委员工作，从时间、经费、工作条件等方面为政协委员履行职责提供便利和保障。对政协委员在履行职责中提出的批评和意见，有关单位和个人不得打击报复。

公安机关、国家安全机关、人民检察院、人民法院依法对有犯罪嫌疑的政协委员采取刑事拘留、逮捕强制措施前，应向政协党组通报情况，如情况紧急，可同时或事后及时通报。

13. 努力为政协开展工作提供经费保证。政协行政开支，委员视察，调研、培训以及外事活动，编辑出版文史资料，专委会活动，台、港、澳、侨胞接待和不驻会副主席活动等项正常经费列入财政预算，其他需要的经费也要尽量给予保障。政协各项经费应随着政协事业的发展相应增加。

四、发挥独特优势，努力开创政协工作新局面

14. 市政协要继续围绕党的中心工作履行职能，更好地为改革开放和经济建设服务。政协要充分发挥人才荟萃、智力雄厚和社会联系面广等优势，主动探索适应新形势的新路子，运用全委会、常委会、专题研讨会、考察、视察等形式，继续为改革和发展献计出力，多提建设性的意见和建议，不断提高政协协商、民主监督、参政议政的质量和成效。

15. 市政协要突出团结和民主两大主题。围绕改革和建设的重大问题，认真听取、广泛收集、如实反映人民群众的意见和建议，积极推进由中国特色社会主义民主政治的建设。要保持反映社情民意渠道的畅通，加强同社会各界的联系，做好通报情况、沟通思想的工作。要多做增强团结、凝聚人心、协调关系、化解矛盾的工作，积极主动地协助市委、市政府妥善处理各种人民内部矛盾，同一切危害稳定局面的言行做斗争，自觉维护社会政治安定稳定。

16. 市政协要充分发挥委员的主体作用。政协委员要增强责任感，认真履行职责。各专委会要根据各自特点，发挥委员专长，在石狮市新一轮创业中争做贡献。要充分发挥各民主党派作为参政党的作用，扎实推进社会主义民主政治建设。市政协要加强对镇（街道办事处）政协委员联络组的指导。

17. 市政协要拓展海内外联谊渠道，为实现祖国和平统一大业做出新努力。要广泛开展海外联谊活动，拓展台、港、澳、侨联谊渠道。继续重视发挥港澳委员的作用，进一步推进石狮与港澳在经济、科技、文化、教育等领域的交流与合作。要把对台工作摆在更加突出的位置，充分发挥各界委员的作用，为维护国家主权、促进祖国统一做贡献，要继续发挥政协“亦官亦民”的优势，广泛联系台湾各界人士，扩大交往，增进情谊，协助做好在石狮的台商和台资企业的巩固和发展工作，维护台胞、台商、台属的合法权益。要加强调研工作，掌握台情动态，为加强对台工作出谋献策，推动石狮与台湾关系不断发展。

18. 市政协要切实加强自身建设。政协领导班子及其成员要讲学习、讲政治、讲正气，始终保持良好的精神状态，进一步增强做好政协工作的使命感和紧迫感。政协机关干部要不断提高政治素质、业务素质和工作水平，促使政协机关的工作与形势的发展相适应，与履行职能的要求相适应，与推进社会主义民主的进程相适应。

各级各有关部门对省委《决定》、泉州市委《贯彻意见》和市委《实施意见》要认真抓好贯彻落实，将贯彻落实情况书面报告市委，并抄送市政协党组。市委每年底将组织一次检查。

中共石狮市委

2000 年 7 月 10 日

中共石狮市委关于进一步规范“三在前、三在先”制度，开展政治协商、民主监督的通知

（狮委〔2000〕49 号）

各镇（街道）党委，市人大、政府、政协、法院、检察院党组，市直各部、委、办、局：

为了全面贯彻落实党的十五大和中共中央关于加强新时期统一战线、人民政协工作的一系列指示，根据省、泉州市、石狮市政协工作会议精神，进一步坚持、加强和改善党对政协工作的领导，落实“三在前、三在先”制度，推进石狮市政协工作的规范化、制度化建设。经市委常委会研究，现将“三在前、三在先”和政治协商、民主监督的具体内容通知如下：

一、“三在前、三在先”的具体内容

“三在前”，即重大问题在党委决策之前、人大通过之前、政府实施之前必须同政协协商。

具体内容主要：

1. 市人民政府工作报告；

2. 市国民经济和社会发展中、长期计划和重大改革方案；

3. 市财政预算方案和重大支出，及其执行情况的报告；

4. 市行政区划的变动及城市建设总体规划；

5. 本市重要的地方性规定（通告及细则）。

“三在先”，即制订经济建设和社会的发展计划，决定事关人民生活的重要问题，要先协商后决策；对重要人事安排包括同级政府领导成员的任免，要先协商后决定；制定关系到地方全局的政策和规定，要先协商后通过。

具体内容主要：

1. 市经济建设和社会发展的年度计划：

2. 事关人民生活的重要问题：医药、卫生、科技、教育、文化、体育等方面的重大事项；涉及面广的人民生活必需品及服务项目收费的重大价格调整；医疗保障、城乡居民最低生活保障等社会保障制度的建设、措施的制定；

3. 重要人事任免：同级政府成员的任免、本市科级干部任免；

4. 制定产业结构调整、扶持和鼓励企业发展等方面的有关规定及重大经济活动；

5. 确定解决统一战线内部问题的措施；

6. 重大开发建设项目的确定；

7. 制定搞好本市台、港、澳、侨及统战工作的重要举措。

二、民主监督的具体内容

民主监督是人民政协的一项重要职能。党委、政府要欢迎监督。支持监督、自觉接受监督。

以通报方式接受监督。由党委、政府分管领导及职能部门主要领导主动向政协常委会、专委会、民主党派及有关人士通报或邀请参加全市性情况通报会。具体内容有：

1. 市委、市政府工作情况（每年 2 次）；

2. 市纪检、监察部门工作情况（每年 1~2 次）及重大案件查处情况；

3. 本市财政预算执行情况、经济运行情况、社会事业发展情况（每年 1~2 次）；

4. 本市社会治安综合治理情况（由政法委牵头，法院、检察院、公安局每年通报 1~2 次。其中：市政协全会期间法院、检察院要向大会通报工作情况）；

5. 本市党政机关及有关部门对政协建议案和委员提案的办理情况。

以其他方式接受监督内容：

1. 本市党政机关对国家宪法、法律、法规及党的路线、方针、政策的贯彻执行情况；

2. 本市党政机关及其他重要窗口单位、部门、行业工作人员履行职责、遵纪守法、勤政廉政情况；

3. 市政协重点提案的办理、落实情况；

4. 本市人民群众迫切要求解决的重要问题的落实情况。

以上通知，请遵照执行。执行过程中有什么问题，请及时向市委报告。

中共石狮市委员会

2000 年 7 月 22 日

中共石狮市委办公室 石狮市人民政府办公室 关于转发《石狮市政协办公室关于认真办理政协提案的意见》的通知

（狮委办〔2003〕117 号）

各镇（街道）党委（党工委）、人民政府（街道办事处）、市直各单位：

《石狮市政协办公室关于认真办理政协提案的意见》已经市委、市政府领导同意，现转发给你们，请认真贯彻执行。

中共石狮市委办公室

石狮市人民政府办公室

2003 年 8 月 14 日

石狮市政协办公室关于认真办理政协提案的意见

为进一步做好政协提案办理工作，提高办理质量，根据中共中央办公厅、国务院办公厅转发《全国政协办公厅关于办理政协提案的意见》（厅字〔2003〕8 号）精神及中共泉州市委办公室、泉州市人民政府办公室转发《泉州市政协办公室关于认真办理政协提案的意见》（泉委办〔2003〕82 号）精神的规定，结合石狮市政协提案办理工作实际情况，提出如下意见：

一、提高认识，加强领导

提案是人民政协履行政协政治协商、民主监督和参政议政职能的重要形式。多年来，政协提案对推动决策科学化、民主化，建设社会主义物质文明、政治文明和精神文明，促进石狮市经济和社会事业全面发展发挥了积极作用。各承办单位要从加强社会主义民主政治建设、巩固和完善我国基本政治制度的高度，进一步提高对政协提案办理工作重要性的认识，认真做好办理工作。要把提案办理工作列入议事日程，作为一把手工程，切实加强领导，指派专人分管。对提案办理工作要有部署、有督促、有检查。要注意提高提案办理人员素质，完善办理工作制度，规范程序，明确责任，不断提高办理工作质量。

二、规范程序，抓好落实

市政协全会后一个月内，市委办公室、市政府办公室、市人大办公室和市政协办公室联合召开人大代表建议案和政协委员提案交办会。

（一）交办。承办单位收到提案后，要逐件清点、核对，填写提案交办回执单，加盖单位公章，于交办会后 7 日内寄送交办单位。如发现不属于本单位职责范围办理的提案，应及时填写提案退回件说明原因表，由经办人员与交办单位经办人员当面协商，经交办单位同意，方可退回销号。退回的提案由交办单位重新分解交办，对重新转办的提案，有关单位要抓紧办理，办复期限不变。

（二）登记、分解。承办单位应指定办公室或秘书综合股专人做好提案分类登记工作。交办会后，承办单位应召开办公会议逐件研究，分解落实到具体的承办科室和经办人员。

（三）独办、分办、主办和联办。交办的提案实行独办、分办、主办、联办工作责任制。独办：是指提案由 1 个单位办理，独自答复。分办：是指提案涉及几个单位，应由这几个单位分别办理，办理单位要根据本单位的职责，针对提案内容分别答复。主办和联办：是指提案涉及几个单位，确定一个主办单位负责答复，其他为联办单位。联办单位在交办后的两个月内，应主动将办理情况送交主办单位汇总，由主办单位正式行文答复。在办理过程中，主办单位与联办单位要主动协调，积极配合。

（四）加强与提案人的联系。承办单位在办理中，要积极开展“两见面三结合”活动。“两见面”即承办单位在办理过程中，采取走出去或请进来的办法，与提案人联系和座谈，听取意见，说明情况，共同探讨解决问题的办法。“三结合”即邀请提案领衔人及市委、市政府督查室、市政协提案委召开座谈会，协商对话，相互沟通，寻找解决问题的有效途径如无法直接见面，可采用电话联系或信函商讨等形式，事先了解委员提出提案的意图，征询委员对办理办法的意见。初稿形成后再一次征询意见才正式答复。各承办单位要根据提案的内容，制定办理计划，能在一个月内办理的，可以先答复，克服“前松后紧”、在办理期限最后一个月内突击“加班”的现象。

（五）办理要求。凡提案所提问题应予解决并具备解决条件的，要集中力量尽快解决；因条件限制暂时难以解决的，应定出计划，创造条件，逐步解决；确实解决不了的，应实事求是地向提案人作出说明。

（六）办理期限。从交办即日起在三个月内限期答复各承办单位要抓紧办理，逾期未答复的，将予以通报批评。

（七）答复、寄送。提案答复时，应严格按统一规范行文格式答复提案人。承办单位办公室主任（秘书或综合股股长）和单位领导要严格把关。

1. 答复应以单位正式文件打印，文号编“函”字号，题目要规范完整。

2. 委员提案答复时要主送提案领衔人。团体提案答复时要主送提案的团体单位。

3. 提案答复时，应分别抄送市政协提案委 1 份、市政府督查室 1 份，及有关联办单位 1 份，如涉及市委工作部门的还应抄送市委督查室。在抄送市政协提案委和两办督查室复文右上角处，根据办复情况作出不同标记：提案所提问题已经解决或基本解决的，用“A”标明；提案所提问题正在解决或已列入计划准备解决的，用“B”标明；提案所提问题因受目前条件限制或其他原因只能以后研究解决的，用“C 标明；提案所提问题留作参考或不可行的，用“D”标明。

4. 寄送答复件时统一采用挂号寄送，做到件件有据可查。

5. 答复应署名分管领导（可打印）经办人员和联系电话、答复日期，并加盖单位公章。

（八）重办不满意件。政协委员对答复意见不满意，要求重新办理的提案，市政协提案委要协助交办单位督促承办单位重新办理。承办单位必须抓紧办理，在规定一个月内（以重新交办之日起）按期答复。

（九）征求答复意见。承办单位在每件提案正式答复时，应随寄提案办理情况反馈表，征求提案领衔人对答复意见的反馈。提案领衔人在接到承办单位答复后，15 日内将反馈表分别寄送市政协提案委、市政府督查室及承办单位。一般情况下，提案领衔人 15 日内未反馈的，对承办单位的答复意见视同满意。

（十）通报、总结。交办单位要定期通报办理工作进度情况。市政府每年一次向市政协通报当年提案办理情况，并征询意见。凡主办提案总数在 5 件以上的单位，在办理完毕后，应认真进行小结，将办理情况书面报送交办单位汇总。在办理期限内，交办单位将采取定期或不定期方式对重点单位、重点提案办理情况进行督查。

三、沟通协商，跟踪督办

（一）重点提案的办理。重点提案确定前，市政协提案委要召开相关承办单位领导参加的座谈会，征求意见，统一认识。重点提案应由市政协主席会议确定。

承办单位接到提案后，要及时研究分析，进行重点办理，单位负责同志要亲自过问或亲自主持重点提案的办理工作，可采取召开协商座谈会或专题调研等形式，力求取得实效，市政协各位主席分工督办重点提案。提案人、提案委委员和专委会参加重点提案的督办，适时采取调研视察、协商座谈等形式，推进办理工作的落实。

（二）走访承办大户。在办理期限内，市政协提案委要走访提案承办大户，了解办理进度，协助解决困难和问题，为提案人和承办单位的沟通、协商做好服务工作。

（三）专委会跟踪了解。建立市政协各专门委员会跟踪了解提案办理情况的制度，按照各专委会的工作职责把政协提案分解给各专委会跟踪了解，如参加承办单位召开的"两见面三结合"座谈会，了解、督促提案的办理情况。

（四）办理情况"回头看"。提案办复后，各承办单位要对办理情况进行"回头看"。尤其是重点提案的办理情况，要认真细致检查，扎扎实实采纳，真正落实政协提案的意见和建议。

四、总结提高，推荐表彰。

每届政协表彰优秀提案和提案办理先进单位两次。承办单位在办复提案的同时，要做好当年优秀提案的推荐工作。提案办理先进单位由政协各参加单位、政协提案委和各专委会共同推荐，征求市委督查室、市政府督查室的意见。评选工作按照市政协有关规定进行。

（一）优秀提案的条件

1. 案由重要。提案内容能紧紧围绕"党和国家大政方针、地方重要事务，以及人民生活、爱国统一战线内部关系等方面"或事关国计民生的难点、热点重要问题，提出意见和建议。

2. 具有"三性"。提案的内容具有针对性、科学性和可行性。

3. 效益较好。提案对党委、政府决策有较大的参考价值；提案办理后，取得或即将取得较大的经济效益和社会效益。

（二）提案办理先进单位的条件

1. 领导重视，制度健全。承办单位领导亲自抓好办理工作，分管领导、承办部门、承办人员认真负责；承办提案的各项制度健全，并得到了较好的落实，提案办理工作基本达到制度化、规范化、程序化的要求。

2. 注重质量，讲求效率。对提案反映的问题凡能解决的，做到抓紧解决；因条件所限一时不能解决的，已列入规划，提出解决的措施；确实不可行的，已实事求是地解释清楚；提案者反馈意见的满意率较高。

3. 立足落实，抓出实效。提案办复后，认真进行了检查落实工作，特别是对重点提案加强督促落实，并取得明显成效。

中共石狮市委关于进一步加强新时期人民政协工作的实施意见

（狮委发〔2005〕5号）

各镇（街道）党委（党工委），市委各部、委、办、局，市直各系统（局）党委：

为全面贯彻落实《中共福建省委关于进一步加强新时期人民政协工作的决定》（以下简称《决定》）和《中共泉州市委关于进一步加强新时期人民政协工作的实施意见》（以下简称《实施意见》），进一步加强和改善党对政协工作的领导，巩固发展广泛的爱国统一战线，充分发挥人民政协在推进海峡西岸经济区和现代化工贸旅游港口城市建设中的重要作用，结合石狮市实际，提出如下实施意见：

一、充分认识新时期人民政协工作的重要性

1. 认真学习宣传贯彻省委《决定》和泉州市委《实施意见》。这两份文件是指导新时期人民政协工作的重要文件，对于进一步加强和改善党对政协工作的领导，推进政协履行职能制度化、规范化、程序化建设，营造人民政协履行职能的良好环境，开创石狮市政协工作新局面，具有重要的意义。各级各部门要认真抓好《决定》及《实施意见》的学习、宣传和贯彻。市政协要与相关单位共同协商制定有关配套文件，保证《中共石狮市委关于进一步加强新时期人民政协工作的实施意见》的全面贯彻落实。

2. 充分认识人民政协的地位和作用。各级党委要从提高执政能力、发展社会主义民主政治、构建社会主义和谐社会、推进改革开放和现代化建设的战略高度，深刻认识人民政协工作的重要性，以高度的政治责任感和使命感，研究新情况，解决新问题，认识和把握人民政协工作的特点和规律，善于运用人民政协这一政治组织和民主形式，为实现党的总任务、总目标服务。新时期人民政协的地位更重要，任务更繁重，履行职能的要求更高。各级党政领导干部要进一步增强政治意识、大局意识和民主协商意识，形成重视政协工作的良好局面。

3. 加强统一战线和人民政协理论的学习和研究。各级党委要把统一战线和人民政协理论列入党委中心组和领导干部政治理论学习的一项重要内容。党校要把统一战线和人民政协理论以及政协章程作为党政领导干部特别是新任党政领导干部培训的必修课程，形成制度并长期坚持。党委组织、宣传、统战、政策研究部门和市政协党组要根据实践的发展，总结政协工作的有益经验，加强对统一战线的学习和研究，以理论创新指导政协工作创新。

二、切实加强党对人民政协工作的领导

4. 加强对政协工作的领导。各级党委要做到认识到位、领导到位，从政治原则、政治方向和方针政策上，加强和改善对政协工作的领导。要按照总揽全局、协调各方的原则，规范党委与政协的工作关系；要进一步改进领导方式和执政方式，既保证党委的领导核心作用，又充分发挥政协的职能作用；要自觉地将政协工作纳入党委工作全局，支持政协按照宪法和政协章程，围绕团结和民主两大主题履行职能，并为其提供坚强的组织保证；要把加强同各民主党派、无党派人士、人民团体和各界人士的团结合作和民主协商作为重大课题，认真研究，及时总结，不断改进，抓好落实。党委主要决策和重大工作部署要及时向政协党组传达，使政协能够更好地围绕党委工作中心开展工作。要坚持将政协工作作为党委全局工作的重要组成部分，与党委工作一起部署、检查、落实。市委每届任期内至少召开一次政协工作会议，总结部署政协工作；每年至少召开一次市委常委会听取政协党组工作汇报，专题研究政协工作重大问题，督促检查上级党委有关政协工作的指示、决定、规定和意见的贯彻落实情况。

5. 充分发挥政协党组的作用。市政协党组要始终坚持和依靠市委开展工作，充分发挥在政协组织中的领导核心作用，带头贯彻执行党的路线、方针、政策和市委的决定；团结和组织政协委员及机关干部，积极完成市委交给的各项任务；加强政协机关干部管理，指导并抓好政协机关党支部建设。要健全向市委报告工作制度，及时主动反映政协工作的新情况、新问题，提出意见和建议。对市政协党组请示的问题，市委应及时研究答复。

6. 优化政协领导班子结构。市委要高度重视政协领导班子的配备，把政治坚定、作风民主、熟悉统战工作的同志选配到政协领导班子。要注意把握非中共党员领导的比例，优化政协领导班子结构。

7. 做好政协委员推荐管理工作。要根据政协章程规定，进一步完善政协委员的聘任办法，切实做好委员推荐管理工作。组织、统战部门要按照中央、省、泉州市和市委的规定和要求，把好委员素质关，既考虑其代表性，也考虑其参政议政能力和对政协工作的积极性。政协党组应参与委员人选的推荐全过程，及时掌握了解政协委员履行委员义务和参政议政水平等方面的情况，对不履行职责的委员，及时提出建议，与党委组织部、统战部协商后，按有关规定和程序予以调整。

三、扎实推进人民政协履行职能的制度化、规范化、程序化建设

8. 切实搞好政协政治协商。政治协商的主体是党委、政府。各级党委、政府要增强政治协商意识，将之纳入重要议事日程，建立健全行之有效的协商制度，避免协商的随意性和形式化。政治协商的主要内容包括：现代化建设和改革开放中的重要决策及重大部署；政府工作报告；财政预算和决算；经济与社会发展规划；法院和检察院的工作报告；社会政治生活和民主法制建设中重大事项；辖区内行政区划变动；领导班子换届，市委推荐的人大常委会、政府、政协的领导成员人选和法院、检察院的主要领导成员人选；人民群众普遍关心的热点问题以及其他需要协商的重大问题。各级党委、政府都要把政治协商纳入决策程序，坚持做到“三在前、三在先”，即重大问题协商在党委决策前、人大通过前、政府实施前；制定经济社会发展规划、重大建设项目的实施及解决事关人民群众生产生活的重要问题要先协商后决策，对重要人事安排要先协商后决定，制定关系地方全局的重要政策要先协商后通过。每年政协全会结束后，要会同政协制定出全年的协商计划和方案，分阶段有步骤地组织实施。

9. 主动接受政协民主监督。各级各部门要重视政协的民主监督，把接受民主监督作为党风廉政建设和提高党的执政能力建设的重要内容，欢迎监督、支持监督、接受监督。倾听政协组织和委员对制定、实施大政方针的意见和建议；对党政机关及其工作人员在执行党的路线、方针、政策和党风廉政建设方面的意见和批评；对人民群众普遍关注的热点、难点问题所作出的反映和提出的意见、建议。市委、市政府要重视政协提案，由一位领导负责提案阅批和反馈工作；各有关部门要认真办理政协提案，努力提高办理质量，保证办理时效和实效；市政府每年应向市政协常委会通报一次政协提案的办理情况。党政主要领导要高度重视政协全委会议、常委会议、主席会议通过的建议案，认真研究办理。各级党政领导和有关部门要认真阅批以政协名义报送的调研视察报告、社情民意反映或以其他形式提出的建议和批评，抓紧提出处理意见，督促落实，并及时向市政协反馈。要进一步拓宽政协委员反映社情民意的渠道，重要情况和重要建议可直接向党政主要领导反映。要继续坚持在各民主党派和政协委员中聘请特邀监察员、监督员、检察员、审计员和教育督导员等，支持政协委员对党政机关、司法机关及其工作人员在遵纪守法、勤政廉政等方面进行民主监督。党政机关组织的重大执法检查和行风评议，应邀请政协委员和民主党派人士参加。各级各部门要大力支持政协开展民主监督，不断完善监督体系，使政协的民主监督与党内监督、行政监督、法律监督、纪律监督、舆论监督有机结合起来，充分发挥各种监督的整体效应。

10. 积极支持政协参政议政。各级党委、政府要重视拓宽政协参政议政的领域和渠道，使政协参政议政活动贯穿于重大决策之前、实施之中和执行结束的全过程。参政议政的主要内容包括：对政治、经济、文化和社会生活中的重要问题，以及人民群众普遍关心的问题开展调查研究，提出意见建议，反映社情民意，进行协商讨论。市委、市政府要注意安排无党派或民主党派成员担任政府和司法机关的领导，参加有关工作，为人民政协参政议政提供平台；要及时向政协提供重大决策的事实和政策依据，以及施行情况，使政协能够掌握政治、经济、文化等领域的基本态势，找准着力点，参政议政；要根据社会、经济发展现状，适时向政协提供重要的调研课题，使政协的调研工作更具针对性和时效性；要指导政协更好地围绕党委的中心任务和人民群众关注的热点问题开展工作；要积极支持政协组织开展视察、考察、专题调研、问政咨议、民主评议等活动；要重视政协参政议政成果的转化，及时采纳政协在深入调研基础上形成的重要意见和建议。

11. 坚持参加有关重要会议制度。市委常委会议和其他重要会议，应邀请不是市委常委的政协主席或党组书记列席；人大有关会议和活动，政府全体成员会议、有关常务会议和其他重要会议，应邀请政协领导或政协办公室、有关专门委员会负责人参加；党委、政府的重大外事活动应邀请政协领导和政协办公室或有关专门委员会负责人参加；党委、政府职能部门召开的会议，应邀请政协相关的专门委员会负责人参加。党委、政府及有关部门的主要领导应及时出席政协召开的全委会议和组织的重要活动，并根据工作需要及时出席政协常委会议、常委专题会议，以及对口的政协专门委员会专题会议、研讨会等。

12. 坚持重要情况通报制度。各级党委、政府每半年要向政协通报工作。主要通报国家宪法、法律和法规的实施情况；制定的重要方针政策、重大工作部署的贯彻执行情况；国家机关及其工作人员履行职责、遵纪守法、廉洁勤政等方面情况；经济、政治和社会生活中的重大事件等。并就全局性的工作和政协委员普遍关心的重要问题征求意见。要完善由市委办公室主任牵头的人大、政府和政协办公室主任联席会议制度，定期召开，通报情况，形成互相融合、互相支持的良好工作局面。

13. 坚持相互沟通联系制度。市委、市政府要确定一名领导联系政协工作。市委要建立健全联系交友制度，密切与各民主党派、工商联、无党派人士、人民团体和政协各界代表人士的联系；人大要与政协加强工作联系，经常沟通情况；政府要加强与民主党派、工商联的联系。各有关部门要密切与政协专门委员会的对口联系，就当地改革发展稳定中的重大问题互通情况，联合开展调研、视察、考察、咨询服务和专题协商等活动。

四、积极营造人民政协履行职能的良好环境

14. 加大政协宣传力度。市委要把对人民政协的宣传作为党的宣传工作的重要内容，纳入宣传工作的总体部署，组织和推动有关部门和单位宣传中国共产党领导的多党合作和政治协商制度，宣传人民政协的性质、地位和作用，宣传人民政协和各民主党派开展的重要活动，宣传人民政协履行职能的经验、成效和政协委员参政议政的典型事迹。报社、电视台等新闻媒体要把宣传人民政协作为一项重要任务来抓，根据需要开辟政协专题、专栏、专刊，宣传统战、政协理论和知识，宣传政协工作和委员风采，努力提高全社会对人民政协的认识，营造理解和支持人民政协履行职能的良好氛围。

15. 切实维护政协组织和政协委员的权利。政协组织的各项活动是国家规定的公务行为，各部门、各单位应对有组织的委员活动积极支持、主动配合和提供便利，不得阻挠政协组织和政协委员行使民主权利。对因政协组织和政协委员提出批评而进行打击报复的，要严肃处理。政协委员所在单位应大力支持委员履行职责，从时间、工作、经费等方面提供保障，委员参加政协活动应计入其工作量。市政协非驻会副主席的有关待遇问题，要按照同级职务同等条件的原则妥善解决。政法机关对涉嫌违法犯罪的政协委员采取刑事拘留、逮捕等强制措施时，应按照中央政法委〔1996〕18号文件规定，及时向市政协党组通报；纪检监察机关对政协委员采取“两规”（规定时间、规定地点）、“两指”（指定时间、指定地点）措施时，应及时向市政协党组通报。

16. 科学合理确定政协机关人员编制和机构设置。要按照精简、统一、效能的原则，从政协履行职能的实际需要出发，科学设置政协内设机构，切实解决好市政协内设机构设置不规范和人员编制紧缺问题，保障人民政协更好地履行职能。市政协常委会组成人员可以有一定数量的专职常委，并根据任职条件、结构和工作需要从市政协机关干部中适当考虑部分人选。市政协领导的行政编制从市政协机关编制中分出，实行单列，不占市政协机关人员编制。要理顺市政协内设机构，进一步健全完善政协专门委员会的设置。镇（街道）要为所在地的政协委员活动组提供学习、活动场所和必需的经费，保障活动组开展规范化建设活动，指定一位党委副书记具体联系指导，并配备一名兼职的股级秘书或工作人员负责联络政协活动组工作。

17. 大力加强政协干部队伍建设。要按照革命化、年轻化、知识化、专业化的方针和德才兼备的原则，重视解决政协干部流动不畅和年龄老化的问题，把政协干部的配备、培养、交流和使用纳入党委干部队伍建设的总体规划，推进政协干部与党委、政府部门干部的双向交流，优化政协机关干部队伍结构，增强政协机关活力。要通过选拔任用、轮岗培训、挂职锻炼、党校脱产学习等途径，进一步提高政协干部队伍素质。对优秀的政协干部，要重点培育，提拔使用。也可以选派一些后备干部到政协工作，然后再到有关部门任职。

18. 为政协开展工作提供经费保障。财政部门要按照经济发展、财政收入和政协工作需要，逐步增加政协经费。政协行政开支，委员视察、调研、培训、外事活动，编辑出版文史资料，专门委员会活动，港澳台同胞侨胞接待，以及不驻会副主席活动等项经费应列入本级财政预算并给予保障。政协机关的办公用房、办公设施、公务用车及委员活动场所应统筹安排，确保政协工作正常开展。

五、努力开创石狮市政协工作新局面

19. 加强学习提高参政议政水平。市政协要把思想建设摆在首要位置，坚持以邓小平理论和“三个代表”重要思想为指导，抓好干部队伍和委员队伍建设，努力学习党的基本理论、基本路线、重要方针政策和时事政治，学习社会主义市场经济和现代科技知识，牢牢把握团结和民主两大主题，坚持围绕党委和政府工作中心，主动适应新形势新任务的要求，全面加强自身建设，在实践中进一步提高政治协商、民主监督和参政议政的水平。

20. 以促进发展为履行职能第一要务。市政协要围绕中心、服务大局，坚持以人为本，牢固树立科学发展观，把推进海峡西岸经济区和现代化工贸旅游港口城市建设作为履行职能的第一要务，围绕石狮市政治、经济、文化和社会生活中的重要问题以及人民群众普遍关心的问题，选择一些具有综合性、全面性、前瞻性的课题，深入开展调查研究，反映社情民意，进行协商讨论，提出有见解、有分量的意见和建议，为党委和政府决策提供科学依据。

21. 发展壮大爱国统一战线。市政协要高举社会主义和爱国主义两面旗帜，突出团结和民主两大主题，团结各界、凝聚人心，最广泛最充分地调动一切积极因素，充分发挥民主党派、无党派人士、人民团体和各界代表人士在政协中的作用，加快石狮市经济社会发展。要进一步加强政协组织与各参加单位之间、各界委员之间、委员与本界别群众之间的联系，了解和反映他们的愿望和要求，巩固和发展中国共产党领导的爱国统一战线。要切实做好工作，团结包括新的社会阶层在内的全体社会主义事业建设者，引导他们爱国、敬业、诚信、守法，鼓励他们为改革和发展多做贡献。要多形式、多渠道、多领域地开展海外联谊活动，广泛团结港澳台同胞和海外侨胞以及海内外各方面爱国力量，继续重视发挥港澳政协委员的作用，进一步推动石狮与港澳台在经济、科技、文化、教育等领域的交流与合作。协助做好在石的台商和台资企业的巩固和发展工作，维护台胞、台商、台属的合法权益。继续发挥优势，扩大交往，广泛联系石狮籍台湾各界人士，通过他们做好台湾人民工作，共同为解决台湾问题、实现祖国的完全统一贡献力量。

22. 发挥政协委员主体作用。市政协委员是各界群众的代表，是政协工作的主体，要尽自己的努力，积极参加对国家和地方大政方针和群众生活的重要问题的政治协商；通过提出建议和批评发挥民主监督的作用；结合自己的本职工作和特长，积极参政议政，实事求是地反映自己所联系群众的意见和建议；积极主动地宣传党和国家的方针政策，协助党委和政府做好协调关系、化解矛盾、理顺情绪的工作，为维护改革发展稳定大局多做贡献。

23. 密切与各级政协联系。市政协要密切与上级政协及兄弟县（市、区）政协的联系，及时总结和交流基层经验，推动政协工作。要密切与镇（街道）的联系，加强对镇（街道）政协委员活动组的工作指导，协助活动组解决实际困难和问题，组织他们开展活动，有效发挥政协委员在所在地的作用。

24. 加强履行职能能力建设。市政协要依据宪法和政协章程规定，全面加强履行职能能力的建设。要把学习作为终身任务，努力把政协组织建设成学习型组织，把政协机关建设成学习型机关。要加强作风建设，大力弘扬求真务实精神，大兴调查研究之风，牢记人民的利益高于一切，切实把实现好、维护好、发展好最广大人民群众的根本利益作为履行职能的出发点和归宿点。政协机关和政协委员中的共产党员，要增强政治责任感，发扬党的优良传统和作用，认真贯彻执行党的统战政策，加强与民主党派的联系，真心实意同党外人士交朋友，努力成为合作共事的模范、发扬民主的模范、廉洁奉公的模范。

各级各部门应根据省委《决定》、泉州市委《实施意见》及市委《实施意见》，结合实际，研究制定具体的贯彻落实措施。市委将定期对《决定》和《实施意见》的执行情况进行检查，确保进一步加强新时期人民政协工作各项措施落实，推动人民政协工作再上新的水平。

中共石狮市委员会

2005 年 9 月 21 日

中共石狮市委关于认真贯彻中发〔2006〕5 号文件精神进一步加强政协工作的意见

（狮委发〔2006〕5 号）

为全面贯彻落实《中共中央关于加强人民政协工作的意见》（中发〔2006〕5 号文件）精神，进一步加强和改善党对政协工作的领导，巩固发展广泛的爱国统一战线，充分发挥人民政协在推进海峡西岸经济区和现代化工贸旅游港口城市建设的重要作用，结合石狮市实际，提出如下意见：

一、要精心组织安排，把学习贯彻中央 5 号文件精神摆上重要议事日程

认真学习宣传贯彻中央 5 号文件精神，是当前和今后一个时期统一战线和多党合作工作的一项重要政治任务。全市各级各部门要坚持把学习贯彻中央 5 号文件精神与学习贯彻“三个代表”重要思想和党的十六届四中、五中全会精神结合起来，与深入学习以胡锦涛同志为总书记的中共中央关于统一战线和人民政协的新思想、新要求结合起来，不断推进石狮市多党合作事业蓬勃发展。各级政协组织要把学习贯彻中央 5 号文件精神作为一项统领全局、带动全局、推动全局的重要工作，摆在突出位置，制定好学习贯彻工作方案，认真抓好落实。市政协党组要在学习贯彻中发挥好领导核心作用和表率作用，既要加强组织领导，又要做带头学习、深入学习的模范，推动学习贯彻活动深入开展。同时，要大力推进人民政协理论研究，进一步认识和把握新时期人民政协工作的特点和规律，为人民政协事业的发展提供更加有力的理论支持；要充分运用广播、电视、报纸等新闻媒体，向全社会广泛宣传中央 5 号文件精神，大力宣传人民政协的性质、地位和作用，深入宣传中国共产党领导的多党合作和政治协商制度，为人民政协事业的发展创造良好的社会环境和社会氛围。

二、要加强和改善党对政协工作的领导，为做好政协工作提供坚强保证

加强和改善党对政协工作的领导，是做好政协工作的根本保证，也是提高党的执政能力的重要内容。中央5号文件规定：要按照党总揽全局、协调各方的原则，进一步加强和改善党对人民政协的领导，支持人民政协依照章程独立负责、协调一致地开展工作。各级党委要以学习中央5号文件为契机，认真贯彻落实去年召开的全市政协工作会议精神，把政协工作摆在重要位置，进一步加强和改善对政协工作的领导，为政协开展工作提供坚强的政治保证，努力形成党委重视、政府支持、部门配合的良好工作环境。要把政协工作同全局工作紧密联系起来，纳入重要议事日程，坚持“三在前”“三在先”制度，及时向政协通报工作情况，听取政协意见和建议。要发挥好政协党组的引导作用，保证政协全面及时地贯彻落实各级党委的决策部署，与党委步调一致。

三、要紧紧围绕市委、市政府工作中心，进一步发挥政协的优势和职能作用

服务和促进发展是政协工作的第一要务，也是政协履行职能的全部出发点和落脚点。政协要继续围绕市委、市政府的中心工作和今年各项目标任务，努力发挥自身优势，主动作为、积极作为、善于作为，为加快石狮发展多做贡献。一要积极建言，胸怀全局谋发展。找准服务大局与发挥优势的结合点，围绕如何结合各自实际，加快推进社会主义新农村建设；如何转变经济增长方式，提高石狮经济运行质量和效益；如何解决征地、拆迁等难题，为经济发展创造更加良好的条件；如何加快产业集聚，构建以纺织服装产业为主导的具有竞争力的产业体系；如何统筹城乡发展，构建城乡一体化的现代化城市；如何加快商贸市场的培育建设，构建区域性现代商贸物流中心；如何协调各方面的关系，构建各项事业协调发展的和谐社会等重大问题多作深入的调查研究，提出带有前瞻性、创造性、建设性的意见和建议，努力出好主意、当好高参、做好贡献。二要发动委员，建功立业促发展。积极鼓励政协委员在各自工作岗位上建功立业，以自己的一言一行，在各行各业中起到模范带头作用。要积极协调帮助企业家委员反映的生产生活中的困难和问题，帮助他们把企业做大做强，争当经济建设排头兵。要加强扩大与港澳台同胞和海外侨胞的联系，动员更多的石狮籍企业家和海外侨胞返乡投资兴业。三要营造氛围，凝聚力量求发展。对市委、市政府作出的重大决策部署，政协要积极帮助营造氛围，增进共识，排除阻力，凝聚力量。要通过广大委员及其所联系的各界群众，收集反馈社情民意，主动协助市委、市政府多做解疑释惑、理顺关系、排忧解难的工作，切实维护安定团结、和谐稳定的政治局面，共同致力于石狮现代化工贸旅游港口城市建设。

四、要大力支持政协履行职能，主动为政协工作创造良好条件

要深入贯彻落实中共中央 5 号文件精神，认真解决政协工作中存在的具体困难和实际问题，为政协组织开展工作创造良好的条件。（一）要加强政协专门委员会和其他工作机构的建设。从政协履行职能的实际出发，合理设置专门委员会和其他工作机构，市编办根据市政协提出的关于政协机关内设机构设置的意见，提出合理的方案，经市编委会研究后报上级批准。（二）要加强政协机关干部的培养和使用。要从政治上、工作上关心政协机关干部，在培养、选拔和使用上与党政干部一视同仁，通盘考虑政协机关干部与党政部门的双向交流特别是在换届时科级干部的双向交流，保证干部流动渠道畅通，不断增强政协干部队伍活力。（三）要重视政协委员队伍建设。石狮市市场经济较为发达，经济结构、社会结构复杂多样，而且又是港澳台同胞、海外侨胞的重要祖籍地。政协换届时，应适当增加新一届市政协的界别组成和委员数量，市政协和市委统战部要进行专题调研，提出合理的方案，经市委同意后报上级批准。要进一步完善政协委员的选任办法，政协委员、常委人选的推荐和届中人事调整工作，要认真听取市政协党组意见，严格按政协章程办事，注意推荐有突出贡献的年轻同志和新的社会阶层人士担任政协委员、常委。（四）要抓紧出台相应配套文件。各相关部门要结合贯彻中共中央 5 号文件精神，抓紧制定出台与《中共石狮市委关于加强新时期人民政协工作的实施意见》（狮委发〔2005〕5 号）相配套的文件，进一步完善相应措施，保证市政协更好地履行职能、发挥作用。（五）要切实保障政协经费。根据政协履行职能和开展工作需要，今年给予政协追加经费 30 万元。在明年年初预算时增加政协经费预算，以进一步改善政协机关办公条件，保证政协工作正常开展。

中共石狮市委员会
2006 年 9 月 26 日

中共石狮市委办公室 石狮市人民政府办公室 石狮市政协办公室关于做好政协社情民意信息办理反馈工作的意见

（狮委办〔2014〕101号）

各镇（街道）党委（党工委）、人民政府（办事处），石狮高新技术产业开发区党工委、管委会，市直各单位：

畅通社情民意渠道是构建和谐党群政群关系的重要内容，是践行群众路线的重要举措。为做好政协组织反映社情民意信息的办理、反馈和落实工作，特提出如下意见：

一、充分认识做好政协社情民意信息办理反馈工作的重要意义

人民政协各参加单位和广大政协委员向党委、政府及其有关部门反映社情民意信息是履行政协职能的一项基础性工作，做好信息的办理与反馈工作，能够进一步完善民主监督机制，畅通下情上达的渠道，推动党政工作部门改进工作作风，提高办事效率。全市各级各部门要充分认识做好政协社情民意信息办理和反馈工作的重要性，要把它作为联系各界群众，了解社情民意，关心民生民计，接受民主监督，完善科学决策机制，推进民主政治建设的一项重要工作，列入议事日程，抓好落实工作。

二、建立政协社情民意信息报送办理反馈落实工作机制

（一）报送。政协各参加单位和政协委员反映社情民意信息，由市政协办公室负责收集、整理、编发，以《建议案》或《社情民意专报件》行文。《建议案》《社情民意专报件》和提案相比较，其涉及的内容更加重要，形式更加庄重。《建议案》是政协组织委员通过专题调研，充分论证，经市政协常委会或主席会议审议通过的更高层次的重要建议。《社情民意专报件》是政协参加单位或政协委员，围绕社会热点难点问题和人民群众关心的重要问题，深入基层调研并撰写信息，由市政协领导把关的反映重要情况的意见和建议。市政协办公室根据内容需要以政协石狮市委员会《建议案》形式报送市委或市政府，或以石狮市政协办公室《社情民意专报件》形式报送市委办或市政府办。

（二）交办。市委办、市政府办收到《建议案》或《社情民意专报件》后，根据内容报送分管市领导阅示，同时交由相关单位承办；经市委、市政府领导批示的，由市委办、市政府办在领导批示后，对领导批示进行梳理，并于7天内将批示件原件交送相关单位办理落实，同时将批示复印件送市政协办公室。

（三）办理。承办单位接到市委办、市政府办交办的《建议案》或《社情民意专报件》后，要针对提出的问题或意见、建议认真调查研究，采取得力措施及时办理落实，原则上办理期限为3个月，个别涉及面广、办理难度大的可适当延长办理时间；如有市领导批示的，还要及时向市领导汇报办理情况。

（四）反馈。《建议案》或《社情民意专报件》办结后，承办单位要将办理结果报送市委办（或市政府办），同时抄送市政协办公室；有关问题一时难以办理到位的，承办单位要在交办之后（或市领导批示后）的1个月之内向批示领导和市委办（或市政府办）说明理由，同时抄送市政协办公室。

三、实行社情民意信息办理反馈落实责任制和追究制

《建议案》或《社情民意专报件》办理反馈工作实行单位一把手负责制，市政协办公室将会同市委督查室、市政府督查室不定期对办理反馈落实工作情况进行跟踪，对落实领导批示不到位的单位进行批评。

市政协报送的调研报告、视察报告等建言献策类文件、信息的办理反馈落实工作比照执行。

中共石狮市委办公室
石狮市人民政府办公室
石狮市政协办公室
2014年12月17日

中共石狮市委机构编制委员会办公室关于转发《中共泉州市委机构编制委员会办公室关于石狮市政协机关综合性办事机构调整设置的批复》的通知

（狮委编办〔2011〕44号）

市政协办公室：

现将《中共泉州市委机构编制委员会办公室关于石狮市政协机关综合性办事机构调整设置的批复》（泉委编办〔2011〕163号）转发给你办，请遵照执行。市政协机关综合性办事机构调整后的主要职责和领导职数详见附件。

中共石狮市委机构编制委员会办公室

2011 年 12 月 30 日

中共泉州市委机构编制委员会办公室关于石狮市政协机关综合性办事机构调整设置的批复

（泉委编办〔2011〕163 号）

石狮市委编委：

你委《关于规范石狮市政协机关内设机构的请示》（狮委编〔2011〕7 号）悉。根据市委编办《关于转发〈中共福建省委机构编制委员会办公室关于进一步加强和规范县（市、区）政协机关机构编制管理的意见〉的通知》（泉委编办〔2011〕17 号）精神，经研究，同意石狮市政协机关综合性办事机构由 4 个调整设置为 5 个。具体如下：办公室、提案法制办公室、经济资源办公室、教科文卫史办公室、台港澳侨民宗办公室。机构均为正科级。

中共泉州市委编办

2011 年 10 月 9 日

附件：

石狮市政协机关综合性办事机构的主要职责和领导职数

一、主要职责

（一）办公室

1. 协助政协石狮市委员会、常务委员会、主席会议掌握全面情况，负责全体委员会议、常务委员会议、主席会议等重要会议的会务工作。

2. 组织实施市政协全体委员会议、常务委员会议、主席会议作出的决议、决定，承办市政协主席、副主席交办的有关事项。

3. 负责政协委员视察、参观、调查、座谈、研讨等日常活动的秘书、协调、服务和具体组织等工作。

4. 负责机关公文处理、机要通信、文书档案、安全保密、后勤保障、内外联络及接待工作。

5. 负责与上级政协和省内外、兄弟县（市、区）政协的工作联系，做好与市委、市人大、市政府有关部门和各党派团体的沟通联系工作。

6. 负责机关的安全、保卫、基建工作和机关的房产、车辆、办公设施等公共财物的管理、维护工作。

7. 按干部管理权限负责机关人事任免和干部管理。

8. 承办常委会、主席会和市政协领导交办的其他任务。

根据上述职责，政协石狮市委员会办公室内设3个股室：人秘股、行政股、政研股。

（1）人秘股

按照《中国人民政治协商会议章程》规定，参与对政协委员的推荐、考核、培训、管理等工作；按照干部管理权限和职责，负责办理机关机构编制、人事调配、干部考核、工资福利、学习培训等事务；负责机关工作人员的计生管理等工作；负责市政协全体委员会议、常务委员会议、主席会议及其他大型重要会议的会务工作；负责机关的文电处理、文书档案管理和文印、机要、保密、通讯等工作；通知并落实领导参加会议和活动。组织机关离退休人员开展学习、考察等活动；负责机关离退休人员管理和服务。负责办理委员证和机关工作人员的工作证。负责市政协网站和电子政务网的日常管理和维护；采集市政协重要会议、重大活动的信息、图片等资料，录入网站，发布信息。负责机关电脑网络的日常管理和维护。

（2）行政股

负责市政协各种会议、活动的后勤保障；负责机关财物和公共财物的管理、维护；负责机关安全保卫和基建工作；管理机关车辆。负责上级政协和省内外、兄弟县（市、区）政协来石开展视察、考察、调研等活动的接待工作；负责接待来访的重要客人和社团。

（3）政研股

密切关注人民政协理论的新发展，加强政协理论的研究；宣传介绍我国政治体制的特色、中国共产党领导的多党合作和政治协商制度以及人民政协的性质、地位和作用；参与政协委员的视察、参观、调查、座谈、研讨等日常活动，撰写信息、纪要、调研报告等文字材料；收集反映政协委员、各党派团体和社会各界的意见和建议；参与市政协的重要会议和重大活动，协调组织有关新闻媒体宣传报道市政协履行三大职能情况。

（二）法制提案办公室

1. 组织和发动政协委员和各党派团体提出提案。负责提案的审查、立案和交办工作。编发提案摘报，筛选重要提案。跟踪了解提案办理情况，督促有关部门承办政协提案的工作。

2. 组织政协委员就石狮市社会和法制工作中的热点、难点问题开展座谈、研讨、视察、考察、专题调研等活动，积极建言献策，向党政有关部门提出意见和建议。加强与法制部门的沟通联系和协作配合，及时处理人民来信来访，协助做好协调关系、理顺情绪、化解矛盾的工作，维护石狮市安定稳定的政治局面。

3. 承办常委会、主席会和市政协领导交办的其他任务。

（三）经济资源办公室

1. 组织政协委员就石狮市经济、农业农村、人口资源环境工作中的重点、热点、难点问题开展座谈、研讨、视察、考察、专题调研等活动，积极建言献策，向党政有关部门提出意见和建议。

2. 加强与相关工作部门的沟通联系和协作配合，推进石狮市经济、“三农”、人口资源环境工作，促进石狮市社会事业建设全面发展。

3. 承办常委会、主席会和市政协领导交办的其他任务。

（四）教科文卫史办公室

1. 组织政协委员就石狮市教育、科技、文化、卫生、体育、旅游工作中的重点、热点、难点问题开展座谈、研讨、视察、考察、专题调研等活动，积极建言献策，向党政有关部门提出意见和建议。

2. 加强与相关工作部门的沟通联系和协作配合，推进石狮市教育、科技、文化、卫生、体育、旅游工作，促进石狮市社会事业建设全面发展。

3. 确定每年一辑文史资料的征集主题。组织和动员亲身经历或者亲见亲闻的海内外石狮人根据确定的主题撰写文稿。征集编纂出版文史资料，为石狮市“三个文明”建设服务。

4. 发动和组织政协委员、各党派团体和社会各界开展形式多样、丰富多彩的学习教育和培训活动。负责市政协学习中心组学习活动的组织和新委员培训活动的组织。

5. 承办常委会、主席会和市政协领导交办的其他任务。

（五）台港澳侨民宗办公室

l. 宣传党中央关于台港澳侨和民族宗教工作的方针、政策，并组织政协委员就石狮市台港澳侨和民族宗教工作中的重点、热点、难点问题开展座谈、研讨、视察、考察、专题调研等活动，积极建言献策，向党政有关部门提出意见和建议。

2. 加强与“五侨”部门、民族宗教工作部门和宗教团体的沟通联系和协作配合，促进石狮市全面贯彻落实党中央关于台港澳侨和民族宗教工作的方针、政策。

3. 加强与港澳地区的各级政协委员，港澳台同胞、海外华人和华侨社团的联谊工作，协作有关部门接待来访的重要“三胞”、社团和知名人士。

4. 搜集石狮侨情、台情、港澳情及在石狮的台资、三资、侨捐侨建工程情况，及时反映“三胞”的要求、意见和建议。

5. 搜集石狮籍乡亲在异地担任各级政协委员、商会、重要宗教团体和社会团体职务情况，做好登记建档和联系往来工作。

6. 承办常委会、主席会和市政协领导交办的其他任务。

二、领导职数

核定办公室主任（正科级）1 名、副主任（副科级）2 名；法制提案办公室、经济资源办公室、教科文卫史办公室、台港澳侨民宗办公室主任（正科级）各 1 名、副主任（副科级）各 1 名；各办主任由驻会常委以上领导兼任。

中共石狮市委办公室印发《关于加强和改进人民政协民主监督工作的实施意见》的通知

狮委办〔2018〕52 号

各镇（街道）党委（党工委），石狮高新技术产业开发区党工委，市委各部、委、办、局，市直各党组（党组织）：

《关于加强和改进人民政协民主监督工作的实施意见》已经市委常委会研究同意，现印发给你们，请结合实际认真贯彻执行。

中共石狮市委办公室

2018 年 5 月 2 日

关于加强和改进人民政协民主监督工作的实施意见

为深入贯彻落实党中央关于加强和改进人民政协民主监督工作的新部署新要求，推进民主监督工作制度化、规范化、程序化，根据《中共中央办公厅印发〈关于加强和改进人民政协民主监督工作的意见〉的通知》（中办发〔2017〕13号）、《中共福建省委办公厅印发〈关于加强和改进人民政协民主监督工作的实施意见〉的通知》（闽委办发〔2017〕33号）和《中共泉州市委办公室印发〈关于加强和改进人民政协民主监督工作的实施意见〉的通知》（泉委办发〔2017〕40号）精神，结合石狮市实际，现提出如下实施意见。

一、重要意义和总体要求

人民政协民主监督是在坚持中国共产党的领导、坚持以习近平新时代中国特色社会主义思想指引下，参加人民政协的各党派团体和各族各界人士在政协组织的各种活动中，依据政协章程，以提出意见、批评、建议的方式进行的协商式监督。民主监督的重点是党和国家重大方针政策和重要决策部署的贯彻落实情况，监督目的是协助党和政府解决问题、改进工作、增进团结、凝心聚力。人民政协民主监督是我国社会主义监督体系的重要组成部分，是社会主义协商民主的重要实现形式。在人民政协开展民主监督工作，是我国社会主义民主政治的独特创造和一项重要制度安排，在国家政治生活中发挥着不可替代的重要作用。

二、明确人民政协民主监督的主要内容

（一）国家宪法法律和法规实施情况；

（二）党和国家重大方针政策，省委、省政府及泉州市委、市政府和石狮市委、市政府重大改革举措、重要决策部署的贯彻执行情况；

（三）本地国民经济和社会发展规划、年度计划落实情况，财政预算执行情况；

（四）涉及人民群众切身利益的实际问题解决落实情况；

（五）国家机关及其工作人员遵纪守法、加强作风建设、密切联系群众、开展反腐倡廉等情况；

（六）政协提案、建议案、重要社情民意、常委会调研、视察重要意见建议办理情况；

（七）参加政协的单位和个人贯彻统一战线方针政策、遵守政协章程、执行政协决议情况；

（八）党委交办的其他监督事项。

三、完善人民政协民主监督形式

（一）会议监督。政协有关会议应增加民主监督内容，加大民主监督力度。政协全体会议的大会发言应增加监督性内容比重。政协常务委员会会议、主席会议、专题协商会、协商座谈会、对口协商会等应安排一定数量的监督性议题。根据议题安排，可邀请市委、市政府及有关部门负责人出（列）席会议、听取意见、互动交流。政协常务委员会会议、主席会议应完善对各党派参加政协工作的共同性事务、政协内部重要事务等的协商和监督。

（二）视察监督。围绕涉及改革发展稳定重大问题确定重点监督性议题，组织政协委员视察组，深入基层、深入群众、听取情况介绍，实地察看，座谈讨论，着重发现工作中的问题和不足与有关负责同志交换意见，提出意见建议，推动党委、政府决策部署贯彻落实。

（三）提案监督。政协应组织政协委员和参加政协的各党派、各人民团体、各界别以及政协各专门委员会，通过提案提出意见、批评、建议，开展监督。政协重点提案中应有民主监督性提案，由党委办公室、政府办公室、政协办公室会商后共同交有关部门办理，党委、政府及政协有关负责同志应加强督办。政协提案法制委员会会同党委、政府督查部门对政协提案办理情况开展督促检查，积极开展提案办理评议和“回头看”。实行市政府、市政协领导领衔督办重点提案，加大对重点提案办理落实情况督促落实。

（四）专项监督。政协要按照市委统一部署，围绕法律法规实施和党委、政府重要工作落实情况，以及涉及广大人民群众切身利益的实际问题和人民群众普遍关心的重大问题，确定专项监督议题，由政协办公室和专门委员会组织政协委员，开展监督性专题调研，向党委、政府提交专项民主监督报告，提出改进意见建议，必要时应持续跟踪监督。

（五）反映社情民意信息监督。充分调动政协委员、政协各参加单位、各专门委员会、各党派团体等反映社情民意信息的积极性，发挥社情民意信息“直通车”优势，把群众中具有代表性的监督性意见及时向党委和政府及有关部门反映，推动人民群众最关心最直接最现实的利益问题的解决。

（六）应邀委派监督。政协可应党政有关部门和司法机关邀请，推荐政协委员担任特约监督员，对有关部门及其工作人员在贯彻实施宪法法律、法规、规章，贯彻执行党委和政府重大决策以及严格执法、公正司法、勤政廉政建设等方面的情况进行经常性监督，及时提出意见建议，促进相关单位发现问题、改进作风、推动工作。

（七）其他形式监督。党委、政府和有关部门组织的调研、检查、听证等活动，应视情邀请政协委员参加。政协要结合实际，积极探索创新民主监督方式方法，通过政情咨询、界别活动、委员举报、委员座谈、民主评议等形式开展民主监督。加强人民政协民主监督同党内监督、人大监督、行政监督、司法监督、社会监督、舆论监督等监督形式的协调配合，更好发挥人民政协民主监督作用。

四、规范人民政协民主监督工作程序

（一）确定监督议题。人民政协民主监督议题可由党委和政府提出，也可由政协办公室广泛征求政协委员、党派团体、政协界别、专门委员会、党政部门等各方面意见提出。充分协商后，由政协办公室汇总提出年度监督议题建议，提交政协主席会议研究，其中重点监督议题纳入政协年度协商计划，征求政府意见后，报市委常委会讨论确定。未纳入年度协商计划的一般民主监督议题，由政协以适当方式组织实施。

（二）组织监督活动。政协办公室研究提出年度监督工作安排，经政协主席会议审议通过后实施。重点监督议题由政协主席会议成员牵头负责，主席会议听取监督情况汇报。根据监督议题，政协整合力量深入调查研究，通过会议、现场督办等形式实施监督，邀请相关党政部门负责同志介绍情况、座谈交流、听取意见。市政协赴各镇（街道）开展监督活动，可邀请市政协各镇（街道）委员活动组委员参加。

（三）报送监督意见。政协运用视察监督报告、专项监督报告、提案、建议案、社情民意专报件、大会发言等形式，及时向党委和政府及有关部门报送开展民主监督形成的意见建议。重点监督意见根据需要由政协主席会议研究审议后报送。

（四）办理监督意见。对于政协视察监督报告、专项监督报告等，党委和政府应专题研究，或交相关部门办理，及时提出办理意见和措施。政协提案、社情民意专报件中的监督性意见，按规定程序办理。党政督查部门要加强对政协民主监督意见办理情况的督查。

五、健全人民政协民主监督的工作机制

（一）知情明政机制。党委、政府及有关单位召开的重要会议，视情邀请政协有关负责同志、政协委员列席。党委、政府及有关部门组织重大问题调查和专项考察等活动，可邀请政协委员参加。围绕监督议题，政协应组织相关委员认真学习中央和省委、泉州市委、石狮市委重大决策部署，了解情况、把握形势、掌握政策。根据监督工作安排，有关单位应认真做好情况通报，重点通报工作中存在的突出问题、主要困难和薄弱环节，提前将有关材料送达政协委员，并为政协委员查阅资料、了解情况提供便利。

（二）协调落实机制。加强人民政协民主监督与党委、政府工作的有效衔接，由党委办公室、政府办公室、政协办公室会商，统筹协调政协民主监督议题、工作安排等重要问题。政协办公室应及时将重点监督活动具体安排提前告知有关部门，加强协调配合，认真组织实施，积极跟进落实。政协专门委员会应就有关监督工作加强同党政部门等的对口联系。

（三）办理反馈机制。办理单位应及时以书面、会议通报等形式反馈政协民主监督意见办理、采纳和落实情况。政协主席会议或常务委员会会议根据需要，听取重点监督意见办理情况通报。政协办公室应将办理回复情况通报参加监督的有关单位和政协委员。政协常务委员会向全体会议报告工作时，应将全年民主监督工作开展情况和监督意见办理回复情况作为重要内容。

（四）权益保障机制。尊重和保障政协委员在参加民主监督工作中的知情权、参与权、表达权、监督权，维护政协委员对国家机关及其工作人员的工作提出意见、批评、建议的权利，以及对违纪违法行为检举揭发的权利，发挥政协委员在民主监督中的积极作用。政协委员所在单位要支持政协委员参加政协履职活动，对于阻挠政协委员参加民主监督，甚至进行压制、打击和报复的，应依纪依法追究责任。

六、加强党对人民政协民主监督工作的领导

（一）坚持党委统一领导。全市各级党委要深刻认识人民政协民主监督的重要意义，把加强和改进人民政协民主监督工作作为提高执政能力和领导水平、推动和改进工作的重要举措，纳入党委工作总体部署，完善民主监督的组织领导机制，加强统筹协调，及时研究解决人民政协民主监督工作遇到的问题。政协党组向市委汇报工作时，应把开展民主监督情况作为重要内容。各级党委、政府负责同志要自觉接受、积极支持和保证人民政协依章程进行民主监督，认真倾听批评和建议，并督促有关部门办理监督意见。

（二）强化政协党组核心作用。政协党组负责领导重点监督议题的组织实施，坚持正确方向和原则，把握好监督节奏和力度，加强对党委、政府重大改革举措、重要决策部署贯彻执行情况等的民主监督，研究监督工作中的重要事项，及时向市委报告监督工作进展情况和遇到的重大问题，做到开展监督有计划、有题目、有载体、有成效。组织政协委员积极参加民主监督活动，发挥政协委员中共产党员的模范带头作用。

（三）支持政协提高民主监督水平。党委要重视、支持政协加强自身建设，提高民主监督组织化制度化程度，提高监督能力和水平，做到敢于监督、善于监督。政协开展民主监督工作经费列入本级财政预算。政协要不断健全完善工作制度，发挥各民主党派、工商联和无党派人士民主监督的积极性以及政协专门委员会、界别的平台作用，增强民主监督的实效。加强委员履职考核管理，推动各界委员严格依照宪法法律和政协章程正确行使监督权力，维护政协委员良好形象。政协和政协委员所在单位要为委员参加民主监督履职活动提供必要保障。政协办公室、各专门委员会要贯彻落实政协党组部署，做好相关民主监督活动组织、协调、实施等具体工作，推动政协民主监督工作深入开展。

（四）营造人民政协民主监督良好环境。提倡热烈而不对立的讨论、真诚而不敷衍的交流、尖锐而不极端的批评，营造畅所欲言、各抒己见、理性有度、合法依章的民主氛围，为政协开展民主监督创造有利条件。把对人民政协民主监督的宣传列入各级党委宣传部门工作计划，宣传党的十九大关于人民政协民主监督的新部署新要求，宣传市政协开展民主监督的经验、做法和成效，加大对重点监督活动宣传报道力度，营造良好舆论环境。

中共石狮市委办公室印发《关于加强新时代人民政协党的建设工作的十条措施》的通知

（狮委办发〔2019〕8号）

各镇（街道）党委（党工委），石狮高新技术产业开发区党工委，市委各部、委、办、局，市直各单位党组（党委）：

《关于加强新时代人民政协党的建设工作的十条措施》已经市委研究同意，现印发给你们，请结合实际认真贯彻落实。

中共石狮市委办公室

2019年10月9日

关于加强新时代人民政协党的建设工作的十条措施

为全面贯彻习近平新时代中国特色社会主义思想和党的十九大精神，深入贯彻落实党中央关于加强新时代人民政协党的建设工作的若干意见和省委、泉州市委实施意见精神，切实加强石狮市政协党的建设，更好地坚持市委对人民政协工作的全面领导，充分发挥人民政协在推进“创新转型、实业强市”战略部署和现代化宜居宜业城市建设中的重要作用，现结合石狮市实际提出十条措施如下：

一、坚决执行中央、省委、泉州市委关于加强新时代人民政协党的建设工作意见精神。严格按照《中共中央办公厅印发〈关于加强新时代人民政协党的建设工作的若干意见〉的通知》（中办发〔2018〕48 号）、《中共福建省委办公厅印发〈关于加强新时代人民政协党的建设工作的实施意见〉的通知》（闽委办发〔2018〕45 号）和《中共泉州市委办公室印发〈关于加强新时代人民政协党的建设工作的实施意见〉的通知》（泉委办发〔2019〕61 号）文件精神执行，深刻领会加强新时代人民政协党的建设的重要性。市政协党组要全面肩负起实现党对人民政协领导的重大政治责任，切实担负起管党治党政治责任；认真落实意识形态工作责任，严格对政协新闻宣传、社情民意信息、委员意见建议的审核把关，强化对政协微信公众号、文史资料出版等意识形态阵地的建设与管理；进一步落实党风廉政建设责任制，强化日常管理监督，坚决防止利用政协组织的影响力谋取私利，坚决防止利用委员资源谋取私利；严格执行重大问题请示报告制度，每年至少向市委作一次全面工作报告，市政协年度协商计划、常委会工作报告、全体会议和党组重要工作等要向市委请示报告。

二、强化思想政治引领。要把习近平总书记关于加强和改进人民政协工作的重要思想列入党委（党组）理论学习中心组学习内容和党校（行政学校）的教学计划，切实提高领导政协党的建设工作的能力。坚持理论联系实际，把学习教育同视察考察、专题调研等履职实践相结合，感受新成就、领悟新思想。

三、推动政协工作提质增效。要严格贯彻落实中央八项规定及其实施细则精神和省委、泉州市委实施办法，强化有为意识和担当精神，持续改进视察考察工作，不断改进调查研究方式方法，深入基层、深入群众、深入实际，着力提高调查研究质量。要进一步规范委员积分管理办法，健全完善委员履职档案，每年年底组织开展政协委员履职情况考核工作，对严重违反政协章程或全体会议和常务委员会的决议的政协委员，依据情节按照相关规定及时提出处理意见。

四、建立定期研究政协工作制度。市委每年至少一次常委会专题研究政协工作，及时研究和解决工作中存在的重大问题，对政协党组织执行党的路线方针政策和决议的情况进行督促检查。各镇（街道）党委（党工委）要把人民政协协商民主建设纳入总体工作部署和重要议事日程，每年至少听取一次政协委员活动组工作汇报。

五、建立联系挂钩制度。坚持和完善政协党组成员联系相关界别工作制度，建立政协党组成员联系相关界别党员委员、党员委员联系党外委员制度和走访看望委员制度，以“党员＋委员，民声直通车”为平台，各镇（街道）要积极推行政协委员开展“双联双进”活动（进社区、进农村，联系企业、联系群众），深入了解社情民意。镇（街道）要明确有一位党委（党工委）副书记挂钩联系，统战委员具体分管，并配备一名兼职的股级干部负责联络政协活动组工作；要为所在地的政协委员活动组提供学习、活动场所和必需的经费，保障活动组开展规范化建设活动。

六、持续推行“参政议政周”活动。各镇（街道）、各有关部门要主动参加政协委员各活动组活动，及时通报有关工作情况、解读政策、收集委员意见建议，适时反馈或采纳好的意见建议。同时，要充分利用各活动组优势发挥政协“同心善行”主题公益活动作用。

七、科学合理确定政协机关人员编制和机构设置。要按照精简、统一、效能的原则，从政协履行职能的实际需要出发，理顺市政协内设机构，进一步健全完善政协专门委员会的设置，适当配置政协办公室内设股室。

八、加大政协干部的选拔、交流和任用力度。切实把政协干部的选拔、培养、交流和使用纳入市委干部队伍建设的总体规划，进一步优化政协干部队伍结构，确保年龄、专业结构合理。

九、完善委员推荐提名工作机制，优化委员构成。在出台委员提名方案之前要充分听取政协党组的意见，市政协党组要主动加强与纪检、组织、宣传、统战等方面的联系配合，要进一步完善委员协商方式。

十、健全选派政协委员担任市级各类监督员工作机制。对需要选派政协委员担任市级各类监督员，由市政协办公室拟定初步人选经政协党组研究推荐；对相关单位直接推荐提名政协委员担任市级各类监督员，应事先征求政协党组意见。

中共石狮市委关于贯彻落实中央、省委和泉州市委关于加强和改进新时代人民政协工作的通知

（狮委〔2020〕28 号）

各镇（街道）党委（党工委），石狮高新技术产业开发区党工委，市委各部、委、办、局，市直各单位党组（党组织）：

为全面贯彻落实习近平新时代中国特色社会主义思想和党的十九大精神，深入贯彻落实习近平总书记关于加强和改进人民政协工作的重要思想，按照坚持和完善中国特色社会主义制度、推进国家治理体系和治理能力现代化的战略部署，根据《中共中央关于新时代加强和改进人民政协工作的意见》（中发〔2019〕40 号）和省委、泉州市委实施意见精神，结合我市实际，经市委常委会研究同意，现就贯彻落实上级工作意见有关要求通知如下：

一、不断提高政治站位，落实政协工作新要求。认真学习贯彻习近平总书记关于加强和改进人民政协工作的重要思想及对福建工作的重要指示精神，深刻领会新时代加强和改进人民政协工作的重要性。坚决执行中央、省委、泉州市委关于新时代加强和改进人民政协工作意见精神，认真学习贯彻中央、省、泉州市、市委政协工作会议精神，切实把中央、省委、泉州市委的决策部署和对人民政协工作要求落实下去，把社会各界智慧和力量凝聚起来，为决胜全面建成小康社会、实现高质量发展落实全面赶超作出更大贡献。

二、加强思想政治引领，广泛凝聚共识。坚持以市政协党组理论学习中心组学习为引领，以党组扩大会议、主席会议、常委会议、委员培训等为重点的理论学习制度。加强人民政协理论研究宣传，把人民政协理论纳入市委党校（行政学院）教学内容。引导参加人民政协的各党派团体和各族各界人士，深入学习中国共产党史等历史，及时学习时事政策和有关文件精神，切实统一思想和步调，推动各党派团体和各族各界人士实现思想上的共同进步。坚持市政协领导挂钩联系民主党派制度，开展谈心谈话、走访看望委员，沟通思想、增进共识。进一步优化界别设置，加强委员与界别群众联系，积极引导民族团结和宗教和谐，加强同港澳同胞的团结联谊，加强与台湾有关党派团体、社会组织、各界人士的交流交往，深化同海外石狮籍华侨华人联络联系，更好反映各界愿望和诉求。

三、发挥协商机构作用，促进协商成果转化。将政协重点协商活动纳入市委和市

政府总体工作部署，坚持市委会同市政府、市政协制定年度协商监督计划，经市委常委会研究后印发执行。市委、市政府及相关部门召开重要会议，视情邀请市政协有关负责同志和政协委员参加，对明确规定需要政协协商的事项必须经协商后提交决策实施。市政协要围绕市委、市政府的重要工作部署和爱国统一战线的重要问题，确定民主监督协商议题和开展民主监督。落实党政部门与政协专门委员会对口联系制度，市直有关部门就有关重要决策等方面，在政协开展协商，听取相关界别委员意见建议。市政协每年安排不少于 4 次专题协商活动，以全体会议为龙头，以专题议政性常务委员会会议、专题协商会为重点，以提案办理协商、对口协商、界别协商为常态的协商议政格局。持续推行“参政议政周”活动，以专门委员会为依托，搭建协商平台，加强委员与部门互动，提升协商层次和实效，扩大协商议政参与面。视察考察、重点提案、建议案、反映社情民意信息、委员意见建议等履职成果，及时报请市委、市政府领导同志阅批。镇（街道）、有关部门要主动收集委员意见建议，适时反馈或采纳好的意见建议。市政协办及相关专门委员会要将委员意见建议办理结果、协商转化成效等情况及时反馈给相关委员。

四、健全政协工作制度，强化委员责任担当。市委、市政府领导出席政协全体会议、常务委员会会议，听取大会发言、参加会议分组讨论协商。完善民主党派和无党派人士在政协开展经常性工作机制，支持各党派在政协发表意见、提出建议，充分保障党派团体在政协履职平台上发挥作用。加强专门委员会工作制度建设，进一步提升专委会工作效能。强化提案工作质量导向，每届政协组织一次优秀提案通报表扬活动。进一步规范委员积分管理办法，完善委员履职档案，每年年底组织开展政协委员履职情况考核，对履职不力、排名靠后的委员视情况进行函告提醒、约谈；对违反政协章程不宜继续担任委员的，依据情节及时进行组织处理。加强委员学习培训，常态化开展“委员读书活动”，不断提升委员履职能力。坚持和完善政协党组成员联系相关界别工作制度，建立政协党员委员联系党外委员制度和走访看望委员制度，以“党员 + 委员，民声直通车”为平台，积极推行政协委员开展“双联双进”活动（进社区、进农村，联系企业、联系群众），深入了解社情民意。同时，要充分利用各活动组优势，发挥政协“同心善行”主题公益活动作用。

五、加强党委全面领导，形成政协工作合力。坚持市委常委会会议定期听取政协党组工作、政协常务委员会工作情况汇报制度，市委每年至少 1 次常委会专题研究政协工作，对政协党组织执行党的路线方针政策和决议的情况进行督促检查。市政协党组严格执行重大问题请示报告制度，重大事项和重要情况及时向市委请示报告。政协机关列为市委统战工作领导小组成员单位，市委统战部部长兼任政协党组副书记。落实机构改革各项要求，选优配强政协领导班子，加大政协干部的选拔、交流和任用力度。进一步优化政协机关机构设置，健全完善政协专门委员会及内设机构的设置，加强工作力量配备。全面落实《关于加强新时代人民政协党的建设工作的若干意见》和省、泉州市实施意见以及我市出台的《关于加强新时代人民政协党的建设工作的十条措施》，以党的政治建设为统领推进政协党的各项建设。市政协党组要全面肩负起实现党对人民政协领导的重大政治责任，强化日常管理监督，切实担负起管党治党政治责任；巩固拓展“不忘初心、牢记使命”主题教育成果，推进“两学一做”学习教育常态化制度化。市纪检监察和组织、宣传、统战等部门，要在政协党的建设、委员队伍建设、干部队伍建设、新闻宣传等方面提供支持和保障。镇（街道）党委（党工委）要把人民政协协商民主建设纳入总体工作部署和重要议事日程，每年至少听取 1 次政协委员活动组工作汇报；要明确有 1 位党委（党工委）副书记挂钩联系，由统战委员具体分管，并配备 1 名兼职干部负责联络政协活动组工作，全面保障活动组开展规范化建设活动。政协委员所在单位要支持委员参加政协活动，在时间、经费、人员、工作条件等方面给予必要保障，政协委员各项待遇不因参加政协活动而受到影响，努力营造全社会支持人民政协工作的良好氛围。

中共石狮市委

2020 年 7 月 16 日

第二节 石狮市政协文件

关于印发《政协石狮市委员会关于加强委员队伍建设的规定》的通知

（狮协办〔2004〕5号）

各位委员：

《政协石狮市委员会关于加强委员队伍建设的规定》已经政协第四届石狮市委员会常务委员会第一次会议研究通过，现印发给你们，请遵照执行。

石狮市政协办公室

2004年2月23日

政协石狮市委员会关于加强委员队伍建设的规定

为进一步加强政协委员队伍建设，增强委员的责任感和使命感，充分发挥委员主体作用，更好地履行人民政协职能，推进人民政协工作的规范化、制度化，根据《中国人民政治协商会议章程》《中共福建省委关于进一步加强人民政协工作若干问题的决定》和《中共石狮市委关于〈贯彻省委关于进一步加强人民政协工作若干问题的实施意见〉的通知》及有关文件精神，制定本规定。

一、委员履行职责规定

1. 出席会议。政协的常委会、全委会、专委会和委员活动组会议是政协履行职能的主要形式，委员接到会议通知后，应按时出席，善始善终参加会议，并积极主动、踊跃发言。如因特殊情况不能参加的，应提前向会议组织机构请假，同时应尽可能就会议讨论的主要议题提出书面意见，于会前送交会议组织机构。会议期间如遇有其他活动时，原则上应参加本会活动，确需暂时离会者，应经主持人同意。委员出席会议的情况，由会议组织机构负责统计，市政协办公室负责汇总，并向主席会议报告，每季度在市政协刊物公布，每年汇总后向常委会报告，并以书面形式向委员个人反馈。

2. 撰写提案。提案是委员履行职能的一种重要形式，是推进社会主义民主政治建设，实现决策民主化、科学化的一条重要渠道。委员应围绕国家大政方针、爱国统一战线的方方面面、关系本市和所在镇（街道）的中心工作以及群众普遍关心的重大问题等，加强调查研究，选好课题，认真写好提案。提案内容应当实事求是、简明扼要、一事一案，做到有情况、有分析、有具体建议。每位委员每年应至少提交一件质量较高的提案。

3. 反映社情民意。政协组织是由各个界别组成的，具有下通各界、上达领导、渠道畅通、位置超脱的优势和便利条件。要保持反映社情民意渠道的畅通，委员必须保持与自己所代表的阶层、界别或单位群众的密切联系。加强同社会各界的联络，做好通报情况、沟通思想的工作；要注意倾听和收集群众的批评、意见和建议。每位委员每年应至少提出一条建议，反映一条有价值的信息，力争在《政协信息》等有关宣传媒介上刊出或报道。

4. 参加视察调研。政协组织的视察、考察、调研等活动是围绕党的中心任务和人民群众关注的热点、难点问题开展的重要活动，是委员深入实际、面向社会、履行职责的重要途径。遵循全国政协提出的“小型、专题、节约、实效”的原则，视察调研活动采取集中与分散相结合，与考察、参观学习相结合，与有关单位联合相结合，与问政咨询、廉政建设和民主评议活动相结合等方式。委员应按要求参加本会、专门委员会和活动组组织的各种视察、调研活动，积极提出合理化建议和意见。

5. 参加委员活动组活动。政协委员活动组是市政协向基层延伸的重要组织形式，是委员学习和活动的重要阵地，是委员履行职能、发挥作用的重要窗口。委员要自觉地遵守活动组的规章制度，按规定时间参加活动组的学习和活动。要积极参加学习座谈会，不断提高自身素质；要深入群众，协助当地党委、政府化解社会矛盾、维护社会安定稳定；要根据实际情况，围绕当地党政部门的中心工作和三个文明建设开展有关活动，献计献策。

6. 履行各项决议。政协全体会议或常务委员会议通过的各项决议、决定，委员都应自觉地遵守和执行。如有不同意见，在坚决执行的前提下，可声明保留，但不得违反。对严重违反者，由常委会依据情节轻重给予警告处分或撤销其委员资格。

7. 密切与政协机关的联系。政协机关要坚持主动为委员服务的思想，通过各个办公室、专委会和活动组同委员保持经常性的联系。委员要关心支持政协机关工作，多反映基层的意见，多提出批评和建议，帮助机关加强效能建设，提高工作效率。委员对机关各办公室、专委会和活动组发出的征询函、调查表或索取有关资料，应及时回复和反馈。委员工作调动或通讯地址、联系电话变更以及对社会事业的奉献等重要情况，要及时告知市政协办公室，并寄送相关材料，以便于联络。除特邀界别中住港澳的委员外，委员赴外地工作时间超过六个月的，应告知市政协办公室。

8. 立足本职，遵纪守法。委员要自觉遵守国家法律和全国政协章程，遵纪守法，在各条战线上爱岗敬业，争创一流业绩，为石狮市经济建设和社会事业发展做贡献；要密切联系群众，热心为群众办好事、办实事，真正成为本界别中的优秀代表。人民政协有保护委员合法权益不受侵害的权利，委员在工作和社会活动中如果受到不公正对待，应及时报告市政协办公室，本会将按照政协章程的规定给予保护和帮助。

二、学习与培训规定

自觉学习、自我教育是人民政协的优良传统，委员应积极参加政协举办的各种学习和培训活动，不断提高自身素质和参政议政水平，把政协建成学习型组织。

1. 学习形式多样化。采取集中学习与个人自学相结合、理论学习与联系实际相结合原则，通过举办培训班、报告会、专题座谈、经验交流和外出考察等形式开展学习活动，提高委员学习的积极性，不断把学习活动引向深入。

2. 学习内容丰富化。一是引导委员在自愿的基础上学习马列主义、毛泽东思想、邓小平理论及“三个代表”重要思想等政治理论，让委员知上情，更好地指导参政议政。二是了解时事政治，学习和交流现代经济、科技、法律、历史和业务等方面知识，更多地知国情、知市情、知社情，为更好地参政议政创造前提条件。三是要认真阅读《人民政协报》《泉州政协报》《政协信息》，及其他学习材料，及时了解政协工作动态和最新情况。委员学习要发扬理论联系实际的学风，紧密联系改革开放和现代化建设的实际，联系政协工作和自身的思想实际，深入思考，做到学有所获、学以致用。

3. 学习制度规范化。每年初各专委会、委员活动组要根据学习任务，结合实际制定出具体的学习计划、学习内容和学习方式，不断规范学习制度并持之以恒。学习以自学为主，集中学习时，组织单位要组织好委员参加学习、培训，并统计考勤，以此作为委员年终考核的依据之一。

4. 业务培训制度化。市政协将组织新委员分批进行业务培训，不断提高委员素质，促进政协履行职能。（1）培训时间：每年初由市政协办公室制定出培训计划，报主席会议通过。（2）培训内容：主要为政协知识及如何写好提案、如何反映社情民意、如何参加视察调研等业务知识。（3）培训成绩和出勤情况将公布在政协刊物上，并作为委员考核、评先的依据。

三、考核、评先与表彰规定

为形成委员积极履行职责、争为社会做贡献的良好政协工作氛围，提高委员履行政治协商、民主监督、参政议政职能的积极性、主动性，增强政协工作的活力，促进政协职能的履行，制定委员考核、评先与表彰办法。

1. 考核。市政协对委员出席会议、参与活动，撰写提案、反映社情民意，参加视察等情况，及时收集统计，在每年度进行汇总后，综合委员的政治表现、工作实绩、参政议政能力、参加政协活动的积极性等具体实效进行全面考核，并作为奖优罚劣的依据。考核工作在政协常委会的领导下，本着“认真负责、全面细致、公平公正、实事求是”的原则，有组织、按程序地进行。届时将对该届委员履行职能情况进行更加深入细致的调查摸底，在常委会的统一领导下，由市委统战部、政协办公室、专委办和台港澳侨联络办负责组织实施和业务指导，通过发放调查表、填写自我鉴定、征求活动组、界别、专委会领导、挂钩领导意见等办法，得出综合考察评价，全面了解委员的思想素质、学习情况和工作实绩，准确摸清该届政协委员的总体情况。具体操作办法将在届终前下发文件组织实施。

2. 评先。为进一步推动和活跃政协工作，市政协将每年度开展一次优秀委员和优秀提案评选活动。

（1）评选条件：

优秀委员应符合“七好”要求：一是遵守章程，执行决议好；二是履行职能，参政议政好；三是围绕中心，献计献策好；四是选准确度，调查研究好；五是立足本职，完成任务好；六是积极探索，精神状态好；七是热爱政协，自身形象好。

优秀提案应具备三个条件：1. 围绕大局。提案内容应把握抓大事、议大事原则，紧紧围绕石狮市党政中心工作、人民群众普遍关心的热点、难点问题、爱国统一战线内部关系等重大问题。2. 符合规范。提案符合“严肃性、科学性、可行性”的要求，具有针对性、超前性，案由明确，理由充分，建议可行，且一事一案，书写规范。3. 效果明显。提案承办后的效果好、作用大，对长远规划、宏观决策有重要的参考价值，能产生或将会产生较好的社会效益和经济效益，对推动承办单位改进工作起到明显作用。

（2）评选程序：

优秀政协委员的评选，采用活动组、专委会推荐，征求镇（街道）党委、专委会意见，政协机关组织考核，常委会讨论票决的方法。

优秀提案由提案委根据评选条件，认真筛选，并征求有关部门的意见，提出推荐名单，经提案委员会主任会议研究，提案委员会全体会议讨论通过后，上报市政协主席会议审议决定。

3. 表彰。每年度的优秀委员和优秀提案将在市政协全体会上进行表彰，以精神鼓励为主，物质奖励为辅，颁给奖状和奖牌；对在本职岗位上做出突出贡献的委员，用信息的形式，予以通报表扬；对委员的先进事迹，利用电视、报刊等新闻媒介及时进行宣传报道。

关于规范镇（街道）委员活动组建设的通知

（狮协办〔2004〕15 号）

各镇（街道）活动组：

镇（街道）委员活动组是政协工作的重要基础，担负着组织委员活动，为委员履行职能及为当地经济、社会事业发展献计出力提供平台的重要职责，为使活动组有更好的工作条件，便于更好地服务委员履行职能，经政协党组扩大会研究决定，在石狮市镇（街道）委员活动组中开展规范活动组建设工作，现将有关事项通知如下：

1. 规范活动组建设的内容：

①硬件建设方面：标准是有办公场所、有牌子、有印章、有经费、有制度（活动组的工作职责、参会制度、参会内容和委员的权利与义务等制度）、有年度工作计划、落实情况及开展活动的记录。

②软件建设方面：标准是镇（街道）有领导挂钩联系活动组，有经常过问、参与活动组工作，参加活动组活动；镇（街道）党政领导重视活动组工作，有向活动组通报情况，请委员或活动组代表列席镇（街道）党代会；活动组领导主动向镇（街道）领导汇报工作，反映问题；活动组围绕当地党政中心工作开展活动，帮助出谋献策，组织视察调研，开展形式多样，有针对性、有实效的工作，每年组织活动不少于六次。

2. 规范建设检查评比安排：

检查评比工作将视情况不定期开展，每年于十二月中、下旬，由市政协组织对各镇（街道）活动组规范建设工作进行检查评比，今年检查评比内容侧重于硬件建设方面。通过检查评比，对好的活动组，在全会召开时给予表彰及奖励。

3. 要求：

请各镇（街道）活动组尽快根据上述规范活动组建设内容的要求，抓紧规范建设工作，要求各组积极主动向镇（街道）领导汇报，争取尽快落实，做好迎检工作。

附件：

1. 政协委员的权利与义务

2. 政协委员活动组工作职责

3. 政协委员活动组的活动内容

4. 政协委员活动组委员和成员参会制度

石狮市政协办公室

2004 年 11 月 22 日

附件 1：

政协委员的权利与义务

政协委员的权利：

一、在政协会议上有表决权、选举权和被选举权。

二、有对政协工作提出批评和建议的权利。

三、有通过政协会议和组织参加讨论国家大政方针和该地方各重大事务的权利。

四、有对国家机关和国家工作人员的工作提出建议和批评的权利。

五、有对违纪违法行为检举揭发、参与调查和检查的权利。

六、有声明退出政协的自由。

七、在受到警告或撤销委员资格的处分时，如果不服，有请求复议的权利。

政协委员的义务：

一、遵守和履行政协章程。

二、遵守和履行市政协全体委员会议和常务委员会会议决议。

三、遵守和履行政协全国委员会的全国性决议和上级政协地方委员会的全地区性的决议。

附件 2：

政协委员活动组工作职责

政协委员活动组在市政协及其常务委员会的领导下开展活动，其主要职责：

1. 在市政协办公室的指导下，围绕市委市政府及各镇（街道）中心工作开展经常性的活动。

2. 加强与所属镇（街道）、党委（党工委）、政府（办事处）及分管领导之间的联系，取得配合和支持。

3. 原则上每 2 个月至少开展 1 次活动，根据需要也可以临时组织活动。

4. 要做到年初有计划、年中有小结、年终有总结，并及时报送市政协办公室。

5. 加强与委员、成员之间的联系工作，了解、掌握各委员、成员的思想动态、工作情况、活动情况，更好地发挥委员履行职能、参政议政的作用。

6. 每年要开展调研视察活动，尤其是对所属镇（街道）中心工作及一些难以开展的工作、群众关心的热点难点问题进行调研活动，积极建言献策，反映社情民意，及时向市政协办公室人秘股报送有关活动信息。

7. 在活动组中尝试“1234 工程”，即每个组一年完成一个调研、办二件实事、形成三个集体提案、提供四条以上社情民意信息，以推动活动组工作逐步走向制度化、规范化和程序化。

附件 3：

政协委员活动组的活动内容

一、组织委员、成员进行现场视察。

二、学习有关文件精神（法律、法令、规章、制度），传达上级有关会议、指示、精神。

三、开展专项调研。

四、邀请当地党委、政府及有关部门负责人通报有关情况，听取意见、交换看法、交流思想、协商座谈。

五、组织委员、成员之间围绕一些热点、难点、焦点进行座谈；政协机关各委、办有计划、有组织同委员开展协商座谈及其他联谊交友活动。

六、聘请专家、学者就事关全局的重大问题、政协自身建设的问题，以及现代经济、科技先进知识进行辅导讲座。

七、开展卫生保健咨询、电脑、书画、文学艺术等方面的活动。

八、组织委员、成员就政治协商、民主监督、参政议政职能开展其他活动。

附件4：

政协委员活动组委员和成员参会制度

一、接到活动通知后，应按时出席，善始善终参加活动，并积极主动，踊跃发言。如确因特殊情况不能参加的，应提前向活动组负责人请假。

二、在活动期间如遇其他紧急事件，确需暂时离会者，应征得主持人同意。

三、每次活动应围绕一二个议题深入基层、深入实际，认真准备书面材料，提出合理化的意见和建议，于会前送交活动组负责人和联络员。

四、要深入群众，帮助党委、政府做好化解矛盾、协助维护社会稳定的工作。

五、要围绕党委、政府的中心工作和群众关心的热点难点问题，加强调研，撰写提案，提案内容应实事求是、简明扼要，要有情况、有分析、有具体建议。每位委员每年至少应提交一件高质量的提案。

六、应加强同社会各界的联络，做好通报情况、沟通思想的工作；要注意倾听和收集群众的意见和建议。每位委员每年应至少提出一条建议，反映一条有价值的信息。

七、有工作调动或通讯地址、联系电话变更等重要情况，要及时告知活动组负责人，并寄送相关材料，以便于联络。如有赴外地工作时间超过六个月，应告知活动组负责人。

八、委员和成员参加活动的情况，由活动组负责统计汇总，并报送市政协办公室，政协办公室将在《政协信息》上进行公布。

关于印发《政协石狮市委员会常务委员会工作规则》的通知

（狮协〔2012〕2号）

各办、专委会、活动组：

《政协石狮市委员会常务委员会工作规则》已于2012年2月24日经政协第六届石狮市委员会常务委员会第一次会议协商通过，现予印发，请遵照执行。

政协石狮市委员会

2012年2月28日

政协石狮市委员会常务委员会工作规则

（2012年2月24日市政协常委会六届一次会议协商通过）

为了进一步推进政协石狮市委员会常务委员会（以下简称常委会）工作的规范化、制度化、程序化，根据《全国政协常务委员会工作规则》等规定及有关文件精神，结合石狮市政协工作实际，特制定本规则。

一、基本要求

常委会的活动以《中国人民政治协商会议章程》、《关于加强人民政协工作的意见》（中发〔2006〕5号文件）等文件精神为依据，在中共石狮市委的领导和泉州市政协的指导下，突出民主、团结两大主题，高举爱国主义和社会主义两面旗帜，坚持中国共产党领导的多党合作和政治协商制度，进一步巩固和发展爱国统一战线，围绕市委、市政府的中心工作，积极履行政治协商、民主监督、参政议政职能，为促进石狮经济发展和社会进步而努力奋斗。

二、常委会职权和主要任务

1. 常委会由市政协主席、副主席和常务委员组成，在市政协全体会议闭会期间，行使政协石狮市委员会职权，执行全体会议的决议，处理重要事务。

2. 召集并主持政协石狮市委员会全体会议。

3. 组织委员视察、调研等重要活动，实现人民政协章程赋予的任务，执行全体会议决议规定的任务。

4. 审议通过以常委会名义提交中共石狮市委、市政府的建议案；审议提交政协石狮市委员会全体会议的文件；审议重要的视察报告、调研报告和其他重要文件。

5. 协商讨论石狮市政治、经济和社会发展中的重大事项，以及群众生活中普遍关心的重要问题，提出建议和意见。听取市委、市政府及其有关部门负责人对重要问题的通报或说明，提出意见和建议，听取市党政领导关于各级重要会议精神的传达和贯彻意见。

6. 加强对政协各专门委员会领导和对镇（街道）委员活动组的指导。定期组织工作经验交流，听取各专门委员会、委员活动组的工作汇报。

7. 协商决定本届和下一届政协石狮市委员会的参加单位、委员名额、人选以及委员的增补与调整。

8. 审议决定市政协工作机构的设置和变动，并任免其领导成员。

9. 行使政协章程赋予的其他职权。

三、常委会会议

1. 常委会会议一般每季度举行一次，必要时可临时举行。会议的议题和日期由主席会议决定。

2. 常委会会议由主席主持，或由主席委托一位副主席主持。

3. 常委会举行会议时，不是市政协常委的处级干部、各办公室正副主任、各专门委员会主任、各委员活动组组长，以及与议程有关的其他人员可列席常委会会议。

4. 常委会会议必须有组成人员的过半数出席才能举行。会议要充分发扬社会主义民主，对议题进行充分协商讨论，反映各方面的意见和建议。会议的议案或其他需要表决的事项，需经全体组成人员过半数通过才能生效。

5. 常委会组成人员应把参加常委会工作作为自己义不容辞的职责，自始至终出席会议，不得迟到和早退。因病或其他特殊原因不能出席会议，须事先向市政协主席或通过市政协办公室向市政协主席请假。

6. 常委会会议的出席情况由市政协办公室负责统计，每年汇总后向主席会报告，并以书面形式向常委个人反馈。

7. 积极探索政协常委参会、发言激励机制。常委会组成人员累计缺席超过全年会期总天数三分之二以上的，或者有其他原因难以履行职责的，常委会视情节给予提醒、告诫，情节严重的按照政协章程有关规定给予相应处理。

8. 常务委员会会议闭会期间，由主席会议主持常务委员会的日常工作。

四、文件

1. 常委会会议作出的决定，提出的建议、意见和批评，须经主席或主席委托的副主席签发，以政协石狮市委员会文件或办公室文件的形式印发。

2. 常委会会议通过的向中共石狮市委、市政府提出的建议案，由主席或主席委托副主席签发；主送有关部门的专题调研报告、视察报告，由分管副主席签发。

3. 常委会会议应由办公室整理编发会议简报或会议纪要。

五、附则

本规则经政协第六届石狮市委员会常务委员会第一次会议通过，其解释权和修正权属政协石狮市委员会常务委员会。

关于印发《政协石狮市委员会专委会工作通则》的通知

狮协〔2012〕3号

各办、专委会：

《政协石狮市委员会专委会工作通则》已于2012年2月24日经政协第六届石狮市委员会常务委员会第一次会议协商通过，现予印发，请遵照执行。

政协石狮市委员会

2012年2月28日

政协石狮市委员会专委会工作通则

（2012年2月24日市政协常委会六届一次会议协商通过）

专委会工作是政协工作的重要组成部分，是政协履行职能的重要方式。根据《全国政协专委会工作通则》的要求，结合石狮市政协工作实际，特制定本通则。

一、政协第六届石狮市委员会，设立提案法制、经济资源、台港澳侨民宗、教科文卫、文史学宣五个专门委员会（简称专委会）。

二、专委会是常务委员会和主席会议领导下的工作机构，专委会的设置与变动，专委会主任、副主任的任免由常务委员会决定；委员、成员的聘用由政协主席会决定；副主任、成员可聘请非委员的人员担任。

三、专委会的任务主要有四项：

1. 认真组织本委人员学习党的路线、方针、政策和有关法律、法规及相关专业知识，拓展工作视野，提升专业水平和工作能力。

2. 紧紧围绕党委、政府的工作中心及群众关心的热点、难点问题进行调研视察，通过撰写调研报告、大会发言材料、社情民意专报件、收集办理提案和编撰文史资料等形式，推动社会各项事业发展。

3. 团结联系相关界别的委员和各界人士，积极化解矛盾，维护社会稳定，增进民族团结，促进祖国统一，助推社会和谐。

4. 积极组织本委人员开展各种活动，努力为委员知情出力，为委员履职创造条件。

四、专委会的工作由主任主持，实行专委会主任负责制，本会四个专门委员会办公室负责承办经济资源、提案法制、台港澳侨民宗、教科文卫、文史学宣等五个专门委员会工作。分管（协管）各专委会的本会领导由主席会议研究决定。

五、专委会根据本会全体会议和常务委员会的决议精神，制定年度工作计划并提请主席会议审议，年终向常委会提交工作总结。专委会每年至少安排视察、调研各一次，至少形成一份质量较高的调研报告，每年至少呈送6件《社情民意专报件》等信息，其中呈送泉州市政协以上单位的至少要达到3件。

六、专委会活动可组织全体人员参加，也可分小组或组织部分人员进行。活动时，应注重调查研究，充分发扬民主，尽量形成文字材料报送有关部门作决策参考。

七、以专委会名义形成的文件，须经该专委会全体会议或主任会议讨论，由专委会主任审核，分管领导签发；重大问题可提请主席会议或常务委员会审议。

八、专委会应主动与中共石狮市委、市人大、市政府对口联系单位以及各民主党派、有关人民团体沟通联系。一般在年初或年终与对口联系单位举行座谈会，互相通报情况，互相支持开展工作。

九、各专委会需要协调的具体工作由政协办公室主任负责，主席或主席委托副主席根据需要召开专委会主任联席会议，讨论研究专委会工作的重要问题。

十、本工作通则经政协第六届石狮市委员会常务会议第一次会议审议通过，由市政协常务委员会负责解释。

关于印发《政协石狮市委员会主席会议工作规则》的通知

狮协办〔2012〕13号

各办、专委会、活动组：

《政协石狮市委员会主席会议工作规则》经政协第六届石狮市委员会第二次主席会议研究通过，现予印发，请遵照执行。

附：《政协石狮市委员会主席会议工作规则》

石狮市政协办公室

2012年2月29日

附件：

政协石狮市委员会主席会议工作规则

为进一步推进政协工作的规范化、制度化建设，根据《中国人民政治协商会议章程》以及其他有关规定，参照《政协全国委员会主席会议工作规则（试行）》，结合石狮政协工作实际制定本规则。

第一条 主席会议由主席、副主席、政协办公室主任组成，负责处理常务委员会的重要日常工作。主席主持常务委员会的工作，副主席、政协办公室主任协助主席工作。

第二条 主席会议组成人员要认真遵守和执行《中国人民政治协商会议章程》和政协石狮市委员会、常务委员会、主席会议的规定、决议，切实履行职责，加强同各方面人士的联系，广交朋友，及时反映人民群众的意见和愿望，积极参加政协石狮市委员会、常务委员会、主席会议举行的会议和活动。

第三条 主席会议的主要任务：

1. 学习国家宪法、法律和中国共产党的路线、方针、政策，学习统一战线和人民政协的理论、政策、规定，学习经济、科技等现代化管理知识。

2. 协商讨论中共石狮市委、市人民政府的重大方针政策，以及经济、社会发展中的重大问题，提出建议和意见。

3. 审议以政协石狮市委员会或常务委员会名义向中共石狮市委、市人民政府提出的重要建议案和有关报告。

4. 审议通过政协石狮市委员会全体会议邀请列席人员范围、分组办法和委员小组召集人名单（每届第一次委员会全体会议，委员小组召集人名单由会议主席团第一次会议审议通过）。

5. 召集并主持常务委员会会议，决定常务委员会会议的会期和日程，拟定常务委员会会议的议程草案，审议提交常务委员会会议通过的文件。

6. 审议政协石狮市委员会及常务委员会的工作计划、工作报告和重要活动方案；审议重点工作和重要视察、调查、出访报告，专门委员会的年度计划和工作总结；听取重要提案、建议案办理情况的汇报。

7. 执行常务委员会会议的决议；根据常务委员会的授权，履行常务委员会的部分职权。

8. 审议提交常务委员会会议通过的人事任免事项；决定专门委员会委员、成员和委员活动组组成人员。

9. 研究全市政协工作，指导政协委员活动组开展政协工作；协调政协各参加单位之间的关系，增进了解与团结。

10. 处理常务委员会的其他重要日常工作。

第四条　主席会议由主席或主席委托的副主席召集并主持。

第五条　主席会议议题由主席提出，也可由副主席、办公室主任提出，由主席或主席委托的副主席确定。

第六条　主席会议一般每月举行一次，必要时可临时召开。决定召开常务委员会会议的主席会议，一般在常务委员会会议召开的前一个星期举行。

第七条　主席会议须有全体组成人员过半数出席方能举行。主席会议决定问题时，一般以分项审议方式通过，必要时也可以合并审议通过。

第八条　主席会议协商讨论决定问题时，要充分发扬民主，坚持少数服从多数的原则。对意见一时难以统一的重要问题，应暂缓作出决定，待深入调查研究，认真交换意见，统一认识后再作决定。

第九条　对提请主席会议审议通过的文件，提请人应以口头或书面方式在主席会议上作出说明。

第十条　主席会议举行时，要由专人记录。会议结束后，视情编发会议纪要。纪要由主席或主席委托的副主席、办公室主任签发。

第十一条　对主席会议审议通过或决定的事项，以政协石狮市委员会或办公室文件的形式送达有关方面或部门，文件由主席或主席委托的副主席、办公室主任签发。

第十二条 主席会议作出的决定，由主席、副主席、办公室主任督促检查和信息反馈。根据实施情况，需对某项决定进行调整或变更的，应提交下一次主席会议讨论通过。

第十三条 本会驻会处级干部、专委办主任以及与议题有关的人员列席主席会议；协商讨论重大问题时，可邀请有关部门负责人到会介绍情况、听取意见。列席人员可发言，但不参与表决。

第十四条 本规则经主席会议通过实行，其解释权和修改权属主席会议。

政协石狮市委员会
关于印发《石狮市政协委员履职积分管理办法》的通知

（狮协〔2015〕1号）

各位委员：

《石狮市政协委员履职积分管理办法》已经第六届市政协常委会第15次会议审议通过，现印发给你们，请认真贯彻执行。

政协石狮市委员会

2015年1月13日

石狮市政协委员履职积分管理办法

（政协第六届石狮市委员会常务委员会第15次会议审议通过）

为全面提升政协委员队伍整体素质，更好地发挥委员主体作用，不断提高人民政协政治协商、民主监督、参政议政的水平，推进政协工作制度化、规范化、程序化建设，依据《政协章程》和《中共中央关于加强人民政协工作的意见》等有关要求，结合石狮市政协工作实际，特制定本办法。

一、考核原则：公开透明、公平公正、简便易行、激励先进。

二、考核对象：石狮市政协全体委员。

三、考核办法

（一）参加市政协组织的各种会议、视察、考察、调研及其他活动情况：

1. 出席市政协全体会议的每次大会计 3 分（市政协办公室负责统计）；

2. 出席市政协全体会议的每次分组讨论计 2 分（各专委会办公室负责统计）；

3. 出席、列席市政协常委会议每次计 2 分（市政协办公室负责统计）；

4. 参加市政协组织的其他会议、视察、考察、调研及其他活动每次计 1 分（市政协办公室负责统计）；

5. 由市政协办公室根据工作需要安排政协委员参加其他部门的会议或活动，每次加 1 分（市政协办公室负责统计）；

（二）以第一提案人身份提交个人提案的，每件提案计 1 分，被选为重点提案的另加 2 分，被提案办理单位评为好的另加 1 分。（市政协提案法制办公室负责统计）；

（三）以执笔人身份撰写调研报告并被市政协采用的每篇计 5 分（市政协办公室负责统计）；

（四）以执笔人身份撰写社情民意情况专报件被市政协采用的每篇计 3 分（市政协办公室负责统计）。

（五）各专委会、委员活动组可参照本办法制定专委会、活动组考核办法。

四、考核结果运用

市政协办公室每年将政协常委、政协委员履职情况得分汇总排序，以得分结果作为评先评优和推荐新一届政协委员的参考依据。

五、附则

（一）本办法自 2015 年 2 月 1 日起施行。

（二）本办法由市政协办公室负责解释。

政协石狮市委员会关于印发《石狮市政协委员履职积分管理办法（2018年修订稿）》的通知

（狮协〔2018〕3号）

各位委员：

《石狮市政协委员履职积分管理办法（2018年修订稿）》已经政协第七届石狮市委员会常务委员会第六次会议审议通过，现印发给你们，请认真贯彻执行。

政协石狮市委员会

2018年4月2日

石狮市政协委员履职积分管理办法

（2018年修订稿）

（政协第七届石狮市委员会常务委员会第六次会议审议通过）

为进一步发挥委员主体作用，提高履职水平，根据《中国人民政治协商会议章程》和《中共中央关于加强人民政协工作的意见》、中共中央办公厅《关于加强人民政协协商民主建设的实施意见》等有关要求，结合石狮市政协工作实际，制定本办法。

一、积分原则：公开透明、公平公正、简便易行、激励先进。

二、积分对象：石狮市全体政协委员。

三、积分办法

以积分形式对委员每年度的履职情况进行评价，评价内容包括委员出席政协会议，撰写提案、调研报告和社情民意，参加政协专委会和委员活动组组织的调研、视察和其他活动，参加政协常委会协商建言的情况。具体积分办法如下：

（一）对委员应出席会议情况进行积分。出席政协全体会议和分组讨论、出席（列席）常委会、参加委员学习培训，按会议出席率 ×20分积分（出席率 = 实际出席次数 ÷ 应出席次数）。因特殊情况无法出席会议的应提前1天按以下程序履行请假手续，对未履行请假手续的，按缺席计算出席率后再每次扣积分2分。（政协办公室、各专

委办负责统计）

1. 全体会议请假须由各活动组组长审签后报政协主席签批；

2. 分组讨论请假须经各讨论组组长审签后报该组参加的政协副主席签批；

3. 政协常委会请假直接送政协办公室报政协主席签批；

4. 学习培训请假须经政协办公室或对应组织的专委办主任审签后报分管政协副主席签批。

（二）对委员撰写提案情况进行积分。每年全体会议提案经审查立案，以第一提案人身份提交个人提案或集体提案，每件积 1 分。其中，集体提案积分由提案单位对参与提案撰写的委员进行分配。提案数量积分全年封顶 3 分。同时，被确定为年度重点提案的每件另加积分 3 分。被提案办理单位评为“好”的提案，按不超过 20% 比例，选出质量较高的提案（重点提案除外），给予每件另加积分 2 分，集体提案另加积分由提案单位对参与提案撰写的委员进行分配，由提案法制办提出方案并报主席会审议通过。（政协提案法制办负责统计）

（三）对委员撰写调研报告情况进行积分。委员个人或集体撰写调研报告被市政协采用的，每篇积 5 分。其中，被列入大会发言或上级政协采用的，每篇另加积分 3 分，集体撰写的调研报告由撰写单位对参与撰写的委员进行分配。（政协办公室负责统计）

（四）对委员撰写社情民意情况进行积分。委员执笔撰写社情民意专报件，被市政协采用的，每篇积 2 分。其中，被市领导批示转化为施政措施或上级政协采用的，每篇另加积分 2 分。（政协办公室负责统计）

（五）对参加政协办公室、各专委会组织的调研、视察和其他活动进行积分。政协委员参加市政协办公室和各专委会通知的视察、调研和其他活动的每次积 1 分，参加活动次数积分全年封顶 4 分。同时，对委员参加履职活动表现突出的，各专委会可另加积 1 分。如同时参加两个及以上专委会的，以分值最高的专委会积分统计。（政协办公室和各专委办负责统计）

（六）对参加各活动组组织的调研、视察和其他活动进行积分。政协委员参加各委员活动组通知的视察、调研和其他活动，每次积 1 分，参加活动次数积分全年封顶 4 分。同时，对委员履职活动表现突出的，各活动组可另加积 1 分。如同时参加香港、澳门委员活动组和镇（街道）委员活动组的，以分值最高的活动组积分统计。（各活动组负责统计）

（七）对参加政协常委会的中心发言人进行积分。政协委员参加政协常委会积极

参与协商建言的，对非政协机关干部的委员每次积 1 分，参加发言次数积分全年封顶 3 分。（政协办公室负责统计）

四、积分结果运用

政协办公室每年一次以书面形式向政协委员通报积分结果和排名顺序。对年度积分排名最后 10 名的委员，由政协办公室函告提醒，同时对年度积分最后 3 名的委员进行约谈。委员本届履行职责累计积分情况将作为推荐留任下一届政协委员、专委会委员人选的重要依据之一。

五、附则

1. 本办法自发布之日起施行。2016 年 11 月政协石狮市委员会印发《石狮市政协委员履职积分管理办法修订稿》同时废止。

2. 本年度积分统计起止时间为上一年度市政协全体会议开幕前到本年度市政协全体会议开幕前。各积分统计单位平时要认真做好各委员履职情况的登记和材料收集，并在本年度市政协全体会议开幕前一个周内完成各委员积分统计并报市政协办公室汇总，如逾期不报将不计为该年度积分。

3. 本办法由市政协办公室负责解释。

政协石狮市委员会提案工作实施办法

（2019 年 9 月 20 日政协第七届石狮市委员会常务委员会第 13 次会议通过）

第一章 总 则

第一条 为发挥人民政协提案（以下简称提案）在履行政治协商、民主监督、参政议政职能中的重要作用，根据《中国人民政治协商会议章程》和有关规定，参照《中国人民政治协商会议全国委员会提案工作条例》、《政协福建省委员会提案工作条例》和《政协泉州市委员会提案工作条例》，结合工作实际，制定本办法。

第二条 提案是政协委员和参加政协的各民主党派、各人民团体以及政协专门委员会，政协全体会议期间的界别、委员小组（以下称提案者），向政协全体会议或者常务委员会提出并交提案审查委员会或者提案委员会审查的书面意见和建议。经审查立案的提案，交承办单位办理并作出书面答复。

提案是履行人民政协职能的重要方式，是坚持和完善中国共产党领导的多党合作和政治协商制度的重要载体，是发扬中国特色社会主义民主的重要形式，是协助中国共产党和国家机关实现决策民主化、科学化的重要渠道。

第三条　提案工作以马克思列宁主义、毛泽东思想、邓小平理论、“三个代表”重要思想、科学发展观、习近平新时代中国特色社会主义思想为指导，高举爱国主义、社会主义旗帜，坚持中国共产党领导的多党合作和政治协商制度，遵循“长期共存、互相监督、肝胆相照、荣辱与共”的方针，紧紧围绕中国特色社会主义事业“五位一体”总体布局和“四个全面”战略布局，充分发扬民主，广开言路，改革创新，调动一切积极因素，为推进现代化建设、完成祖国统一、维护世界和平与促进共同发展，实现“两个一百年”奋斗目标、实现中华民族伟大复兴的中国梦服务。

第四条　提案工作坚持围绕中心、服务大局、提高质量、讲求实效的方针，加强制度化、规范化、程序化和信息化建设，提高提案质量、办理质量和服务质量。

第五条　提案工作是人民政协的一项全局性工作。政协委员和参加政协的各民主党派、各人民团体以及政协各专门委员会、各界别、各委员小组，应当密切协作，充分运用提案方式履行职能。

第六条　政协全体会议听取和审议常务委员会关于提案工作情况的报告，听取提案审查委员会或者提案委员会关于提案审查情况的报告。

第七条　每届政协第一次会议成立提案审查委员会，由主任、副主任和委员若干人组成，成员从本届政协委员中产生，由第一次会议预备会议决定，负责第一次会议期间提案的审查工作，并向全体会议报告提案审查情况。

第二章　提案委员会

第八条　每届政协第一次会议闭会后，提案审查委员会根据情况作必要调整，经常务委员会会议审议通过，作为提案委员会列入专门委员会序列，在常务委员会和主席会议领导下，负责提案工作，每届任期五年。提案委员会组成人员的调整，应征求有关方面的意见，并征得委员本人同意后，委员由主席会议决定，主任、副主任由常务委员会决定。

第九条　提案委员会的职责：

（一）起草常务委员会关于提案工作情况的报告，向政协全体会议报告提案审查情况，向政协常务委员会会议、主席会议报告工作；

（二）制定政协全体会议期间提案工作方案和提案委员会年度工作计划；

（三）扎实做好提案征集工作，组织开展提案审查和处理工作，协商确定承办单位；

（四）组织开展重点提案遴选、推荐工作，协调做好部分重点提案督办工作；

（五）检查和督促提案办理工作，对办理不符合要求的，及时商请承办单位重新办理，对未按期办复的及时催办；

（六）做好提案综合分析，采取多种形式向市委、市政府及其有关部门反映重要意见和建议；

（七）组织开展提案工作宣传报道和评选表彰，推动提案公开和信息化建设。组织开展经验交流、专题研讨和理论研究活动，大力推动提案工作创新发展；

（八）加强与中共石狮市委办公室、市人大常委会办公室、市人民政府办公室、市政协办公室以及各承办单位的沟通联系；

（九）加强与政协委员、各政协组织、市各民主党派、有关人民团体以及政协其他专门委员会的联系与协作；

（十）接受上级政协提案委员会的指导，认真做好提案服务工作；

（十一）加强与兄弟县（市、区）政协提案委员会的联系，互通情况，交流经验，指导工作。

第十条 提案委员会全体会议一般每半年召开一次，必要时可以临时召集；主任会议根据工作需要召开。

第十一条 石狮市政协提案法制办公室，负责做好提案工作日常事务，确保提案工作有序有效运行。

第三章 提案的提出

第十二条 提案的提出方式：

（一）市政协委员和石狮籍的全国政协委员、福建省政协委员、泉州市政协委员，可以个人或联名方式提出提案。

（二）政协全体会议期间，市政协各界别、委员小组或者联组，可以界别、委员小组名义提出提案；

（三）参加市政协的市各民主党派、人民团体，可以本党派、团体名义提出提案；

（四）市政协各专门委员会，可以本专门委员会名义提出提案。

第十三条 提案的基本要求：

（一）提案应当围绕市委、市政府工作大局、中心工作，坚持问题导向，聚焦社会主义经济建设、政治建设、文化建设、社会建设、生态文明建设中的重要问题，人民群众普遍关心的民生问题和爱国统一战线的其他重要问题，在开展深入调查研究的基础上提出；

（二）提案应当坚持严肃性、科学性、可行性，须一事一案，实事求是，简明扼要，做到有情况、有分析、有具体建议。

（三）委员联名提出的提案，发起人作为第一提案人，签名列于首位，联名提案者须对提案内容深入了解，并对提案内容负责。以界别、小组或者联组名义提出的提案，须由召集人签名。以市各民主党派、人民团体、政协专门委员会名义提出的提案，须由该组织署名并加盖公章。已用组织名义提交的提案，不能再以委员个人或联名方式重复提交；

（四）提案的提出应当注重质量不比数量。有提案意愿的委员，要强化问题导向、精品意识和注重实效。

第十四条 在政协全体会议期间和闭会期间均可提交提案，提案委员会应当加强会议期间的提案征集工作；提案者应当重视在全体会议之前和会议期间提出提案，可将有关调研报告或者在政协全体会议、常务委员会会议和专题协商会议上的发言按照要求转化为提案。

第四章 提案的审查和处理

第十五条 提案审查委员会或者提案委员会应当本着尊重和维护提案者的民主权利、保证提案质量的原则，对收到的提案进行审查，符合本条例第三章规定的，予以立案。

经审查立案的提案，应当根据提案的内容和有关单位的职责分工协商确定承办单位。凡涉及两个或者两个以上承办单位办理的提案，应当确定主办单位和协同办理单位或者分别办理单位。

内容相同且符合立案标准的提案，一般作并案处理，原提案第一提案者均为并案后提案的第一提案者。并案处理情况应当及时告知提案者。

第十六条 不符合本条例第三章规定，或者有下列情形之一的提案，不予立案：

（一）违反宪法和法律规定的；

（二）涉及党和国家秘密的；

（三）中共党员对党内有关组织、人事安排等方面有意见的；

（四）民主党派成员反映本组织内部问题的；

（五）进入民事、刑事、行政诉讼程序或者行政复议、仲裁程序的；

（六）属于学术研讨的；

（七）为本人或者亲属解决个人问题的；

（八）宣传、推介具体作品、产品的；

（九）指名举报的；

（十）涉及纪检监察机关正在审查和调查的涉嫌违纪违法问题的；

（十一）内容空泛、没有具体建议的；

（十二）超出石狮市管辖权范围的。

不予立案的提案，应当与提案者及时沟通协商并以书面形式告知；不予立案的提案，可视情以意见和建议等形式转送有关部门参阅；不予立案的提案，提案者也可及时修改完善后重新提交。

第十七条 提案委员会对涉及全局问题的重大提案，可提请主席会议审议通过后以市政协建议案形式向有关方面提出。

第十八条 政协全体会议期间，经审查立案的提案，由市委办公室、市政府办公室、市政协办公室联合交办。政协全体会议闭会期间，经审查立案的平时提案，由市政协提案法制委员会办公室及时送市委办公室或市人民政府办公室交有关单位承办。

第五章 提案的办理

第十九条 承办提案的市委、市人大常委会、市政府、市政协有关部门、市人民法院、市人民检察院、各镇（街道）党委（党工委）和政府（办事处）、有关人民团体及驻石有关单位等，应根据国家法律法规和政策规定认真办理提案，落实提案建议，并向提案者作出书面答复。

第二十条 办理提案的基本要求：

（一）承办单位要增强提案办理协商意识，把办理提案作为贯彻执行我国基本政治制度的一项重要政治任务和接受民主监督、加强和改进部门工作的重要途径，切实提高对提案办理工作重要性的认识，积极主动承担办理任务，把提案办理和推动工作有机结合起来；

（二）承办单位对提案交办有异议的，须在交办后二十个工作日内提出并说明理由，再由市委督查室或市政府督查室和市政协提案委员会协商重新确定承办单位。对确属本单位职责范围内的提案，不能以各种理由拒绝受理；

（三）承办单位应当加强领导，健全制度，明确责任，严格程序，统筹协调，保证质量。应当于交办后五个月内办结提案并进行答复，个别不能如期答复的，应当向提案者说明情况，但正式答复最迟不得超过六个月。提案答复应当按规定的格式行文，由领导审签并加盖公章。对未予采纳的，要说明情况；

（四）委员联名的提案，办理复文寄送第一提案人。民主党派、人民团体、政协专门委员会的提案，办理复文寄送提案单位。界别、小组或者联组的提案，办理复文寄送召集人。市委有关部门及各镇（街道）党委（党工委）、石狮高新技术开发区党工委承办的提案，办理复文抄送市委督查室；市政府有关部门及各镇政府（办事处）、石狮高新区技术开发区管委会承办的提案，办理复文抄送市政府督查室。所有办理复文同时抄送市政协提案办公室。

（五）涉及两个或两个以上单位会同办理的提案，主办单位应当主动协商，协办单位应当积极配合，在一个半月内将办理意见书面告知主办单位，再由主办单位答复提案者。分别办理的提案，由牵头办理单位答复提案者；

（六）在提案办理过程中，提案者可以通过提案委员会了解有关提案办理情况，参与提案的办理。在收到提案办理复文后，提案者应当及时向承办单位、提案委员会、市委督查室或市政府督查室反馈提案办理答复意见；

（七）承办单位应当主动加强与提案者的沟通联系，了解提案意图，共商解决问题的办法。应当征询提案者对办理工作的意见，如提案者对办理工作不满意，承办单位要予以重视，并重新研究办理和答复；

（八）办理民主党派、人民团体、政协专门委员会提案，在书面答复前，应先征求民主党派、人民团体、政协专门委员会的意见；

（九）承办单位要努力增强提案办理实效，认真开展提案办理“回头看”活动，切实把办理答复所承诺的事项落到实处。市政协提案委员会应适时组织检查。

第二十一条 对于未按期办复的提案，市委督查室、市政府督查室及市政协提案法制办公室应及时催办，市委督查室、市政府督查室予以通报。

第六章　提案的督办

第二十二条 提案的督办由市政协办公室统筹协调，各专门委员会分工协作，提案委员会组织实施。

第二十三条 对反映党委和政府亟待解决、人民群众普遍要求落实的问题，对推动工作有重要作用并具有较强可行性的提案，可以选作重点督办提案。重点督办提案应在广泛征求意见的基础上，由提案委员会协商提出，再提请主席会议审定。

第二十四条 继续落实市政府、市政协领导联合领衔重点提案督办制度，并组织提案者、政协委员、承办单位等开展协商座谈、实地考察和专题调研等活动，推动办理工作，保证办理质量。各专门委员会应按照督办工作安排认真组织实施，督办结果应向主席会议报告。

第二十五条 对于民主党派、人民团体、政协专门委员会提案和其他重要提案中的意见和建议，市政协办公室可以通过信息专报件等方式报送有关市领导，推动提案办理落实。

第二十六条 应逐步建立完善承办单位、提案者和政协组织三方沟通协商机制。逐步建立完善政协提案办理的民主评议、民主监督和绩效考评机制。提案办公室应联合市委督查室、市政府督查室，加强督促检查，增强提案办理实效。推动重要提案内容、办理答复及过程的信息公开，主动接受委员民主监督、群众监督和舆论监督。对重点提案中当年不能解决的重要问题，应跟踪督办、促进落实。承办单位已列入计划解决的，应及时向提案者反馈。

第七章 提案工作的表彰

第二十七条 政协石狮市委员会每届组织开展一次优秀提案、先进承办单位和先进承办个人评比表彰活动。表彰以精神鼓励为主，物质奖励为辅。对表彰为优秀提案的个人，将以一定分值计入委员当年年度履职量化考评积分。

第二十八条 优秀提案的评选条件为：

（一）选题准确，提案围绕党委、政府工作大局、经济社会发展中的重要问题、爱国统一战线的重大问题以及人民群众普遍关心的问题建言献策。

（二）针对性强，反映情况真实，分析问题深入，提出建议具体，具备严肃性、科学性、可行性和前瞻性。

（三）成效显著，对工作决策有重要的参考价值，在促进社会主义经济建设、政治建设、文化建设、社会建设和生态文明建设中有较明显的作用。

第二十九条 先进承办单位的评选条件为：

（一）办理提案必须坚持实事求是，做得到的应当认真负责办理，做不到的要求耐心细致地给予答复说明；

（二）办理工作主要领导重视，分管领导负责，有专人承办；办理工作制度健全、程序规范，在规定时限内书面答复提案者。及时做好提案综合分析和办理工作总结；

（三）采取多种方式加强与提案者的沟通协商，积极推动办理落实；

（四）办理工作成效明显，对应当解决并有条件解决的及时予以解决，提案者对办理工作表示满意。

第三十条 先进承办个人的评选条件为：

（一）对待提案办理工作态度积极、认真负责、严谨细致，连续从事提案办理工作两年以上；

（二）工作有思路、有举措、有创新，能够按时高质量完成办理任务，工作成绩突出。

第三十一条 优秀提案、提案办理先进单位和先进工作者的评选要发扬民主，广泛征求意见。其中的优秀提案和先进工作者由承办单位推荐，提案办理先进单位由提案者推荐，推荐结果经市委督查室、市政府督查室和政协提案法制办公室收集并征求有关方面意见后，提出受表彰的建议名单，报请主席会议审定，政协常委会协商通过，在政协全体会议上给予表彰。

第八章　附则

第三十二条 本“办法”经政协第七届石狮市委员会常委会议第13次会议审议通过，由市政协常务委员会负责解释。

第三十三条 本“办法”自通过之日起实施。

政协石狮市委员会办公室关于印发《石狮市政协“参政议政周”活动管理办法》的通知

（狮协办〔2019〕10号）

市政协各办，石狮市政协委员各镇（街道）活动组、香港活动组、澳门活动组，各位委员：

《石狮市政协“参政议政周”活动管理办法》已经市政协第34次主席（扩大）会议研究通过，现印发给你们，请按要求认真贯彻执行。

政协石狮市委员会办公室

2019年11月15日

石狮市政协“参政议政周”活动管理办法

为进一步推进市政协委员履职尽责，引导委员积极参政议政，推动委员议政建言常态化，确保“参政议政周”活动有序开展，特制定本管理办法。

一、明确活动组织职责

1. 市政协办公室负责在年初拟定每年“参政议政周”活动安排，明确各活动组活动时间。如活动组活动主题需要协调邀请相关部门参加的，市政协办公室应予主动配合邀请。

2. 各活动组组长、镇（街道）统战委员要负责制定各活动组年度活动计划，明确提出各次活动主题，按“参政议政周”活动计划安排至少每季度组织 1 次活动，并提前通知本活动组委员、成员参加活动和做好发言准备。

3. 市政协机关各联络员要按“参政议政周”活动计划安排，主动提前提醒相应活动组按时组织活动，并配合协调做好组织。

4. 凡是活动组安排在政协委员之家参政议政厅开展的活动，政协委员之家管理人员要做好活动场所安排和相关会务保障。

5. 挂钩联系活动组的市政协领导要带领所分管的专委办人员，主动指导活动组明确活动主题和组织开展活动，并积极参加活动组活动。同时，要按《关于进一步拓宽政协委员知情明政渠道的通知》（狮协办〔2017〕26 号）文件要求，充分调动政协委员履职尽责的积极性。

6. 各活动组委员、成员在落实活动组年度活动计划和活动主题内容时，可参照灵秀镇活动组推行的“一村两委员”制度或按党员委员联系挂钩党外委员制度等形式，深入村（社区），加强群众与委员之间的沟通交流，做好相关主题调研，并积极参加活动组活动和踊跃发言；各活动组要严格按《石狮市政协委员履职积分管理办法》对委员参加活动和发言情况计算积分，激励委员积极参与。

7. 党员常委、党员委员要主动参加各活动组组织的活动，并执行党员委员联系党外委员制度，加强与所联系委员的联络交流，引导委员积极参与活动，协助委员经常与职能部门沟通，为委员参与活动发言收集相关信息。

二、精选活动主题内容

8. 各活动组应在每年 1 月底前制定出本年度的活动主题内容，由各活动组组长、镇（街道）统战委员提出 8 至 10 个内容，由各活动组委员、成员进行集体讨论确定，期间可根据全市或所在镇（街道）党委政府的工作安排适当进行调整充实。

9. 活动主题内容的选定，可围绕上级党委政府或政协的一些政策理论进行学习；可结合年度调研课题、委员提案、收集的社情民意信息进行讨论；可根据全市或所在镇（街道）党委政府的年度工作计划进行筛选；可向活动组全体委员、成员进行征集；也可通过各活动组委员列席所在各镇政府（街道办事处）每年召开的人大会或各种通报会，从各镇（街道）的工作情况中进行精挑；或通过委员平常参加全市或相关部门的相关活动或通报会，从市委市政府的工作情况中进行细选。

10. 各活动组在征集提出活动主题内容时，应结合市政协常委会的年度计划，加强与党委政府相关职能部门沟通，多关注社会民生问题、群众切身利益问题及社会经济发展问题，及时向挂钩市政协领导报告，确保活动内容有针对性、有实效性，又有可能转化为成果。

三、丰富活动开展形式

11. 把加强思想政治引领和广泛凝聚共识作为开展活动的中心环节，可采取集中学习与专题研讨相结合、集中学习与调研视察相结合、调研视察与专题研讨相结合、收集社情民意与专题研讨相结合、撰写调研报告与专题研讨相结合、撰写提案与专题研讨相结合等多种形式。

12. 开展活动时，可结合市政协开展的“同心善行”活动、结合各镇（街道）或村（社区）对口帮扶单位进行结对帮扶困难户，或奖学助学奖教等形式开展。

13. 各活动组可针对本市重点项目的推进、为民办实事的落实、提案办理情况进行现场视察调研；也可根据年度调研课题，组织跨地区视察调研、专题教育培训等活动。

14. 各活动组可结合年度政协大会提案撰写要求开展活动，收集一些提案素材、议定委员撰写提案方向、明确分解提案撰写执笔人和提案人，为委员撰写提案做好准备。

四、强化活动成果转化

15. 各活动组每次开展活动，要形成社情民意报或委员建议案送市政协办公室汇总，争取所提的建议意见能得到市委市政府的采纳。

16. 各活动组开展活动，要结合年度调研课题撰写，形成至少 1 份高质量的调研报告报送市政协办公室，经筛选后可推荐活动组委员代表在政协全体会议、专题议政性常委会议、专题协商会议上发言。

五、及时反馈活动情况

17. 各活动组每次开展活动，要明确专门记录员做好活动记录（包括文字、图片、视频等资料），并根据活动情况及时做好新闻报道，同时，应于活动开展后一周内将活动情况报告市政协办公室。

18. 市政协办公室要及时采编社情民意或委员建议案报送市委市政府，主动跟踪市委市政府领导的批示情况，收集各方面对委员所提意见、建议的吸收采纳情况，并将有关情况及时反馈给各活动组，让委员及时了解到建言转化落实情况。

19. 各活动组应于每年政协大会召开前一个月内，将各活动组本年度内开展活动情况精选部分图片和文字说明，报市政协办公室作为“参政议政厅”展示内容。并将委员在活动组履职积分情况，报告市政协办公室。

政协石狮市委员会办公室关于印发《石狮市政协加强和改进调研工作实施办法》的通知

（狮协办〔2019〕11号）

市政协各办，石狮市政协委员各镇（街道）活动组、香港活动组、澳门活动组，各位委员：

《石狮市政协加强和改进调研工作实施办法》已经市政协第34次主席（扩大）会议研究通过，现印发给你们，请按要求认真贯彻执行。

政协石狮市委员会办公室

2019年11月15日

石狮市政协加强和改进调研工作实施办法

为贯彻落实上级有关加强调查研究工作的文件和《中国人民政治协商会议章程》精神，进一步加强和改进石狮市政协调研工作，推进人民政协履行职能的制度化、规范化、程序化建设，特制定本实施办法。

一、总体要求

1. 围绕团结和民主两大主题，服务统筹推进“五位一体”总体布局和协调推进“四个全面”战略布局。要坚持正确方向，准确把握政协的性质定位；坚持围绕中心、服务大局，把调研作为人民政协履职的基础性工作加以推进；坚持问题导向，增强调研工作的针对性，努力使所提对策建议有的放矢；坚持“身入”更要“心至”，用心座谈走访、细心摸清情况、潜心研究问题、精心提出对策；坚持建言资政和凝聚共识双向发力，既注重建言献策的成果，又注重自我学习、自我教育、自我提高，强化思想政治引领，打牢共同思想政治基础；坚持改进作风，切实贯彻落实中共中央八项规定及其实施细则精神，增强责任心，确保调研活动务实高效；坚持求同存异，尊重各种不同意见，实现发扬民主与增进共识相统一。

二、选题确定

2. 明确选题依据。根据总体要求和石狮市政协年度协商计划、政协党组工作要点、政协常委会工作报告等，同时，要结合市委的重要部署和市政府工作报告，有针对性地选择调研课题。

3. 征求选题意见。调研选题由各专委会、活动组通过适当形式征求委员意见，并邀请相关专家学者参与选题研究论证；对各方面意见建议进行梳理后，报市政协办公室综合提出年度调研选题意见。其中重点选题按照市政协办与市委办、市府办会商政协重点协商议题工作机制，与党政相关部门沟通协商提出意见。

4. 搞好选题协调。市政协办每年定期召开调研选题通报协调会，与各专委会、民主党派、工商联及有关人民团体和活动组等相关方面，就年度调研选题进行沟通协调，提出综合平衡意见。

5. 确定选题计划。市政协办根据综合平衡意见，起草市政协年度调研计划（包括调研主题、时间、要求、指导分工和参考题目等），再征求各专委办意见后，报主席会议审定。在平常工作中，主席、副主席可根据工作需要提出调研题目，由市政协办协调后，交相关单位组织实施。

三、组织实施

6. 制定调研方案。调研组织单位根据调研计划，制定详细的调研方案，主要内容包括：调研题目、目的、地点、日程、调研组成员初步人选、调研提纲、调研成果体现方式、新闻报道安排、后勤保障等。

7. 成立调研组织。调研实行组长负责制，组长一般由专委会主任、活动组组长或相关单位负责人担任。重要调研活动由分管或联系挂钩的副主席带队。调研组成员一般以本委员会或活动组委员为主，适当吸收有关方面人员参加。可以课题为纽带，有关专委会之间配合调研，与民主党派联合调研，与相关单位合作调研，与各活动组协同调研。

8. 听取情况介绍。在实地调研之前，可根据调研课题需要，安排情况介绍会，邀请相关部门同志介绍情况。要注意加强委员与部门同志的互动交流，尽可能多地掌握调研内容的现实情况，使调研的问题更集中、认识更深入、思路更清晰。

9. 深入实地调研。要放下架子、俯下身子，耐心倾听、虚心请教，既摸清综合情况又了解典型案例，既听干部意见又听群众意见，既了解成绩经验又发现问题不足，对重要数据和材料加以核实，真正把各方面情况摸清吃透。要深入全面掌握第一手材料，可以采取召开座谈会、实地考察、个别交流等方式进行，并根据情况既可邀请当地政府及相关部门介绍情况，也可邀请相关社会组织、企业和群众代表、专家学者参加。实地考察要坚决反对形式主义，防止做样子、走过场，要点面结合，注重从不同侧面总结经验、发现问题、提出建议。可采取整体调研与分组调研相结合的方式，组织“小而精”的调研小组，开展定向定点调研，深入基层“解剖麻雀”。个别交流要选择情况熟、有见解的同志参加，以便集中、深入地探讨问题。

10. 组织异地调研。鼓励在石狮市深入调研的基础上，根据调研课题的需要，结合兄弟县市或其他地区的好经验好做法，组织有目的、有针对性的异地调研学习取经，让调研的成果更有说服力和参考价值。

11. 组织讨论研究。实地调研后期或结束后，应及时安排调研组内部研讨会，总结交流调研体会，探讨相关问题，研究确定调研成果构架和核心内容。要鼓励调研组所有成员充分发表意见，特别要重视委员不同意见的讨论，以集思广益、扩大共识。要运用辩证唯物主义和历史唯物主义方法，坚持定性和定量结合、宏观和微观结合、静态和动态结合，对调查材料进行去粗取精、去伪存真、由此及彼、由表及里的思考、分析、综合，透过现象看本质。

12. 鼓励委员参与。各专委办和活动组应主动引导鼓励委员积极参与调研和亲自撰写调研报告。通过平常与委员的联系沟通推荐不同届别委员参与各种不同专题调研；利用党员委员联系党外委员制度，帮助委员与职能部门沟通收集调研资料；运用委员履职积分管理办法严格积分，激励委员积极参与调研活动；发挥新闻媒体的作用，探索利用网络等新媒体，加强对调研成果的宣传报道，以扩大影响力，促进委员获得参与的成就感。

四、成果转化

13. 提高成果质量。根据调研情况和调研组成员意见及时撰写调研报告、政协信息等，调研组组长负总责，指定专人负责撰写调研报告，一般应在调研结束后两周内完成。调研成果要尊重调研实际情况，实事求是分析和归纳问题，提出针对性、操作性强的对策建议。要文风朴实，言简意赅，观点鲜明，言之有物。

14. 丰富建言形式。把调研与政协履行职能的多种方式结合起来，加强调研资料的整合与共享，综合运用调研报告、提案、会议发言、政协信息等形式建言献策。可推荐调研组委员代表在政协全体会议、专题议政性常委会议、专题协商会议上发言。

15. 规范报送程序。调研报告、政协信息等调研成果形成后，应经调研组成员会议讨论，于每年 8 月底前形成调研报告初稿报市政协办公室，经对应的各专委办和分管副主席审核把关后，进一步修改完善，于每年 10 月底前报市政协办公室，由市政协办公室汇总后，经分管副主席召集专门会议讨论推荐高质量的调研报告，报主席会研究确定后，汇编成册作为政协全体会议交流材料和确定大会发言材料。同时，于每年 11 月底前将委员参与调研和撰写调研报告情况按《石狮市政协委员履职积分管理办法》计算积分，报告市政协办公室统计委员履职积分情况。

16. 促进成果转化。强化重大调研成果的跟踪、反馈和评估，促进调研成果转化运用。及时跟踪市委市政府领导对调研成果的批示情况，收集各方面对委员所提意见、建议的吸收采纳情况，并将有关情况及时反馈给调研组成员，让委员及时了解到调研成果的实施情况。

附 录

一、石狮市政协表彰

关于表彰1994年度优秀提案和提案办理工作先进单位、先进个人的决定

（狮协字〔1995〕第001号）

为了充分发挥政协提案在人民政协行使“政治协商、民主监督、参政议政”职能中的作用，根据《全国政协提案工作条例》第七条：“提案人所提出的提案对于国家和社会有重大贡献，或承办单位办理提案认真负责并有显著成绩的，由提案委员会或者报请常务委员会给予表彰”的精神，联系市政协二届一次会议以来的提案工作情况，经提案委员会研究讨论，报请常委会审议，决定在市政协二届二次会议上对“全面推进重点突破、积极稳妥、规范地发展石狮市民办科技事业”等9件提案和市科卫文体局等4个单位、李怀忠等4位个人予以表彰。希望通过这次表彰活动，进一步调动委员多提案、提好案的积极性，完善提案工作制度，提高提案质量和办理质量，为石狮市两个文明建设做出新的贡献。

附：优秀提案目录、提案办理工作先进单位、先进个人名单

优秀提案：

1. 提案号：第（1994）006号

案 由：全面推进重点突破、积极稳妥、规范地发展石狮市民办科技事业

提案人：吕荣德

2. 提案号：第（1994）010号

案 由：加强石狮市公共文化设施建设

提案人：蔡友谋等18人

3. 提案号：第（1994）027 号

案　由：发电动力的废气通入地下沟污染环境

提案人：洪荣辉

4. 提案号：第（1994）029 号

案　由：进一步搞好城市绿化工作

提案人：蔡海潮

5. 提案号：第（1994）038 号

案　由：要把水利真正摆到国民经济基础产业的位置上来

提案人：郑文华

6. 提案号：第（1994）043 号

案　由：要谨防服装市场滑坡

提案人：蔡第福

7. 提案号：第（1994）049 号

案　由：加强外来人口管理

提案人：市区第二活动组

8. 提案号：第（1994）052 号

案　由：彻底整顿市区旧街道交通管理

提案人：王华民等 3 人

9. 提案号：第（1994）064 号

案　由：创立机关、事业单位文明窗口

提案人：许绍镇

先进单位：

市科卫文体局　　市教育局　　市公安局　　市工商局

先进个人：

李怀忠（市政府办公室）　　俞启兴（市政协宣教办）

傅维赞（市港口指挥部）　　李祝坚（市政协综合办）

政协石狮市委员会

1994 年 12 月 23 日

关于表彰优秀文史工作者的决定

（狮协委〔1996〕002 号）

各位委员：

政协文史资料工作是周恩来同志倡导的。37 年来，这项具有统一战线特点的工作，在社会各界人士和文史工作者的共同努力下，已经发展成独具特色的社会主义文化事业，在社会主义精神文明建设中发挥着其他门类文史资料所难以取代的作用。

石狮市政协成立五年来，在石狮市委、市政府的关心支持下，在泉州市政协的指导下，经过委员和文史委成员的共同努力，已经编印了《石狮文史资料》四辑，共 40 万字，汇集了一批有关石狮市政治、经济、文化、军事、海外交通、侨台关系和历史人物活动的有价值史料，发挥其应有的“存史、资政、教化”作用，深受国内外有关人士和部门的欢迎；某些篇章还汇入全国性的专题巨书中，或被国内外书刊所引用。文史委成员还不断撰写文章，在国内外报刊上发表，为提高石狮市的知名度，引导“三胞”寻根谒祖贡献自己的一分力量。

为进一步提高石狮市文史资料的质量和征集、出版水平，决定对在此项工作中表现突出的同志进行表彰。

经研究决定：吴永胜、郑天应、林祖武、李国宏、王明篇等五位同志为“优秀文史工作者”。希再接再厉，为石狮市文史工作做出新的贡献。

政协石狮市委员会

1996 年 3 月 4 日

关于表彰优秀政协委员的决定

（狮协〔2004〕1 号）

各位委员：

自政协三届一次会议以来，委员们不仅立足本职、爱岗敬业，在各自的岗位上出色工作，而且尽心尽职、认真履行政治协商、民主监督、参政议政职能，为石狮市经济建设和社会事业发展做出了积极贡献。为表彰立足本职多做奉献的行为，鼓励先进，树立榜样，在政协队伍中形成比尽责、争奉献的良好氛围，促进政协工作上新水平，经市政协三届常委会研究，决定在三届政协委员中开展评选优秀政协委员活动。经各活动组、各专委会推荐、征求相关方面意见、主席会议研究、常委会通过等程序，层层筛选，在市政协第三届委员中评出了30位优秀委员，现给予表彰，望受表彰的委员戒骄戒躁，一如既往地关心支持政协工作，立足本职为石狮市三大文明建设出谋献策。同时希望全体委员能以他们为榜样，积极履行职责，乐于奉献，为石狮市经济和社会事业发展多做贡献。

附：政协第三届石狮市委员会优秀委员名单

王济民　许绍镇　吴永雄　吴清水　陈谋木　高积华　蔡文彬　蔡世佳

蔡建业　蔡绵绵　吕文彬　庄明明　纪培明　吴为永　吴为坤　吴永德

李国宏　邱志强　邱华勇　陈建泳　林世安　林国志　郑天应　施能向

施鸿裕　洪文化　曾子明　蔡友堵　蔡文革　蔡荣欣

政协石狮市委员会

2004年1月1日

关于表彰2004年度优秀政协提案单位、优秀政协提案人的决定

（狮协〔2005〕1号）

政协提案是人民政协履行职能、反映社情民意的一项重要工作。经市政协常委会研究，决定对下列撰写提案较为突出的单位及个人给予表彰。希望受表彰的单位和个人再接再厉，积极开拓，再创佳绩，为石狮市经济社会持续协调发展做出更大的贡献。

一、优秀政协提案单位

民进石狮支部　　民盟石狮支部

二、优秀政协提案人

蔡美金　陈自然　黄　刚　施鸿滨　李国宏　林聪跃　洪全克

政协石狮市委员会

2005年3月18日

关于表彰 2005 年度政协提案先进单位、优秀提案和办理政协提案先进单位、先进个人的决定

（狮协〔2006〕3 号）

政协提案是人民政协履行职能、反映社情民意的一项重要工作。经市政协常委会第 10 次会议研究，决定对撰写提案较为突出的单位和质量较高的提案，以及政协提案办理工作较好的单位和个人给予表彰。希望受表彰的单位和个人再接再厉，积极开拓，再创佳绩，为石狮市经济社会持续协调发展做出更大的贡献。

附件一：石狮市政协 2005 年度提案先进单位、优秀提案名单

附件二：2005 年度办理政协提案先进单位、先进个人名单

政协石狮市委员会

2006 年 3 月 21 日

附件一：石狮市政协 2005 年度提案先进单位、优秀提案名单

一、提案先进单位（4 个）

民革支部　民进支部　台盟支部　民盟支部

二、优秀提案（6 个）

1 号提案：关于完善培育服装城的各项功能，确保石狮服装产业集群持续健康发展的建议

3 号提案：关于设立石狮市殡仪馆（悼念堂）的建议

4 号提案：构筑凤凰巢 留得凤凰居——关于建设外来人才新村的建议

84 号提案：关于彻底解决国际商业城老大难问题的措施和建议

94 号提案：关于关注食品卫生安全的几点建议

109 号提案：关于石狮市防控禽流感若干措施的建议

附件二：2005 年度办理政协提案先进单位、先进个人名单

一、先进单位（6 个）

国土规划建设局　教育局　科技文体旅游局　经济局

交警大队　工商行政管理局

二、先进个人（7人）

林秀钦（市政府）　程育钦（市政协）
卢明鹏（国土规划建设局）　李月霞（教育局）
陈清良（科技文体旅游局）　林金场（经济局）
吴建雄（交警大队）

关于表彰2007—2009年度优秀政协提案、提案承办先进单位和先进个人的决定

（狮协〔2009〕5号）

各位委员：

政协提案是人民政协履行职能、反映社情民意的一项重要工作。经研究决定，对撰写提案质量较高，以及政协提案办理工作较好的单位和个人给予表彰。希望受表彰的单位和个人再接再厉、积极开拓，再创佳绩，为石狮市经济社会持续协调发展做出更大的贡献。

附：1.2007—2009年度石狮市政协优秀提案名单

2.2007—2009年度石狮市政协提案承办先进单位名单

3.2007—2009年度石狮市政协提案承办先进个人名单

政协石狮市委员会

2009年12月20日

附件1：2007—2009年度石狮市政协优秀提案一览表（26件）

表1

提　案　人	案　　由
民革石狮支部	关于解决“招工难”的几点建议
政协文教卫体委	关于进一步加强农村药品监督网络和供应网络建设的建议
民进石狮支部	关于石狮市旧城改造的建议

续表 1

汪森辉	关于加快推动企业境内外上市的若干思考和建议
谭晓英等 7 位委员	关于加快发展石狮中等职业教育的建议
刘德川等 2 位委员	关于把沿海五镇纳入全市环卫设施建设和管理的建议
吴永雄	关于发展石狮旅游业的建议
吴志松等 3 位委员	关于公布住宅标准，促进房地产市场持续稳定健康发展的建议
陈自然等 7 位委员	关于切实加强省级森林公园灵秀山管理的建议
李国宏	关于对侨捐项目进行普查回访的建议
吴永生等 4 位委员	关于石狮市高中一级达标校同一志愿、统一分数线联合招生建议
施文坛	创造良好融资环境，促进企业健康发展
蔡美金等 13 位委员	关于加快推进沿海大通道水头外线建设步伐的建议
政协蚶江委员活动组	关于进一步盘活石狮服装城，在服装城设立专业公司的建议
纪培明等 3 位委员	关于将塘边村宋塘路以南水塘规划为新图书馆配套用地的建议
政协灵秀委员活动组	关于扶持航运业发展的几点建议
施鸿滨	关于整治市区排水排污系统的建议
朱海滨	关于规划建设危险化学品仓储集控区的建议
政协永宁委员活动组	关于设立石狮市台商投资区的建议
纪荣海等 2 位委员	关于加速沿海公路交通安全配套设施建设的建议
政协经科委	关于建立农产品质量检测中心 构建食品放心工程的建议
蔡子鸿等 7 位委员	关于加快石狮市普惠型住房保障制度建设的建议
戴熿木等 2 位委员	关于办理灵秀服装创业园区房产证的建议
台盟石狮支部	关于治理石狮市车辆非法营运的建议
商庭烟等 2 位委员	关于对市区老街区进行综合整治的建议
九三学社石狮支社	石狮市应制定鼓励外来人才落户的相关制度

附件 2：2007—2009 年度石狮市政协提案承办先进单位名单（11 个）

石狮市人民政府办公室
中共石狮市委文明办
石狮市农办
石狮市国土资源局
石狮市规划建设局
石狮市侨台外事局
石狮市公安局交警大队
石狮市科技文体旅游局
石狮市卫生局
石狮市行政执法局
石狮市工商行政管理局

附件 3：2007—2009 年度石狮市政协提案承办先进个人名单（16 人）

林秀钦（石狮市人民政府办公室）
张怡敏（中共石狮市委文明办）
王丽明（石狮市农办）
蔡鹏樟（石狮市国土资源局）
吴顺昌（石狮市规划建设局）
蔡金勤（石狮市公安局）
吴建雄（石狮市公安局交警大队）
涂夏旭（石狮市交通局）
黄亚伟（石狮市财政局）
陈清良（石狮市科技文体旅游局）
郑向明（石狮市教育局）
谢金磐（石狮市卫生局）
林　鹏（石狮市行政执法局）
廖文寿（石狮市工商行政管理局）
程育钦（石狮市政协专委办）
洪明芳（石狮市政协专委办）

关于表彰优秀委员、2007—2011年度优秀提案团体、2010—2011年度优秀提案、提案先进承办单位、提案先进承办个人和政协信息工作先进个人的决定

（狮协〔2011〕3号）

自市政协五届一次会议以来，委员们不仅立足本职、爱岗敬业，在各自的岗位上出色工作，而且尽心尽职、认真履行政治协商、民主监督、参政议政职能，积极撰写政协提案，真实反映社情民意，努力报送政协信息，为石狮市经济建设和社会事业发展做出了积极贡献。相关部门高度重视并认真办理政协提案，许多建议被吸收采纳，产生了良好的经济效益和社会效益。为弘扬典型，鼓励先进，进一步做好政协工作，经第五届市政协常委会第二十四次会议审议通过，决定表彰优秀委员、2007—2011年度优秀提案团体、2010—2011年度优秀提案、提案先进承办单位、提案先进承办个人和政协信息工作先进个人。希望受表彰的先进集体和先进个人珍惜荣誉，再接再厉，再创新成绩，为推动政协工作新发展、促进石狮市经济发展和社会进步做出更大贡献。

附：优秀委员、2007—2011年度优秀提案团体、2010—2011年度优秀提案、提案先进承办单位、提案先进承办个人和政协信息工作先进个人名单。

政协石狮市委员会

2011年12月1日

附件1：政协第五届石狮市委员会优秀委员名单

（38名，按姓名笔画为序）

王水龙　王东晓　王亚榆　王金展　王善旭　纪培明　许文彬　苏荣灿

李国宏　吴为永　吴为贡　吴为坤　吴永雄　吴明怀　吴晓霞　邱华勇

邱尚棍　陈飞跃　陈文程　陈连升　陈谋木　林晓晖　施养谊　施能向

洪文化 洪祥棋 商庭烟 黄明叶 董再发 蔡友堵 蔡天生 蔡文革
蔡东强 蔡建四 蔡美金 蔡清萍 蔡第賬 蔡绵绵

附件 2：2007—2011 年度优秀提案团体名单（9 个）

民革石狮支部
民盟石狮支部
民建石狮支部
民进石狮支部
致公党石狮支部
九三学社石狮支社
台盟石狮支部
政协永宁委员活动组
政协蚶江委员活动组

附件 3：2010—2011 年度优秀提案一览表（20 件）

表 2

提　案　名	提案人
关于促进石狮市物流业发展的建议	蔡子鸿等
关于规范城市道路建设，建立良好交通秩序，提升城市形象的建议	民革石狮支部
关于构建失地农民权益的长效保障机制的建议	致公党石狮支部
关于加快石狮市工业园区配套功能建设的建议	施文坛
关于做好红塔湾、观音山环境保护的建议	李国宏等
关于重视骨干企业外流现象，建立健全“总部经济”服务机制的建议	朱海滨等
关于明确石狮市糖烟酒批发市场定位问题的建议	民建石狮支部
关于建立女装产业发展基地的建议	陈连升
关于扶持石狮市童装产业发展的建议	施养谊

续表 2

关于对市区门牌混乱现象进行规范化整治的建议	叶铿铿
关于建立石狮市革命烈士陵园纪念碑的建议	谷晋青
关于石狮市户外广告设置的相关建议	邵 峰
关于筹建石狮市旅游集散中心的建议	王志助
关于进一步规划“宝盖山文化休闲公园”的建议	吴永雄
关于实行公共建设工程项目代建管理的建议	叶心凤
关于加速完善石狮服装城规划片区路网的建议	蔡文革
关于长远规划、减少浪费资源、创建宜居环境的建议	民进石狮支部
关于城市规划改造的若干建议	施鸿滨
关于整治城乡环境卫生的几点建议	九三学社石狮支社
关于预留机动车考试场的建议	民革石狮支部

附件 4：2010—2011 年度提案先进承办单位名单（12 个）

石狮市人民政府办公室

石狮市农办

石狮市住房和城乡规划建设局

石狮市交通运输局

石狮市经济局

石狮市文体旅游新闻出版局

石狮市卫生局

石狮市行政执法局

石狮市公安局交通管理大队

石狮市工商行政管理局

石狮市人民政府凤里街道办事处

石狮市灵秀镇人民政府

附件 5：2010—2011 年度提案先进承办个人名单（14 名）

林秀钦（石狮市人民政府办公室）
许明艺（石狮市农办）
邱珊谜（石狮市住房和城乡规划建设局）
王志锵（石狮市交通运输局）
杨婉贞（石狮市经济局）
陈清良（石狮市文体旅游新闻出版局）
许海鸣（石狮市卫生局）
林　鹏（石狮市行政执法局）
杨济权（石狮市公安局交通管理大队）
廖文寿（石狮市工商行政管理局）
杨彬彬（石狮市人民政府凤里街道办事处）
邱国衍（石狮市灵秀镇人民政府）
蔡美金（石狮市政协学习提案法制委）
洪明芳（石狮市政协教科文卫史办公室）

附件 6：政协信息工作先进个人名单（11 名）

洪明芳　张培英　刘福全　纪丽卿　蔡晴芸　邱建仁　李国宏　纪培明
卢俊杰　程育钦　曾子明

关于表彰 2012—2013 年度优秀提案、提案办理工作先进单位、提案办理工作先进个人和政协信息工作先进个人的决定

（狮协〔2013〕14 号）

自市政协六届一次会议以来，委员们不仅立足本职、爱岗敬业，在各自的岗位上出色工作，而且尽责尽力、认真履行政治协商、民主监督、参政议政职能，积极撰写政协提案，真实反映社情民意，努力报送政协信息，为石狮市经济建设和社会事业发展做出了积极贡献；相关部门高度重视并认真办理政协提案，产生了良好的经济效

益和社会效益。为弘扬典型，鼓励先进，进一步做好政协工作，经第六届市政协常委会第九次会议审议通过，决定表彰2012—2013年度优秀提案、提案办理工作先进单位、提案办理工作先进个人和政协信息工作先进个人。希望受表彰的先进集体和先进个人珍惜荣誉、再接再厉，为推动政协工作新发展、促进石狮经济发展和社会进步做出更大贡献。

附：2012—2013年度优秀提案、提案办理工作先进单位、提案办理工作先进个人和政协信息工作先进个人名单。

政协石狮市委员会

2013年11月26日

附件1：2012—2013年度优秀提案一览表（共22件）

表3

案 由	提案人
关于在市区八七路等主要干道设置中间隔离带（栏）的建议	民革石狮总支
关于对化解石狮市中小微型企业融资难 融资贵的建议	民盟石狮总支
关于办好城区初中，留住外来务工人员服务石狮市企业，推动石狮市经济发展的建议	民盟石狮市总支
关于规范农贸市场管理，让城市环境更整洁美好的建议	民建石狮市总支
关于整治龟湖溪、塘园溪的建议	民进石狮市总支
关于重视和加大对工业园区公共服务和群众性文体设施投入的建议	农工党石狮市总支部
关于市区解决停车难的建议	致公党石狮市总支部
关于建立基于地理信息系统的地下管网数字化管理平台的建议	九三学社石狮市基层委员会
关于整治公交车交通违法的几点建议	台盟石狮市支部
关于加大扶持力度，做大做强电子商务产业的建议	石狮市工商业联合会
关于建设锦江村闽台对渡文化旅游专用码头的建议	政协蚶江委员活动组

续表 3

关于设立石狮市文化艺术精品创作“醒狮奖”的建议	纪培明
关于改革丧葬习俗的建议	蔡天奖
关于改进税收征管办法，促进石狮税源“回流”的建议	王熊熊
关于吸引并留住外来优秀人才的建议	陈文程
关于升级“海西国际时装周”的建议	陈连升
关于规范户外广告设置及管理的建议	邱华勇
关于石狮市危房翻建的建议	郭滨滨
关于进一步规范和加强物业管理的建议	蔡盈盈
关于加大对新兴产业扶持力度的建议	黄泰山
关于加强中小学生健康体检的建议	许雄飞
关于严厉打击医托 建设平安石狮的建议	李灿新

附件 2：2012—2013 年度提案办理工作先进单位（13 个）

石狮市农办
石狮市经济局
石狮市教育局
石狮市公安局
石狮市民政局
石狮市财政局
石狮市人力资源和社会保障局
石狮市住房和城乡规划建设局
石狮市行政执法局
石狮市交通运输局
石狮市文体旅游新闻出版局
石狮市卫生和计划生育局
石狮市环保局

附件 3：2012—2013 年度提案办理工作先进个人（15 名）

林秀钦（石狮市人民政府办公室）
张宝葛（石狮市农办）
杨婉贞（石狮市经济局）
蓝理标（石狮市教育局）
蔡万紫（石狮市公安局）
王晴莹（石狮市民政局）
李垂轩（石狮市财政局）
蔡海生（石狮市人力资源和社会保障局）
杨扬帆（石狮市住房和城乡规划建设局）
林　鹏（石狮市行政执法局）
王志锵（石狮市交通运输局）
陈清良（石狮市文体旅游新闻出版局）
谢金磐（石狮市卫生和计划生育局）
苏传贤（石狮市环保局）
何世明（石狮市政协提案法制办公室）

附件 4：2012—2013 年度政协信息工作先进个人（9 名）

何世明（政协提案法制办公室）
纪培明（政协教科文卫史办公室）
刘福全（政协办公室）
洪明芳（政协教科文卫史办公室）
张培英（政协委员活动中心）
施正极（政协灵秀委员活动组）
王培民（政协湖滨委员活动组）
陈文晖（政协锦尚委员活动组）
陈锦章（政协蚶江委员活动组）

关于表彰2017–2020年度优秀提案、优秀提案团体和提案办理工作先进单位的决定

（狮协〔2020〕8号）

政协各专委、办、活动组：

自市政协七届一次会议以来，委员们认真履行政治协商、民主监督、参政议政职能，积极撰写政协提案，真实反映社情民意，为我市经济建设和社会事业发展做出了积极贡献；相关部门高度重视并认真办理政协提案，全面推动提案的落实和成果转换，产生了良好的经济效益和社会效益。

为进一步做好政协提案工作，不断提高提案质量和提案办理成效，根据各级提案工作条例规定，经第七届市政协第45次主席会议审议通过，决定对市政协七届一次会议以来（2017–2020年度）优秀提案30个、优秀提案团体8个、提案办理工作先进单位10个（具体名单详见附件）进行表彰。希望受表彰的集体和委员珍惜荣誉、再接再厉，为推动政协工作新发展、促进石狮经济发展和社会进步做出更大贡献。

附件：1. 2017–2020年度优秀提案名单

2. 2017–2020年度优秀提案团体名单

3. 2017–2020年度提案办理工作先进单位名单

政协石狮市委员会

2020年12月25日

附件1：2017–2020年度优秀提案名单

表4

提　案	提案人
关于加强沿海水环境治理力度的建议	鞠智刚
关于规范石狮祥芝国家级中心渔港管理，让我们的渔港环境更加整洁和安全的建议	蔡加鹏

续表 4

关于完善路网建设，缓解南片区道路交通的建议	民进石狮总支部
关于加强我市知识产权服务体系建设的建议	陈东华
关于试行一线产业工人素质提升工程的建议	章海木
关于优化提升石狮服装城轻纺城营商环境，推动石狮纺织服装产业跨越发展的建议	洪英塔
关于健全石狮市医院新院公交网络的建议	许雄飞
关于应对我市中小学校教师严重不足的建议	民进石狮总支部
关于保护民间古建筑的建议	叶心凤
关于在我市街道社区建立老年人日间照料中心的建议	民盟石狮总支部 民革石狮总支部
关于提升城市供水水质暨加快饮用水消毒工艺升级改造的建议	傅金镇
关于加强住宅电梯维护和安全监管的建议	蔡洪泽
关于加快鹏山学校新校区项目建设的建议	蔡清栋
关于完善峡谷旅游路周边配套设施的建议	许雄飞
关于开设石狮地方历史、文化、地理校本课程的建议	蔡慰同
关于增设市区电动旅游小巴士的建议	王荣柏
关于推进我市农村污水处理工作的建议	台盟石狮支部
关于创建宝盖山 4A 级景区的建议	李国宏
关于进一步推进健康石狮的建议	民建石狮总支部
关于定期举办夏令营活动，加强和促进石狮与香港、澳门青少年交流互动的建议	蔡清栋
关于加强我市中学教育优质发展的建议	致公党石狮总支部
关于提升石狮市交通智能调度系统管理水平的建议	九三学社石狮基层委员会
关于加大对高校毕业生自主创业扶持力度的建议	章海木
关于对我市电商产业发展的建议	民革石狮总支部
关于兴建石狮市闽台食品旅游旅游购物城的建议	蔡世界

续表 4

关于解决石狮市联邦国际商业城危房的建议	民建石狮总支部
关于盘活我市闲置厂房的建议	致公党石狮总支部
关于对我市老旧小区严重老化的消防设施进行改造的建议	台盟石狮支部
关于发展石狮校服产业的建议	王熊熊
关于加快我市家政服务业发展的建议	蔡盈盈

附件 2：2017-2020 年度优秀提案团体名单

民革石狮市总支部

民盟石狮市总支部

民建石狮市总支部

民进石狮市总支部

农工党石狮市总支部

致公党石狮市总支部

九三学社石狮市基层委员会

台盟石狮市支部

附件 3：2017-2020 年度提案办理工作先进单位名单

石狮市政府办公室

石狮市发展和改革局

石狮市教育局

石狮市公安局

石狮市住房和城市建设局

石狮市交通和港口发展局

石狮市商务局

石狮市文化体育和旅游局

石狮市卫生健康局

石狮市城市管理局

二、石狮文史资料各辑篇目

第一辑　篇目一览表

表 5

篇　目	作　者	篇　目	作　者
石狮史话	郑炳山	永宁“闽海局关”的设立	李　扬
永宁历史概况	郑天应	蚶江基督教会史略	鉴　真
蚶江镇建置沿革	傅金星	郑成功董氏夫人身世考	李天锡
祥芝镇历史沿革	王明篇	永宁陷城时间小考	郑　应
闽台粘氏　满裔同根	粘国民	附：关于林顺在永宁招兵反清的一封信	郑梦星
蚶江与金门欧氏的血缘关系	廖渊泉	郭坑郭氏回民之渊源	郭天助
蚶江郊商之兴衰	黄杏村	永宁干姓曾是少数民族	刘志诚
清代蚶江港的兴衰	林英乔	说说“再借亭”	傅金星
清蚶江港	庄为玑	“后堡林”与“横顶蔡”	林祖炳
闽台满族的始祖墓	吴永胜	一代贤相梁克家	吴永胜
林元品的“大夫第”	郑天应 李显扬	铁面御史洪天锡	洪源修
蚶江石湖浯屿水寨	郑焕章	元末永宁乡贤龚名安	廖渊泉
沈有容海上扫倭尘	林祖武	精研《易》理的王畿	人秋 永胜
沈有容舌退红毛番	林祖武	不避权要的黄克缵	郑天应
抗战时期的永宁海上航线	李　扬	明代石湖著作家郭伟	郭　邕
性愿法师过永宁	吴永胜	吴文鯱及其家世	吴永胜
“七·一六”日寇登陆永宁纪实	高武铺	华侨慈善家——龚抱月	李天锡
蚶江《美元临时流通券》的发行及流通简介	黄杏村	爱国侨领——林寿山	林祖武
岑兜与浔尾盐场	郑天应 李显扬	为争取妇女自由平等尽心尽力的刘瑜壁	梅生 清江

第二辑　篇目一览表

表 6

篇　目	作　者	篇　目	作　者
梅林港纵横谈	李意标	烈山五姓及永宁高氏渊源	高武篇
漫谈开发中的梅林港	李清池	外高乡志	高标辉
石湖港的历史沿革与概貌	郭　愿	沙美村史话	卢远征等
民国时期的石狮公路建设	蔡尔辇	石狮城隍	蔡尔辇
龚抱月与“郑龚抱月国际基金会”	郑天应	石狮市基督教概况	龚尚团
旅菲永宁同乡会与平粜会	郑澄坚	近代基督教传入永宁情况	郑炳山
永宁华侨在祖国抗战期间活动片断	李天锡	一九二一年石狮发生过一次大地震	王人秋
热血洒菲岛　英名留史册	李国宏	封建婚姻的形形式式	刘瑜璧
《蚶江志略》（节选）	蚶江乡土志组	尤天爵抗倭殉难记	李国宏
道光《晋江县志・烈女志》的史料价值	李国宏	明代武进士陈有纲	李国宏
真德秀与水澳寨的建设	李国宏	台湾新竹李氏开基祖李锡金	李天锡
荣兴号商船及其作坊	高武铺	菲侨铁业巨子黄念忆	李天锡
永宁办学史话	郑天应 李显扬	王立璇小传	李天锡
国卿回民小学简史	国卿小学校董会	坚持反日斗争的蔡培火	郑梦星
竞新女校	林朝素	王庆祥医生传略	郑　应
石湖郭姓回族考略	郭　愿	林俊德传略	林双法
港边佘氏史话	文　培	柯婉珍传略	林双法
鳌城尤氏渊源小考	尤应望		

第三辑 篇目一览表

表 7

篇目	作者	篇目	作者
石狮防疫队支援晋北山区	潘玉仁	蚶江、石湖文物钩玄录（七则）	林英乔
晋江县妇女抗敌后援队永宁妇女军训队	高武铺	永宁城隍庙	李 扬
石狮市回族的历史与民俗	陈国强	陈启仁及其著作	陈一鸣
祥芝港历史考略	李国宏	闽南高甲第一旦——林秀来	蔡尔辇
蚶江陆路交通概况	林祖武	菲华抗日英烈黄念打	李国宏
蚶江人徙居台湾史考	林祖武	菲华巨商高染	李天锡
从水澳到永宁寨	郑 应	菲华教育家颜文初	李天锡
永宁卫与崇武所在明代抗倭中的作用	郑梦星	旅菲爱国诗人郑华民	郑伯洋
清末永宁概况	佘煌焕	菲华诗人王人杰及其诗作	李天锡
祥芝史事三则	李国宏	菲华诗人、教育家李淡	阳 阳
永宁刘氏漫谈	李国宏	附：我的父亲李淡与洋山小学	冰 凌
沙堤村史话	龚尚团	“强房持”（蔡培庆）传略	蔡尔辇 蔡维琛
金埭华侨史话	黄昭祝	郑成功夫人董酉姑	伍天辉 郑迈进
抗倭将领结缘永宁卫	李国宏	永宁抗倭英雄王世实	王迪虹
永宁中学校史	郭天助 李天腾	叔侄名宦 廉洁奉公——李范廉、李廷森政绩略述	李国宏
石狮市实验小学——古老又年轻的侨乡学校	王人秋	明代少数民族诗人丁宗亮	李国宏
石狮医院简史（1952–1988）	林双法	洪湷鳌及其《监难家书》	洪源修

第四辑 篇目一览表

表 8

篇目	作者	篇目	作者
民族血债怎能忘	蔡奕对	“七·一六”日寇在梅林村罪行记述	李国宏

续表 8

血泪控诉	李玉钩	清代发生在永宁的两起海战	李国宏 吴丽明
日机、日舰袭扰祥芝镇暴行	王明篇	林顺与清初永宁“洗街”血案	郑梦星
日寇轰炸石狮纪实	王人秋	鳌城古迹琐谈	郑天应 李显扬
石狮华侨在抗日战争和世界反法西斯战争中的贡献	郑炳山	从梅福庵两方碑刻看清末永宁	李国宏
抗战中侨乡石狮的音乐戏剧活动	潘玉仁	蚶江打铁巷口与澈汉五王府宫	林祖炳
抗日时期山城求学追忆	蔡尔辇	姑嫂塔	郑天应
“重演当年血洗街”	林英乔	摩崖“尽瘁捐躯”与“靖国保民”	郑天应
欢庆抗战胜利的狂欢之夜	永胜 玉仁	泉南道士的丧事功果法事活动	蔡尔辇
项南同志但倡建石狮城雕	郑炳山	著名物理学家、教育家谢玉铭	林英乔
石狮镇改为石狮街道办事处并一分为四前后	郭迪田	树人对木留典范 爱乡爱国见精神	卢赐福 李天锡
石狮市民主推荐女副市长	郭迪田	菲华文教界著名人士蔡派铿	陈梅生
回忆石狮“百人腰鼓队”	潘玉仁	新、马华侨先贤肇闪	李天锡
永宁“阅书报社”	李国宏	入世和尚释转博	蔡尔辇
解放前夕石狮市场使用美钞情况	何健辉	祥芝邱有岩家庭考略	李国宏
石狮侨批业简况	王显增	施琼芳、施士洁父子两进士	李天锡
永宁与台湾的亲缘关系	李国宏	清代楹联名家杨浚	洪源修
石狮台北隔海峡 两个洋坑根连根	蔡尔辇		

第五辑　篇目一览表

表 9

篇　目	作　者	篇　目	作　者
石狮建市前后七年的道路建设情况	郭迪田	“强房聪”和他的祥春高甲戏班	蔡尔辇
三十年代石狮市场概况	王显增	石狮慈善堂	王显增
“蚶江风俗改良会”的产生及其活动概况	黄杏村	新加坡早期的石狮华侨	李天锡

续表 9

石狮古代旅越华侨事迹二则	天锡 国宏	闽南侨乡的“石敢当”信仰	李国宏
石狮市侨办教育概况	李天锡	石狮对台贸易历史及其影响	李国宏
耕耘半世纪 更上一层楼	石光中学	银江陈氏《家乘》移台资料剖析	李天锡
永宁银江小学教师领款收据及其复校前后情况	李天锡	闽台民俗灯谜源远流长	苏温才
“南邦寄重”坊	吴永胜	鳌城灯谜异彩纷呈	郑天应
灵秀山与金相院	蔡尔辇	闽南的奇特语	卢赐福
石狮城隍庙始建时间考	李天锡 吴永胜	英勇抗击英军侵略的张然	吴永胜
祥芝港历史续考	李国宏	明代务农致富的吴怀荆	李国宏
从族谱资料看“石狮”名称之由来	李天锡	潜心易学研究的郭宗磐	郭 愿
永宁别称“永凝”的由来	李国宏		

第六辑 篇目一览表

表 10

篇 目	作 者	篇 目	作 者
姑嫂塔下红旗飘	高武铺	在火热的斗争中成长	许寿甲
晋江东南反“清乡”	许东汉	吹响了革命号角	蔡剑鸣
香港支部	倪永图 郑星辉	石狮人民喜获解放	吴永胜
石狮联络站二三事	蔡友炳	董云阁	许乔良
解放前夕石狮地下革命活动情况	王显增	李子芳	郑山玉
银江小学复校的前前后后	李天锡	卢明堂	许世清
岑兜村地下斗争片断	陈著煌	苏鸿树	林双法 盛 宏
夜袭石狮镇纪实	李德鑫	林梦飞	闵阁文 影 盛
火烧石狮公路桥	李自力	林贵攀	叶海山
虎口脱险	蔡 亮	谷起仓	郭愿 永通 穆耀
林梦飞的回归	集 文	蔡维作	蔡尔辇

续表 9

李秀峰	李天锡	卢天坪	蔡天温
蔡云腾	蔡尔辇	回忆项南同志	蔡世佳
邱奕凯	李国宏		

第七辑　篇目一览表

表 11

篇　目	作　者	篇　目	作　者
再引金鸡水　佳话有续篇	吴永胜 郑文华	百年夙愿今实现	王明篇
石狮镇自来水厂的兴建	吴永胜	推行可持续发展战略　狮城环境换新貌	吴泽荣
石狮市道路建设概述	谢忠荣	火红天地凭闯荡	王自知
蚶江公路话今昔	黄杏村 林祖炳	古老邮政焕新姿	杨建华
石湖古港的崛起	林祖武	石狮移动通信分公司简介	李国平
梅林五千吨级对台贸易码头的兴建	郑天应 李显扬　李国宏	走供电联营道路　促企业改革发展	纪荣泰
千年古港架金桥	王明篇	宋代僧人与石狮桥梁建筑	李国宏
祥渔村全国一级群众渔港的兴建	王明篇		

第八辑　篇目一览表

表 12

篇　目	作　者	篇　目	作　者
全国综合实力百强县（市）	李国宏	在全国最早进行机构、人事制度改革的县级市	蔡世佳
全国“双拥模范城”	文映真	在全国率先进入市场经济的县级市	蔡世佳 胡毅雄
全国科技工作先进市	蔡宗程	中国灯谜艺术之乡	林祖炳
全国卫生先进城市	蔡荣旭	天下第一狮	郭天纵
全国体育先进市	刘艺波 王人秋	荣立“集体一等功”的石狮市人民法院	拙　汉
全国“武术之乡”	郭天纵	荣立“集体一等功”的石狮市人民检察院	拙　汉

续表 12

全国优秀公安局——石狮市公安局	吴永雄	中国驰名商标——富贵鸟	林祖武
在全国率先实行污染工业集中控制的县级市	吴泽荣	国家重点高新技术企业——石狮市华宝集团	王敦涛
全国首家供电联营企业——石狮电力联营公司	颜宝塔 郭明强	全省文化先进市	刘艺波 王人秋
全国首建达标、示范海堤——石狮市蚶江海堤	黄杏村	石狮市率先在全省实现城乡供水一体化	吴永胜
全国海洋捕捞第一村	王明篇	洒向人间都是爱——记石狮市中华慈善总会	叶泽旺
国务院表彰的石狮市实验小学	王人秋		

第九辑　篇目一览表

表 13

篇　目	作　者	篇　目	作　者
中国科学院院士王启明	胡毅雄 李国宏	福建省卫生先进工作者郭乌须	吴永胜
中国科学院院士吴新涛	胡毅雄 李国宏	全国民兵英模邱火财	王明篇
全国劳动模范吴彦赞	蔡宗程	全国民兵模范周元贞	王明篇
福建省战斗英雄龚诗长	郑天应 李显扬	华东地区劳动模范林安田	王明篇
全国民兵模范陈焕江	李显扬	全国“三八”红旗手李乌谅	李正雄
福建省工业、交通、邮电系统先进生产者林雨邦	王人秋	福建省农业先进生产者邱秀莲	黄杏村
全国金融系统先进工作者刘良	王明篇	全国侨委会先进工作者陈少庭	王人秋
全国“三八”红旗手蔡气治	王明篇	国家优秀设计奖获得者洪碧荣	林祖武
福建省农、林、渔业和水利劳动模范王淑卿	王人秋	全国交通战线先进科技工作者杨孙胜	吴永胜
福建省农、林、渔业和水利劳动模范邱家良	王明篇	中国工程院院士候选人吴清江	蔡尔辇
福建省农、林、渔业和水利劳动模范蔡志尚	王明篇	福建省财贸劳动模范王世廉	李正雄
福建省农、林、渔业和水利劳动模范李道针	王明篇	全国新长征突击手吴朝阳	蔡宗程
全国扫盲模范黄存仁	李正雄	全国新长征突击手龚丽卿	龚显勤 龚金镇
福建省财贸系统先进工作者庄淑清	王人秋	全国文艺调演优秀演出奖获得者陈谋木	李国宏
福建省财贸系统先进工作者许素华	蔡宗程	海上缉私先锋邱国鉴	王明篇

续表 13

福建省劳动模范许猛义	郭天纵	福建省劳动模范许建良	王人秋
福建省劳动模范吴铁民	王明篇	福建省劳动模范王诗看	蔡宗程
福建省财贸劳动模范蔡茂顶	王明篇	北京市环境保护先进工作者王明枢	文 伟
福建省卫生先进工作者姜鼎铭	蔡荣旭	全国科技进步奖一等奖获得者黄柏荣	王人秋
全国优秀班主任王人秋	耕 耘	福建省计生先进工作者郑胜利	郑天应
全国“三八”红旗手洪淑霜	王人秋	全国“见义勇为”先进分子张建华	王人秋
全国优秀工会积极分子蔡先溪	郑天应 蔡宗程 李显扬	全国能源工业劳动模范林甘川	蔡宗程
全国体育传统项目学校先进工作者高天理	郑天应 李显扬	全国优秀教师张道南	王人秋
航天部一等功获得者郑自然	王人秋	全国优秀教师蔡尧坤	郭天纵
全国农村戏剧创作二等奖获得者高永清、郑天应	李显扬	全国农村科技致富能手蔡第福	黄杏村
全国“三八”红旗手李爱珍	吴诚仁	全国“讲理想、比贡献”先进个人蔡迦勒	吴永胜
福建省先进教育工作者卢远征	蔡宗程	全省“卖粮多、贡献大”二等奖获得者蔡清渔	李正雄
福建省先进教育工作者张祖培	郭天纵	福建省劳动模范洪瑞鹊	林祖炳
全国武术挖掘、整理工作二等奖获得者周志强	郭天纵	福建省劳动模范林国志	林祖武
全国武术挖掘、整理工作二等奖获得者周盟渊	郭天纵	福建省劳动模范姚天源	蔡荣旭
全国侨联工作积极分子林贵攀	王人秋	全国农业劳动模范吴夏云	蔡宗程
全国“五一”劳动奖章获得者蔡尔海	蔡尔辇	福建省优秀共产党员龚显勤	李国宏 纪培明
全国民办科技实业家宋太平	王人秋	全国颁发居民身份证先进工作者龚春燕、李荣棋、郑志明	吴永雄
全国农村科技致富能手邱大松	王人秋	全国优秀教师邱双美	王明篇
福建省劳动模范王天生	郑天应 李显扬	福建省打击走私工作先进个人庄国辉	文 伟

第十辑　篇目一览表

表 14

篇　目	作　者	篇　目	作　者
中华人民共和国解放奖章获得者蔡友铛	李正雄	“全国侨界十杰”蔡世佳	王人秋
福建省工业、交通系统先进生产者黄祖德	叶泽旺	全国乡镇企业家蔡东升	王人秋
全国侨务先进工作者黄清泉	郑天应 李显扬	全国机械工业劳动模范吴国庆	吴永胜
贵州省劳动模范戴梓剧	叶泽旺	全国优秀教师董永贵	郑天应 李显扬
全国计划生育先进个人黄奕法	黄杏村	全国环境综合整治先进城市市长蔡志从	吴泽荣
全国商业统计优秀工作者杨德新	叶泽旺	全国学法用法先进个人杨华强	吴永雄
全国优秀教师郭建守	郭天纵	全国优秀女乡镇企业家吴雪萍	蔡宗程
国家机电部科技进步奖获得者吴彦卿	吴永雄	福建省优秀共产党员许经鍪	黄杏村
全国卫生系统先进工作者蔡清辉	郑天应	福建省优秀共产党员邱华辉	王明篇
全国优秀人民警察柯玉桑	吴永雄	福建省精神文明建设先进工作者邱添送	蔡宗程
福建省打击走私工作先进个人陈建新	吴永雄	福建省精神文明建设先进工作者蔡友谋	蔡宗程
全国农民体育积极分子吴彦全	吴永雄	福建省精神文明建设先进工作者蔡奕云	王济民
福建省计划生育先进工作者蔡金硕	文　伟	福建省农村优秀党支部书记吴为化	吴永雄
福建省安全生产先进工作者柯金狮	蔡荣旭	福建省优秀党务工作者庄文甲	蔡天生
全国优秀教师许建设	王人秋	全国科教兴市先进个人魏坚	叶泽旺
福建省优秀共产党员王允澄	王济民	全国城市市政设施普查先进个人王清波	吴泽荣
福建省优秀共产党员蔡荣欣	培仪　乃萌	全国妇幼卫生先进工作者龚诗建	郑天应
福建省精神文明建设先进工作者吴约南	蔡宗程	全国群众体育先进个人蔡崇伦	郭天纵
福建省创安先进工作者黄树民	李正雄	福建省计划生育先进工作者王海蓉	吴泽荣
全国乡镇企业家蔡炯明	李正雄	全国优秀工商行政管理人员李文剧	吴泽荣
福建省劳动模范吴玉岛	吴永雄	福建省劳动模范李贤领	郑天应 李显扬
福建省劳动模范邱家耀	李正雄	福建省劳动模范吴助仁	吴永胜

续表 14

福建省劳动模范邱聪明	王明篇	福建省民族团结进步模范黄水源	庄怀泽
建省劳动模范陈文荣	吴永雄	福建省计划生育先进工作者林自育	叶泽旺
福建省劳动模范蔡朝瑞	黄炯星 蔡荣旭	福建省计划生育先进工作者林瑜华	林祖炳
全国特级优秀人民警察李永木	吴永雄	福建省优秀党务工作者李建设	王明篇
全国外经贸系统先进工作者蔡华谈	吴泽荣	国家武警总部一等功获得者邱马愿	王明篇
全国优秀公证员洪传芳	蔡荣旭	福建省先进工作者李奕亭	吴永雄
福建省优秀共产党员郑文华	王人秋	全国优秀人民警察陈清芳	吴永雄
福建省社会治安综合治理先进个人邱于标	洪明芳	全国城市环境综合整治优秀市长朱新民	纪培明 吴泽荣
全国优秀人民警察李文心	吴永雄	福建省精神文明建设先进工作者李丽月	郑天应 李显扬
福建省精神文明建设先进工作者吴为坤	李正雄	福建省精神文明建设先进工作者张瑞霖	郭天纵
福建省精神文明建设先进工作者杜举胜	蔡宗程	“中国青年志愿服务奖奖章”获得者董再发	李秉源
福建省精神文明建设先进工作者洪进灯	蔡天生	全国报业先进经营管理工作者余光仁	叶泽旺
福建省农村扶贫开发与小康建设先进个人郭德成	蔡世鑫	全国优秀工商行政管理人员许谋团	梁松柏 王人秋
福建省有突出贡献的农业科技工作者李培德	蔡宗程	“全国婚育新风进万家活动”先进个人邱天生	蔡荣旭
国家广电总局“技术能手”叶常青	郭天纵	全国国土资源执法监察先进个人许培坤	吴泽荣
全国优秀人民警察苏碧江	吴永雄	福建省优秀党务工作者李密卿	郑天应 李显扬
全国学校体育卫生工作先进个人黄文波	吴永雄	福建省计划生育先进工作者龚庆丰	王明篇
全国模范人民调解员杨荣聆	吴永雄	福建省计划生育先进工作者蔡长泰	郭天纵
福建省优秀共产党员陈水深	李正雄		

第十一辑　《石狮掌故》篇目一览表

表 15

篇　目	作　者	篇　目	作　者
风光名胜		关锁凌霄	吴泽荣

续表 15

一峰灵秀隐幽姿	吴永雄	闽台满族始祖粘博温察尔	吴永胜 李显扬
六胜烟霞	林祖武	江夏侯兴建永宁卫城	郑天应 李显扬
石狮城隍庙	叶泽旺	郑和与“三宝溪”	林祖武
圆通庵与五台庵	叶泽旺	张寿妙笔题“月臺”	郑天应
虎岫寺与朝天寺	苏荣灿	尤天爵的“将军血”	李国宏
永宁福地	李显扬	抗倭英烈高三弟	林祖武
黄金海岸	洪全克	蒙古族诗人干宗亮	李国宏
伍鸿胜迹	王明篇	回族乡贤郭宗磐	王东晓
斗美云烟	王明篇 杜德宜	郭伟著书	林祖武
凤仪朝圣	林祖武	王畿中解元	李国宏
对渡春潮	林祖武	五部尚书黄克缵	郑天应
大坠秀色	林祖武	李廷机游鲸江	李国宏
石湖寨城	林祖武	何乔远吟丰山	李国宏
千年古港林銮渡	吴永雄	戚继光永宁歼倭寇	李国宏
一线天街	林祖武	沈有容台澎驱外寇	林祖武
园林雅韵	林祖武	曾樱与“再借亭”	吴永雄
人文传奇		探花都督黄守魁	李国宏
蔡襄制订《龟湖塘规》	蔡小燕	郑成功与国姓寨	林祖武
林洪与美食	林祖武	郑成功与黄愈受	李国宏
赵永嘉虎岫题诗	颜伟文	国姓夫人董酉姑	李显扬
朱熹虎岫题字	颜伟文	抗清英烈洪淯鳌	李国宏
王十朋咏灵秀山	颜年安	靖海侯与英济庙	蔡鸿鹏
洪天锡悬联言志	李国宏	黄宽敬献“万年炉”	李国宏
龚名安平叛	李国宏	《新建蚶江海防官署碑记》考略	吴永雄

续表 15

林元品与“日茂”	李显扬 李国宏	相思树的传说	王人秋
蔡名标倡修城隍庙	李国宏	“万岁脚”的由来	吴永雄
台湾父子两进士	李天锡	石狮甜粿的来历	王人秋
许行简题联虎岫寺	李天锡	田螺肉碗糕的传说	蔡小燕
陈棨仁巧题“中亭”	李国宏	西施舌	林祖武
李祖堦建厝传“堦框”	李天锡	郑成功与“国姓鱼”	颜伟文
吴文眺与坑东“总统寓”	李天锡	施琅将军与绿豆饼	蔡小燕
俗语“宁可拆胛也不放篙”的由来	纪培明	民俗风情	
俗语“无法度，找孝固”的由来	蔡宗程	海上泼水节	林祖武
华侨将军李子芳	李国宏	天下第一狮	郭天纵 李国宏
华侨英烈董云阁	李国宏	武术之乡	郭天纵 吴永雄 李国宏
民间故事		灯谜之乡	苏荣灿
姑嫂塔的传说	高永清	戏剧之乡	林祖武
六胜塔的传说	颜伟文	南音	李国宏
镇海雄风	郑天应 李显扬	漫侃	吴泽荣
石狮“显灵”打倭寇	蔡小燕	红膏蟳之乡	林祖武
仙迹石的传说	蔡天温	神奇的“风狮爷”	李国宏
打鼓将军抗倭寇	纪培明	“听香”趣闻	林祖武 林祖炳
通济桥的由来	林祖武	跳火群	林祖武
“仙开门”的传说	郑天应	艺海奇葩分外香——记石狮通草画	吴永雄
得道高僧吴云静	吴永胜	独具特色的石狮侨乡歌谣	王人秋
郭宗磐吃“怪”	纪培明	石狮建市后地名命名追记	佘日杰
“答王爷”与“金再兴”的传说	纪培明		

第十二辑 《石狮服饰》篇目一览表

表 16

篇　目	作　者	篇　目	作　者
服装产业篇		石蚶路针织辅料市场	
服饰文化		塔前辅料市场	
服饰潮流		市场拓展	
从仿制洋服到打造时尚		现代营销	
服装设计		服装出口及对外投资	
服饰展示		服装工业	
服装科技与教育		迅猛发展的服装工业	
服装市场		不断完善的纺织服装产业链	
布墟街		全国著名的休闲鞋生产基地	
估衣摊		服装名城篇	
新华服装市场		中国休闲服装名城——石狮	
大仑街服装批发市场		中国西裤名镇——蚶江	
跃进路服装市场		中国运动休闲服装名镇——灵秀	
华南童装市场		中国服装辅料名镇——宝盖	
群英路服装市场		中国童装名镇——凤里	
九二路服装精品街		海峡两岸纺织服装博览会	
侨乡商业城		石狮服装城	
环球商业大厦		服饰名牌	
汽车站服装批发市场		富贵鸟	
鸳鸯池布料市场		帝牌	
灵秀路服装辅料市场		彬伊奴	

续表 16

斯得雅		协盛协丰	
拼牌		文兴	
爱登堡		大发	
斯舒郎		服饰掌故篇	
皇宝		薯莨衫	
威兰西		裁缝名师周海霖	
野豹		杂说石狮“染乌衫裤”	
迪娜		染衫工巧治腮腺炎	
盖奇		绣花	
健健		“哈德利”不是名牌？！	
华丰		中东客商在石狮	
华联		石狮服饰之“第一”	
华宝			

第十三辑 《石狮风云》篇目一览表

表 17

篇 目	作 者	篇 目	作 者
革命火种		峥嵘岁月	
石狮早期地下革命活动纪略	李国宏	石狮地下党联络站的建立和蔡景和	吴永雄
抗战烽烟		岑兜党支部的成立和郑家玄	高武铺
石狮抗敌后援会活动纪实	潘玉仁	石狮“谊社”组成始末	佘日杰 吴永雄
抗战时期石狮抵制日货活动	蔡宗程	卢厝村地下革命斗争	王明篇
我与永宁青年抗日救国会	林圣雪	深埕村地下革命斗争	王明篇
晋江县妇女抗敌后援队永宁妇女军训队	高武铺	杆头村地下革命斗争	高武铺
蚶江抗日宣传活动	林祖武	岑兜村地下革命斗争	陈著煌

续表 17

夜袭石狮镇纪实	李德鑫	“五山纵队”覆灭记	纪培明 蔡鸿鹏
袭击永宁镇公所、稽征处	李自力	人物英华	
奇袭石狮保安中队	许精忠 许友山	侨乡赤子铸忠魂	吴永雄
火烧石狮公路桥	李自力	红色儒医苏鸿树	林双法
石狮反“三征”斗争	蔡天温	开明绅士何敬捷	叶泽旺
在火热的斗争中成长	许寿甲	革命烈士林敦磅	纪培明 蔡鸿鹏
蔡剑鸣虎口脱险	蔡　亮	三个后房	施　西
吹响了革命号角	蔡敦苑	“薯箍姆”李乌蜂	苏秋凉
石狮人民喜迎解放	吴永胜	革命“五老”李玉坤	王东晓
民主建政		奔向光明	吴永雄
石狮人民政权成立和基层建设	颜伟文	闽中游击队员吴为果	郭天纵
漫漫人生路	胡　岚	革命“五老”郭鸿奢	王东晓
塔山剿匪记	蔡小燕		

第十四辑　《石狮民俗》篇目一览表

表 18

篇　目	作　者	篇　目	作　者
岁时习俗		清明节	王东晓 吴永雄
初一闹新春	王明篇	夏至吃夏面	蔡宗程
初二请囝婿	王明篇	端午节	吴泽荣 纪培明
初四神落天	王明篇	七娘生	王明篇
初七众人生	王明篇	中元节	陈益世
初九敬天公	王明篇	中秋节	王明篇
元宵节	王东晓	重阳节	林祖武
替身	吴永雄	吃霜降柿	吴永雄

续表 18

立冬	郑天应	丧葬	施性山
冬至	林祖武	禁忌	林志攀
尾牙	吴永雄	信仰习俗	
廿三送神	吴永雄	道教	陈益世 李国宏
筅尘	吴永雄	佛教	陈益世 李国宏
廿四送灶君公	吴永雄	基督教	吕启明 郑天应
贴春联	吴永雄	回族	郭天纵
贴门神	吴永雄	祠堂	李国宏
“福”字倒贴	吴永雄	民间信仰	刘浩然 李国宏
过年饭	吴永雄	行业习俗	
跳火圈	林仁财 吴永雄	教育	蔡宗程
围炉	林仁财 吴永雄	文艺	蔡宗程
守岁	吴永雄	华侨	郑天应
生活习俗		航海	李显扬 苏荣灿
服饰	郑天应	农耕	王明篇
饮食	郑天应	工商	颜伟文
家居	郑天应	民俗歌谣	
行旅	郑天应	节气歌谣	蔡天温
过番	郑天应 李显扬 苏荣灿	生产习俗歌谣	蔡天温
婚嫁	郑天应	生活习俗歌谣	蔡天温
生育	郑天应	华侨歌谣	蔡天温
寿庆	郑天应	民俗俗语	蔡天温
竖寿	王人秋	岁时俗谚	王明篇
建宅	施性山	地方殊俗	

续表 18

相损	李显扬 苏荣灿	借土	蔡宗程
永宁陷城洗街	郑天应	虎岫寺庙会	李显扬
海上泼水节	吴泽荣 纪培明	戏笼	高永清
永宁董姓做节做“十四”	郑天应	傀儡拚破鼓	郑天应 高永清
“廿一都十八年”的大普	林再贤 林志攀	仙公“运梦”	纪丽卿
十月初一祭祀海神	李显扬	劈蔗	王人秋
民俗掌故		文雅的“土话”	郑天应
出嫁女头遮竹笠	李天锡	石狮闽南方言中的外来词	王东晓
“三人五牙目”	郑天应	方言与普通话趣对	李天增
娶亲与红米圆	高云鹏		

第十五辑　《石狮古厝》篇目一览表

表 19

篇　目	作　者	篇　目	作　者
名人故居		蔡孝忍故居	蔡宗程
黄鳌故居	李国宏	詹孟杉故居	李显扬 苏荣灿
干宗亮故居	李显扬 苏荣灿	李子芳故居	李国宏
郭宗磐故居	王人秋	董云阁故居	李国宏
王畿故居	李国宏	颜文初故居	张德伟
林元品故居	郑天应 李显扬	蔡孝固故居	蔡宗程
蔡亚龙故居	王明篇 林再贤	林惠祥故居	林志攀
施之东故居	杨行山 李国宏	谢希德故居	王明篇
蔡枢南故居	吴丽明	蔡清洁故居	张德伟 蔡金龙
黄念忆故居	吴丽明	白刃故居	李显扬
邱允衡故居	吴启昌	李爱珍故居	郑天应

续表 19

闽南古厝		宽仁振成楼	蔡宗程 洪天恩
洪窟进士第	张军璞	永宁宁东楼	李显扬
宽仁南北何古厝	蔡宗程	沙美美朗楼	卢俊杰
港塘陈元老古厝	李国宏	宽仁聚仁楼	蔡宗程 洪天恩
蓉园杨家古厝	张军璞 李国宏	岑兜万芳楼	蔡培育
永宁霞源古厝	郑天应 李显扬	外高贻庆楼	李显扬
铺锦黄玉山古厝	李国宏	官聘杨家大楼	傅天舒
锦江风炉厝	林志攀	锦尚达章别墅	吴启昌
东村皇楼大夫第	蔡宗程	彭田德馨楼	谭晓英 蔡金龙
林边下大厝	施性山	彭田西楼	谭晓英 蔡金龙
玉浦蔡长和古厝	李国宏	伍堡七开间洋楼	王明篇
霞泽王锡报古厝	李国宏	龙穴景胜别墅	蔡培育
坑东总统寓	吴永胜	赤湖德景别墅	李国宏
岑兜贻谋堂	李天锡 杨行山	赤湖德土楼和德亭楼	李国宏
塘头王启文古厝	李国宏	沙美万安楼	卢俊杰
布墟街蔡氏大厝	蔡宗程 蔡天生	莲埭联晖楼	林萌萌
仕林晋源古厝	王东晓	塔前麟美楼	张德伟
港塘张氏三大古厝	张德伟	古迹遗址	
钞坑颜氏古厝	张德伟	石狮老街	吴永雄
容卿蔡培聪戏班大厝	蔡金龙	永宁老街	郑天应
洪厝王季泉古厝	王明篇	蚶江古街	叶泽旺 陈益世
东店傅孙严古厝	吴启昌	洪尾土楼	林祖武 陈益世
华侨民居		后垵海关遗址	林祖武 林志攀
迦南园	吴永雄	蚶江厘金局遗址	林祖武 叶泽旺

续表 19

蚶江海防古堡	林祖武	永宁平粜会旧址	郑天应
蚶江翰墨园遗址	林文裕 陈益世	石狮地下党联络站遗址	吴永雄

第十六辑　《石狮地名》篇目一览表

表 20

篇　目
政区村落
凤里街道 五星　东村　后花　宽仁　仁里　新华　龙华 华南　华仑　大仑
湖滨街道 长福　曾坑　林边　玉湖　湖边　新湖　金林 仙迹　花园城
灵秀镇 钞坑　彭田　塘园　灵狮　灵峰　灵山　仕林 华山　前廊　塔前　茂厦　港塘
宝盖镇 坑东　杆头　龙穴　前园　前坑　塘后　塘边 松茂　仑后　铺锦　后宅　郑厝　苏厝　后垵 山雅　塘头　上浦　玉浦　雪上　宝源
蚶江镇 蚶江　锦江　锦里　石渔　石农　大厦　莲东 莲西　莲中　石壁　东垵　洪窟　锦亭　水头 莲塘　厝仔　古山　溪前　青莲
鸿山镇 东埔一村　东埔二村　东埔三村　伍堡　西墩 洪厝　邱下　莲厝　东园　郭厝　湖厝
永宁镇 永宁　金埭　郭宅　沙堤　新沙堤　下宅　郭坑 后杆柄　院东　山边　西偏　塔石　西岑　前埔 洋厝　子英　沙美　外高　浯沙　梅林　港边

篇　目
祥芝镇 祥渔　祥农　祥运　大堡　前山　古浮　莲坂 湖西　赤湖　后湖
锦尚镇 厝上　锦尚　西港　东店　杨厝　奈厝前　卢厝 港前　深埕　谢厝　港东
山川地理
宝盖山　灵秀山　金钗山　香山　益辅山 观音山　鸿山　长任山　双髻山　将军山 五虎山　大小坠岛　三保溪　林銮渡　佛堂澳 石湖港　梅林码头　黄金海岸　鸳鸯池公园 龟湖公园　西洋公园
地名资料
石狮地名工作简况
石狮路名命名追记
道光版《晋江县志》都里资料摘录
地图资料选录

第十七辑 《我与石狮政协》篇目一览表

表 21

篇　目	作　者	篇　目	作　者
构筑建言献策新平台	丁家全	责任让我成熟	施文坛
政协委员之家筹建回眸	佘日杰	乐当“红娘”搭彩桥	施养谊
政协十年情	王有官	履职点滴	施能向
文史缘	黄章煌	参政议政的心路历程	洪克明
我与石狮政协二十年	施心新	新石狮人的履职感言	胡连荣
政协专题调研亲历	吴清木	政协永宁委员活动组的“轮流坐庄”	高积华
壮心一片均是情	吴清含	闽台城隍文化一脉相承	商庭烟
难以忘怀的履职故事	吴彦南	我与教育事业的不解之缘	蔡建业
我与政协主席建议案	蔡志从	我的提案情结	蔡美全
我和《石狮人在澳门》	许民权	反映社情民意是政协委员的重要责任	蔡第赈
情系政协	高铭群	“组长”的责任	王明篇
政协工作大有可为	卢文进	小小“门牌”系民生	叶铿铿
社会责任永驻我心	王衍筑	落实宗教政策与支持教育事业	吕启明
谱牒文化溯源流	叶心凤	乐当南音文化交流使者	吴为永
难忘政协工作岁月	叶泽旺	心系弱势群体	吴教盛
身份的感慨	吴永雄	一件再次提交的提案	谷晋青
我与伯洋常委在政协	吴永雄	外乡人的参政情怀	邵　峰
共享荣光	吴明怀	收集整理乡土文史资料的苦与乐	郑天应 李显扬
荣誉和责任	吴清水	一生中最值得回味的日子	曾子明
责任重于泰山	陈连升	一份提案“点亮”一条道路	程育钦
一段难以忘怀的记忆	陈其南	我为居住危困户鼓与呼	蔡子鸿
情系石狮这方热土	陈谋木	我与一所现代学校的情缘	蔡天色

续表 21

奉献爱心尽职责	蔡宗程	石狮市政协大事记	
提案催生“北狮王”训练基地	蔡奕品	石狮市政协组织机构	
一名政协委员的感怀	戴熼木	2001 年—2010 年石狮市政协重要提案	

第十八辑 《石狮往事》篇目一览表

表 22

篇　目	作　者	篇　目	作　者
侨乡风云		遗念的石狮“社青”	吴永雄
十九路军在蚶江	林志攀	祥芝公社民兵师小记	王明篇
高明轩施纯亮奔赴延安	李国宏	“打击资本主义泛滥成果展”举办记	蔡天温
石狮地下党联络站	吴永雄	旅菲银江义济同乡会缘起	李天锡
赤胆忠心战友情——记石狮地下党区工委书记杨竹志和骆朝宗重逢合影	吴永雄	永宁华侨倡办“平粜”解乡危	郑天应
南下干部胜利会师	蔡小燕	话说石狮侨批	王东晓
南下干部谷起仓	李国宏	侨乡早期妇运代表人物刘瑜碧	李显扬
李贤清参加解放厦门	李天锡	第十四区民主妇女联合会成立	吴永雄
阶级情战友心——记三吴乡山雅农会小组欢送土改工作队留影	吴永雄	林贵攀出席福建省侨代会	林祖武
晋江县第九区第三次扩干会留影	施性山	早期石狮金融业	王东晓
瞻望胜利心向未来——欢送杨竹志同志	吴永雄	飞针走线绣美景——记石美水工艺厂	洪天恩
石狮镇首届工人代表大会	叶忠惠	古浮紫菜养殖试验场	蔡仁树
欢送石狮镇首任镇委书记履新	施性山	梅林港的变迁	苏荣灿
玉湖街庆祝土地改革胜利大会	吴永雄	文化钩沉	
晋江县第九区纪事	郑天应 李显扬	晋江最早的新式学堂	郑天应 李显扬
全县首届防奸治安模范代表会议在石狮召开	吴永雄	锦江学校旧事	林祖武
晋江县十四区前线民兵风采	蔡仁树	石狮早期创办的教会学校	郑天应
石光中学民兵警卫连记事	吴永雄	爱群学校办学记	洪天恩

续表 22

银江侨校薪火相传忆先贤	李国宏	享誉中华谜坛的蚶江侨乡谜会	林清富
永宁美江学校沿革	卢俊杰	五祖拳的异国情缘	周盟渊
苏鸿树与解放前石狮华侨医院	吴永雄	“金牌”农民管乐队	林祖武
石狮《民声报》社遗址	吴永雄	“御前清曲”飘入总统府	黄章煌
永宁才女郑衍蕃	李显扬	民间文学“三套集成”表彰会	蔡天温
“闽南梅兰芳”林秀来	庄长江	名人春秋	
山雅公演话剧《血泪仇》	林祖武	何敬捷和巴金的情缘	林祖武
石狮华侨戏院	蔡天温 曾华福	物理学家谢玉铭轶事	李国宏
石狮中医联合诊所	洪天恩	许元凯医生散记	李国宏
《天乌乌》、《大头娃娃》晋京演出	吴永雄	白刃与《血花日报》	李国宏
港塘冠军篮球队	张德伟	白刃从军记	李国宏
在漳平插队的文艺兵	吴约南	白刃在故乡	王振汉
高天理与永宁中心小学女子篮球队	李显扬	皖南风云忆先烈	李国宏
难忘的永宁计生展览	李天锡	施至伟与弘一大师	李国宏
大仑渡槽史话	吴永雄	李亦园的故园情	李国宏
蚶江侨乡“谜花”艳	林祖武	院士的情结	吴永雄
“对渡碑”重见天日	纪培明	诗人蔡其矫访问永宁	郑天应
蚶江海上泼水节的“复活”	纪培明 许长财	庄为玑与《永宁乡土资料》	郑天应
南鼓圣手何木水	蔡宗程	郑山玉与李子芳研究	李天锡
溪前舞出“北狮王”	吴泽荣	罗丹在石狮的最后日子	吴永雄
电影《海囚》在永宁拍摄	郑天应	中国书协在石狮的一次笔会	吴永雄
永宁卫城话沧桑	李国宏	《画家与海岛》首映式在石狮举行	林仁财
漫话石狮民间“土班”	吴永雄	郭风在石狮	蔡天温
谜家苏温才	林清富	人生岁月	

续表 22

结婚证里故事多	吴永雄	驾驶银鹰上蓝天	刘晓娟
一张拼接的珍贵照片	王人秋	插队清流县的石狮知青	叶挺秀
民兵团的野外演练	刘晓娟	“支左”岁月	蔡金龙
民兵模范陈焕江	李显扬	石狮知青在漳平	吴光育
永宁公社中心抽纱厂女工	郑天应 李显扬		

第十九辑　《石狮侨影》篇目一览表

表 23

篇　目	作　者	篇　目	作　者
华侨风采		“石狮功勋”郑声党	郑国贤
旅菲侨领“洪炭哥”	洪天恩	万里关河客梦中	李　蓝
菲华巨商高染	李天锡	吴子备心系教育	陈益世
菲华善举公所总理郑尊婕	李天锡	中菲友好使者蔡文春	蔡仁树
“万家生佛”蔡联芳	蔡金龙	归侨教育家李贤起	蔡宗程
吴文皎宿务创业	李国宏	“摇篮血迹”故乡情	石侨联
“急公好义”施光铭	李天锡	来自大使的祝福	洪天恩
湖厝乡贤林描连洛	李国宏	爱国侨领郑周扬	郑天应
爱国爱乡的王立璇	李天锡	我所认识的蔡登錬	蔡清对
华侨名医林大廷	李国宏	“亚洲第二大富豪”郑周敏	郑天应
“闪伯”洪肇闪	李天锡	陪同菲律宾总统访华的蔡清洁	蔡金龙
“菲华模范慈善母亲”龚抱月	郑天应	吴赞续家族共栽育英树	郑国贤
华侨善举公所副董事长林水褫	李国宏	新加坡外交部副部长王书泉	王明篇
印尼侨领林寿山	林志攀 林清富	英国皇家医学院院士高武图	韦星燕
菲华教育家李淡	冰　凌	华侨英烈	
黄光坦捐建“东方醒狮”	黄汉瑜	辛亥义士周骏烈	蔡仁树

续表 23

余伯昭父子纪事	李天锡	杨虚白与《虚白诗存》	李　蓝
一张任命状的故事	吴泽荣	颜文初与菲律宾中西学校	张德伟
抗日华侨烈士李逢耀	李天锡	吴慕农菲岛义诊传美名	吴泽荣
卢友糠的革命足迹	卢天作	旅菲诗人郑华民	郑伯洋
李清泳在抗战前后	李天锡	施子荣醉心古典诗词	李　蓝
李秀峰在菲律宾的革命活动	李天锡	李焕彩二三事	李国宏
王汉杰与“华支”精神	纪培明 王仁国	李文秀抗争《西文簿记法》	李天锡
旅菲抗日英烈蔡派恭	卢章达	心系家山造福桑梓	纪培明
果敢机警的蔡维作	蔡金龙	黄念打与金星篮球队	李显扬
马来西亚华侨先烈王季銮	李国宏	杨邦梭与良友篮球队	郑天应 李显扬
旅菲抗日烈士洪清机	洪天恩	丛林中的小战士	蔡宗程
王纯流撰写归国回忆录	李　蓝	性愿法师奉佛过永宁	李显扬
艰辛回乡路	李国宏 苏荣灿	张缨池创办锦堂小学	长　弓
一点丹心付水流	李天锡	洪肇闪振兴笨珍华文教育	李国宏
抗日义勇王人芬	李国宏	“华支”老战士黄千寿	李育群
纪乃升曲折归国路	纪培明	施维亭联挽颜文初	李　蓝
泉州武装工作团团长高汉朝	李显扬	蔡德涎与德耳别墅	蔡仁树
纪念碑前悼英烈	李国宏	不忘桑梓情　独资建校舍	张德伟 蔡金龙
“华支”英烈蔡奕慈	张德伟 蔡金龙	李淡赋诗赠爱女	李　蓝
经纶藏壮志　华夏颂忠魂	王东晓	解密《花影南游历险记》	郑天应
华侨抗日英雄中国“焦化”先驱	黄汉瑜	施性城与石狮华侨戏院	李显扬
华侨轶事		“花甲勇士”蔡炳均	郑天应
民国乡宦蔡镜湖	蔡仁树	殷殷师生情　拳拳故乡心	张德伟
烟草商蔡旭煦	蔡民强	乡音乡情暖侨心	郑国贤

续表 23

喜笑颜开为哪般	洪天恩	蔡祖凤与菲律宾济阳公所	蔡仁树
郑周敏吟诵《烈风》词	李　蓝	祥芝华侨与新加坡天福宫	李　蓝
赤子侨心系菲华	蔡天生	石狮华侨与华英学校	李　蓝
何敬捷与《石狮史话》	叶泽旺	旅菲华侨参股民国公路建设	卢章达
“吊死猫”趣闻	王人秋	菲律宾光汉国术馆	王人秋
泉郡布金院传奇	黄汉瑜	早期新加坡石狮侨领散录	李国宏
邱奕墀心系家乡教育事业	邱世忠	菲华群音研究社	李　蓝
百岁侨领捐资百万办公益	邱世忠	铺锦村华侨罹难仙答洛	李　蓝
华侨印迹		一张护照的委婉故事	黄汉瑜
石狮谱牒最早的华侨出国记录	李国宏 林清富	井里汶华侨庆祝中印(尼)建交大会	林志攀
崇福堂前忆先贤	李国宏	乔迁之喜	李国宏
石狮华侨在菲传播宗教文化	王人秋	记菲华《椰风》文艺社	王人秋
石狮华侨与早期电影	王人秋	禧捞溜寄自菲律宾照片	施性山
一个“番客婶”七十年的守望	亿　一	菲华石狮睦邻联乡总会成立始末	洪天恩
君子之交情意浓	李国宏	干戈化玉帛　乡邻永和睦	洪天恩
民国时期菲律宾华侨广告漫谈	李国宏	一个得用英语交流的“石狮人家族”	林智杰
蔡培仕昆仲缘结金相院	张德伟 蔡金龙		

第二十辑　《石台亲缘》篇目一览表

表 24

篇　目	作　者	篇　目	作　者
交流纪事		一羽飞传两岸情	蔡宗程 蔡天生
闽台对渡文化节暨蚶江海上泼水节的由来	吴泽荣	石台商务“红娘”	黄汉瑜
蚶江与台湾灯谜界的交流	林清富	首届福建海峡两岸纺织服装博览会	吴家源

续表 24

台湾纺拓会徐旭东访石纪事	卢俊杰	台湾龙屿张氏寻根图谱	李国宏
石台体育交流札记	林自发	台湾教授张就道雪上谒祖	一　叶
《收藏快报》架设两岸文博桥梁	黄汉瑜	台湾粘氏祖墓寻访记	李显扬
石狮归还台湾海底地震仪始末	纪培明	蚶江欧阳氏与台湾的渊源	纪培明
智者的慈善之旅	蔡小燕	台湾法学博士王仁宏参访蚶江	林清富
“华冈”献艺闽台对渡文化节	吴泽荣	两岸后垵渊源长流	林清富
台湾县市文献资料入藏万祥图书馆	蔡崇熙	台南县长苏焕智石狮寻根谒祖	卢俊杰
难舍的鹿港情缘	洪全克	台商八次跨海圆夙愿	李琳毅
台湾蔡金宣结缘万祥图书馆	蔡仁树	金门洪氏宗亲回乡记	洪天恩
蔡友平台岛赈灾	蔡仁树	柯蔡一家亲	张德伟 蔡宗程
寻访金门董飏先史迹	李国宏	台湾“IT 教父”施振荣祖籍西岑村	李天锡
石台报业协作结硕果	傅文忠	台湾龚氏再续百年亲缘	李琳毅 占　婷
高雄仁光慈善会石狮行	蔡金龙	首创电子族谱方便台胞溯源	蔡仁树
新潮什音社赴台交流	王明篇 洪周景	我为鳌江陈氏台胞寻根穿针引线	李显扬
石台印刷业交流纪事	毛明辉	走读石狮寻亲缘	张庆宗
台湾金狮阵与石狮狮阵的深情厚谊	卢俊杰	吴清基回乡访祖	林志攀
台湾学者洪惟仁考察石狮方言	纪培明	跨越百年的谒祖之旅	卢俊杰
吕培榕随同民建中央主席陈昌智访台	纪培明	艋舺林亨安莲埭探源	李琳毅 李重振
两岸新闻媒体首次合办小记者夏令营	傅文忠 邱育钦	人物春秋	
石狮小记者夏令营来台游学感想	刘沅樵	郑成功夫人董友	李天锡
台北市石狮同乡总会成立活动侧记	许小雄	平台骁将邱天胜	王明篇
寻根谒祖		新竹李氏开基始祖李锡金	李天锡
永宁董氏与金门董氏的浓浓亲情	苏荣灿	“福建晚清第一诗人”杨浚	胡毅雄 胡丹扬
凤栖蔡氏族谱郑成功部属辑录	蔡宗程 蔡天生	拓业台湾怀桑梓——记李集芳、李金灿父子	李天锡

续表 24

施之东的台湾情结	李天锡	台商王为远	纪培明
彰化举人施修记	施性山	吴民民捐建金峰文体中心	郑国贤
台南举人许献琛	许穆耀	台湾首富蔡衍明	黄汉瑜 张德伟
郑家珍轶事	李国宏	信仰相承	
台北“小洋坑”乡绅蔡培东	张德伟	塘后集福堂分灵台湾	李国宏
蔡智堪的传奇人生	蔡仁树	鹿港集英宫	陈仕贤
李古愚痛赋《示儿》诗	李天锡	鹿港普渡习俗考据	陈仕贤
李舜臣海内外办学	李天锡	台南三尊“同进退”的神像均源自石狮	卢俊杰
台湾反日民族运动先驱蔡培火	李国宏 张德伟	蚶江忠仁庙关帝信仰在台湾的传播	卢章达
人类学家林惠祥的学术创举	李国宏	鹿港城隍根在永宁	李显扬
台盟总部理事林良才	林志攀	蚶江五王府与鹿港奉天宫	林清富
抗日空军英雄姜碧川	蔡宗程	台南忠泽堂	王百禄
乡音未改的中医名师叶俊德	叶心凤	祥芝斗美宫分灵台岛	蔡仁树
台胞蔡绍华两次独资建学校	蔡金龙	李道传承建鹿港天后宫	黄汉瑜
遗愿留人间	李天锡	鹿港“七番弄”源自闽南庙会	陈仕贤
台盟中央主席蔡子民祖籍古宅村	蔡金龙	上浦潘王爷来自鹿港	一　叶
台北统一大饭店创办人蔡万聘	陈益世	石台佛教界交流散记	苏荣灿
蔡孝德的篮球生涯	曾华福	蚶江五王爷首次巡游台湾	林清富
台湾“四六事件”亲历者黄旭东	卢俊杰	史海钩沉	
许文权的游子情结	洪天恩	海峡深处谁人家	李国宏
天下江河朝宗海——高明潭和他的台海歌谣	郑天应	董飏先金门撰《私志》	李天锡
一张身份证见证石台情	纪培明	一部来自台湾的《吴氏族谱》	李国宏
一个台胞的石狮情结	林志攀 林清富	施琅“南邦寄重”牌坊	施性山
“泉美”公子李志能	郑天应	沙美卢氏族谱力证钓鱼岛属中国	卢俊杰

续表 24

大担岛施必功题刻	叶钧培	对龙柱见证祥芝与台湾通商史	黄汉瑜
徐宗幹“蚶江过鹿港”纪事	李国宏	台湾进士蔡寿星翰墨精深	王东晓
永德奏请开放蚶江鹿港对渡	李国宏	王松故里在蚶江	李国宏
“谦记”船行印戳见证蚶江鹿港对渡通商	卢章达	陈渊安“尽瘁捐躯”	郑天应
前坑郭氏迁居台湾纪略	李国宏	欧阳兆璜情系故园	李国宏
五彩圣旨印证两岸商缘	黄汉瑜	李希曾题额“在璿堂”	李天锡
鹿港“对渡碑”趣谈	李国宏	石狮台胞抗战际遇史料	郑天应
寻找鹿港小镇的“蚶江记忆	李国宏		

第二十一辑　《鳌城稽古》篇目一览表

（注：该辑由郑天应、李显扬编）

表 25

篇　目	篇　目
鳌城史话	晋江最早的一所新式学堂
永宁历史沿革	石狮早期创办的教会学校
岑兜与浔尾盐场	黄念打与“金星篮球队”
从水澳到永宁寨	杨邦梭与良友篮球队
永宁陷城时间小考	性愿法师奉佛过永宁
永宁“闽海局关”的设立	梅林港五千吨级对台贸易码头的兴建
抗战时期的永宁海上航线	庄为玑与《永宁乡土资料》
“七・一六”日寇在永宁的暴行	省三八红旗集体——永宁公社中心抽纱厂
石狮台胞抗战际遇史料	鳌城灯谜异彩纷呈
永宁侨亲兴学百年史话	台湾粘氏祖墓寻访记
永宁往事	台湾鹿港城隍根在永宁
晋江县第九区纪事	我为鳌江陈氏台胞寻根穿针引线

续表 25

电影《海囚》在永宁拍摄	龚抱月与“郑龚抱月国际基金会”
古迹名胜	泉晋名医王庆祥
姑嫂塔	杨世徽与蔡梅舫
永宁老街	侨乡早期妇运代表人物刘瑜碧
永宁城隍庙	永宁才女郑衍蕃
徽国文公祠	战斗英雄龚诗长
探幽永宁十八景	泉州武装工作团团长高汉朝
鳌城古迹琐谈	全国民兵模范陈焕江
摩崖“尽瘁捐躯”与“靖国保民”	施性城与石狮华侨戏院
永宁地名钩沉	全国农村戏剧创作二等奖获得者高永清
古厝洋楼	高天理与永宁中心小学女子篮球队
永宁故事会馆与黄际吝的故事	民俗风情
干宗亮故居	岁时习俗
林元品故居	宝盖风情
詹孟杉故居	百年衣饰变化多
白刃故居	山海风味话食俗
霞源古厝与陈棨仁	老屋新厦志沧桑
永宁宁东楼	车辇兴替步履新
外高贻庆楼	红灯花轿迎新妇
永宁平粜会旧址	弄璋弄瓦皆为庆
人物春秋	景星庆云祝添寿仪
不避权要的黄克缵	瑞彩盈庭贺新居
李子芳烈士	白马素车送归程
董云阁烈士轶事	基督教的婚丧礼仪

续表 25

“过番”风俗	恁钱剪恁布
航海民俗	嫁番客歌
十月初一祭祀海神	安娘我呣嫁
永宁董姓为何做节做“十四”	一个赌博汉
永宁陷城洗街民俗	缀戏歌
相損	褒歌九首
街坊掌故	园内花开
镇海石传奇	行船歌
张寿妙笔题“月臺”	卖杂货
国姓夫人董友	早婚歌
“仙开门”的传说	嫁翁歌(二首)
孝女姑坊	雨仔眯眯
侨乡歌谣	十二生肖歌
六月十二打永宁	手指螺歌
爸母主意嫁番客	天上一片云
十五月娘圆又光	冬丝娘
送君	红虾红溜溜
送君送到澳仔街	鼓仔灯
草履鞋	头上一枝草
思君	一顶花仔轿
番客歌	刺仔花白白
五更更鼓	火囤歌
日本鬼仔真恶毒	破扇歌
雨落檐头流	缚脚歌
海内一个镜	下田歌

第二十二辑 《石狮宗祠（上）》篇目一览表

表 26

篇　目	作　者	篇　目	作　者
凤里		后厅洪氏宗祠	李国宏
西花许氏宗祠	洪天恩	前坑郭氏宗祠	黄汉瑜
凤山许氏祠堂	洪天恩	塘后桃源黄氏宗祠	黄汉瑜
桃源黄氏宗祠	洪天恩	仑峰金墩黄氏宗祠	黄光蚕 黄汉瑜
凤栖蔡氏宗祠	蔡宗程 蔡天生	铺锦黄氏家庙	李国宏
湖滨		蚶江	
曾坑杨氏宗祠	卢俊杰	锦江王氏宗祠	林文希
玉湖吴氏宗祠	卢俊杰	锦江纪氏宗祠	纪培明
琼林洪氏宗祠	洪天恩	锦里吴氏宗祠	林志攀
长福紫云黄氏宗祠	黄汉瑜	锦亭陈氏家庙	卢章达
长福戴氏宗祠	卢俊杰	莲埭林氏宗祠	林志攀
灵秀		锦江林氏宗祠	林清富
茂厦王氏宗祠	王人秋	蚶江欧阳氏家庙	纪培明
港塘锦江陈氏宗祠	张德伟	石湖乙甲郭氏宗祠	林清富
塘园黄氏宗祠	张德伟	大厦程氏宗祠	林志攀
容卿蔡氏家庙	张德伟	院内谢氏宗祠	卢章达
华山金彭七乡蔡氏宗祠	张德伟 蔡金龙	溪前蔡氏宗祠	卢章达
宝盖		永宁	
金山吴氏宗祠	黄汉瑜	永宁王氏宗祠	王人秋
松茂吴氏宗祠	黄汉瑜	西岑王氏宗祠	李天锡
霞课张氏家庙	林文希	沙美卢氏宗祠	卢俊杰
塘边林氏宗祠	林文希	官聘杨氏宗祠	官聘杨氏宗祠理事会

续表 26

永宁李氏家庙	李国宏	大堡芝山吴王刘公祠	刘福全
梅林李氏家庙	李国宏	赤湖谢氏宗祠	蔡仁树
银江李氏宗祠	李天锡	山兜蔡氏丰田祖祠	蔡仁树
港边鳌江佘氏宗祠	佘再升	祥芝蔡氏家庙	蔡仁树
永宁张氏宗祠	永宁张氏宗祠管委会	鸿山	
霞泽陈氏宗祠	李国宏	五福王氏宗祠	王明篇
港边鳌江陈氏宗祠	港边鳌江陈氏宗祠理事会	东埔邱氏宗祠	王人秋
永宁林氏宗祠	永宁林氏宗亲联谊会	东园林氏宗祠	王明篇
西厝郑氏家庙	郑天应	洪厝洪氏宗祠	王明篇
西岑施氏宗祠	李天锡	锦尚	
郭坑郭氏宗祠	郭天纵	卢厝卢氏宗祠	卢俊杰
梅林黄氏家庙	李国宏	港前李氏宗祠	卢俊杰
沙堤董氏宗祠	李国宏	奈厝前张氏宗祠	林文希
港边鳌江蔡氏宗祠	蔡宗庄 蔡章峰	墩上胡氏宗祠	林文希
前埔蔡氏家庙	蔡文达	杨厝侯氏宗祠	林文希
祥芝		东店傅氏宗祠	林文希

第二十三辑 《石狮宗祠（下）》篇目一览表

表 27

篇 目	作 者	篇 目	作 者
凤里		曾坑王氏宗祠	纪培明
大仑蔡氏家庙	蔡友立 蔡天生 蔡宗程	长福林氏宗祠	卢俊杰
湖滨		曾坑施氏宗祠	卢俊杰 施性山
引东王氏宗祠	王东晓	灵秀	

续表 27

塔前王氏宗祠	王人秋 纪培明
洋霞邱氏宗祠	蔡金龙
港塘西昌陈氏宗祠	林文希
钞坑蔡氏三公家庙	张德伟
钞坑碧溪蔡氏宗祠	林文希
钞坑屏山蔡氏宗祠	纪培明
彭田蓝田蔡氏宗祠	张德伟 蔡金龙
彭田屏山蔡氏宗祠	张德伟
古宅蔡氏宗祠	张德伟
钞坑泰亨颜氏宗祠	张德伟
宝盖	
龙塘王氏祖祠	卢俊杰
苏厝苏氏家庙	林文希 卢俊杰
象畔新厅吴氏宗祠	林文希
山雅吴氏宗祠	黄汉瑜
山雅霞楼吴氏宗祠	林文希
雪上张氏宗祠	林文希
后宅林氏祠堂	林文希
龟湖郑氏家庙	郑国贤
龟湖蔡氏宗祠	卢俊杰
塘边龙渊蔡氏宗祠	蔡建立 蔡宗程
坑东古东蔡氏宗祠	蔡建立 蔡宗程
玉浦蔡氏宗祠	林文希
蚶江	
厝锦许氏宗祠	卢俊杰
东垵龙安纪氏家庙	纪培明
锦亭吴氏宗祠	卢章达
锦亭后辛陈氏宗祠	卢章达
石壁玉山林氏祠堂	林清富
莲埭鳌林门前林氏宗祠	林志攀
石湖周氏家庙	林志攀
蚶江洪氏宗祠	纪培明
洪窟洪氏祠堂	林清富
水头洪氏宗祠	洪天恩
石湖八甲郭氏宗祠	林清富
莲塘蔡氏家庙	卢俊杰
永宁	
霞泽王氏宗祠	下宅王氏宗祠理事会
山边杨氏宗祠	山边杨氏宗祠理事会
金埭李氏家庙	金埭李氏家庙管委会
港边蒲蓉李氏宗祠	港边蒲蓉李氏宗祠管委会
港边银李宗祠	李圣传 李垂猛 李宗文
东平吴氏宗祠	纪培明
永宁陈氏宗祠	永宁陈氏宗祠管委会
永宁霞滴陈氏宗祠	李国宏
银江陈氏宗祠	李天锡
港边梅港张氏宗祠	港边梅港张氏宗祠管委会
前埔施氏家庙	前埔施氏家庙理事会

续表 27

郭宅洪氏宗祠	郭宅洪氏宗祠管委会	邱下邱氏宗祠	林文希
永宁霁江高氏宗祠	高清泽	邱下林氏宗祠	王明篇
金埭黄氏家庙	金埭黄氏家庙管委会	锦尚	
沙堤龚氏家庙	沙堤龚氏家庙管委会	厝上邱氏宗祠	林文希
西偏龚氏家庙	西偏龚氏家庙管委会	厝上锦美陈氏宗祠	林文希
永宁豢龙董氏家庙	永宁董氏宗亲理事会	附录：遗址	
永宁蔡氏宗祠	蔡宗庄	霞泽许氏宗祠	纪培明
下宅蔡氏宗祠	下宅蔡氏宗祠管委会	前廊陈氏宗祠	蔡金龙
祥芝		钞坑泰亨林氏宗祠	林文希
祥芝吴氏宗祠	蔡仁树	水头锦水吴氏宗祠	纪培明
前山吴氏宗祠	蔡仁树	东垵龙安陈氏宗祠	林文希
祥芝陈氏宗祠	蔡仁树	锦亭周氏宗祠	林文希
祥芝周氏宗祠	林文希	蚶江蔡氏宗祠	纪培明
祥芝傅氏宗祠	蔡仁树	莲埭龙津蔡氏宗祠	林文希
古浮丰田蔡氏宗祠	蔡仁树	永宁尤氏宗祠	应　梦
莲坂蔡氏祠堂	蔡仁树	沙堤黄氏宗祠	李天锡
鸿山		胡厝湖鲤林氏大宗祠	纪培明

第二十四辑　《不忘初心 砥砺奋进（石狮建市 30 年回眸）》篇目一览表

表 28

篇　目	作者	篇　目	作者
难忘的日子	蔡世佳	华夏侨界第一营	蔡世佳 颜福瑜
协商　选拔 改革 领航	蔡宗程	商品专业市场发展变迁之路	黄汉瑜
“小政府、大社会”之小中见大	颜福瑜	魅力四射服装城	颜福瑜
魂牵梦萦姑嫂塔　一枝一叶总关情	许小雄 蔡世佳	话说海博会由来	颜福瑜

续表 28

“中国休闲服装名城”纪实	颜福瑜	“阳光太太”暖人心	洪天恩
石狮城市品牌建设中的“卡宾现象”	王东晓	平安之城 安心石狮	王晓明 杨德华
石狮印染业奏响转型升级最强音	林恩炳 周进文 蔡建立	让美丽绽放城市的力量	曾庆宗
石狮智能制造覆盖全产业链	杨朝楼	筑巢引凤 八方聚贤	林志攀 周进文
电商潮涌，点燃石狮经济发展“新引擎”	兰良增	“双拥”花开别样红	郑天应 纪丽卿
卅年筑梦 狮城蝶变	谢　艳	兴教之路　启明之行	蓝理标 蔡宗程
阡陌通途 纵横直行	康清辉	滨海小城的民办学院	吴永年 唐小虎 洪亚怀
水之源 民之生	林文希 洪亚怀	医疗卫生谱新篇	洪亚怀
打造城市发展的电力引擎	林文希 洪亚怀	科技兴市　捷报连传	蔡宗程
唐宋古港再振雄风	高忠樟	文化之光耀狮城	林清富
耕海牧渔 犁浪扬帆	洪亚怀	我与首届海上泼水节	纪培明
《石狮日报》诞生记	茅罗平	狮舞东方　“球”振人心	洪亚怀
石狮青商书写家国情怀	石狮青商会	石狮灯谜迷神州	林清富
漫谈石狮新发股票	颜福瑜	附录一　关于推荐选拔石狮市市长的公告	
美丽乡村入画来	许小雄 林富榕	附录二　参加推荐选拔石狮市市长、副市长会议人员分组名单	
文明之花遍地开	王晓明 陈　峰	附录三　福建省人民政府关于石狮市对外开放的若干政策措施	

第二十五辑　《石狮寺庙建筑》篇目一览表

表 29

篇　目	作者	篇　目	作者
凤里篇		慎诚禅寺	洪亚怀
慈航庵	洪天恩	德义庙	蔡世炎 蔡宗程 蔡天生
水西宫	洪天恩	普闻寺	洪亚怀
石狮城隍庙	洪天恩	湖滨篇	
凤里庵	洪天恩	金沙庵	洪亚怀

续表 29

吴王府馆	吴启辉
镇南宫	吴章欣
比干庙	比干庙
地藏王府	陈益世
琼林禅祠	陈益世
白衣寺	施性山
灵秀篇	
泰亨古庙	张德伟 王东晓
静修禅寺	张德伟
金相院	蔡闽生 蔡金龙
莲华禅寺	张德伟 蔡迟迟 蔡金龙
唐忠列祠	张德伟
青龙宫	蔡金龙
妙觉宫	张德伟
宝盖篇	
五台庵	郑国贤 洪亚怀
圆通寺	洪亚怀
普莲禅寺	蔡芳读 洪亚怀
集福堂	卢俊杰
本觉堂	黄汉瑜
慈音寺	吴泽荣
法净寺	黄汉瑜
集英堂	卢俊杰
清晖堂	卢俊杰
保顺堂	郭芳读

蚶江篇	
徽汉五王府	林清富
凤仪宫	林文希 纪培明
龙显宫	林文希 纪培明
忠仁庙	卢章达
东岳古寺	林清富
石湖妈祖宫	林文希 洪亚怀
龙津宫	林志攀
龙隐寺	林文希 洪亚怀
象峰寺	林文希 洪亚怀
凤山宫	林文希 纪培明
丰山寺	洪亚怀
廿一都普渡公宫	纪培明 蔡长安
碧云寺	洪亚怀
永宁篇	
慈航寺	陈永康
梅福寺	洪亚怀
永宁城隍庙	李天锡
紫竹林	洪亚怀
天妃宫	李天锡
慧源禅寺	洪亚怀
慈恩寺	纪培明
洛伽寺	李显扬
虎岫寺	陈永康
朝天寺	李显扬

续表 29

三源禅寺	洪亚怀	东塔寺	邱尚坤
安澜宫	李育群	东福寺	邱尚坤
英济庙	李显扬	朝真岩	王明篇 纪培明 王晓明
祥芝篇		福泉寺	王明篇 纪培明 王晓明
祥芝城隍庙	蔡仁树	法雨禅寺	王明篇 纪培明 王晓明
斗美宫	斗美宫管委会	伍鸿妈祖庙	王明篇 纪培明 王晓明
清净寺	蔡仁树	山海宫	王明篇 纪培明 王晓明
芝山妈祖宫	蔡仁树	西竺岩	王明篇 纪培明 王晓明
祥溪禅院	蔡仁树 洪亚怀	锦尚篇	
慈济寺	蔡仁树	崇文宫	邱荣芳
龙海寺	蔡仁树	灵秀寺	洪亚怀
龙兴禅寺	蔡仁树 洪亚怀	西安禅寺	邱丽虹
紫山宫	蔡仁树	紫竹寺	黄丽雅
白莲寺	蔡仁树	厝上城隍庙	邱荣芳
鸿山篇		玄天上帝公宫	卢进京
甘露寺	邱尚坤	雪湖寺	谢文逐

第二十六辑 《石狮历史名人》篇目一览表

表 30

篇 目	作者	篇 目	作者
扬帆远渡追林銮	本委	诗书美食话林洪	洪亚怀
“龟湖塘”畔颂蔡襄	蔡志坤	为民请命洪天锡	本委
“偷闲”太守王十朋	颜福瑜	著书讲学赞丘葵	洪亚怀
“六胜”魁星梁克家	本委	奉公崇教刘君辅	本委
榜眼良臣石起宗	本委	平叛护泉龚名安	本委

续表 30

建卫永宁周德兴	郑天应 李显扬	能征善战陈有纲	本委
重修“六胜”凌恢甫	吴丽明 谷　弘	廉洁清明李范廉	本委
三宝遗迹说郑和	本委	“崇祀名贤”许学宗	洪天恩
辟海卫疆干八秃帖木儿	卢俊杰	“再借亭”里缅曾樱	本委
月台妙笔忆张寿	郑天应	风高五柳董飏先	李天锡 李显扬
海岸长桥歌林玉	林文希 洪亚怀	满门书香蔡鹏霄、蔡肱明	蔡宗程 蔡天生
卫学掌教思陈愈	本委	洁身自好黄愈受	谷弘
劝使就学陈用之	本委	乱世孤忠洪淯鳌	本委
兴农修桥吴怀荆	李国宏	贤辅国姓董酉姑	本委
文功武治张文应	卢俊杰	忠心热血蔡则恺、蔡应昆	蔡宗程 蔡天生
为国捐躯尤天爵	本委	平台骁将邱天胜	邱金望 王明篇
率性不羁干宗亮	李显扬 苏荣灿	立市兴埠述施韬	洪天恩
沉毅多谋王世实	本委	“开台首科”数吴弼	吴丽明
正气敢谏邱有岩	李国宏	奉公厉兵有朱文	李国宏
“进士坊”牌聊黄鳌	本委	扼守台海邱有章	邱金望
抗倭“戚虎”戚继光	谷　弘 吴丽明	能文善武施必功	本委
“一时纸贵”谈郭伟	本委	闽台对渡道永德	谷弘
官学兼备论王畿	李国宏	潭阳时雨黄玉山	李国宏
不畏权要黄克缵	郑天应	两岸名贾林振嵩	卢俊杰
刚正不阿郭宗磐	王晓明	倾囊护塘柯富娘	本委
探花都督黄守魁	李国宏	绩佐抚绥林元品	李显扬 郑天应
平息夷患沈有容	蔡连庭	“正而不阿”许邦光	洪天恩
勤政惟才蔡增誉	吴丽明	“孝友传家”李锡金	李天锡
秉公执法李廷森	本委	铁面御史陈庆镛	洪天恩

续表 30

捐躯抗英怀张然	卢俊杰	“洞天寄庐”施士洁	李天锡
祥芝船王蔡亚龙	王明篇 林再贤	诗书爱民蔡枢南	吴丽明
理学名家施琼芳	李天锡	淡泊明志施之东	李天锡
兴教扬善王廷献	蔡宗程 蔡天生	彰化举人施修记	施性山
博学多才推杨浚	胡毅雄 胡丹阳	赤子丹心许献琛	洪天恩
研学著作陈棨仁	郑天应 李显扬	行实竞新林登宾	本委

后　记

石狮市政协于2017年11月启动政协志书编纂工作。市政协党组高度重视，多次召开会议，先后研究决定成立《石狮市政协志（1991—2020）》编纂委员会和编辑部、审定编纂大纲、听取编纂工作情况汇报、审查志书文稿。根据市政协党组的部署安排，志书编辑工作人员通过耐心查阅大量文书档案期刊报纸，细心筛选抄录所需文字资料，精心梳理采用相关文字及图片资料，分工合作，认真编辑，如期完成编纂工作任务。

本志书全册30万余字，收录82幅照片图文资料，是集体智慧的结晶。志书编纂过程中，得到泉州市政协，中共石狮市委组织部、统战部、党史研究室、市档案局（馆）、方志办、石狮日报社等单位的领导、同志，市政协退休老领导、老同志和市政协机关全体工作人员的大力支持。在此，谨向关心、支持、参与本志书编纂工作的单位和个人致以崇高敬意、表示衷心感谢！

由于编辑人员首次参与修志、缺乏经验、水平有限，本志书难免存在诸多疏漏与不足。为此，志书编者特表歉意，并敬请读者给予谅解、赐教指正。

《石狮市政协志（1991—2020）》编辑部